U0638466

法治化
营商环境优化

原则 · 路径 · 措施 · 评价

Optimizing the Business Environment under the Rule of Law:
Principles · Paths · Measures · Assessment

广州市律政营商环境研究院『法治化营商环境评价指标体系』课题组 著

中国民主法制出版社

广州市律政营商环境研究院
"法治化营商环境评价指标体系"课题

课题组成员

组　长　陈克宇

副组长　马晓艳　谈　凌

成　员　王　爽　陈华平　何晓安　蒋　利

撰　稿　人

陈克宇　第一编　第三编　　　马晓艳　第二编第五分编

谈　凌　第二编第三分编　　　王　爽　第二编第二分编

陈华平　第二编第四分编　　　何晓安　第二编第六分编

蒋　利　第二编第一分编

FOREWORD 序

　　习近平总书记指出，"法治是最好的营商环境"，并强调要发挥法治固根本、稳预期、利长远的保障作用。国务院于 2019 年颁布了《优化营商环境条例》，规定要坚持市场化、法治化、国际化原则，优化营商环境。由此，开启了全国营商环境优化改革的春天。

　　近年来，广州法治政府建设水平持续稳居全国前列，多项指标领跑全国。《广州市优化营商环境条例》是继北京、上海之后，全国第三个出台的地方优化营商环境条例。广州在总结自身优化营商环境的经验和做法的基础上，对标国际国内营商环境先进水平，在法律框架下提出数十项制度创新，为营商环境优化改革提供了制度保障。

　　律师是依法治国的重要力量。广大律师广泛服务于各类市场主体，提供专业法律服务，对于市场主体营商中的感受和诉求，有着深切体会和了解。充分发挥职业优势，积极参与推动优化法治化营商环境，助力经济社会高质量发展，是律师行业责无旁贷的使命。

　　律师行业制定法治化营商环境评价指标体系，具有先天的优势和独特的视角。广州市律政营商环境研究院是广州市律师协会下设的研究机构，是广州律师参与社会协同治理的平台。在广州市司法局的指导下，该院组织律师制定了《法治化营商环境评价指标体系（1.0 版）》，并适应实践的需要，升级制定了 1.5 版、2.0 版。该评价指标体系展示了营造法治化营商环境的社会协同新思路。

《法治化营商环境优化：原则·路径·措施·评价》一书，对上述评价指标体系的构思、结构、措施和使用方法等进行了深入浅出的阐释，并以广州及粤港澳大湾区其他各城市为主要实践样本，系统地提炼总结营商环境建设与优化改革的经验。

　　通过本书的系统介绍可以发现，《法治化营商环境评价指标体系（1.0版）》融合了近年来各类营商环境评价指标体系，以法治建设"科学立法、严格执法、公正司法、全民守法"为原则，提炼概括法治建设的要素，明确各相关主体的责任，设立了制度供给、政务服务、诚信合规、行政监管、司法保障、公共法律服务等6项一级指标。在31项二级指标设置上，不仅明确了企业全生命周期对营商环境的要求，还明确了企业自身的责任。各级指标的设立，不仅将企业视为营商环境这一公共产品的需求者，而且突出了其创造者、供给者的角色和职责。尤其让人印象深刻的是，该评价指标体系将市场主体和政府的诚信合规强调为营商环境的重要组成部分。

　　广州作为千年商都，是有着活跃商业基因的城市，诞生于此的法治化营商环境评价指标体系，对于全国县市区优化营商环境、深化改革应该也具有重要的参考价值，尤其可以为领导干部就优化营商环境具体措施的决策提供参考。作为律师参与社会协同治理实践探索的新成果，相信本书可以服务于优化营商环境的改革实践工作。

　　是为序。

王敬波[*]

2023年春

---

　　[*] 王敬波，对外经济贸易大学党委常委、副校长，教授。

CONTENTS **目录**

第三编｜法治化营商环境评价指标体系评价实施与优化引领

第一编

法治化营商环境评价指标体系
构 建 总 论

第一章　法治化营商环境评价指标体系构建的背景与意义

第一节　指导思想

构建法治化营商环境评价指标体系坚持以习近平新时代中国特色社会主义思想为指导，全面贯彻党的十九大和十九届二中、三中、四中、五中、六中全会精神，坚持稳中求进工作总基调，立足新发展阶段，贯彻新发展理念，构建新发展格局，以推动高质量发展为主题，以深化供给侧结构性改革为主线，以改革创新为根本动力，对标国际一流水平，聚焦市场主体关切，进一步转变政府职能，构建符合中国国情的营商环境评价指标体系和评价机制，推动有效市场和有为政府更好结合，促进营商环境迈向更高水平，更大激发市场活力和社会创造力，更好稳定市场预期，保持经济平稳运行。[①]

一、坚持问题导向

习近平总书记指出，我们提出建设开放型经济新体制，一个重要目的就是通过开放促进我们自身加快制度建设、法规建设，改善营商环境和创新环境，降低市场运行成本，提高运行效率，提升国际竞争力。构建法治化营商环境评价指标体系，应当从市场经济领域的实际问题出发，针对各领域、各行业、各地区存在的准入门槛高、办事流程复杂、耗时冗长等突出问题，以及企业和群众办事过程中面临的堵点、痛点、难点等现象设置相应的评价指标。

二、突出法治特色

习近平总书记指出，法治是最好的营商环境。优化营商环境必须依靠法治保障。构建法治化营商环境评价指标体系应当在指标设置上突出法治元素。在

---

① 参见 2021 年 11 月国务院印发的《关于开展营商环境创新试点工作的意见》。

法治理念层面，应当贯彻落实各类市场主体平等保护的基本法治原则，将平等保护落实到立法、执法、司法、守法等各个环节。在制度建设层面，应当突出营商环境领域的立法工作，评价营商环境法律法规体系的合理性和可行性。在工作方法层面，应当侧重于明确政府与市场的边界，运用法治手段解决各类市场主体之间的利益冲突问题，对市场经济领域违法犯罪行为的打击力度等。

三、立足中国国情

我国营商环境所面临的问题既有全世界的共性的问题，也有中国的特殊问题。2018 年 11 月 1 日，习近平总书记在民营企业座谈会上的讲话中提出优化营商环境的六项举措，即减轻企业税费负担、解决民营企业融资难融资贵问题、营造公平竞争环境、完善政策执行方式、构建亲清新型政商关系、保护企业家人身和财产安全。构建法治化营商环境评价指标体系应当立足中国国情，在指标设置和权重赋予上应当凸显我国营商环境所面临的突出问题。

四、对标国际一流

习近平总书记指出，要对标国际一流标准改善营商环境，以开放、服务、创新、高效的发展环境吸引海内外人才和企业安家落户，推动贸易和投资便利化。法治化营商环境评价指标体系应当符合世界通行的营商环境评价标准，在评价标准、评价方法、评价结论等方面应当具有国际可比性。世界银行营商环境评价指标体系已经连续实施十多年，具有一定的国际影响力。[①] 法治化营商环境评价指标体系应当参考世界银行营商环境评价指标体系并进一步创新。

---

① 值得注意的是，2021 年 9 月 16 日，世界银行集团声明停止发布《营商环境报告》（Doing Business，简称"DB"）。2022 年 2 月 4 日，世界银行将新营商环境测评体系——宜商环境（Business Enabling Environment，简称"BEE"）的前期概念说明发布到官方网站。从"营商环境"到"宜商环境"，标志着营商环境优化工作迈入新阶段。但是，本书依旧采用"营商环境"这一表述，理由有三：一是我国官方的政策文件以及立法中均使用"营商环境"这一表述；二是世界银行目前仅仅提出了宜商环境的概念和说明，并未正式发布《宜商环境报告》；三是保持全书概念的统一性，有助于读者阅读理解。参见《从"营商环境"到"宜商环境"——世界银行新旧营商环境评价体系对比分析》，载广东省人民政府发展研究中心网站，http://gdyjzx.gd.gov.cn/yjcggl/cgzy/content/post_3918807.html，2022 年 4 月 25 日。

第二节　构建背景、目的和意义

一、构建法治化营商环境评价指标体系的背景

（一）党中央、国务院高度重视优化营商环境工作

2013 年 11 月，中国共产党第十八届中央委员会第三次全体会议通过的《中共中央关于全面深化改革若干重大问题的决定》明确要求，推进国内贸易流通体制改革，建设法治化营商环境。2016 年 3 月公布的《中华人民共和国国民经济和社会发展第十三个五年规划纲要》指出，完善法治化、国际化、便利化的营商环境，健全有利于合作共赢、同国际投资贸易规则相适应的体制机制。营造公平竞争的市场环境、高效廉洁的政务环境、公正透明的法律政策环境和开放包容的人文环境。2017 年 7 月，习近平总书记在主持召开中央财经领导小组第十六次会议时强调，要改善投资和市场环境，加快对外开放步伐，降低市场运行成本，营造稳定公平透明、可预期的营商环境，加快建设开放型经济新体制，推动我国经济持续健康发展。2019 年 2 月，习近平总书记在主持召开中央全面依法治国委员会第二次会议时指出，法治是最好的营商环境。要把平等保护贯彻到立法、执法、司法、守法等各个环节，依法平等保护各类市场主体产权和合法权益。要用法治来规范政府和市场的边界，尊重市场经济规律，通过市场化手段，在法治框架内调整各类市场主体的利益关系。2019 年 10 月，中国共产党第十九届中央委员会第四次全体会议通过的《中共中央关于坚持和完善中国特色社会主义制度　推进国家治理体系和治理能力现代化若干重大问题的决定》进一步强调，深入推进简政放权、放管结合、优化服务，深化行政审批制度改革，改善营商环境，激发各类市场主体活力。2021 年 3 月公布的《中华人民共和国国民经济和社会发展第十四个五年规划和 2035 年远景目标纲要》要求构建一流营商环境。深化简政放权、放管结合、优化服务改革，全面实行政府权责清单制度，持续优化市场化法治化国际化营商环境。并特别强调要完善营商环境评价体系。党中央、国务院在各类重要会议和文件中多次对优化营

商环境作出重大部署，充分体现了优化营商环境的重要性。

（二）国家出台多项改革举措，持续推进营商环境整体优化

2015 年 5 月，李克强总理在全国推进简政放权放管结合职能转变工作电视电话会议上的讲话指出，世界银行发布了全球 2015 年营商环境报告，我国虽比上年上升 3 位，但在 189 个经济体中仍排在第 90 位，主要原因还是各类行政审批等管制措施太多。在此背景下，国家出台多项措施，以"放管服"改革为抓手，大力推进优化营商环境。2018 年下半年，国务院先后制定并出台一系列优化营商环境的重要文件，包括《国务院关于在全国推开"证照分离"改革的通知》《国务院办公厅关于聚焦企业关切进一步推动优化营商环境政策落实的通知》《优化口岸营商环境促进跨境贸易便利化工作方案》等。这些文件以简政放权、减税降费为重点，持续优化营商环境。2019 年 10 月，为了进一步持续优化营商环境，不断解放和发展社会生产力，加快建设现代化经济体系，推动高质量发展，国务院制定并公布了《优化营商环境条例》。该条例共 7 章 72 条，主要从市场主体保护、市场环境、政务服务、监管执法、法治保障等方面规定了优化营商环境的具体举措。2021 年 10 月，为鼓励有条件的地方进一步瞄准最高标准、最高水平开展先行先试，加快构建与国际通行规则相衔接的营商环境制度体系，持续优化市场化法治化国际化营商环境，国务院提出《关于开展营商环境创新试点工作的意见》。该意见明确了进一步破除区域分割和地方保护等不合理限制，健全更加开放透明、规范高效的市场主体准入和退出机制，持续提升投资和建设便利度，更好支持市场主体创新发展，持续提升跨境贸易便利化水平，优化外商投资和国际人才服务管理，维护公平竞争秩序，进一步加强和创新监管，依法保护各类市场主体产权和合法权益，优化经常性涉企服务等重点改革任务，并明确了首批营商环境创新试点改革事项清单和国务院决定在营商环境创新试点城市暂时调整适用有关行政法规规定目录。在国家持续推进"放管服"改革，不断出台优化营商环境政策措施的情况下，我国的营商环境得到明显改善。

（三）各地积极探索，开展营商环境优化创新试点

在中央的统一部署下，各地积极探索优化营商环境的具体举措。实际上，早在 2002 年，广东就已经开始讨论优化营商环境问题，并且于 2012 年率先出台了《广东省建设法治化国际化营商环境五年行动计划》。在多年的探索中，各地形成了一些有益的经验。

在市场主体保护方面，上海实行轻微违法免罚，对违法行为进行更精细的划分，形成 3 份免罚清单，覆盖市场监管、文化旅游、安全消防、生态环境等 4 个执法领域，涉及 20 余个类别，共 61 项免罚事项；浙江杭州探索为失信行为主体提供重塑自身信用的合法途径；北京利用市场监管"风险洞察"系统，集合注册登记、商标、行政执法案件等市场监管系统数据，并整合交通、环保、公安等部门数据，梳理成企业"全景画像"。

在市场环境方面，上海在自由贸易试验区对所有涉企经营许可事项开展改革试点，推动"照后减证"和简化审批，有效降低了企业制度性交易成本，优化了营商环境，激发了市场活力和社会创造力；江苏认真落实个税专项附加扣除、增值税税率下调、社会保险费率降低等减税降费政策，2019 年全年新增减税降费超过 2200 亿元，惠及全省超过 350 万家企业和 2700 万人。

在政务服务方面，上海建立电子证照库，对居民身份证、企业营业执照、户口簿、不动产权证等 17 类高频使用的电子证照进行归集，替代原件和复印件提交，实现"证照免提交"，并实行"一人一档、一企一档"，线上办事在"一网通办"系统注册后即生成自己专属页面，线下办理通过"一窗通"服务平台一表填报信息、一次提交数据；浙江杭州整合房屋交易、税收和登记发证三件事为一件事，不动产登记"一窗受理、一个平台、一套资料、一小时办结"；四川成都推动"首证通"改革，不再收取重复性资料。

在监管执法方面，贵州建立全省统一、资源共享的"双随机、一公开"行政执法信息化平台，将省、市、县三级行政执法机关行政执法事项以及行政执法人员一网纳入；浙江杭州针对有严重违法失信记录的市场主体，适当提高随机抽查比例；北京将信用信息查询使用嵌入行政审批和日常监管流程，推动应

归尽归、应查必查、奖惩到位；广东广州建成市公共信用信息管理系统，建立涉及 300 万法人、非法人组织主体和 3000 万自然人主体的信用信息数据库，实现全市常住人口和企业信用档案全覆盖。

在法治保障方面，各地区结合地方实际，推出地方版、升级版的优化营商环境法规政策，进一步分解细化《优化营商环境条例》的有关规定。北京、上海、山西、广东等省市加快研究制定优化营商环境地方性法规，河北、陕西、安徽等地出台本省贯彻实施条例的工作方案；浙江、江西、陕西等地加快推进电子化招投标，压缩违法违规空间；福建等地建立招投标法规文件制定会商机制，加强部门协调和审核把关；云南等地积极探索招投标智慧监管，运用大数据开展分析预警。各地的积极探索，积累了大量可推广、可复制的有益经验，进而在全国范围内推动了营商环境优化。

（四）世界银行营商环境报告的影响力持续增强，但其评价指标体系与中国的实际情况并不完全契合

2002 年，世界银行正式启动营商环境评价项目，并于 2003 年起每年对全球约 190 个经济体进行营商环境评价，同时发布《营商环境报告》。世界银行营商环境评价指标体系的数据来源于世界银行全球指标局下属的营商环境项目组，由其直接收集、研究和发布报告。世界银行营商环境报告主要涵盖开办企业、办理建筑许可、获得电力、登记财产、获得信贷、保护少数投资者、缴纳税费、跨境贸易、执行合同、办理破产等一级指标。自 2003 年至 2020 年，世界银行每年都会发布《营商环境报告》，其评价指标随着时代的发展也有所调整，但整体上趋于稳定。世界银行《营商环境报告》不仅会对各经济体的营商环境进行评价，还会通过打分的方式进行排名。在国际投资和贸易中，跨国企业往往会将世界银行《营商环境报告》作为重要的投资决策参考。因此，世界银行营商环境评估报告对各国的经济发展具有深刻的影响。为此，世界各经济体都非常重视世界银行《营商环境报告》，并以世界银行营商环境评价指标为参照，推动国内改革。截至 2019 年，世界银行《营商环境报告》已经促成各参评经济体 4000 余项改革。我国在世界银行《营商环境报告》中的排名进步迅速。特别

是 2018 年，我国在各经济体中排名全球第 46 位，上升了 32 位，首次进入前 50 名。2019 年，我国更是跃居第 31 位，首次进入前 40 名，进步迅速。虽然世界银行营商环境评价为全世界各主要经济体提供一套统一的评价指标，有助于全球投资与贸易规则的统一化和便利化。但不可否认的是，世界银行营商环境评价指标存在"一刀切"的问题，即其没有考虑评价对象的特殊国情，未能突出评价对象营商环境优化工作的重点。另外，世界银行营商环境评价的数据来源并不全面。一方面，该评价指标体系仅仅涵盖 10 个一级指标，忽略了其他同样重要的营商环境指标；另一方面，该评价报告的数据并未完全体现评价对象的营商环境。例如，中国在世界银行《营商环境报告》中的数据仅仅由北京和上海两个城市构成，其中北京占比 45%，上海占比 55%。为了更加准确地评估中国的营商环境，推动各项改革，需要建立一套符合中国国情的营商环境评价指标体系。

二、构建法治化营商环境评价指标体系的目的

从微观层面而言，构建法治化营商环境评价指标体系的目的在于形成一套对标世界一流且具有中国特色的营商环境评价指标体系，进而通过运用该套营商环境评价指标体系真实地反映我国的营商环境现状。构建法治化营商环境评价指标体系是对世界银行营商环境评价指标体系进行中国化改造，即在参考世界银行营商环境评价指标体系的基础上，进一步聚焦中国问题、突出中国特色，进而使评价结果既可以进行国际间的比较，又可以反映我国真实的营商环境状况。

从中观层面而言，构建法治化营商环境评价指标体系的目的在于以评促改、以评促优。通过构建法治化营商环境评价指标体系，引导和推动各地持续深化简政放权、放管结合、优化服务改革，最大限度减少政府对市场资源的直接配置、对市场活动的直接干预，加强和规范事中事后监管，着力提升政务服务能力和水平，切实降低制度性交易成本，更大激发市场活力和社会创造力，增强发展动力。

从宏观层面而言，构建法治化营商环境评价指标体系的目的在于建成便利化、市场化、法治化、国际化的一流营商环境。通过构建法治化营商环境评价

指标体系，创新体制机制、强化协同联动、完善法治保障，对标国际先进水平，推动我国营商环境国际竞争力跃居全球前列，政府治理效能全面提升，使我国在全球范围内集聚和配置各类资源要素能力明显增强，市场主体活跃度和发展质量显著提高，打造一流营商环境。

三、构建法治化营商环境评价指标体系的意义

（一）有助于推动优化营商环境改革

党的十八大以来，中央高度重视优化营商环境改革工作。习近平总书记在多个场合强调，要营造国际一流营商环境。党中央、国务院多次出台相关政策文件，持续推动优化营商环境改革。在优化营商环境改革工作中，营商环境评价指标体系是重要的改革标杆。构建法治化营商环境评价指标体系，将我国优化营商环境改革中的重点、难点融入评价指标体系之中，有助于各地、各部门对标评价指标体系，在营商环境评价过程中贯彻落实中央的优化营商环境改革举措。

（二）有助于增强企业和群众的满意度

人民群众对美好生活的向往就是我们的奋斗目标。构建法治化营商环境评价指标体系，有助于引导各地、各部门持续推动制度供给、政务服务、诚信合规、行政监管、司法保障、公共法律服务等领域的优化营商环境改革，进一步落实简政放权，减少行政审批事项，优化办事流程，提升办事效率，解决企业和人民群众办事过程中长期面临的痛点、堵点、淤点、难点，从而增强企业和群众的满意度。

（三）有助于增强城市的竞争力

营商环境是一个城市的核心竞争力之一。从国际来看，各经济体都十分重视营商环境建设，通过对标营商环境评价指标，推动国内改革，从而吸引域外投资。从国内来看，各地都十分积极开展营商环境建设，纷纷出台多项优化营商环境的政策举措，提升政府办事能力和办事效率。当前的招商引资已经逐渐告别了过去的税收、土地等"硬优惠"方式，而是采取打造一流营商环境这一"软手段"。构建法治化营商环境评价指标体系，推动各地持续优化营商环境，

可以进一步提升城市竞争力。

（四）有助于树立和推广优秀典型

构建法治化营商环境评价指标体系，开展营商环境评价，其评价对象并不仅仅局限于某一特定城市，而是要将全国所有城市均纳入评价范围。虽然营商环境评价不是一种考核，但其评价结果会在全国范围内形成营商环境评价排名，排名越靠前，意味着营商环境越优秀。排名前列的城市自然就会成为全国营商环境建设的优秀典型，成为其他城市争相学习的对象。同时，排名前列的城市也会获得巨大的声誉，进而成为企业的首选投资对象。构建法治化营商环境评价指标体系，是帮助筛选典型的重要方式。

第三节　营商环境的内涵与表现形式

一、营商环境的内涵

营商环境这一概念源自世界银行《营商环境报告》（Doing Business）项目。在世界银行发布的年度营商环境报告中，营商环境被定义为企业在申请开设、生产经营、贸易活动、纳税、关闭及执行合约等方面遵循政策法规所需要的时间和成本等条件的总和。我国《优化营商环境条例》第 2 条规定，本条例所称营商环境，是指企业等市场主体在市场经济活动中所涉及的体制机制性因素和条件。可见，营商环境是一个与企业的商事活动密切相关的概念。从制度经济学的角度来看，制度对于经济的发展至关重要。在诺贝尔经济学奖得主道格拉斯·斯诺看来，制度的质量决定了一国是富还是穷。可靠的、低成本的制度可以保护产权，确保合同的履行；相反，变动的、高成本的制度则可能导致市场主体不堪重负。制度经济学的观点构成了优化营商环境的理论基础。与营商环境含义相近的概念还有所谓的投资环境和软环境等。投资环境是指企业等市场主体从事投资等经营行为时所面临的各种外部条件和环境，其不仅包括经济要素，还包括政治要素、文化要素等。软环境则是一个与硬环境相对应的概念。硬环境是指一个经济体所固有的自然资源、基础设施等硬件，而软环境则是指一个经济体内部所具备的政治、经济、文化等制度环境。硬环境和软环境都会影响到市场主体的商事行为，因而均属于营商环境的范畴。不过，由于硬环境的稳定性，通常在谈论营商环境时主要是在讨论软环境。一般而言，营商环境具备如下几个特征：

一是公共性。所谓公共性是指营商环境是一种公共产品。公共产品是社会公共的基本必需品。通常来说，公共产品由政府等公共机构提供，具有非竞争性的特点。由于提供公共产品是现代政府的基本职责，因而公共产品通常免费，或者只收取极其低廉的费用。营商环境是一个经济体内各市场主体从事商事活动所面临的制度环境，其并非某一特定主体的特殊境况，而是所有市场主体需要共同面对的一般境况。同时，营商环境的优化将极大提高市场主体的经营效率，降低商事活动的成本，最终受益的是社会大众。因此，营商环境具备鲜明的公共性。

二是系统性。所谓系统性是指营商环境的影响因素十分多元。（1）从属性上看，营商环境的影响因素包括政治因素、经济因素、文化因素、科技因素等。政治因素是指一个经济体的政治稳定程度、政府施政理念以及法律法规体系等内容；经济因素是指一个经济体的市场准入机制、市场管理机制、外汇管理机制等投融资环境；文化因素是指一个经济体的商业文化氛围，包括诚信文化等；科技因素是指一个经济体的科技发展程度以及对先进科技的转化利用程度等。（2）从来源上看，营商环境的影响因素既包括正式制度，也包括非正式制度。正式制度是指一个经济体的政府制定的法律法规以及政策文件等，其构成了该经济体营商环境的主要影响因素，对市场主体的影响最为明显和至关重要；非正式制度是指一个经济体的社会风尚、文化传统、民族习惯等，其并非直接影响营商环境，而是潜移默化地影响市场主体和社会公众的行为。（3）从主体上看，营商环境的影响因素既包括政府等公权力主体，也包括企业等社会主体。通常来说，政府等公权力主体是营商环境的主要影响因素，而企业等社会主体的影响则相对较少。因此，优化营商环境主要是从放松政府管制、提升政府服务水平等角度着手。总的来说，营商环境是由政治因素、经济因素、文化因素、科技因素综合发力，正式制度和非正式制度共同约束，政府等公权力主体和企业等社会主体集体型构的结果。

三是可比性。所谓可比性是指营商环境可以在不同经济体之间进行横向比较。一方面，评估营商环境的核心要素是稳定的。也就是说，无论基于何种营商环境评价指标体系所进行的评估，其均应在不同经济体之间适用同一套评价指标体系，相应地，其结果可以在不同经济体之间进行横向比较。另一方面，营商环境评估的一个重要目的就是要对不同经济体的营商环境进行排名，从而引导市场主体选择营商环境较好的经济体进行投资。或者说，即使评估主体并没有比较的意图，当评估结果公布之后，市场主体基于自身利益考量，亦会对比各经济体的营商环境状况。总的来说，通过对比可以督促排名靠后的经济体采取相应的改革措施，修正不利于营商环境的制度，并借鉴、推广排名靠前的经济体的有益经验，从而快速优化本国或本地区的营商环境。

总之，营商环境就是生产力，优化营商环境就是解放和提高生产力。正如2018 年 3 月 5 日国务院总理李克强在第十三届全国人民代表大会第一次会议上所作《政府工作报告》中指出的，优化营商环境就是解放生产力、提高竞争力，要破障碍、去烦苛、筑坦途，为市场主体添活力，为人民群众增便利。

二、营商环境的表现形式

营商环境是一个系统性的概念。一个经济体的营商环境是由多重因素共同作用而形成的，十分复杂。但从评价一个经济体营商环境好坏的角度来看，有些因素却是通行的。或者说，营商环境的表现形式具有一般性。通常值得重点关注的几个主要层面包括：

一是行政审批。行政审批是营商环境最为重要的表现形式之一。所谓行政审批是指企业商事活动需要政府行政审批的事项、手续、流程和时限等。在行政审批事项方面，营商环境主要表现为企业的商事活动是否需要行政审批，何种商事活动需要行政审批，需要多少政府部门的行政审批等。在行政审批手续方面，营商环境主要表现为企业在办理行政审批时需要提交哪些材料，需要办理多少证照，是否可以网络办理等。在行政审批流程方面，营商环境主要表现为企业办理行政审批时是否存在前置审批，需要提交几次材料，各审批事项之间的先后顺序设计是否合理等。在行政审批时限方面，营商环境主要表现为企业办理行政审批需要多长时间，是否存在重复程序，是否存在简易程序等。

二是权利保障。权利保障是营商环境最为直观的表现形式之一。所谓权利保障是指企业在从事商事活动过程中的各项权利是否得到有效保障。在立法方面，营商环境表现为产权保护制度是否健全，合同履行制度是否健全，知识产权保护制度是否健全等。在执法方面，营商环境表现为是否建立健全执法监督机制，是否存在滥用执法权的情形，对轻微违法行为是否免罚等。在司法方面，营商环境表现为纠纷解决机制是否健全，司法诉讼程序是否公正高效，裁判文书是否有效执行等。

三是税收制度。税收制度是营商环境最为关键的表现形式之一。所谓税收制度是指政府制定的税收法规是否有助于企业的生存与发展。在税收制度的制定方面，营商环境表现为课税项目的设计是否合理，税率的设置是否合理，税收法定原则是否落实等。在税收制度的执行方面，营商环境表现为征税机关是否公正、高效、廉洁，征税方式是否合理，征税手段是否合法等。在税收优惠方面，营商环境表现为是否建立合理的税收优惠制度，是否存在骗取税收优惠等行为，税收优惠是否破坏了公平竞争环境等。

四是政商关系。政商关系是营商环境最为特殊的表现形式之一。所谓政商关系是指企业在商事活动中是否与政府建立了"亲""清"的政商关系。一方面，营商环境表现为政商关系是否"亲"，即企业与政府之间的关系是否为积极的、合作的，具体包括政府是否积极履行服务企业的职责，企业是否主动融入政府的发展规划，政府与企业之间是否树立共同的目标等。另一方面，营商环境表现为政商关系是否"清"，即企业与政府之间的关系是否合法、健康，具体包括政府在管理企业的商事活动中是否存在"吃拿卡要"等问题，企业是否存在"围猎"政府官员等行为，政府与企业之间是否存在利益勾兑等。

第四节　营商环境的法治化与便利化、市场化、国际化

一、营商环境的法治化

通常来说，营商环境的法治化就是指运用法治思维和法治手段构建、优化和保障营商环境。习近平总书记指出，法治是最好的营商环境。优化营商环境必须秉持法治思维，运用法治手段。法治是一种与人治相对应的治理模式。亚里士多德指出，法治包括两重含义，即已经制定的法律获得普遍的服从，而人们所服从的法律本身又应该是制定得良好的法律。简言之，法治就是法律的统治。而人治则不同。人治是一种依靠统治者的意志和能力进行统治的治理模式。人治社会是一个缺乏人人平等理念的社会，法律只是统治者进行统治的工具，统治者本身并不受法律约束。2014年10月召开的中国共产党第十八届中央委员会第四次全体会议审议通过的《中共中央关于全面推进依法治国若干重大问题的决定》指出，社会主义市场经济本质上是法治经济。因此，必须采取法治而非人治的方式优化营商环境。概括来说，营商环境的法治化具体表现在如下几个方面：

一是平等保护。习近平总书记指出，要把平等保护贯彻到立法、执法、司法、守法等各个环节，依法平等保护各类市场主体产权和合法权益。在市场经济环境下，市场主体之间的地位是平等的。营商环境的优化必须致力于构建一种人人平等的商事环境。在立法层面，法律法规应当明确各类市场主体之间的地位平等，享有同样的权利，履行同样的义务。在执法层面，执法主体应当平等对待各类市场主体，特别是应当平等对待国有企业和私营企业，公平执法。在司法层面，司法机关应当秉持程序正义的原则，让人民群众在每一个司法案件中感受到公平正义。在守法层面，各类市场主体均应严格遵守法律法规，不允许出现任何法外特权。

二是权力控制。习近平总书记指出，要用法治来规范政府和市场的边界，尊重市场经济规律，通过市场化手段，在法治框架内调整各类市场主体的利益关系。一方面，优化营商环境应当坚持市场在资源配置中的决定性作用。在市

场经济背景下，国家应当充分尊重市场之手的自主性，只有在市场之手无法应对之时，国家之手才能发挥作用。这就意味着，优化营商环境首先是尊重市场主体按照民法典等法律法规自主开展商事活动。另一方面，优化营商环境应该着眼于规范政府的行政权力。特别是在行政审批中，政府应当积极推进改革，减少行政审批事项，简化行政审批流程，压缩行政审批时间，并且进一步规范行政行为。

三是制度建设。习近平总书记指出，要把工作重点放在完善制度环境上，健全法规制度、标准体系，加强社会信用体系建设，加强普法工作。首先，优化营商环境必须建立健全各项商事法律法规制度。一方面，应当按照市场经济的要求，进一步完善民商事法律法规，特别是物权、合同等领域的基本法律法规制度；另一方面，优化营商环境还应当从简政放权、高效便民的角度，进一步完善行政法律法规制度。其次，优化营商环境必须依法进行，这就意味着应当直接制定优化营商环境法律法规，为优化营商环境工作提供直接的法律法规支撑。各地、各部门也可以出台优化营商环境的法规规章，从多维度、多层次构建优化营商环境工作制度体系。最后，优化营商环境还应当建立健全各项配套制度，如社会信用制度、普法工作制度等，为优化营商环境提供更为全面、细致的法律保障。

四是以人为本。以人为本是优化营商环境工作的题中应有之义。法治的目的是为了保障各类主体的权利。营商环境法治化必须从保障各类市场主体权利的角度出发进行谋划。食品、药品等领域一直以来都是人民群众最为关切的领域。习近平总书记指出，对食品、药品等领域的重大安全问题，要拿出治本措施，对违法者用重典，用法治维护好人民群众生命安全和身体健康。因此，优化营商环境应当以食品、药品等领域为抓手，运用法治手段解决优化营商环境工作中最为迫切的难题。

五是对外开放。习近平总书记指出，要加快推进我国法域外适用的法律体系建设，加强涉外法治专业人才培养，积极发展涉外法律服务，强化企业合规意识，保障和服务高水平对外开放。市场经济是一种开放的经济。在全球化的时代，营商环境不仅仅是某一经济体内独特问题，而是一个全球性问题。营商环境的法治化必然是面向世界的营商环境法治化。因此，营商环境法治化有赖于建立一套涉外法治体系。一方面，应当加快推进我国法域外适用的法律体系建设，维护海外中国企业的合法权益；另一方面，应当加快完善涉外法律服务机制，包括培养涉外法治人才、开展涉外法律服务等。

二、营商环境的法治化与便利化

营商环境的便利化是指市场主体能够更加便利地开展商事活动。营商环境的法治化应当以便利化为价值追求，促进营商环境的便利化。营商环境便利化是营商环境法治化最为直接的影响。首先，营商环境法治化为市场主体提供了一个稳定的、可预期的交易规则体系。营商环境法治化要求国家完善民商事、行政等各类法律法规体系，通过科学立法确保市场主体间交易规则的明确性，从而大大降低交易成本。其次，营商环境法治化为市场主体减少了不必要的外部干涉。营商环境法治化要求政府简政放权，并进一步规范行政行为，这就为市场主体创造了一个相对自由的营商空间。最后，营商环境法治化为市场主体提供了一个公平、公正的纠纷解决机制。营商环境法治化要求国家建立符合程序正义要求的司法机制以及调解、仲裁等其他纠纷解决机制，这就为市场主体之间的纠纷解决提供了制度支持。总的来说，营商环境的法治化必然会带来营商环境的便利化。

三、营商环境的法治化与市场化

营商环境的市场化是指应当按照市场化的要求构建营商环境，或者说营商环境应当符合市场经济的基本要求。营商环境的法治化保障营商环境的市场化，并对其具有明显的支撑作用。首先，营商环境的法治化要求明确各类主体之间的权利义务边界，这也是市场经济的基本要求。一方面，营商环境法治化要求明确政府与市场之间的边界，这就意味着政府将最大限度地克制自己的权力欲，从而为市场主体留下一个自给自足的营商空间。另一方面，营商环境法治化要求明确各类市场主体之间的权利边界，这就意味着各类市场主体之间的产权是明确的、有保障的，这是市场经济的基本前提。其次，营商环境的法治化要求保障契约的履行。合法的契约受法律保护，这是法治社会的基本要求。甚至可以说，契约就是当事人之间的法律。市场经济是诚信经济。市场主体基于自由意志而签订的契约必须被履行，而法律保障了这种履行。总的来说，营商环境的法治化保障了营商环境的市场化，而营商环境的市场化则进一步放大了营商环境法治化的价值。

四、营商环境的法治化与国际化

营商环境的国际化意味着应当站在全世界的角度思考营商环境，而非局限于某一经济体内部。营商环境的法治化能够从法治的角度推动营商环境的国际化。一方面，营商环境的法治化要求借鉴人类法治文明的先进成果，从法治的角度构建人类命运共同体。这就意味着，在优化营商环境的过程中，不可避免地吸收域外先进的民商事、行政等法律规则。通过法律移植带来的法律全球化，进一步推动营商环境的国际化。另一方面，营商环境的法治化要求建设涉外法律服务体系，包括我国法律的域外适用、涉外法律服务人才、涉外法律服务产品等。通过周边配套设施的建设和完善，进一步推动营商环境的国际化。

第五节　法治化营商环境评价指标体系的创新性及其探索意义

一、法治化营商环境评价指标体系的创新性

法治化营商环境评价指标体系是一套极具创新性的营商环境评价指标体系。众所周知，营商环境评价是一项热门工作。在世界范围内，不仅存在世界银行发布的《营商环境报告》，还有法国商务投资署发布的《法国吸引力报告》，俄罗斯战略倡议署发布的《地区投资环境国家排名》，印度工业政策与促进局发布的《印度营商便利度排名》等。在国内，不仅有国家发展和改革委员会发布的《中国营商环境报告》，还有中央广播电视总台发布的《中国城市营商环境报告》，万博新经济研究院联合中国财富网发布的《中国营商环境指数研究报告》，粤港澳大湾区研究院发布的《中国城市营商环境评价报告》，中国社

会科学院信息化研究中心联合北京国脉互联信息顾问有限公司发布的《中国营商环境评估》，全国工商联发布的《营商环境评价实施方案》等。这些营商环境评价指标体系各有侧重、各有优劣，但均缺乏明显的法治元素和法治内容，因而无法准确回应国家关于建立法治化营商环境的要求。法治化营商环境评价指标体系则是在克服上述各类营商环境评价指标体系弊端的基础上设计构建的，具有明显的创新性。具体表现如下：

一是重视营商环境法律制度建设。法治化营商环境评价指标体系特别重视法律制度建设。法治化营商环境评价指标体系认为，法律制度是营商环境的核心要素，或者说法律制度构成了营商环境中最为重要的软环境的核心内容。因此，法治化营商环境评价指标体系将制度供给作为评价营商环境的第一大指标，并从制度基础设施、制度运行质量、制度宣传质量三个方面准确、全面地反映营商环境中的法律制度因素。

二是实现法治实施体系的全覆盖。法治化营商环境评价指标体系以法治实施体系作为对照，全面反映法治实施体系各环节所呈现出的营商环境状况。通常来说，法治实施体系包括执法、司法、守法三个层面。在执法层面，法治化营商环境评价指标体系重点强调政府服务指标，从"放管服"改革的角度设计行政审批事项、流程、时限等指标，全面反映执法环节所呈现出的营商环境状况。在司法层面，法治化营商环境评价指标体系分别从保护中小投资者、知识产权保护与运用、执行合同、办理破产等几个角度设计指标，反映法院在司法活动中对市场主体权利的保障及所呈现出的营商环境状况。在守法层面，法治化营商环境评价指标体系特别重视诚信合规问题，针对政府采购、招标投标、执行合同等商事活动中的诚信合规问题设计指标，重点评估市场主体在守法中所呈现的营商环境状况。

三是贯穿企业商事活动的全过程。法治化营商环境评价指标体系不仅能够反映立法、执法、司法、守法等某一个层面的营商环境状况，还能够从企业的角度全景式地呈现一个企业的产生、运营、破产等商事活动中的营商环境状况。法治化营商环境评价指标体系针对开办企业，办理建筑许可，获得用水、电力、用气，登记财产，获得信贷，缴纳税费，执行合同，办理破产等环节设计指标，涵盖了一个企业生命周期的全过程。

四是特别突出对知识产权的保护。法治化营商环境评价指标体系特别重视知识产权保护，并有针对性地设计了一系列呈现知识产权领域保护现状的指标体系。在执法领域，法治化营商环境评价指标体系针对市场监督管理部门的定期检查、展会知识产权保护、知识产权中介机构、知识产权执法案件、发明专利数量、著作权登记量等领域设计了全面的指标体系。在司法领域，法治化营商环境评价指标体系针对知识产权专门审判法院、知识产权侵权民事案件、知识产权刑事案件、赔偿金额、审理周期等问题设计了周延的指标体系。上述专门针对知识产权保护问题设计指标的做法在其他类型的营商环境评价指标体系中比较少见，体现了法治化营商环境评价指标体系对知识产权保护的极端重视。

二、法治化营商环境评价指标体系的探索意义

探索建立法治化营商环境评价指标体系具有重大的意义。具体表现为如下几点：

一是落实全面推进依法治国重大战略部署。2014 年 10 月召开的中国共产党第十八届中央委员会第四次全体会议审议通过了《中共中央关于全面推进依法治国若干重大问题的决定》。该决定指出，社会主义市场经济本质上是法治经济。使市场在资源配置中起决定性作用和更好发挥政府作用，必须以保护产权、维护契约、统一市场、平等交换、公平竞争、有效监管为基本导向，完善社会主义市场经济法律制度。探索建立法治化营商环境评价指标体系是贯彻落实全面推进依法治国重大战略部署的具体举措。

二是提供一种新的营商环境评价指标体系。虽然当前国内外存在着多种多样的营商环境评价指标体系，但其均无法契合新时代优化营商环境的需要。特别是，既有的营商环境评价指标体系或者过于侧重经济元素而忽略法治元素，无法准确反映市场经济的法治经济本质；或者为了照顾国际间的横向可比性，不得不牺牲评价指标体系的地域特色，因而无法精准体现各地营商环境的真实情况。法治化营商环境评价指标体系则是在既有营商环境评价指标体系的基

础上构建起来的一种以法治为视角，以法治建设各个环节为抓手，具有鲜明的中国特色的全新的营商环境评价指标体系。

三是引导各地以法治为抓手优化营商环境。法治化营商环境评价指标体系为优化营商环境提供了工作抓手。其从立法、执法、司法、守法等法治建设的各个环节着手设计了相应的评价指标，这些指标的要求与全面推进依法治国的要求十分契合。对于政府而言，按照法治化营商环境评价指标体系优化营商环境就是在落实全面推进依法治国重大战略部署，相应地，在市场经济领域落实全面推进依法治国重大战略部署就是在优化营商环境。这样，法治化营商环境评价指标体系将优化营商环境放置于全面推进依法治国这一宏观背景之下思考，使得各地的优化营商环境具备了更加清晰的路线图。

第二章　营商环境评价指标体系的融合与差异化

第一节　国际化营商环境的评估报告及基本标准

一、世界银行《营商环境报告》的产生与发展

在国际化营商环境的评估报告中，影响最大的当属世界银行《营商环境报告》。2002 年，为了考察世界各经济体的营商环境，了解中小企业的生存状况，世界银行成立营商环境报告（Doing Business）小组。营商环境报告小组采取定量分析的方法，通过收集世界各经济体的数据，了解企业在商事活动中所适用的法律法规，进而形成《营商环境报告》，并对世界各经济体的营商环境进行排名。自 2003 年至 2020 年，世界银行每年都会发布一份《营商环境报告》，报告选取世界各经济体中最大的城市进行数据采集（人口超过 1 亿的经济体则选取两个城市，中国为上海和北京），全方位呈现世界各经济体内企业所适用的法律法规，并进行量化处理。

2003 年，世界银行发布了第一份《营商环境报告》。在后续的年度报告中，世界银行部分调整了评价指标体系，进一步与世界潮流和趋势紧密结合。例如，2004 年，世界银行营商环境评价指标体系中增加了雇佣灵活性指数、雇佣条件指数、解雇灵活性指数、就业法律指数等；2007 年，世界银行营商环境评价指标体系中总税负计算中剔除了消费税，增加了雇主为劳工负担的所有税负等；2015 年，世界银行营商环境评价指标体系将"公共信贷登记机构覆盖率（借方数量占成年人口的千分比）、私营信贷社覆盖率（借方数量占成年人口的千分比）"指标更新为"信贷登记机构覆盖率（借方数量占成年人口的百分比）、信用机构覆盖率（借方数量占成年人口的百分比）"；2016 年增加了出口耗时（小时）（单证合规）、出口耗时（小时）（边界合规）、出口成本（美元）（单证合规）、出口成本（美元）（边界合规）、进口耗时（小时）（单证合规）、

进口耗时（小时）（边界合规）、进口成本（美元）（单证合规）、进口成本（美元）（边界合规）、国内运输成本（进口）（美元）、国内运输耗时（进口）（小时）、国内运输成本（进出口）（美元）、国内运输耗时（出口）（小时）等。

值得注意的是，世界银行营商环境报告小组的关键人物主要是具备西方教育背景的学者型官员，例如西蒙·贾科夫、卡拉里·麦克莱什、迈克尔·克莱恩、奥古斯都·洛佩斯·克劳克斯等。他们通常担任世界银行全球指标局局长、世界银行首席经济学家、世界银行金融和私营部门发展网络主管以及世界银行营商环境报告小组项目经理等职务，对世界银行《营商环境报告》的评价指标体系具有关键影响。在此背景下，上述关键人物的研究领域和兴趣领域通常会在世界银行《营商环境报告》中得到体现。例如，上述关键人物均比较关注发展中国家的发展问题，因而在世界银行《营商环境报告》评价指标体系中会侧重于评价那些影响发展中国家发展的关键指标。从评估的角度来说，这也表明世界银行《营商环境报告》并非完美无缺。

二、世界银行《营商环境报告》的评价指标体系

经过不断的调整，世界银行《营商环境报告》的评价指标体系逐渐稳定。以世界银行发布的《2020营商环境报告》为例，该报告的评价指标体系共涵盖开办企业、办理建筑许可、获得电力、登记财产、获得信贷、保护少数投资者、跨境贸易、缴纳税费、执行合同、办理破产等10个一级指标，以及体系周密的二级、三级指标。世界银行《营商环境报告》的每一项指标均具有坚实的理论基础，通常其每项一级指标均以一篇经典论文所提供的方法论为依据，学理性十足。同时，世界银行营商环境报告小组还通过世界银行全球指标局向全球各个经济体收集数据，通常以被评估对象的第一大城市为代表。其中，人口超过1亿的经济体同时采集第一大城市和第二大城市的数据。理论上提供的方法论与实践中收集的数据相结合，从而得出该经济体的营商环境评分，并进行全球排名，从而形成具有可竞争性、可比较性、可量化性以及可改革性的评估结论。具体而言，世界银行《营商环境报告》的评价指标如下：

（一）开办企业

开办企业主要评估的是一家企业的开办需要办理哪些程序，办理这些程序需要耗费多少时间和费用，以及需要缴纳多少资本等问题。简言之，开办企业主要评估的就是在某一经济体内开办一家企业的便利程度。在开办企业这一一级指标下共涵盖 4 个二级指标：

一是依法成立和正式经营一家公司所需的程序（数量），包括登记前程序（如对公司名称的核准、预留和公证），在经济体被调查的商业城市注册登记，登记后程序（如社保登记、企业公章），就开办企业、离家办理商事登记或开立银行账户征得配偶同意，为公司注册和经营、国民身份证或开立银行账户而获取任何针对特定性别的文件等三级指标。

二是完成每项程序所需的时间（日历天数），包括不含收集办理程序信息的时间，每项程序始于不同日期（两项程序不可于同一天开始，但可完全在线完成的程序不受此限），一旦收到最终的成立文件或公司可以正式开展业务时程序视作全部完成，事先并没有和任何办事官员接触联系等三级指标。

三是完成每项程序所需的成本（占人均收入的百分比），包括仅为官方费用（贿赂不计），不含聘请专业人员费用（除非法律规定和实践普遍要求）等三级指标。

四是最低实缴资本（占人均收入的百分比），即登记前或成立后 3 个月内需存入银行或交给公证人员的款项等三级指标。

（二）办理建筑许可

办理建筑许可主要评估某一经济体内建筑行业的企业建设一个仓库所需经历的所有程序以及办理各项程序所需的时间和费用。简言之，办理建筑许可主要评估的就是在某一经济体内申请建筑许可的便利程度。在办理建筑许可这一一级指标下共涵盖 4 个二级指标：

一是程序，即新建仓库所需办理的程序总数，亦即企业雇员或管理人员同外部各方进行的任意互动，包括提交所有相关文件并获取所有必要的批文、执照、许可证和证书，提交所有必要的通知并接受所有必要的检查，获得供水和排污的公用事业设施连接，在仓库竣工后进行登记和销售等三级指标。

二是时间，即新建仓库所需的总天数，取当地专家认为完成建设工作所需时间的中值，包括扣除收集信息的时间，每项程序从单独的日期开始（全部在网上完成的程序除外），收到最终文件即视为程序已完成，未事先与官员接触等三级指标。

三是成本，即为完成与依法建设仓库有关的所有程序而支付的全部官方合法费用。

四是建筑质量控制，即为确保建筑质量而采取的控制措施，包括建筑法规质量、施工前质量控制、施工中质量控制、施工后质量控制、责任和保险制度、专业认证等三级指标。

（三）获得电力

获得电力主要评估企业为一个标准化仓库获得永久性电力连接而必须办理的所有程序。简言之，获得电力主要评估的就是在某一经济体内获得电力的便利程度。在获得电力这——级指标下共涵盖 5 个二级指标：

一是获得电力连接的程序（数量），包括提交所有相关文件获得所有必要准许和许可证，完成所有规定通告并接受所有必要检查，获得外部安装工程（可能还要为这些工程购买材料），订立必要供电合同获得最终供电等三级指标。

二是完成每项程序所需的时间（日历天数），包括至少 1 个日历日，每个程序在单独的一天开始，不包括收集信息的时间，反映了实际所用时间（几乎不需要跟进，而且不必事先与官员联络）等三级指标。

三是完成每项程序所需的成本（占人均收入的百分比），包括仅为官方费用（不包括贿赂），不含增值税等三级指标。

四是供电可靠性和电费透明度指数，包括停电的持续时间和频率，停电监测工具，恢复供电的工具，监管部门对供电部门表现的监督，限制停机的经济处罚，电费透明度和可查性等三级指标。

五是电价（美分／千瓦时），价格根据商用仓库月电费账单确定。

（四）登记财产

登记财产主要评估一个企业从另一个企业购买财产，并且把此财产的使用权从卖方转移到买方，使买方能使用此财产或者用于扩大自己现有的企业，把此财产作为贷款抵押，在必要的时候把此财产卖掉等所需要的时间和费用。简言之，登记财产主要评估的就是在某一经济体内登记财产的便利程度。在登记财产这一一级指标下共涵盖4个二级指标：

一是不动产物权的合法转让程序，包括预登记程序（如留置权审查、买卖协议公证、财产转让税等），在经济体中最大的商业城市登记，登记后程序（如在市政府填写登记产权）等三级指标。

二是完成每项程序所需的时间，包括排除收集信息的时间，每项程序从单独的日期开始（全部在网上完成的程序除外），一旦收到最终文件视为程序已完成，未事先与官员接触等三级指标。

三是完成每项程序所需的成本，包括只收取官方费用（如行政管理费、关税和税费），不包括增值税、资本收益税和非法支付等三级指标。

四是土地管理质量指数，包括基础设施可靠性指标、信息透明度指标、地理覆盖指数、土地争议解决指数、平等获得财产权指数等三级指标。

（五）获得信贷

获得信贷主要评估和衡量担保交易中借方和贷方的合法权利以及信贷信息的指数，即一个经济体的担保法和破产法是否具备使信贷更加便利的特点，以及征信服务提供商所提供的信贷信息的覆盖面、范围和开放程度。简言之，获得信贷主要评估的就是在某一经济体内获得信贷的便利程度。在获得信贷这一一级指标下，共涵盖了4个二级指标：

一是合法权利力度指数，即衡量担保法和破产法对借方和贷方权利的保护，也就是为借贷提供便利的程度，包括抵押法规定的借款人和抵押人的权利，破产法对有担保债权人权利的保护等三级指标。

二是信贷信息深度指数，即衡量影响信贷信息覆盖面、范围和开放程度的规则和做法，包括个人征信机构及信贷登记机构发放的信贷资料的范围及可及性等三级指标。

三是信贷登记机构覆盖率，即记录纳入公共信贷登记部门系统的人数及其近 5 年来的借款历史信息及信用被查询的记录，包括在最大的个人征信机构登记的个人和公司占成年人口的百分比等三级指标。

四是信用机构覆盖率，即记录纳入私营信用机构的人数及其近 5 年来的借款记录及信用被查询的记录，包括在金融征信机构登记的个人和公司的数量占成年人口的百分比等三级指标。

（六）保护少数投资者

保护少数投资者指标主要用来评价和衡量在利益冲突的情况下少数持股者受到的保护，以及在公司治理结构中股份持有人的权利。简言之，保护少数投资者这一指标主要用来评估在某一经济体内少数投资者被保护的力度。在保护少数投资者这一一级指标下，共涵盖了 2 个二级指标：

一是纠纷调解指数，即利益冲突的调控能力，主要指为使少数股东不受董事们滥用公司资产为自己谋利的损害而对他们进行保护的力度，包括披露程度指数、董事责任程度指数、股东诉讼便利度指数 3 个三级指标。所谓披露程度指数主要评估哪些法人主体能够合法批准此交易，是否要求有外部机构（如审计师）在交易发生前进行审核，是否要求向董事会或监事会披露他在交易中涉及自身的所有事实，是否要求立即向公众、监管部门或者股东披露交易，是否要求在年度报告中进行披露。所谓董事责任程度指数主要评估持股比例小于 10% 的股东原告是否能够因交易给公司造成的损失提起直接或派生诉讼，股东原告是否能够因此项买卖交易给公司带来的损害追究责任，等等。所谓股东诉讼便利度指数主要评估持有公司 10% 或以下股份的股东是否有权利在提起诉讼之前检查此次交易的文件，审理期间股东原告可以从被告和证人那里获得什么范围的文件，等等。

二是股东治理指数，即股东在公司治理中的权力大小，包括股东权利指数、所有权和管理控制指数、公司透明度指数 3 个三级指标。所谓股东权利指数主要评估出售 51% 及以上的资产是否需要股东同意通过，持有公司 10% 或以上股份的股东是否有权要求召开股东特别大会，公司是否在每次发行新股前取得其股东批准，等等。所谓所有权和管理控制指数主要评估 CEO 是否被禁止担任董事会主席，董事会是否必须包括独立并且非公司行政人员的董事会成员，等等。所谓公司透明度指数主要评估公司是否需要公开直接或间接持有 5% 以上股份的信息，是否需要公开董事会成员的其他董事职务信息及有关其主业的基本信息，是否需要公开管理人员的薪酬，等等。

（七）跨境贸易

跨境贸易主要评估货物进出口总过程中单证合规、边界合规、清关检查、国内运输所耗费的时间和成本。简言之，跨境贸易指标主要评估某一经济体内企业开展跨境贸易的便利程度。在跨境贸易这一一级指标下，共涵盖 4 个二级指标：

一是单证合规，即为了满足来源地经济体、目的地经济体以及任何过境地经济体的所有政府机构对单证的要求所需要的时间和成本，涵盖出口耗时、进口耗时、出口所耗费用、进口所耗费用等几个层面，具体包括获取、准备和提交在原产地经济体的运输、清关、检查和港口与边境装卸过程中的文件，获取、准备和提交目的地经济体以及任何过境经济体所需的文件涵盖所有法律及实践所需的文件（包括以电子方式提交的资料）等三级指标。

二是边界合规，即边界合规所需的时间和成本，其与遵守经济体的海关规定以及遵守为了让货物通过经济体边界而强制要求的其他相关规定有关，其同样涵盖出口耗时、进口耗时、出口所耗费用、进口所耗费用等几个层面。

三是清关检查，具体包括其他机构检查（如适用于超过 20% 的货物），经济体港口或边境装卸和检查等三级指标。

四是国内运输，具体包括仓库或港口／边境装卸货物，仓库与港口／边境之间的运输，货物运输途中的交通延误和交通警察检查等三级指标。

（八）缴纳税费

缴纳税费主要评估一家企业在某一特定年份内必须缴纳的各种税项和强制性费用，以及因纳税与支付费用、进行税后合规而产生的负担。简言之，缴纳税费这一指标主要评估某一经济体内企业的税费负担。在缴纳税费这一一级指标之下，共涵盖 4 个二级指标：

一是制造业企业纳税（每年根据电子与联合申报和缴税进行调整后的数量），包括所缴纳或代缴的税项和派款的总数（包括增值税、营业税或货物和服务税等消费税），报税、缴税的方式和频率等三级指标。

二是执行3种主要税项所需的时间（每年小时数），包括收集资料、计算应纳税额，编制单独的税务会计账簿、填写报税表向中介机构报税，安排纳税或代扣代缴等三级指标。

三是总税率和缴费比率（占商业利润的百分比），包括利润或企业所得税、社会缴费、雇主缴纳的劳动税，物业及物业转让税，股息、资本利得、金融交易税，废物收集、车辆、道路及其他税项等三级指标。

四是报税后流程指数，包括遵守增值税退税规定的时间（小时），获得增值税退税的时间（周），遵守公司所得税更正规定所需的时间（小时），完成企业所得税修正的时间（周）等三级指标。

（九）执行合同

执行合同主要评估解决一个常规的商业纠纷所需要的时间和成本，以及在这个过程中司法机关的一系列有益做法。简言之，执行合同主要就是评估在一个经济体内解决合同纠纷的成本问题。在执行合同这一一级指标下，共涵盖3个二级指标：

一是通过法院执行合同所需时间（日历天数），即从卖方决定向法院提起诉讼之时起计算，到价款支付时止，其中包括采取行动所需的天数以及其间的等候期，包括立案服务时间、审判判决时间、执行判决时间等三级指标。

二是通过法院执行合同所需成本（占索赔金额的百分比），包括律师费用、诉讼费、执行费用等三级指标。

三是司法程序质量指数，即衡量是否在司法体系的四个领域中采取了一系列良好实践，包括法院结构和诉讼程序、案件管理、法院自动化、替代性纠纷解决等三级指标。

（十）办理破产

办理破产主要评估企业办理破产所需的时间和成本。在办理破产这一一级指标下，共涵盖 4 个二级指标：

一是回收率。回收按债权人通过重组、清算或债务执行（抵押物没收或破产）等法律行动收回的债务占债务额的百分比来记录。

二是时间。债权人收回贷款的时间从公司违约之时开始，直至其拖欠银行的贷款部分或全部偿付之时结束。

三是成本。诉讼成本包括法庭费用和政府税费、破产管理费、拍卖费、评估费和律师费以及其他一切费用和成本。

四是破产框架力度。破产框架力度包括启动程序指数、债务人资产管理指数、重整程序指数、债权人参与指数等三级指标。

三、世界银行《营商环境报告》的实施

世界银行《营商环境报告》是在世界银行营商环境报告小组的操作下实施的。世界银行营商环境报告小组是世界银行《营商环境报告》的直接负责人，同时还接受世界银行全球指标局局长、世界银行首席经济学家、世界银行金融和私营部门发展网络主管等人的指导。世界银行自 2003 年发布第一份《营商环境报告》到 2020 年，每年均会发布一份《营商环境报告》，用来评价世界各经济体的营商环境。最初，世界银行《营商环境报告》仅仅针对 133 个经济体进行数据采集和评估。发展至今，世界银行《营商环境报告》基本涵盖了全世界 190 余个经济体。

世界银行《营商环境报告》的数据主要包括两类：一是书面得分指标。所谓书面得分指标是指被评估的经济体所制定的法律法规，以及这些法律法规中所体现的对市场主体权利的保护力度。例如，抵押法规定的借款人和抵押人的权利，破产法对有担保债权人权利的保护等。二是实践得分指标。所谓实践得分指标是指从市场主体的角度来看，实际从事某一商事活动所需要花费的时间和成本。例如，合法开办和运营公司所需的程序数量、完成每项程序所需的时间和成本等。世界银行《营商环境报告》的数据主要来源于各经济体内部，包括律师、会计师、法官、政府官员、咨询公司以及行业协会等。但是，世界银行《营商环境报告》的数据只是被评估经济体内最大城市的数据（人口超过 1 亿的经济体内第一和第二大城市的数据），并非该经济体内所有城市的数据。

第二节　中国营商环境评价指标体系的基本标准

一、中国营商环境评价指标体系的产生与发展

建立中国特色营商环境评价制度是贯彻落实党中央、国务院关于深化"放管服"改革、优化营商环境决策部署的重要举措。党的十八大以来，以习近平同志为核心的党中央高度重视优化营商环境工作。《中华人民共和国国民经济和社会发展第十四个五年规划和 2035 年远景目标纲要》明确要求，完善营商环境评价体系。2018 年 1 月，国务院常务会议明确要求，由国家发展和改革委员会牵头，借鉴国际经验，抓紧建立营商环境评价机制，逐步在全国推行，这是国家层面首次提出建立中国营商环境评价机制。随后，国家发展和改革委员会启动中国营商环境评价相关工作，牵头开展中国营商环境评价指标体系研究和构建工作。2018 年 3 月，在学习借鉴国际机构营商环境评价做法，梳理总结全国 31 个省区市优化营商环境典型经验的基础上，国家发展和改革委员会初步构建了中国特色营商环境评价指标体系。

中国营商环境评价指标体系的指标设计坚持问题导向、目标导向、标杆引领、对标世界银行的基本原则，不断研究，持续优化。2018 年 7 月，国务院办公厅印发《关于成立国务院推进政府职能转变和"放管服"改革协调小组的通知》（国办发〔2018〕65 号），明确协调小组下设优化营商环境专题组，负责牵头优化营商环境，建立健全营商环境评价机制等工作。2018 年 8 月，国务院办公厅印发《全国深化"放管服"改革转变政府职能电视电话会议重点任务分工方案》（国办发〔2018〕79 号），明确由国家发展和改革委员会牵头，加快构建具有中国特色的营商环境评价体系。2019 年 9 月，国家发展和改革委员会牵头，会同京沪两地和有关部门系统梳理了北京、上海两地优化营商环境的一批改革举措，报请国务院办公厅印发了《关于做好优化营商环境改革举措复制推广借鉴工作的通知》（国办函〔2019〕89 号），供全国复制推广借鉴，取得良好效果。2019 年 10 月，国务院颁布《优化营商环境条例》（国务院令第 722 号），

于 2020 年 1 月 1 日起正式实施。该条例第 8 条明确规定，国家建立和完善以市场主体和社会公众满意度为导向的营商环境评价体系，发挥营商环境评价对优化营商环境的引领和督促作用。中国特色营商环境评价制度以行政法规形式予以明确。2019 年 11 月国务院常务会议要求，为发挥好营商环境评价的引导和督促作用，在 2018 年以来全国部分城市开展的营商环境评价的基础之上，以市场主体感受为依据，改进评价指标体系和评价方法，既查找解决共性问题，又不增加地方和企业负担。2019 年 12 月，国务院办公厅印发《关于支持国家级新区深化改革创新加快推动高质量发展的指导意见》（国办发〔2019〕58 号），要求开展体现新区特点的营商环境评价，下硬功夫打造好发展软环境。

2018 年以来，国家发展和改革委员会组织实施了多批次试评价，不断验证和调整评价指标体系。2018 年 3 月，国家发展和改革委员会组织对东、中、西部和东北地区 22 个城市开展两批次营商环境试评价。2018 年 10 月，国务院办公厅印发《关于聚焦企业关切进一步推动优化营商环境政策落实的通知》（国办发〔2018〕104 号），明确国家发展和改革委员会要牵头在 2018 年底前构建营商环境评价机制，通过引入第三方等方式开展营商环境试评价。2018 年 11 月，国务院常务会议决定，按照国际可比、对标世界银行、中国特色原则，围绕与市场主体密切相关的开办企业、办理建筑许可、获得信贷、纳税、办理破产等方面和知识产权保护等，开展中国营商环境评价，逐步在全国推开。2019 年，经国务院批准，国家发展和改革委员会牵头组织直辖市、计划单列市、省会城市和部分地县级市等 41 个城市开展了营商环境评价，并在东北地区 21 个城市开展了营商环境试评价。2020 年 5 月，中共中央、国务院印发《关于新时代加快完善社会主义市场经济体制的意见》，要求落实《优化营商环境条例》，完善营商环境评价体系，适时在全国范围开展营商环境评价，加快打造市场化、法治化、国际化营商环境。

二、中国营商环境评价指标体系的基本框架

《中国营商环境报告 2020》是我国首部权威性营商环境评价报告。《中国营商环境报告 2020》全面介绍了中国营商环境评价体系的基本内容、评价方

法、制度实践等，吸收和融入了各地深化"放管服"改革、优化营商环境的重要举措和成效，全景式地展现了我国各地营商环境状况。《中国营商环境报告2020》所采用的评价指标体系由18个一级指标和87个二级指标构成。其中，反映企业从开办到注销全生命周期链条的一级指标15个，即开办企业，劳动力市场监管，办理建筑许可，政府采购，招标投标，获得电力，获得用水用气，登记财产，获得信贷，保护中小投资者，知识产权创造、保护和运用，跨境贸易，纳税，执行合同，办理破产。反映各地投资便利度和长期投资吸引力等城市高质量法治水平的一级指标3个，即市场监管、政务服务、包容普惠创新。

（一）开办企业

开办企业这一指标主要衡量参评城市的企业从设立到具备一般性经营条件所需经历的政府审批和外部办事流程，包括办理环节、办理时间、成本费用以及提升开办企业便利化水平等情况。开办企业一级指标下共有4个二级指标：

一是实现网上办理。包括：（1）"一网通办"平台，即将企业登记、印章刻制、申领发票、社保登记等环节纳入平台。（2）全流程网上办理，且具备条件的城市实现住房公积金企业缴存登记与企业开办一窗办理、一网通办。（3）标准化表格，即整合开办企业所需的申报材料，形成一张申请表，申请人只需登录一个平台填报一次信息。（4）企业信息共享，即企业信息在市场监管、公安、税务、人力资源社会保障等部门间共享。（5）电子营业执照，即审批通过后发放电子营业执照，申请人可凭电子营业执照办理后续税务、银行开户等事项。

二是线下"一窗受理"。包括：（1）窗口审查，即申请人将所需材料一次性提交至综合窗口，工作人员确认为符合受理条件的，将申请材料流转至相关部门审批。（2）部门审批，即各部门根据其相应的职责完成审批工作，多部门联合办理事项由最终环节审批部门负责归总核验并转交综合窗口。（3）统一发证，即将营业执照、公章、发票等一次性发放给申请人。

三是再造办事流程。包括：（1）简化企业登记，即取消企业名称预先审核，推行企业名称自主申报。（2）推行新办纳税人"套餐式"服务，即新设立的企业在网上一次性填报申请表、上传相应材料，经审核通过后，即可到税务局领取税控设备和发票。

四是政府购买服务。包括：（1）免费刻制公章，即免费为新设企业发放一套四枚印章（企业名称印章、财务章、发票专用章、法定代表人章）。（2）免费提供税控设备，即免费为新设企业提供增值税防伪税控设备，免收第一年服务费。

（二）劳动力市场监管

劳动力市场监管指标主要衡量参评城市实施就业监管的灵活性，涉及招聘、用工、解聘等过程，以及提供就业服务，做好重点群体就业工作，多渠道促进就业等情况。劳动力市场监管一级指标下共有 3 个二级指标：

一是及时处置争议。包括：（1）建立预警防控机制，即建立部门沟通配合和信息互通机制，加强对重点产业、行业和企业裁员的劳动关系风险隐患监测，将媒介产生的涉及劳动用工方面的监督建议信息纳入监测范围。（2）开展柔性执法，即梳理易发、多发问题，针对劳动密集型企业提前开展政策宣讲和隐患排查，对因暂时经营困难、非主观故意、首次违法违规的企业予以书面警示、避免直接处罚。（3）网络纠纷化解平台，即可以通过网络平台在线举报投诉用人单位的违法违规行为，推行网上行政调解、网上调解仲裁等纠纷化解模式。（4）纠纷处置重心下移，即在镇（街）设立派驻亭、调解点，构建司法、公安、工会、住建等部门参与的多部门联动机制，将纠纷化解在基层。（5）建立多元纠纷化解机制，即建立完善劳动人事争议预防协商机制、协调机制、仲裁机制、衔接机制等多元处理机制。

二是多渠道促进就业。包括：（1）在线提供就业服务，即打造网上就业超市，为企业发布用工需求、开展招聘辅导，为劳动者提供就业信息、职业培训等。（2）支持灵活就业，即开通灵活就业网上登记窗口，为灵活就业者缴纳社保费提供委托银行签约缴费、自助终端缴费、微信清缴、办税大厅划扣等多种渠道。

三是开展和谐劳动关系创建。包括：（1）纳入考核体系，即构建和谐劳动关系创建评价指标体系，把构建和谐劳动关系纳入当地经济社会发展规划和政府目标管理绩效考核。（2）强化正向激励，即开展用人单位劳动保障守法诚信等级评价，对守法诚信示范企业在信贷、政府采购等方面给予优先支持，不纳入主动监察、主动审计稽核范围。

（三）办理建筑许可

办理建筑许可主要评价参评城市的企业投资建设一个小型建筑物所需经历的政府审批和外部办事流程，包括办理环节、办理时间、成本费用以及控制建筑工程质量和提升办理建筑许可便利化水平等情况。办理建筑许可这一指标下共有 5 个二级指标：

一是流程标准化、规范化。包括：（1）统一设立线上平台和线下窗口，即建立"一站式"网上办理系统，在政务服务大厅设立综合服务窗口，全程"一口进件、并联审批、一口出件"，为申请人提供指导咨询服务。（2）统一公布审批事项清单和流程图示范文本，即明确所有审批事项的适用范围、前置条件、办理时限。（3）统一划分审批阶段，即将全流程划分为立项、用地、规划许可，工程建设许可，施工许可、竣工验收等 4 个阶段，各阶段明确一个牵头部门。（4）统一制定申报表单，即各审批阶段牵头部门负责制定一张申报表单、一份办事指南，部门间共享企业申报信息，申请人不再另行提交材料。（5）统一项目代码，即将项目代码作为项目全生命周期唯一身份标识，审批、监管、建设实施进展等信息均通过代码归集。

二是分类审批监管。包括：（1）实行分类审批，即对低风险工程项目免于办理环境影响评价等环节，精简审批程序、压缩办理时间。（2）实行分类监管，即建立基于不同项目类型、不同风险等级的差异化现场质量监管体系，取消低风险项目首次监管会议、检查和竣工备案等环节。

三是优化前期评估。包括：（1）"多规合一"协同，即组织规划自然资源、发展改革、住房城乡建设等部门集体研究确定项目建设条件、需要评估事项、为项目单位提供与沟通与协调服务，建设"多规合一"业务协同平台，接入相关单位线上协同策划，实现多部门在线会商决策，以"一张蓝图"统筹项目实施。（2）区域评估，即由政府负责对符合条件的特定区域内的雷电灾害风险评估、地震安全性评价、地质灾害危害性评估、环境影响评价、节能评价等事项实行区域评估。（3）标准地，即对已完成区域评估的建设用地，进一步明确投资强度、亩均税收、单位能耗、单位排放、容积率等指标。（4）告知承诺制，即对已经实施区域评估范围内的工程建设项目，相应的审批事项实行告知承诺制。

四是简化报建流程。包括：（1）探索取消施工图审查，即建立设计质量终身负责制，不以施工图审查和文件作为行政许可的前置条件。（2）数字审图、多图联审，即将消防、民防、卫生、水务、抗震等部门的技术审查事项并入施工图设计文件审查，施工图审查机构采用数字化系统在线一并审查。（3）市政公用服务事项前置，即供水、供电、燃气、热力、排水、通信等市政公用基础设施报装提前到开工前办理，相关服务事项入驻线上平台和政务服务大厅。

五是缩短验收时间。包括：（1）"多测合一"，即统一建筑工程建筑面积测绘、房产面积测算、土地勘测的技术标准，实行"一次委托、统一测绘、成果共享"。（2）"多验合一"，即实行规划、土地、消防、人防、档案等事项限时联合验收，统一竣工验收图纸和验收标准，统一出具验收意见。

（四）政府采购

政府采购主要评价参评城市的政府采购平台建设水平、流程规范性，以及企业进入公共采购市场的难易程度。政府采购这一指标下，一共包含5个二级指标：

一是提高透明度。包括：（1）一口发布采购信息免费提供采购文件，即整合政府采购信息发布渠道，在中国政府采购网地方分网统一发布各级政府部门采购信息。（2）免费提供采购文件，即采购人、采购代理机构免费向供应商提供电子或纸质采购文件。（3）开标全程对外公开，即投标人员及其代表之外的其他人员在不影响开标的正常秩序的情况下可以观摩开标活动。

二是"互联网＋政府采购"。包括：（1）平台建设，即平台具备在线发布采购公告、提供采购文件、提交投标（响应）文件、电子开标、电子评审等功能，涵盖合同签订、履约验收、信用评价、用户反馈、提交发票、资金支付等全部线上流程。（2）标准统一，即建立统一的技术标准和数据规范，实现各级政府部门的采购数据信息互联互通。（3）专家远程异地评审，即评审专家异地抽取、在线量化打分，评审结果和评审报告由系统自动生成，全程留痕、可查可溯。

三是降低交易成本。包括：（1）规范保证金收取和退还，即允许供应商自主选择以支票、汇票、本票、保函等非现金形式缴纳或提交保证金；投标（响应）保证金的约定到账截止时间与投标（响应）截止时间保持一致，并按照规定及时退还；在采购合同中约定履约保证金退还的方式、时间、条件和不予退还的情形，明确逾期退还履约保证金的违约责任。（2）分类减免费用，即将信用机制引入政府采购领域，对履约好、信用佳的中小企业，减免履约保证金，取消招标文件收费。（3）取消投标保证金，即停止收取所有项目供应商投标保证金，协议供货和定点采购项目停止收取履约保证金。

四是缓解资金压力。包括：（1）预付采购资金，即中标（成交）供应商已提供保函的，采购人在合同履约前向中标（成交）供应商预付部分采购资金。（2）支付跟踪管理，即督促采购人按照政策规定、合同约定按时向中标（成交）供应商支付款项，将款项实际支付情况纳入政府采购绩效评价。（3）合同信用融资，即政府采购机构与金融机构合作，中标（成交）供应商可凭政府采购合同向金融机构申请办理融资业务。

五是保障公平竞争。包括：（1）充分听取意见，即对拟出台的政府采购相关制度规定，采用座谈会、公开征求意见等方式听取市场主体和相关行业协会商会意见。（2）网上中介超市，即设立采购代理机构网上中介超市，在线公开入驻机构信息，为市场主体提供择优选取、竞价选取、随机抽取、直接选取等方式。（3）及时回应质疑，即建立快速裁决通道，提供标准统一、高效便捷的维权服务，依法及时答复和处理供应商提出的质疑、投诉、举报。

（五）招标投标

招标投标主要评价参评城市招标投标流程的规范性、企业进入招标投标市场的难易程度、投诉机制的完备性以及推进电子化招标投标、提高采购效率和透明度、创新招标投标监管体制机制等情况。招标投标这一指标下，共包含3个二级指标：

一是推进电子招标投标。包括：（1）市场主体信息共享，即建立省级招标投标市场主体信息库，市场主体一次注册即可在全省共享工商登记、资质资格、业绩等信息。市场主体信息库与投资项目在线审批监管平台对接，直接获取工程项目信息和审批核准信息。（2）数字证书（CA）互认，即建立电子招标投标系统统一身份认证平台，联通不同交易平台数据信息，实现数字证书（CA）跨平台、跨部门、跨区域互认；利用移动物联网技术，通过手机移动终端扫码实现数字证书（CA）免介质互认。（3）电子投标，即全部采用电子投标文件，开标现场不再收取纸质文件。（4）不见面开标，即投标人通过电子招标投标交易平台在线参加开标，在线解密投标文件。（5）专家远程异地评标，即推动评标专家库互联互通，实现跨区域抽取评标专家；评标专家通过语音实时交互、画面同步直播、网上电子签名等方式，开展远程评标。

二是加强招标投标监管。包括：（1）综合监督执法，即推进招标投标监管权相对集中，整合分散的招标投标活动监督、管理、执法等职责，由一个部门统一受理招标投标投诉举报、组织调查核实、作出处理决定。（2）监管权责清单，即理顺发展改革、住建、交通等部门的监管职责，明确职责分工、工作流程，形成监管权力和责任清单并向社会公开。（3）双随机抽查机制，即采用"随机抽取检查对象、随机选派检查人员"的方式，对建设项目的勘察、设计、施工、监理以及重要设备、材料采购招标投标情况进行检查。（4）推行智慧监管，即在电子招标投标行政监督系统中部署风险预警、流程追溯、异常行为监测、音视频监测、投诉处理等功能模块，提升对围串标等违法违规行为的甄别和发现能力。（5）执法协作机制，即招标投标行政监督部门与纪检监察机关、公安机关协同执法，对监管执法中发现的涉嫌违纪或犯罪且证据充足的案件，及时移送纪检监察机关或公安机关；对监管执法中发现的涉嫌违纪或犯罪但证据不足的案件，商请纪检监察机关或公安机关协助，提供技术侦查等力量支持。

三是降低交易成本。包括：（1）非现金方式缴纳保证金，即推广以银行保函、保险保函、担保公司保函等非现金方式缴纳投标保证金、履约保证金。（2）保证金网上缴退，即投标人网上缴纳投标保证金，在中标公示期满后无须提交申请，非中标候选人的投标保证金按原路径自动退还。（3）电子保函，即推荐投标人使用电子保函，实现保函在线开具、即时推送、全程留痕、方便查验。（4）分类减免保证金，即在法定标准内按照企业信用状况调整保证金缴纳额度；为民营企业、中小企业减免投标保证金。

（六）获得电力

获得电力主要评价的是参评城市的企业第一次获得永久性电力所经历的政府审批和外部办事流程，包括接入电网所需的办理环节、办理时间、成本费用，以及参评城市的供电可靠性、电费透明度、用电报装便利化水平等情况。获得电力这一指标下包含 5 个二级指标：

一是优化办电服务。包括：（1）提升办电便捷度，即用户可通过互联网、手机 APP 等渠道提出报装申请、签订合同、上传装表位置，实现网上预约、上门服务、移动作业、现场办结。（2）减少办电审批，即简易低风险工程建设项目附属电力外线接入工程免除行政审批，其他项目电力外线工程将行政许可从串联前置审批改为并联同步操作。（3）降低办电成本，即延伸投资界面至客户红线，表箱及以上工程由电力公司投资建设，电力接入外线投资全免费。（4）"双经理"负责制，即客户经理负责协调项目整体推进，项目经理负责外线工程，实现"受理业务、施工准备、工程实施、计划排定"责任到人。

二是低压小微企业用电报装"三零"服务。包括：（1）零上门，即实行线上用电报装服务，用户可以在线提出用电需求，签订合同，供电企业委派专人上门服务，用户用电报装"一次都不跑"。（2）零审批，即供电企业简化所需材料并一次性收取，代替用户办理电力接入工程审批手续，地方政府有关部门优化审批服务，实现一窗受理、并行操作、限时办结。（3）零投资，即供电企业延伸投资界面至用户红线，160 千瓦及以下的报装容量通过低压方式接入，并由供电企业对计量装置及以上工程进行投资和建设。

三是高压用户用电报装"三省"服务。包括：（1）省力，即推广"互联网＋"线上办电服务，用户在线提交用电申请、查询业务办理进程、评价服务质量，实现办电"最多跑一次"。（2）省时，即地方政府有关部门简化电力接入工程审批程序、压减审批时限；供电企业着重提升业务办理的速度，推行业务办理限时制，让用户可以及时享受接电服务。（3）省钱，即供电企业不断改进供电方案，以服务用户为宗旨，就近就便接入电网，切实减小用户办电成本。

四是提升供电可靠性。包括：（1）加强电网建设，即将电网规划纳入城市总体规划、区域控制性详细规划等市政规划；将重大项目用电供求纳入电网建设规划，提前开展电网骨干网架建设，确保重大项目稳定供电；加强电网基础建设，提升配网转供电能力和自动化水平。（2）提升智能化水平，即应用现代信息技术，对电网进行灾前预测、灾害评估、故障诊断分析；应用机器人无人机等智能设备，实现对供电设备的全时段巡视，及时发现和排除隐患问题。（3）优化停电作业，即推广不停电作业，减少客户"停电感知"；推出停电地图服务，对每一单故障停电提供类似物流包裹的实时查询服务。

五是加强与政府部门信息互联互通。包括：（1）系统互联互通，即建立外线工程并联审批平台，打通供电业务系统与政务服务平台互联互通数据接口，实现规划、绿化、交通、占掘路等审批环节并联审批。（2）数据共享交换，即加强政务数据共享交换应用，实现身份证件、营业执照、不动产权证、建设工程规划许可证等用电业务办理信息实时获取。（3）政企业务联办，即在办理工程建设项目审批、企业开办、不动产产权变更等业务过程中，提前获取客户用电和电表过户需求，由政府直接推送至供电企业，实现业务联办。

（七）获得用水用气

获得用水用气，主要评价参评城市的企业首次获得供水、燃气所需经历的政府审批和外部办事流程，包括办理环节、办理时间、成本费用，以及参评城市的用水用气价格情况、用水用气报装便利化水平等情况。获得用水用气这一指标下，共包括3个二级指标：

一是优化市政公用服务。包括：（1）水气电网联动报装，即设立网上联动办理接口、政务大厅服务专窗，将多个部门的申请材料整合为一张申请表，各公用事业单位联合踏勘、联合施工、一并接入。（2）完善市政公用配套，即在做地阶段，将供水、供电、供气等市政公用管线配套至地块红线边界。（3）加强前期服务，即推行"提前介入、提前指导"的前置咨询服务，通过上门服务、技术咨询、现场答疑、确认条件等举措提高服务质量。（4）实行容缺受理、并联审批，即推出先受理后补交资料的办理模式，增加工作人员上门补收途径；依托政府联合审批政务平台，规划、园林、城管、交管等部门的行政审批事项实行并联审批。（5）推出掌上服务，即完善微信公众号和官方网站供水供气服务板块业务功能，打造掌上营业厅手机 APP，实现线上业务咨询、投诉、报装、查询、缴费、发票下载、信息变更等业务办理。

二是优化用水报装流程。包括：（1）小型工程"三零"服务，即对符合条件的社会投资小型工程建设项目，供水公司上门服务、到现场审核材料、承担供水管线设计和施工费用。（2）提高供水稳定性，即比对客户用水量，提醒异常用水并提供漏水检测维修服务，建立应急供水技术方案，对自来水输配水管网供"7×24"小时巡护。

三是优化用气报装流程。包括：（1）扩大"三零"服务范围，即对燃气设计压力 10 千帕以下、接入管线直径不大于 10 厘米、新建管线长度不大于 200 米的用户，提供"三零"服务。（2）降低用气价格，即对连续 12 个月未发生拖欠缴费的企业，取消燃气预付费；推出"预付款＋气量按揭"付款方式，小型商业用户只需先期支付部分安装费，即可实现用气。

（八）登记财产

登记财产主要评价参评城市的企业转让不动产所需经历的政府审批和外部办事流程，包括办理环节、办理时间、成本费用，以及参评城市提升不动产登记便利化水平，推动构建便捷、高效、便民利民的不动产登记工作体系等情况。在该指标下，共包含 4 个二级指标：

一是加快推进"互联网＋不动产登记"。包括：（1）建立集成统一的线上"一窗受理"平台，即加强信息共享，推进不动产登记、交易和缴税线上"一窗受理、并行办理"，一次受理、自动分发、依法衔接、一网通办，实现"不见面全程网办"，杜绝跑多站、进多网；推行网上缴纳税费、登记费，实现线上、线下"一网、一窗、一次收缴"。（2）推广使用不动产登记电子证照，即推广使用电子签名、电子印章、电子合同、电子证书证明，加强部门间互通共享互认；在户籍办理、企业登记、银行贷款等领域推广应用不动产登记电子证照，切实便民利企。（3）拓展登记信息网上查询服务，即加快推进网上查询服务；不动产权利人和利害关系人可通过线下窗口、自助查询设备或网上平台等多种方式快捷查询不动产登记信息。

二是加快推进信息共享集成。包括：（1）推进不动产登记所需相关信息共享，即在部门之间建立信息共享机制，通过信息化方式获取相关部门信息，实现不动产登记相关申请材料免提交。（2）加强不动产登记信息共享应用，即与相关部门加强登记信息互通共享，积极支撑房地产市场调控，为抵押贷款、积分落户、子女入学、市场主体注册、清理拖欠农民工工资、强制执行等提供便利。

三是积极推进流程集成。包括：（1）全面实施不动产登记、交易和缴税"一窗受理、并行办理"，以为企业和群众"办好一件事"为标准，加强部门协作，取消违法违规前置和不必要环节，合并相近环节，优化流程、精简材料。（2）设立企业专窗，取消企业间存量房网签备案，减轻企业和群众负担。（3）加快向银行等延伸登记服务，即通过专线、互联网等方式，积极向银行、开发企业、经纪机构延伸登记服务网点，提供预约咨询、信息查询、登记申请、领证等服务，降低企业和群众的时间成本。

四是积极推进人员集成。强化机制体制创新，即地方通过职能委托等方式进行交易和登记职责整合，精简办理环节、压缩办理时间、减少申请材料，从源头上避免重复申请、重复审核。

（九）获得信贷

获得信贷主要评价参评城市的企业办理动产抵押相关的法律法规，以及参评城市推动构建信贷信息体系，提升企业融资便利化水平等情况。获得信贷这一指标下，共包含3个二级指标：

一是简化融资流程。统一动产抵押登记系统，即将市场监管部门负责的生产设备、原材料、产品的抵押登记职能委托给人民银行征信中心履行，实现企业抵押一个系统登记、一个框架监管。

二是扩展融资渠道。包括：（1）搭建综合金融服务平台，即支持中小微企业在线办理债权、股权、担保、产权等融资业务，汇集税务、市场监管、社保、海关、司法等部门信息，便于金融机构快速了解、综合评价企业信用状况。（2）提供多种金融产品，即推进政银合作，推出"政采贷""信用贷""银税贷""科技担保贷""财保贷""研发贷"等金融产品；结合地方实际，推出支持"三农"、支持中小微企业、支持民生、绿色金融等金融产品。

三是降低融资成本。包括：（1）完善考核机制，即引导激励金融机构加大对实体经济的支持，督促银行建立并落实授信尽职免责制度，将评价考核重点放在金融机构服务实体经济，支持小微企业、民营经济、重点产业发展上。（2）推广政银风险分担机制，即设立贷款担保资金和风险补偿资金池，由担保机构、地方财政、合作银行等相关方按比例分别承担风险补偿，对贷款损失发放风险补偿，下调银行风险承担的比例，确保银行能做到对有效信贷需求的中小微企业应贷尽贷。（3）提供无偿应急还贷服务，即建立政府主导、国企主办、政策化运行的应急还贷资金，为临时资金周转困难、难以按时还贷的企业提供短期无偿还贷服务。

（十）保护中小投资者

保护中小投资者主要评价在利益冲突情况下参评城市的中小投资者受到保护的情况，以及在公司治理结构中的权利。保护中小投资者这一指标下主要有1个二级指标，即提高纠纷处置效率，包括：（1）建立中小投资者服务中心，即为中小投资者提供"一站式"、低成本、多渠道维权救济服务；对索赔金额在1万元以下的证券期货纠纷，经当事人同意，可以依法依规提出调解协议，缩短纠纷解决周期。（2）完善多元化纠纷解决机制，即建立委托调解、特约调解等切实可行的对接模式，实行24小时网上咨询和视频调解。（3）完善第三方专业机构辅助机制和专家证人制度，即委托专业机构调取与证券期货纠纷有关的证据材料，进行专业分析或损失核算等辅助工作；安排具有证券期领域专业知识的专家证人出庭，就案件涉及的专业问题发表客观、独立的意见。

（十一）知识产权创造、保护和运用

知识产权创造、保护和运用主要评价参评城市引导知识产权高质量发展、打击侵犯知识产权和制售假冒伪劣商品行为、提升知识产权运用效益等情况。

知识产权创造、保护和运用这一指标下，共包括 3 个二级指标：

一是深化知识产权业务便利化改革。提供优先审查，即对涉及节能环保、新一代信息技术、生物、高端装备制造、新能源等重点领域发明专利，开通专利优先审查网上绿色通道。

二是加大保护力度。包括：（1）完善机制，即不断完善知识产权保护地方性法规；建立知识产权联席会议制度，加强行政执法与司法保护的衔接。（2）协同保护，即设立知识产权保护中心、维权中心等，建立"全类别、全链条、多渠道、多主体"知识产权保护体系，提供快速审查、快速确权、快速维权"一站式"纠纷解决服务。（3）知识产权法庭和知识产权法院，即配备专门审判人员，建立技术调查官制度，跨区域审理有关专利、技术秘密、计算机软件等专业技术较强的知识产权案件。（4）合规承诺，即参与政府投资、采购和招标投标等活动的企业向相关部门提交知识产权合规性声明，限制有知识产权侵权行为的企业申报相关项目。（5）专业支持，即从全国高等院校、科研院所、企事业单位、其他社会团体、行业协会等遴选专家组建专家库，为行政、司法、仲裁等提供案件审理技术支撑，为企业提供侵权判定、纠纷调解、展会保护、专利布局、海外维权等专家咨询服务。（6）电商展会保护，即与网络电商平台共同建设知识产权保护平台和打假联盟，为网络电商提供快速维权通道；在展会上设立知识产权维权中心，接受知识产权事务咨询，受理知识产权侵权行为投诉和假冒专利举报。

三是提升运用效益。包括：（1）质押融资，即建立知识产权融资服务平台，提供知识产权评估、确认、登记、转让全流程服务，减免企业评估、担保等融资费用。（2）证券化，即以民营中小科技企业专利权许可费用作为基础资产，发行纯专利知识产权证券化产品。（3）转移转化，即建立科技成果转移转化平台，开设多元化、专业化的知识产权运营服务机构；应用区块链等现代信息技术对知识产权价值进行综合评价，促进高等院校、科研院所、企业等的科技成果通过市场化手段转化成实际生产力。

（十二）跨境贸易

跨境贸易主要评价参评城市的企业开展进出口贸易所需经历的政府审批和

外部办事流程，包括办理环节、办理时间、成本费用，以及参评城市提升跨境贸易便利化水平等情况。跨境贸易这一指标下，共包含3个二级指标：

一是提升通关便利。包括：（1）国际贸易"单一窗口"，即文件准备和提交通过"单一窗口"系统以电子化、无纸化方式完成，减少进出口文件提交时间；与银行、保险、民航、铁路、港口等行业机构合作对接，将出口退税申报、企业注册备案等业务纳入平台，建立具备"通关＋物流＋支付"功能的一站式服务平台。（2）进口货物"提前申报""两步申报"，即将提交申报信息分为"概要申报"和"完整申报"两步，企业可以仅凭提单主要信息完成概要申报、提离货物，并在规定时间内完整申报其他项目，办理缴纳税款等；概要申报可在舱单传输后、货物抵达港区前办理。（3）通关全流程电子化，即对进出口环节核验相关的监管证件数量进行削减，推广使用电子报关委托，实现网上申报、自助打印，达到进出口许可证件申领和通关过程的无纸化。（4）便利企业办理进口集装箱放箱手续，即船公司凭提货单即可办理集装箱设备交接单发放。（5）推进口岸物流作业无纸化，即实行集装箱设备交接单无纸化，实现集装箱在船公司、码头、堆场、集卡（司机）之间无纸化流转交接。（6）关税征管全流程服务，即为企业提供归类先例、税收要素预裁定等服务，推广关税保证保险和企业自助打印出口原产地证书、税单等凭证。（7）再造通关流程，即实施关检融合一次申报，取消报检单；将通关单电子数据联网核查从电子审单环节后移至报关单放行关节；取消汽车零部件自动进口许可证；取消出口香港的机电产品的原产地证。

二是优化监管流程。包括：（1）减少监管证件，即精简进出口环节监管证件和随附单据，对非安全保密事项的监管证件实行网上申报、联网核查。（2）提高查验准备工作效率，即通过"单一窗口"、港口电子数据交换中心等信息平台向进出口企业、口岸作业场站推送查验通知；将是否布控查验信息发送前移，海关接受申报后即通知企业是否对已经卸至海关监管场所内的进口货物进行查验，便利企业同步进行通关与物流作业。（3）实行口岸分类验放，即通过"单一窗口"嵌入风险管理和评估模块，降低检查率，减少进口整体通关时间；对进口汽车零部件直接采信 CCC 认证结果，对进口矿产品先放行后检测，对鲜活农产品即到即查。（4）开展大数据监管，即联网核验贸易链、供应链等全程数据，提高监管精准性。（5）规范提箱提货时限标准，即完善和公开集装箱码头装卸、仓储、运输、移箱、掏箱等生产作业时限标准，公开办理提箱作业时间，进一步便利企业办理当天提箱提货。

三是降低贸易成本。包括：（1）建立口岸收费目录清单，即明确收费项目和价格标准，建立价格、市场监管、商务、交通、口岸管理、查验等单位共同参加的收费监督管理协作机制；进一步完善口岸作业和处理环节收费公示，公布"一站式阳光价格"清单，提高港口收费透明度。（2）统一收费平台，即建设港口统一收费管理服务平台，推动实现港口缴费和结算"一站式服务、一次性办理、一体化管理"及相关物流服务企业直接入驻平台。（3）减免港口收费，即减少港口行政性收费；免除或降低港务费、港口设施保安费、港口建设费、港口作业搬移费、集装箱查验费、引航费、锚地停泊费等一批收费项目。（4）降低"中欧班列"运费，即实行中欧班列"一单到底、两段结算"运费机制改革，区分国际、国内运段运费，国内运段运费不计入进口货物完税价格。（5）发展多式联运，即提供物流路线优化服务，降低国际标准集装箱运输车辆的高速公路通行费用，免征内河集装箱运输船舶过闸费用。（6）降低服务成本，即加大合规费用公开力度，促进服务提供商之间竞争；提高监管流程和收费透明度，鼓励服务提供商良性竞争，降低与服务相关的成本（包括码头处理费用）；完善对查验没有问题的货物由政府承担查验作业费的机制和办法，减轻外贸企业负担。

（十三）纳税

纳税主要评价参评城市企业必须缴纳的各种税费，以及企业所需经历的政府审批和外部办事流程、因缴纳税费和进行税后合规产生的行政负担，包括办理次数、申报时间、成本费用等情况。纳税这一指标下，共包含 3 个二级指标：

一是减少纳税次数。包括：（1）合并申报，即企业在申报增值税的同时，可同步完成城市维护建设税、教育费附加、地方教育费附加等税种申报，将多税种整合到一起一次性申报。（2）"最多跑一次"和"全程网上办"，即制定相关办税事项清单，发布办税指南和标准化材料清单，基本涵盖常用税种。

二是压缩报税时间。包括：（1）一键报税，即打造电子税务局，利用系统的申报辅助，帮助纳税人根据企业财务报表数据和系统内企业基本信息预填电子纳税申报表，核对无误后即可在线提交。（2）一表集成，即横向整合各类税种的申报要求，增值税一般纳税人只需填写一张申报表、提交一套申报材料。（3）套餐服务，即根据企业类型，纵向整合税种核定、发票核定、信息确认等办税流程，为纳税人提供套餐式服务；实时解答梳理纳税人常见问题，提供"7×24"小时实时智能解答服务。（4）预约服务，即推出预约叫号、智能排号服务，自动提示纳税人需要携带的相关资料，并根据预约纳税情况，合理调配窗口资源。（5）"税邮合作"，即税务部门与邮政部门开展合作，通过邮政服务渠道实现发票申领、发票代开、发票邮寄等功能。

三是降低企业税费。包括：（1）开展线上线下辅导，即通过开设网络纳税人课堂、送政策上门等方式，帮助符合条件的企业申请优惠政策、减免税费负担。（2）降低缴费率，即落实国家降低社会保险费政策，结合地方实际进一步降低社会保险费缴费率，减轻企业缴费负担。

（十四）执行合同

执行合同主要评价参评城市的企业解决商业纠纷所需的时间和成本，以及参评城市的司法程序质量等情况。在执行合同这一指标下，共包含3个二级指标：

一是加强信息化建设。包括：（1）司法数据公开，即在法院门户网站设立常态化司法公开平台，向社会动态公开法院商事案件平均审理天数、结案率等信息。（2）全流程网络化办案，即通过建立互联网法院、数字法庭等，充分利用互联网技术，实现案件办理的网络化、自动化。（3）诉讼服务平台，即建立手机端在线诉讼平台，集合案件诉讼风险智能评估、在线立案、跨域立案、在线调解、在线提交证据材料、在线提出执行申请等功能；建立供律师使用的网上平台，提供立案流程指引、网上立案、诉讼费计算、诉讼费用缴纳、文书样式查询等服务。

二是推进"立审执"提速增效。包括：（1）畅通立案渠道，即严格执行立案登记制，提供窗口立案、网上立案、预约立案、上门立案、假日立案、跨域立案等多种服务方式；对买卖合同、金融借款合同、委托合同等商事案件开通网上直接立案渠道，人民法院对符合条件的予以登记立案，原告无须另行提交纸质诉状。（2）提高审判效率，即推行诉前调解，引入智能调解室、律师调解室等平台，在征求当事人意愿前提下，委托、委派特邀调解员或特邀调解组织先行调解；推行繁简分流，扩大简易程序适用范围，推出智能繁简分案系统，对符合条件的一审民商案件实行简案速裁。（3）解决执行难题，即各单位对被执行人财产实行网络联动查控，覆盖房产、存款、车辆、证券、工商登记等财产信息；通过网络平台进行处置涉案财产，开展房产、车辆、电子产品等集中处置、集中展示活动。

三是优化诉讼服务。开展辅助事务集约化管理，即将扫描、送达、保全、鉴定等辅助性、事务性工作集中到诉讼服务中心，将扫描、送达等具有公共性的事务实行服务外包。

（十五）办理破产

办理破产主要评价参评城市的企业办理商业破产所需经历的政府审批和外部办事流程，包括办理程序、办理时间、成本费用、收回金额以及适用于清算和重组程序的法律框架等情况。办理破产这一指标下，共包含3个二级指标：

一是提升专业化水平。包括：（1）建立破产法庭，即成立专门破产法庭，组建专业审判团队，负责管辖强制清算和破产案件、相关衍生诉讼案件、跨境破产案件等。（2）优化管理人队伍，即重新编制破产管理人名册，成立破产管理人协会，完善管理人分级管理举措和绩效考评制度，提升破产管理人职业素养及专业化能力。

二是压缩办理时间。包括：（1）推行简易程序，即合并、简化工作流程，扩大适用简化审理的案件范围；对债权债务关系明确、债务人财产状况清楚的简单破产案件，适当简化审理程序，一般在6个月内审结；为有价值的危困企业设立破产重整"绿色通道"。（2）优化涉税流程，即在网上平台、政务大厅设立专门服务窗口,对符合条件的纳税人或破产企业管理人简化税务信息查询、解除非正常状态、领用发票、税务注销、申报债权等事项办理环节。

三是提高破产案件处置效率。包括:(1)破产财产网络拍卖,即依法通过互联网拍卖平台,以网络电子竞价方式公开处置债务人财产,拍卖过程对外公开。(2)府院联动工作机制,即建立企业破产处置工作联席会议机制,政府部门与人民法院共同协调解决产权瑕疵、职工安置、税收政策、逃废债等问题。(3)落实破产经费保障,即由财政资金给予支持,设立企业破产费用援助资金,为破产费用不足的企业提供启动资金。

(十六)市场监管

市场监管主要评价参评城市根据法律法规和职责落实监管责任、实施"双随机、一公开"监管、加强信用体系建设、推进"互联网＋监管"、规范涉企行政检查和处罚等情况。市场监管这一指标下,共包含4个二级指标:

一是完善"一单两库一平台"。包括:(1)统一监管清单,即严格按照法律法规和"三定"规定,制定职责明确、边界清晰、标准统一的监管事项清单,明确监管对象和范围、厘清监管事权。(2)完善检查对象名录库和执法检查人员名录库,即将市场主体、各类行政执法人员分别纳入检查对象名录库和执法检查人员名录库,实现全员常态化监管。(3)建立统一监管平台,即搭建统一的部门联合"双随机、一公开"监管工作平台,为抽查检查、结果公示和综合运用提供技术支撑。

二是规范执法检查活动。包括:(1)联合检查,即建立"双随机、一公开"监管联席会议制度,扩大联合抽查参与部门范围,统筹制定市、区两级年度抽查工作计划,实现"进一次门、查多项事",抽查结果在部门间共享交换和互认互用。(2)全程网上留痕,即监管部门在线申请开展"双随机、一公开"监管,执法检查人员和检查对象由系统随机抽取,执法过程全程记录,检查结果录入系统、统一对外公示。(3)限定自由裁量权,即细化各类涉企行政检查和行政处罚的要求,在依法履职、规范执法、保障企业合法权益、开展创新监管等方面提供具体行为指引。(4)综合行政执法,即统筹配置行政执法职能和执法资源，整合精简执法队伍，减少执法主体和执法层级。（5）非强制性执法，即对违法行为情节轻微、社会危害较小的，探索不实施行政强制，推广运用说服教育、劝导示范、行政指导等方式实现行政管理和服务目标。

三是创新监管方式。包括：（1）"互联网＋监管"，即建立汇聚各方信息的"互联网＋监管"平台，统一归集市场主体的行政检查、行政处罚、行政强制、司法判决、违法失信、抽查抽检等信息。（2）现代信息技术，即建立风险监控系统，汇聚多部门公开数据和互联网数据，应用大数据、人工智能等现代信息技术，对市场主体进行综合分析，及时发现违法违规线索和潜在风险隐患。（3）包容审慎监管，即建立市场监管系统免罚清单，对符合条件的企业实施首次轻微违法行为免予行政处罚；除投诉举报外，原则上对3年内新登记的一般风险市场主体抽查不超过1次。

四是信用体系建设。包括：（1）分类监管，即构建信用风险分类评价指标体系和监管模型。（2）政务诚信，即建立政务失信记录。（3）信用修复，即制定信用修复政策流程指引，通过线上线下等多渠道受理企业信用修复申请，对企业信用状况进行动态监测跟踪。

（十七）政务服务

政务服务主要评价参评城市推进审批服务便民化、开展"互联网＋政务服务"、推动政务信息系统整合共享、提高企业和群众办事效率等情况。在政务服务这一指标下，共包含4个二级指标：

一是政务服务标准化。包括：（1）统一编制清单，即编制并发布政务服务事项清单，制定标准化操作流程，实现市、区两级同一政务服务事项的受理条件、办理流程、申请材料、中介服务等要求一致。（2）无证明办事，即清理无法律法规依据的证明事项。（3）信息整合共享，即整合归集各部门的自然人身份信息、法人单位信息，推进身份认证、电子印章、电子证照等信息在部门间共享互认。（4）完善政务服务"好差评"，即建立完善政务服务"好差评"制度和系统，办事企业和群众可通过线上线下渠道，对办事内容、办事流程、服务效率、服务质量、服务态度等进行评价。（5）诉求"一号响应"，即整合各类政务服务热线至同一号码，建立集政府服务、公共服务、社会服务为一体的便民服务专线平台，统一受理、分类交办、限时回复、统一回访、追踪落实，及时解决企业和群众诉求。

二是"一网通办"。包括：（1）高频事项全程网办，即梳理与企业和群众生产生活密切相关的高频事项，实现咨询、申请、受理、审查、决定、收费等环节在线办理，办理过程公开透明，进度信息实时查询。（2）简化网办事项流程，即对纳入"一网通办"事项，通过数据集成共享合并精简申请材料、实行并联审批、压缩办理时限。（3）移动政务服务，即借助移动客户端、第三方应用平台等拓展政务服务渠道，推动应用频率高、覆盖范围广的政务服务事项实现移动端"一网通办"。（4）规范中介服务事项，即开设网上中介服务交易平台，为项目单位购买中介服务、中介服务机构承接项目、行业主管部门实施监管等提供"一站式"服务。（5）在线申报惠企政策，即全面梳理各项惠企政策，企业可在线申报惠企政策补助，通过信息自动获取、表单自动生成、材料数据共享等方式，实现政策申请"一次申报、联合审批、一键到账"。（6）在线"秒批"，即推出无人干预智能审批服务，整合多部门数据信息，重构审批业务流程，对裁量基准进行细化和量化，系统依据规则自动审批，实现24小时在线申报，申请人无须预约、无须排队可即时获得审批结果。

三是"只进一扇门"。包括：（1）线上线下深度融合，即在综合政务服务中心集中办理各类高频政务服务事项；将现场咨询、事项申报、预约叫号、事项受理、结果查询、服务评价等信息实时汇入网上政务服务系统，实现线上线下功能互补、无缝衔接、全程留痕。（2）综合窗口改革，即按照"前台综合受理、后台分类审批、综合窗口出件"模式推进"一窗受理、集成服务"，对企业开办、工程建设项目审批、不动产登记、交通运输、公积金办理、法律援助等跨部门办理事项设立综合服务窗口，整合审批事项和申报材料，实现"一表申请、一口受理"。

四是"最多跑一次"。包括：（1）整合服务事项，即通过整合跨部门业务、压缩材料和环节，实行"集中收件、网络分送、多部门同步办理、统一窗口出证办结"办理模式，推出跨部门集成套餐服务，实现"一件事""一次办"。

（2）提供领办代办服务，即免费为企业和群众提供领办代办、项目经理、项目秘书等全流程服务；设置专人为重大项目提供业务咨询、政策指引、重大疑难问题协调等全方位全过程服务。（3）无人审批超市，即建设 24 小时开放"无人审批超市"，申请人可在自助服务终端完成申报，系统自动审查，符合条件的直接出证。（4）政务服务向街道社区下沉，即设立社区服务站，入驻与企业和群众生产生活密切相关的高频事项，实行同城通办、一窗受理、现场审核、一窗办结、现场发证。（5）延伸服务渠道，即整合利用现有各类基层服务场所，加强与银行、邮政、物业等第三方机构合作，设置自助服务终端，拓展第三方政务服务渠道。（6）24 小时信报箱，即企业和群众可在网上提交申请，按要求将申请材料提交至附近快递柜，相关事项办理完成后，申请人可在指定快递柜领取证件。

（十八）包容普惠创新

包容普惠创新主要评价参评城市增强创新创业创造活力、促进人才顺畅有序流动、扩大市场开放程度、提供优质基本公共服务、打造宜居宜业新环境等情况。包容普惠创新这一指标下，共包含 6 个二级指标：

一是鼓励创新创业。包括：（1）支持原始创新，即设立科技创新基金，支持企业开展基础研究和战略性技术研发。（2）提供全周期服务，即充分发挥创业大街、特色小镇、专业化众创空间、留学生创业园等作用，构建涵盖"众创—孵化—加速"的全链条服务机制。

二是促进人才流动。包括：（1）提供一站式服务，即建立人才一站式政府服务工作站，为各类人才办事创业、安家落户提供便利。（2）吸引高校毕业生落户，即对应聘工作的高校毕业生，提供临时免费住宿、常态化就业指导等服务；对已签约的高校毕业生，放开落户限制，提供购房、租房的补贴等其他服务。

三是放宽市场准入。包括：（1）提高招商引资服务水平，即发布产业地图，完善投资促进项目库、资源库和活动库，形成项目清单、政策清单、责任清单；建立外商投资企业投诉工作机制和重点外资企业联系制度。（2）服务业扩大开放综合试点，即引入外资控股证券机构、外商独资征信机构等一批新业态，形成"统一登记的动产担保融资服务模式""支持永久居留身份外籍人才创办科技型企业""知识产权纠纷多元化调解机制"等一批可复制推广的制度成果。

四是推进基本公共服务均等化。包括：（1）完善清单管理制度，即制定基本公共服务项目清单，明确所有基本公共服务项目的服务对象、服务内容、保障标准、牵头负责单位等信息。（2）鼓励社会力量参与服务供给，即推进公共服务设施运营体制改革，明确准入标准、操作流程和相关监管措施，引导社会资本参与养老、教育、医疗、文化等领域的公共服务提供。（3）扩大基本公共服务覆盖面，即推进常住人口享有与户籍人口同等的教育、就业创业、社会保险、医疗卫生、住房保障等基本公共服务。（4）强化教育服务水平，即加强高校建设，重点支持国家和地方急需的专业建设，推进校企合作，完善专业对接产业的预警、联动、培养、评价机制，引导产业链上的优质企业与职业院校合作，为企业输送技术技能型人才。（5）提升医疗服务质量，即开展医疗大数据和"互联网＋医疗健康"建设，缩短各类突发事件的应急处置时间，为非急症患者、慢性病患者提供在线诊疗服务；在县级以上医疗机构设立门诊、入院、检查等"一站式服务中心"，实现挂号、缴费、医保、开具证明等事项"一窗受理、一章管理"。（6）丰富城市文化内涵，即推进"三馆一站"（图书馆、文化馆、博物馆及文化站）建设，深入挖掘和利用区域内历史文化、红色文化等资源，扩大优质文化资源供给。

五是建设美丽中国。包括：（1）开展园区循环化改造，即在工业园区内，构建绿色产业链体系，发展节能环保产业、清洁生产产业、清洁能源产业，提高节能、环保、资源循环利用等绿色产业技术装备水平。（2）开展城区造绿行动，即高效整合利用城市绿化用地资源，推进中心城区增绿、立体绿化建设等项目，为市民提供更多绿色休闲场所。（3）开展空气污染治理，即严格控制污染源，强化扬尘治理；推广使用低碳、清洁交通运输工具，建设专用道路供市民步行、骑行，鼓励市民搭乘公共交通工具出行。

六是构建便捷顺畅的城市（群）交通网。包括：（1）换乘无障碍，即地铁、公交、出租车等市内公共交通均可以使用同一非接触式卡片或移动APP支付，市内公共交通与机场、火车站、长途汽车站等无缝衔接。（2）道路无拥堵，即建立交通数据汇聚平台，及时向市民推送相关的行程信息，降低市民出行延误的可能性，并应用信息技术量身定制道路改造方案。（3）监管无死角，即对"两客一危"重点车辆进行动态跟踪，全程记录车辆运行轨迹，视频监控车辆内部状况。

三、中国营商环境评价指标体系的实施

2018 年，按照国务院的统一部署，国家发展和改革委员会分两批次在全国 22 个城市开展了营商环境试评价。第一批参评的 12 个城市包括北京、上海、深圳、厦门、武汉、沈阳、成都、杭州、兰州、葫芦岛、衢州、延安。在第一批城市开展试评价的过程中，重点甄别了一些明显不符合国情或者各城市差异不大的指标，并据此进一步修正了评价指标体系。随后，国家发展和改革委员会继续在天津、重庆、青岛、广州、南京、合肥、贵阳、襄阳、三亚、义乌等 10 个城市开展了第二批次的试评价。经过两批次的试评价，中国营商环境评价指标体系得到进一步完善和调整，更加符合中国国情，更加凸显了营商环境评价的便利化、法治化、市场化、国际化原则。并且，通过开展试评价，国家发展和改革委员会积累了大量的工作经验，完善了工作机制，为下一步在全国范围内开展营商环境评价工作打下了坚实的基础。

2019 年，经报请国务院批准，国家发展和改革委员会组织开展了全国范围内的营商环境评价。本次营商环境评价共涉及全国 31 个省、自治区、直辖市，具体包括北京、上海、天津、重庆等 4 个直辖市，大连、宁波、厦门、青岛、深圳等 5 个计划单列市，沈阳、长春、哈尔滨、南京、杭州、济南、武汉、广州、成都、西安等 10 个副省级城市，石家庄、太原、呼和浩特、合肥、福州、南昌、郑州、长沙、南宁、海口、贵阳、昆明、拉萨、兰州、西宁、银川、乌鲁木齐等 17 个省会城市，廊坊、晋中、衢州、三亚、义乌等 5 个地级市和县级市。在本次全国范围内的营商环境评价中，国家发展和改革委员会邀请了最高人民法院、海关总署、税务总局、证监会等部门对专业问题进行培训解答。在此基础上，国家发展和改革委员会通过组织地方政府在北京集中填报、企业线上平台填报等方式进行数据采集。

此外，为了深入贯彻学习习近平总书记关于推进东北振兴的系列重要讲话精神，2019 年国家发展和改革委员会组织对黑龙江、吉林、辽宁、内蒙古东部

等 21 个城市的营商环境进行试评价，具体包括大连、沈阳、长春、哈尔滨、营口、辽阳、朝阳、盘锦、葫芦岛、吉林、四平、通化、白山、延边、齐齐哈尔、牡丹江、佳木斯、大庆、绥化、赤峰、通辽等城市。本次营商环境评价充分考虑到东北地区的实际情况，着重突出了简化办事流程、压缩办理时限、减少办事成本等几个方面，充分检视东北地区的营商环境现状和问题，为推进东北等老工业基地振兴提供决策参考。

第三节　评价指标体系的融合与对接

一、理念的融合

虽然世界银行营商环境报告所采用的评价指标体系与中国营商环境报告所采用的评价指标体系之间并不一样，但二者的相似之处也十分明显。特别是，国家发展和改革委员会在构建中国营商环境评价制度，组织实施中国营商环境评价活动时，明确要求对标世界银行，因而二者的相似性更为明显。实际上，开展中国营商环境评价，除了了解中国各地营商环境的真实情况，推动各地出台更多优化营商环境改革举措外，还有一个重要的目的，即通过优化营商环境更好地吸引外资。那么，中国营商环境评价指标体系以及评价结果必须具备国际可比性，以及国际间的可接受性。这也就意味着，中国营商环境报告所采用的评价指标体系与世界银行营商环境报告所采用的评价指标体系之间不能有太大的差别。总的来说，中国营商环境报告所采用的评价指标体系与世界银行营商环境报告所采用的评价指标体系之间的相似性主要体现在理念融合层面，具体包括如下几点：

（一）评价标准的融合

无论是世界银行的营商环境评价，还是中国的营商环境评价，二者对"好的营商环境"的理解是一致的。相应地，在评价营商环境时，二者所采取的理想模型或者说评价标准是基本一致的。具体而言，世界银行的营商环境评价和中国的营商环境评价均秉持如下 4 项标准：一是便利化，即从市场主体开展各种商事活动的便利程度来评价该地区的营商环境状况；二是法治化，即从市场主体的权利保障以及纠纷解决等方面的法治完善程度来评价该地区的营商环境状况；三是市场化，即以"市场—政府"二元分析范式为基础，从市场在资源配置中的基础性作用和政府简政放权的力度等方面评价该地区的营商环境；四是国际化，即从市场主体开展国际贸易和国际投资的便利程度评价该地区的营商环境。世界银行的营商环境评价和中国的营商环境评价均坚持便利化、法治化、市场化、国际化的评价标准。

（二）构建思路的融合

在营商环境评价指标体系的构建中，世界银行营商环境评价指标体系和中国营商环境评价指标体系均采取企业视角，从企业生命周期全过程思考评价指标。也就是说，世界银行营商环境评价指标体系和中国营商环境评价指标体系均按照一个企业的设立、经营、注销等环节设计评价指标。在设立阶段，包括开办企业、办理建筑许可、获得电力、登记财产等指标；在经营阶段，包括获得信贷、执行合同、缴纳税费、跨境贸易、知识产权保护、中小投资者保护等指标；在注销阶段，主要就是办理破产等指标。可见，从评价指标体系的构建思路来看，世界银行营商环境评价指标体系和中国营商环境评价指标体系的构建思路是基本一致的。

（三）评价方法选取路径的融合

在评价方法层面，世界银行的营商环境评价和中国的营商环境评价的评价方法的相似性主要体现在数据来源方面。在数据来源方面，世界银行的营商环境评价和中国的营商环境评价均采取典型样本模式，即选取经济体中的典型城市代表整个经济体，而不是经济体内的所有城市。就世界银行营商环境评价指标体系而言，其选取的是被评价的经济体内最大城市（人口超过 1 个亿的经济体选取第一和第二大城市）；就中国的营商环境评价而言，其选取的是 31 个省、自治区、直辖市中具有典型代表性的 41 个城市，其中包括直辖市、计划单列市、副省级城市、省会城市、地级市、县级市等。也就是说，世界银行的营商环境评价和中国的营商环境评价均不是全样本评价。

二、指标的对接

世界银行营商环境评价指标体系和中国营商环境评价指标体系之间有一些相同或相似之处。这是因为，对标世界银行就是中国开展营商环境评价工作的指导原则之一。总的来说，两者的相似之处具体体现在如下几个方面：

（一）开办企业

在开办企业一级指标下，中国营商环境评价指标体系中设计了 4 个二级指标，即实现网上办理、线下"一窗受理"、再造办事流程、政府购买服务等。世界银行营商环境评价指标体系中也设计了 4 个二级指标，即依法成立和正式经营一家公司所需的程序（数量）、完成每项程序所需的时间（日历天数）、完成每项程序所需的成本（占人均收入的百分比）、最低实缴资本（占人均收入的百分比）等。两者在具体表述上虽有差异，但核心内容均是评价一个企业的开办需要办理的审批事项、办理流程、办理时间以及成本费用等。

（二）办理建筑许可

中国营商环境评价指标体系中设计了办理建筑许可这一一级指标，并在该指标下设计了 5 个二级指标，即流程标准化、规范化，分类审批监管，优化前期评估，简化报建流程，缩短验收时间等。世界银行营商环境评价指标体系中也设计了办理建筑许可这一一级指标，并在该指标下设计了 4 个二级指标，即程序、时间、成本、建筑质量控制等。两者在具体表述上虽有差异，但核心内容均是评价办理建筑许可需要的程序、时间、成本等。

（三）获得电力

中国营商环境评价指标体系中设计了获得电力这一一级指标，并在该一级指标下设计了 5 个二级指标，即优化办电服务、低压小微企业用电报装"三零"服务、高压用户用电报装"三省"服务、提升供电可靠性、加强与政府部门信息互联互通。世界银行营商环境评价指标体系中也设计了获得电力这一一级指标，并在该指标下设计了 5 个二级指标，即获得电力连接的程序（数量）、完成每项程序所需的时间（日历天数）、完成每项程序所需的成本（占人均收入的百分比）、供电可靠性和电费透明度指数、电价（美分／每千瓦时）。两者在具体表述上虽有差异，但核心内容均是评价获得电力的成本、时限、稳定性等。

（四）登记财产

中国营商环境评价指标体系中设计了登记财产这一一级指标，并在该一级指标下设计了 4 个二级指标，即加快推进"互联网＋不动产登记"、加快推进信息共享集成、积极推进流程集成、积极推进人员集成。世界银行营商环境评价指标体系中也设计了登记财产这一一级指标，并在该一级指标下设计了 4 个二级指标，即不动产物权的合法转让程序、完成每项程序所需的时间、完成每项程序所需的成本、土地管理质量指数。两者在具体表述上虽有差异，但核心内容均是登记财产的程序、时限、成本等。

（五）获得信贷

中国营商环境评价指标体系中设计了获得信贷这一一级指标，并在该一级指标下设计了 3 个二级指标，即简化融资流程、扩展融资渠道、降低融资成本。世界银行营商环境评价指标体系中也设计了获得信贷这一一级指标，并在该一级指标下设计了 4 个二级指标，即合法权利力度指数、信贷信息深度指数、信贷登记机构覆盖率、信用机构覆盖率。两者在具体表述上虽有差异，但核心内容均是获得信贷的便利程度和成本等。

（六）保护中小投资者

中国营商环境评价指标体系中设计了保护中小投资者这一一级指标，并在该一级指标下设计了 1 个二级指标，即提高纠纷处置效率。世界银行营商环境评价指标体系中也设计了保护少数投资者这一一级指标，并在该一级指标下设计了 2 个二级指标，即纠纷调解指数、股东治理指数。两者在具体表述上虽有差异，但核心内容均是从纠纷解决的角度评价保护中小投资者的力度问题等。

（七）跨境贸易

中国营商环境评价指标体系中设计了跨境贸易这一一级指标，并在该一级指标下设计了 3 个二级指标，即提升通关便利、优化监管流程、降低贸易成本。世界银行营商环境评价指标体系中也设计了跨境贸易这一一级指标，并在该一级指标下设计了4个二级指标，即单证合规、边界合规、清关检查、国内运输。两者在具体表述上虽有差异，但核心内容均是评价企业开展跨境贸易的便利程度等。

（八）纳税

中国营商环境评价指标体系中设计了纳税这一一级指标，并在该一级指标下设计了3个二级指标，即减少纳税次数、压缩报税时间、降低企业税费。世界银行营商环境评价指标体系中也设计了缴纳税费这一一级指标，并在该一级指标下设计了4个二级指标，即制造业企业纳税（每年根据电子与联合申报和缴税进行调整后的数量）、执行3种主要税项所需的时间（每年小时数）、总税率和缴费比率（占商业利润的百分比）、报税后流程指数。两者在具体表述上虽有差异，但核心内容均是评价企业的纳税额度以及便利程度等。

（九）执行合同

中国营商环境评价指标体系中设计了执行合同这一一级指标，并在该一级指标下设计了3个二级指标，即加强信息化建设、推进"立审执"提速增效、优化诉讼服务。世界银行营商环境评价指标体系中也设计了执行合同这一一级指标，并在该一级指标下设计了3个二级指标，即通过法院执行合同所需时间（日历天数）、通过法院执行合同所需成本（占索赔金额的百分比）、司法程序质量指数。两者在具体表述上虽有差异，但核心内容均是在评价企业之间合同纠纷的司法解决问题，特别是判决的执行问题等。

（十）办理破产

中国营商环境评价指标体系中设计了办理破产这一一级指标，并在该一级指标下设计了3个二级指标，即提升专业化水平、压缩办理时间、提高破产案件处置效率。世界银行营商环境评价指标体系中设计了办理破产这一一级指标，并在该一级指标下设计了4个二级指标，即回收率、时间、成本、破产框架力度指数。两者在具体表述上虽有差异，但核心内容均是在评价企业办理破产的便利程度和成本等。

第四节　评价指标体系的差异化与创新探索

虽然对标世界银行是中国营商环境评价工作的指导性原则之一，但中国营商环境评价指标体系与世界银行营商环境评价指标体系之间并不完全一样。在开展中国营商环境评价工作时，除了对标世界银行这一指导性原则之外，还有中国特色这一原则。因此，在设计中国营商环境评价指标体系时，一方面借鉴了世界银行营商环境评价指标体系，另一方面也根据中国的国情进行了调整。主要表现在如下几个方面：

一、劳动力市场监管

中国营商环境评价指标体系中设计了劳动力市场监管这一一级指标，并在该一级指标下设计了 3 个二级指标，即及时处置争议、多渠道促进就业、开展和谐劳动关系创建等。但在世界银行营商环境评价指标体系中却没有劳动力市场监管这一指标，也没有相关的指标。

二、政府采购

中国营商环境评价指标体系中设计了政府采购这一一级指标，并在该一级指标下设计了 5 个二级指标，即提高透明度、"互联网＋政府采购"、降低交易成本、缓解资金压力、保障公平竞争等。但在世界银行营商环境评价指标体系中却没有政府采购这一指标，也没有相关的指标。

三、招标投标

中国营商环境评价指标体系中设计了招标投标这一一级指标，并在该一级指标下设计了 3 个二级指标，即推进电子招标投标、加强招标投标监管、降低交易成本。但在世界银行营商环境评价指标体系中却没有招标投标这一指标，也没有相关的指标。

四、获得用水用气

中国营商环境评价指标体系中设计了获得用水用气这一一级指标，并在该一级指标下设计了3个二级指标，即优化市政公用服务、优化用水报装流程、优化用气报装流程。但在世界银行营商环境评价指标体系中却没有获得用水用气这一指标，也没有相关的指标。

五、知识产权创造、保护和运用

中国营商环境评价指标体系中设计了知识产权创造、保护和运用这一一级指标，并在该一级指标下设计了3个二级指标即深化知识产权业务便利化改革、加大保护力度、提升运用效益。但在世界银行营商环境评价指标体系中却没有知识产权创造、保护和运用这一指标，相关的指标也比较少。

六、市场监管

中国营商环境评价指标体系中设计了市场监管这一一级指标，并在该一级指标下设计了4个二级指标，即完善"一单两库一平台"、规范执法检查活动、创新监管方式、信用体系建设。但在世界银行营商环境评价指标体系中却没有市场监管这一指标，相关的指标也比较少。

七、政务服务

中国营商环境评价指标体系中设计了政务服务这一一级指标，并在该一级指标下设计了4个二级指标，即政务服务标准化、"一网通办"、"只进一扇门"、"最多跑一次"。但在世界银行营商环境评价指标体系中却没有政务服务这一指标，相关的指标也比较少。

八、包容普惠创新

中国营商环境评价指标体系中设计了包容普惠创新这一一级指标，并在该一级指标下设计了6个二级指标，即鼓励创新创业、促进人才流动、放宽市场准入、推进基本公共服务均等化、建设美丽中国、构建便捷顺畅的城市（群）交通网。但在世界银行营商环境评价指标体系中却没有包容普惠创新这一指标，相关的指标也比较少。

第三章 法治化营商环境评价指标体系的构建

第一节 研究方法和技术路线

构建法治化营商环境评价指标体系所采取的研究方法和技术路线为层次分析法。

首先，根据评价指标体系的层次设计要求，在法治化营商环境评价指标体系这一总目标下，依次设计一级指标、二级指标、三级指标三个层次。

其次，根据法治化、体系化、可行性、可比性等原则要求，以及评价指标体系构建的基本思路，分别赋予一级指标、二级指标、三级指标不同的内涵。其中，一级指标是对总目标的分解，即法治化营商环境评价指标体系包含哪些领域。确立一级指标的关键在于理解法治化营商环境评价指标体系的内涵和外延，特别是法治化营商环境评价指标体系与其他营商环境评价指标体系之间的异同。法治化营商环境评价指标体系最大的特色在于法治化，即应当从法治的角度确立一级指标。二级指标是对一级指标核心意涵的分解，即一级指标包含哪几个层面的含义。在确立二级指标时，应当尽可能全面地体现一级指标的内涵。三级指标是具体呈现二级指标的例证，即三级指标应当从实践的角度提炼，并特别注意可行性和关键性。值得注意的是，三级指标并不要求事无巨细地呈现营商环境的每一个细节，而是应当选取关键因素、代表性因素。

通过上述方法，可以构建一个包含了一级指标、二级指标、三级指标的法治化营商环境评价指标体系。

第二节 构建原则

评价指标体系的设计是一项复杂的任务。为了保证法治化营商环境评价指标体系构建的科学性，有必要确立一系列指导原则。总的来说，法治化营商环境评价指标体系的构建既要区别于既有的其他营商环境评价指标体系，又要充分体现法治化营商环境评价指标体系的特色。概言之，法治化营商环境评价指标体系的构建应当遵循如下原则：

一、法治化原则

法治化原则是指法治化营商环境评价指标体系的构建应当符合法治建设的基本逻辑，涵盖法治社会的主要领域。市场经济本质上是法治经济。营商环境与法治状况密不可分。总的来说，法治建设包含法律规范体系建设、法律实施体系建设、法律监督体系建设、法律实施保障体系建设等几个主要层面。相应地，法治化营商环境评价指标体系应当涵盖法律规范、法律实施、法律监督、实施保障等方面。因此，在法治化营商环境的指标设计时，应当从影响营商环境的法律法规制度建设和执法、司法、守法、服务保障等法律法规实施机制等方面着手。法治化原则是法治化营商环境评价指标体系建设的主要原则，体现了在全面依法治国背景下优化营商环境的基本思路，以及凸显了法治化营商环境评价指标体系与世界银行营商环境报告、中国营商环境报告所采用的评价指标体系之间的重大区别。

二、体系化原则

体系化原则是指法治化营商环境评价指标体系的构建应当秉持整体思维，指标之间构成一个严密的评价指标体系。营商环境不仅仅是影响市场主体从事商事活动的某一特定因素，而是由各种影响市场主体从事商事活动的因素构成的整体状态。因此，构建法治化营商环境评价指标体系必须从整体视角着眼，特别注意指标之间的体系性，从而真实、全面地反映被评估城市的营商环境状况。体系化原则具体体现在评估指标的设计应当涵盖一个企业从设立到注销全过程的影响因素。也就是说，开办企业、办理建筑许可、财产登记等设立环节，纳税、执行合同、获得信贷等经营环节，以及办理破产等注销环节，均应设计相应的评估指标，缺一不可。

三、可行性原则

可行性原则是指法治化营商环境评价指标体系的构建应当注重评价的可行性。也就是说，法治化营商环境评价指标体系中各项指标的可量化性以及数据的可及性均需要在构建法治化营商环境评价指标体系之初便予以考虑。具体而言，一方面，影响企业营商环境的因素错综复杂、数量繁多，但构建法治化营商环境评价指标体系并不能穷尽所有因素，因而需要选择一些具有代表性的、关键性的指标；另一方面，虽然某些指标对于企业的营商环境而言十分重要，但目前尚没有办法通过数据对其进行量化比较，或者虽然可以量化，但数据难以获取，这种情况下应当选择其他指标体现同一方面的营商环境状况。

四、可比性原则

可比性原则是指法治化营商环境评价指标体系的构建应当注意评估结果的可比性。营商环境评估不仅要发现被评估城市营商环境存在的问题，还要将评估结果与其他城市进行对比。通过对比，发现自身的不足，进而产生向标杆城市学习的动力。值得注意的是，这种对比不仅发生在某一经济体内部的城市之间，而且还发生在全球范围内的城市之间。因此，可比性原则不仅要求国内各城市之间的可比性，还要求国际间的可比性。那么，这就要求法治化营商环境评价指标体系不能全盘摒弃世界银行营商环境报告所采取的评价指标体系，而是要在借鉴世界银行营商环境报告所采纳的评价指标体系的基础上进行本土化、时代化创新。

第三节　框架体系、指标划分

法治化营商环境评价指标体系以中国特色社会主义法治体系为主要框架，并结合营商环境的具体要求进行设计。

2014 年 10 月，中国共产党第十八届中央委员会第四次全体会议审议通过的《中共中央关于全面推进依法治国若干重大问题的决定》指出，全面推进依法治国，总目标是建设中国特色社会主义法治体系，建设社会主义法治国家。中国特色社会主义法治体系包括完备的法律规范体系、高效的法治实施体系、严密的法治监督体系、有力的法治保障体系、完善的党内法规体系。其中与营商环境直接相关的部分包括法律规范体系、法治实施体系、法治监督体系、法治保障体系四大板块。以上述四大板块为基础，可以将法治化营商环境评价指标体系划分为6个一级指标，即制度供给、政务服务、诚信合规、行政监管、司法保障、公共法律服务。其中，制度供给属于法律规范体系，政务服务、诚信合规属于法治实施体系，行政监管、司法保障属于法治监督体系，公共法律服务属于法治保障体系。

在此基础上，进一步结合营商环境的具体要求，可以在一级指标之下进一步细化设计二级指标，具体如下：（1）制度供给一级指标下可以划分为制度基础设施、制度运行质量、制度宣传质量等3个二级指标；（2）政务服务一级指标下可以划分为开办企业，办理建筑许可，获得用水、电力、用气，登记财产，获得信贷，缴纳税费，劳动力市场服务，政务服务创新等8个二级指标；（3）诚信合规一级指标下可以划分为政府采购、招标投标、执行合同（守约）等3个二级指标；（4）行政监管一级指标下可以划分为劳动力市场监管、保护中小投资者（行政）、知识产权监管（行政）、市场监管、包容普惠创新、严格执法（行政）等6个二级指标；（5）司法保障一级指标下可以划分为保护中小投资者（司法）、知识产权保护与运用（司法）、执行合同（司法）、办理破产等4个二级指标；（6）公共法律服务一级指标下可以划分为公司法律服务、公证服务、商事仲裁、司法鉴定、涉外法律服务、村（社区）法律顾问、人民调解服务等7个二级指标。

第四节 编制方法

总的来说，法治化营商环境评价指标体系的编制应当遵循主客观相统一的原则。一方面，法治化营商环境评价指标体系的编制应当充分吸纳既有数据，能运用客观数据反映营商环境现状的，优先使用客观数据；另一方面，法治化营商环境评价指标体系的编制也应当尊重专家学者、市场主体、政府官员等主体的意见，特别是在无法运用客观数据反映营商环境现状的情况下可以考虑采取问卷调查等方法收集相关主体的主观意见。具体来说，法治化营商环境评价指标体系的编制可以采取如下方法：

一、通过文献研究与专家咨询相结合的方式确立指标库

一方面，可以通过文献研究的方式选取一部分指标。在编制法治化营商环境评价指标体系时，首先应当参考世界银行营商环境报告和中国营商环境报告所采纳的评估指标，将其纳入指标库；其次，可以就法治化营商环境这一主题对学术界和实务界的相关研究成果进行分析，识别和筛选相关评估指标，并纳入指标库。

另一方面，可以通过专家咨询的方式选取一部分指标。在编制法治化营商环境评价指标体系时，首先可以向法治化营商环境研究领域的专家学者发放咨询问卷，请专家学者提供其认为应当纳入法治化营商环境评价指标体系中的指标；其次，可以向市场主体发放咨询问卷，请相关市场主体提供其认为应当纳入法治化营商环境评价指标体系中的指标；最后，还可以向政府官员发放咨询问卷，请相关政府官员提供其认为应当纳入法治化营商环境评价指标体系中的指标。

通过文献研究和专家咨询相结合的方式，尽可能全面收集评估指标，进而按照一级指标、二级指标、三级指标分别建立指标库。

二、通过专家咨询的方式确立评价指标体系

在形成指标库的基础上，进一步向专家、市场主体、政府官员发放咨询问卷。咨询问卷分一级指标、二级指标、三级指标三种，分别进行筛选。对于超过一半的专家、市场主体、政府官员认为应当纳入评价指标体系的，该项指标纳入法治化营商环境评价指标体系中；对于只有不到一半的专家、市场主体、政府官员认为应当纳入评价指标体系的，该项指标不纳入法治化营商环境评价指标

体系中。

在法治化营商环境评价指标体系的编制过程中，依次按照一级指标、二级指标、三级指标的顺序，分别采用通过文献研究与专家咨询相结合的方式确立指标库，并通过专家咨询的方式确立评价指标体系的方式进行筛选，最终形成法治化营商环境评价指标体系。

第五节　调查问卷的设计和初步分析

一、调查问卷设计

通过采取上述编制办法，按照主客观相统一的原则，形成了法治化营商环境评价指标体系。在应用法治化营商环境评价指标体系的过程中，需要进一步将评价指标体系转化为调查问卷，从而便于数据的收集。调查问卷设计如下：

（一）制度供给

1.制度基础设施

（1）是否具备1＋N的营商环境制度体系？

（2）地方规范性文件统一发布平台建设及管理情况。

（3）是否建立创新性地方营商环境专门机构或平台？

（4）经济类、人文类地方性法规、地方政府规章数量/全省数量。

（5）经济类、人文类地方性法规、地方政府规章英文文本数量/全省数量。

（6）政府规章、行政规范性文件制度体系建设情况。

（7）重大行政决策制度体系建设情况。

（8）行政规范性文件、涉及营商环境政策文件英文翻译发布数量。

（9）优化营商环境法治联合体组织的完善程度。

2.制度运行质量

（1）政府政策信息透明度。

（2）政府政策信息发布的及时性。

（3）经济类紧急状况应对方案出台的效率和效果。

（4）政府政策信息的公众知晓度。

3. 制度宣传质量

（1）是否有开展优化营商环境主题普法宣传的专门方案？

（2）是否将优化营商环境相关法律法规的宣传纳入本地普法规划？

（3）是否有开设专门的普法宣传融媒体平台？

（4）普法宣传新媒体平台是否每天更新宣传内容？

（5）普法宣传新媒体平台的影响力。

（二）政务服务

1. 开办企业

（1）开办企业程序是否实现"一网通办、一窗通取""多证合一""全程电子化登记"？

（2）开办企业：法定代表人及股东的到场确认。

（3）企业变更登记：法定代表人及股东的到场确认。

（4）开办企业从申请到获得营业执照的时间。

（5）开办企业领取证照、发票、UKEY 等证照的现场领取。

（6）开办企业的支出费用。

2. 办理建筑许可

（1）建筑许可办理全流程是否在网上公示？

（2）建筑许可办理流程的可操作性。

（3）企业是否可分阶段办理施工许可证？

（4）企业是否可分阶段提供规划手续？

（5）工程建设项目是否需要购买工程质量安全保险？

（6）竣工联合验收办理时限。

3. 获得用水、电力、用气

（1）申请接入电力（水、气）的费用。

（2）申请接入电力（水、气）的环节。

（3）企业接入电力（水、气）所需时间。

（4）接入电力（水、气）的能否通过线上程序申请？

（5）电费（水费、气费）的价格。

4. 登记财产

（1）建立统一的不动产登记平台。

（2）不动产登记与税务实行联合办理。

（3）不动产登记承诺办理时限。

（4）不动产登记机构同时提供现场办理和网上办理。

（5）公开不动产的登记信息。

5. 获得信贷

（1）中小企业获得融资的便利度。

（2）地方政府对多元化企业融资需求的支持力度。

（3）消费贷占银行贷款比重。

（4）知识产权金融产品的发展程度。

（5）抵押（含涂销）登记便利度。

6. 缴纳税费

（1）是否为纳税人提供使用电子税务局办税操作指引？

（2）获得增值税退税所需时间。

（3）常规办税事项承诺办结时间。

（4）是否可网上办理退税申请、退税审核、退库等业务？

7. 劳动力市场服务

（1）政府或地区工会是否有为企业工会提供免费法律顾问？

（2）申请和领取失业保险网上办理。

（3）参与社保是否可以积分入户？

（4）政府是否建立处理劳资纠纷的三方协商机制。

（5）地方出台人才政策法规数量。

8. 政务服务创新

（1）智能政务受理终端多点布局，覆盖基层街道社区。

（2）24 小时开放自助办证事项种类。

（3）资料齐全事项当场办妥（"秒批"）率。

（4）办证事项市内各区通办率。

（5）设立"一窗多证"综合受理窗口。

（6）政务＋邮政快递，不见面收件、审批和送达。

（7）优化法治化营商环境的经验、做法获得全省或全国推广或者表彰。

（8）主动派出服务。

（9）半小时法律服务区。

（10）对政务服务可获取性、便捷性的满意度。

（三）诚信合规

1. 政府采购

（1）公开采购限额标准透明度。

（2）获取采购信息透明度。

（3）采购文件获取成本。

（4）是否缴纳履约保证金？

（5）采购资金支付期限。

2. 招标投标

（1）招投标过程的电子化程度。

（2）招投标全过程的信息是否公示公开（招标公告、招标文件、资格审查信息、资审报告、中标候选人名单）？

（3）是否有配套的建设信用信息管理平台，建立起以企业信用体系为核心的监管机制？

3. 执行合同（守约）

（1）个人信贷违约率。

（2）企业信贷违约率。

（四）行政监管

1. 劳动力市场监管

（1）是否建立劳资纠纷三方协商机制？

（2）三方协商机制中各方地位是否平等？

（3）发生工伤事故后，企业是否可以及时补缴工伤保险？

（4）是否有支持灵活用工的相关政策？

（5）对于灵活用工是否必须缴纳社保？

（6）对企业稳定员工关系是否有奖励政策（比如稳岗补贴）？

2. 保护中小投资者（行政）

（1）是否结合职能，将中小投资者教育列入普法清单？

（2）政府是否设立了专门的保护中小投资者工作协调机构？

（3）当地是否组建了中小投资者协会等社会组织？

3. 知识产权监管（行政）

（1）创新活跃度。

（2）市场监督管理部门是否定期开展对本辖区注册商标规范使用的检查？

（3）展会是否设立商标保护的知识产权投诉站？

（4）展会知识产权投诉处理量。

（5）展会知识产权侵权撤展率。

（6）知识产权中介机构数量。

（7）知识产权监管机构执法案件数量。

（8）年度内发明专利/专利总量。

（9）年度著作权（版权）登记量。

4. 市场监管

（1）市场准入负面清单落实透明度。

（2）行政许可事项透明度。

（3）市场监管行政处罚事项透明度。

（4）执法信息公示公开。

（5）是否建立市场监管信息共享制度？

（6）行政许可数量。

5. 包容普惠创新

（1）是否制定"免强制""免处罚"清单？

（2）"四新"经济（新技术、新业态、新产业、新模式）的扶持政策数量。

（3）与"四新"经济相关的行政处罚数量占行政处罚总数量比例。

（4）是否建立信用惩戒的修复制度？

（5）是否建立其他创新性制度或举措？

（6）是否有严重影响公平竞争的制度或规范性文件？

（7）是否有提供行政指导、调解、互联网监督？

6. 严格执法（行政）

（1）执法机关是否制定并公示了重大执法决定法制审核清单？

（2）执法机关是否实行重大执法决定法制审核？

（3）执法机关是否制定并公示执法全过程记录清单？

（4）执法机关是否制定并公示随机抽查事项清单？

（5）执法机关是否制定并公示执法自由裁量规则？

（6）行政行为经行政复议或行政诉讼后未被维持的案件量/全省数量。

（五）司法保障

1. 保护中小投资者（司法）

（1）中小投资者在股东诉讼中委托律师就公司或大股东有关信息申请调查令的便利程度。

（2）公司股东知情权诉讼数量/公司主体的比值。

（3）法院受理证券虚假陈述诉讼案件的立案数/上市公司数量。

（4）对于证券虚假陈述诉讼案件，当地法院的受理是否仍以行政处罚为前置条件？

2. 知识产权保护与运用（司法）

（1）是否建立知识产权专门审判法院或指定集中管辖法院？

（2）知识产权侵权民事案件年度受理量。

（3）知识产权刑事案件年度办理量。

（4）知识产权侵权判决赔偿金额占诉请金额比例。

（5）知识产权侵权民事案件平均审理周期。

3. 执行合同（司法）

（1）法院电子化程度（电子化立案、送达、案件档案和流程查询）。

（2）是否建立了律师调查令制度？

（3）法院是否提供自然人被告的公民信息查询？

（4）案件平均审结周期。

（5）是否建立了律师参与法院诉讼案件调解的制度？

（6）法院案件审理的绩效评估指数（审理时间报告、结案报告、未结案件案龄报告、单一案件进展报告）。

4. 办理破产

（1）是否已成立专门的破产法庭？

（2）破产费用占可供分配财产比例。

（3）破产案件是否有繁简分流？

（4）是否已成立破产管理人协会？

（5）重整计划执行期间重整企业之信用是否可修复？

（六）公共法律服务

1. 公司法律服务

（1）执业律师数量。

（2）是否有司法局等相关部门组织专家律师团体或法律服务团为企业主体提供"法律体检"、法律培训等？

（3）是否派驻律师到产业园区、行业协会提供基础法律服务？

（4）司法局批准机构设立所需时间。

（5）司法局批准机构设立流程是否电子化？

2. 公证服务

（1）公证网点数量 / 全省网点数量。

（2）最多跑一次公证事项。

（3）是否通过信息化手段实现有关公证事项零跑腿？

（4）是否实现远程视频办理公证？

（5）公证办证满意度评价。

（6）年度办证量／全省数量。

3. 商事仲裁

（1）仲裁员数量。

（2）仲裁案件年受理量。

（3）网络仲裁案件受理量。

（4）网络仲裁案件量／仲裁案件受理量。

（5）仲裁裁决被法院撤销的占比。

4. 司法鉴定

（1）司法鉴定机构／全省机构数量。

（2）司法鉴定人数／全省鉴定人数量。

（3）司法鉴定业务类别覆盖率。

（4）通过国家级资质认定或实验室认可的鉴定机构数量／全省数量。

（5）是否实现司法鉴定执业活动和业务案件办理信息化监管？

（6）年度鉴定案件量／全省数量。

5. 涉外法律服务

（1）粤港澳联营律师事务所和代办处数量。

（2）港澳律师内地执业数量。

（3）本市律所在境外设立执业机构的数量。

（4）与全球知名律所建立战略合作联盟的律所数量。

6. 村（社区）法律顾问

（1）政府为村（社区）采购法律顾问的覆盖率。

（2）从事村（社区）法律顾问律师人数／所有执业律师人数。

（3）参加村（社区）法律顾问律师事务所数量。

7. 人民调解服务

（1）调解成功的案件数与结案数之比。

（2）案件从受理之日到结案（签订人民调解协议书或调解笔录）的天数。

（3）当事人对人民调解员或人民调解委员会调解工作的满意度。

二、大数据获取规则

数据是法治化营商环境评价指标体系实际应用的基础。在进行数据采集时，应当遵循如下几个原则：一是公开数据优先。有公开数据的，使用公开数据；没有公开数据时，可以使用真实可靠的不公开数据。二是官方数据优先。针对特定指标，可能存在不同版本的统计数据，特别是一些商业机构亦有统计某些数据，此时应当优先采用官方数据。没有官方数据的，可以采用权威社会机构发布的数据。三是交叉验证原则。特别是针对一些主观题，应当在获取专家意见的同时，采取多种途径进行数据验证，尽量降低主观误差。

三、变量测量依据

就客观题而言，通常以"是"或"否"的形式形成数据。例如，政府是否设立了专门的保护中小投资者工作协调机构？是否建立信用惩戒的修复制度？参与社保是否可以积分入户？等等。针对这一类问题，首先可以通过官方的统计报告、政府网站、立法资料等进行判断。同时，可以进一步咨询市场主体和政府官员，一般从实践的角度验证数据的准确性。

就主观题而言，通常需要进行主观打分。例如，普法宣传新媒体平台的影响力、创新活跃度、政府政策信息透明度，等等。针对这一类问题，需要通过调查问卷的方式获取数据。此时，调查问卷的发放对象应当涵盖市场主体、政府官员、专家学者。当然，在选择市场主体、政府官员、专家学者等发放对象时，应当遵循统计学的基本抽样规则。

四、描述性统计

在法治化营商环境评价指标体系的应用中，可以对数据进行描述性统计。描述性分析结果可以以表格、趋势图、柱状图、饼状图等形式呈现。具体而言，在法治化营商环境评价指标体系的应用中描述性分析具体体现在如下几个方面：一是数据的频数分析，即通过对统计数据出现的频数进行分析，发现其中的异常数据，并及时验证该数据的准确性。二是数据的集中趋势分析，即通过对统计数据的集中趋势进行分析，发现在营商环境建设中比较集中的现象，包括积极现象和消极现象,为下一步提出改革建议打下基础。三是数据的离散程度分析,即通过对数据的离散程度进行分析,发现各城市营商环境建设差异较大的领域。在此基础上,可以发现并梳理营商环境建设优秀典型城市,推广复制相关优化营商环境改革举措,并相应地对排名靠后的城市有针对性地提出优化营商环境的建议。四是数据的分布状况,可以用来描述全国营商环境的整体状况以及各地区之间的差异,为全国优化营商环境改革提供宏观指引。

第六节　指标权重赋予的设计、实施、迭代

一、指标权重赋予的必要性和科学性

指标权重是法治化营商环境评价指标体系的重要组成部分。所谓指标权重是指该项指标在整个法治化营商环境评价指标体系中的重要程度,通常以分数的形式呈现。一般而言,一项指标的分数越高,其权重就越大,相应地,其在法治化营商环境评价指标体系中的重要程度也就越高。同时,指标权重不仅体现了该项指标在法治化营商环境评价指标体系中的重要性,还体现了其与其他指标之间的相对重要性。一项指标与另一项指标相比,分数相对越高,其相对重要性也就越高。法治化营商环境评价指标体系的运用最终将形成具备可比性的结果,而权重的赋予则是形成可比性结果的基本前提。也就是说,营商环境的比较,在形式上表现为分数的比较。因此,只有赋予指标权重,进行量化,才有可能进行营商环境比较。相应地,只有能够进行比较,法治化营商环境评价指标体系的构建才具有实践意义。

当然,在赋予指标权重时还应当考虑到赋值的科学性。这种科学性体现在三个层面:一是指标权重应当与该项指标的重要性相一致。越重要的指标其权重应当越高。反之亦然。二是指标之间的权重差异应当与指标之间的重要性差异相一致。也就是说,当两项指标之间的重要程度相差较大时,二者之间的指标权重也应当有一个较大的差异。相应地,当两项指标之间的重要程度相差不大时,二者之间的指标权重也应当差别不大。三是指标权重的赋予应当具有可

识别性。一方面，不同重要程度的指标之间的权重差异应当具有显著性。也就是说，两者的分值不能过于接近，进而从分值上抹平了二者的重要性差异。另一方面，最终结果之间的差异应当具有显著性。也就是说，不同城市按照指标权重进行评估统计之后形成的结果之间应当具有一定可识别性，能够通过分值准确判断两地之间营商环境的优劣。

二、指标权重赋予的设计

指标权重赋予的设计遵循客观数据与专家意见相结合的方法。具体如下：

首先，6个一级指标的权重一致，即6个一级指标的满分均为100分，且最终得分为6个一级指标实际得分之和除以6。

其次，每一个一级指标之下，二级指标之间的权重不一致。通过对专家学者、市场主体以及政府官员进行问卷测评，最终确定二级指标的权重。

再次，三级指标之间的权重一致，且按满分为1分的标准进行打分。在最终计入总分时换算为百分制。

最后，问卷中，判断题的打分标准为：答案为"是"，得1分；答案为"否"，得0分；主观题的打分标准根据实际情况进行主观判断。

三、指标权重赋予的迭代调整

在法治化营商环境评价指标体系的应用过程中，各指标的权重并非一成不变，而是应当迭代调整。具体如下：一是根据试评结果进行调整。在进行正式评估之前，可以选择部分具有代表性的城市进行试评。在试评中，对于各个城市之间相差不大的指标，可以适当降低权重；对于各个城市之间相差较大的指标，可以适当增加权重。二是根据改革成效进行调整。经过一轮一轮的营商环境评价之后，被评价的城市根据评价结果进行改革，推动优化营商环境。经过改革，当某一指标所呈现的领域已经普遍完善，那么该指标所占权重可以适当降低。当某一指标所呈现的领域始终未能开展有效的改革，那么该指标所占权重可以适当提高。三是根据国家政策进行调整。优化营商环境是一项系统性、长期性的工作。国家会根据重要性、紧迫性等标准进行考量，分步骤推进优化营商环境改革。对于当年国家力推的改革领域，相关指标的权重可以适当提高。

第二编

法治化营商环境评价指标体系
构 建 分 论

第一分编　制度供给

制度供给是指具有外部强制性的正式行为规则，为营商活动提供基本秩序环境。本分编主要包括制度基础设施、制度运行质量、制度宣传质量三个方面内容。第一章为制度基础设施，制度在社会中具有基础性作用，有效的制度就像无形的手一样发挥着资源配置的功能，是决定长期经济绩效的重要因素。其评判指标包括是否具备 1＋N 的营商环境制度体系、地方规范性文件统一发布平台建设及管理情况等。第二章为制度运行质量，制度运行越顺畅，营商环境越优化，越能激发市场主体的活力和社会创造力。其评判指标包括政府政策信息透明度、政府政策信息发布的及时性等。第三章为制度宣传质量，优化营商环境的制度宣传力度越大，越有利于为市场营造优良的营商环境氛围。其评判指标包括是否有开展优化营商环境主题普法宣传的专门方案、是否有开设专门的普法宣传融媒体平台等。

第一章　制度基础设施

第一节　三级指标的设计与筛选

一、三级指标的设计

制度基础设施是指在一定的物质基础之上的制度、组织和设施的集合。为了充分发挥市场的作用，保障公用设施以及公共服务的顺利运行，国家出台了一系列制度政策以及配套的组织和设施，来约束和协调一切市场主体的生产经营行为。具体包括政治与经济制度、法律法规等各方面制度，保证这些制度充分落实的机构与组织，以及服务中心、平台等设施。制度在社会中具有基础性作用，有效的制度就像无形的手一样发挥着资源配置的功能，是决定长期经济绩效的重要因素。制度为市场交易创建了秩序并提供了基本的结构框架，由此提高了交易的稳定性，对于个体契约层面上的交易效率有着决定性的影响。良好的制度基础设施能降低交易成本，提高交易效率。市场制度基础设施在为市场正常运行提供保障的同时，市场制度基础设施的建设水平可以反映市场制度的完善程度。

《中共中央　国务院关于加快建设全国统一大市场的意见》指出，为全面推动中国市场由大到强转变，建设高标准市场体系，需充分发挥法治的引领、规范、保障作用，加快建立全国统一的市场制度规则。从制度建设着眼，明确阶段性目标要求，压茬推进统一市场建设，同时坚持问题导向，着力解决突出矛盾和问题，加快清理废除妨碍统一市场和公平竞争的各种规定和做法，破除各种封闭小市场、自我小循环。中国经济要持续健康地发展，首先要完善制度环境，优化政府和企业、政府和市场的关系，从而释放经济主体的活力。推进制度性基础设施建设，意味着加快实现基本公共服务均等化、劳动力市场一体化等。

中共中央、国务院印发的《法治政府建设实施纲要（2021—2025 年）》指出，中国依法行政制度体系日益健全，重大行政决策程序制度初步建立，行政决策公信力持续提升。在此基础上，仍需加强行政规范性文件制定监督管理。依法制定行政规范性文件，严禁越权发文、严控发文数量、严格制发程序。建立健全行政规范性文件制定协调机制，防止政出多门、政策效应相互抵消。健全行政规范性文件动态清理工作机制。加强对行政规范性文件制定和管理工作的指导监督，推动管理制度化规范化。全面落实行政规范性文件合法性审核机制，明确审核范围，统一审核标准。同时，需严格落实重大行政决策程序。严格执行《重大行政决策程序暂行条例》，增强公众参与实效，提高专家论证质量，充分发挥风险评估功能，确保所有重大行政决策都严格履行合法性审查和集体讨论决定程序。推行重大行政决策事项年度目录公开制度。涉及社会公众切身利益的重要规划、重大公共政策和措施、重大公共建设项目等，应当通过举办听证会等形式加大公众参与力度，深入开展风险评估，认真听取和反映利益相关群体的意见建议。

制度基础设施三级指标按定义内容可以分为制度、组织、设施三个方面。制度方面主要指是否具有相应的法律法规、政策制度，以及相关文件的数量。与营商环境建设有关的文件发布意味着相关部门对推进营商环境建设的重视，相关文件的数量则直观反映了政府部门的重视程度。组织方面主要为是否具有与营商环境制度基础设施建设相关的组织。制度的有效落实离不开人的实践，而只有当人们形成组织，共同推进制度建设，才能将其从纸上的文字转变为现实。完善的组织具有强大的组织能力，是有效落实制度的重要保障。设施方面为是否具有专门的制度发布平台。所有的制度只有当人们了解之后才有可能被实施，因此，公示为制度体系建设的核心要求之一。制度文件进行统一集中发布，有利于降低企业获取信息成本，提高市场效率。

二、三级指标的筛选

制度是市场运行的基础，发挥着规范市场行为、推动经济发展的作用。完善的制度基础设施是吸引商事主体的重要因素，为创造良好的宜商氛围打下基础。世界银行倾向于从企业这一市场主体的角度来整体评估营商环境，从而忽略了制度对于营商环境建设的保障作用。

与世界银行营商环境评价指标体系相比，中国坚决贯彻落实党中央关于支持民营经济发展的各项决策部署，下大力气破除制约民营经济发展的体制、机制障碍，全面营造良好的法治和营商环境，增加制度基础设施二级指标正是题中应有之义。从组织、设施、制度三个方面出发，在二级指标下设九项三级具体指标。组织方面主要包括优化营商环境法治联合体组织的完善程度。设施方面包含地方规范性文件统一发布平台建设及管理情况，以及是否建立创新性地方营商环境专门机构或平台。阳光是最好的防腐剂，集中公示有利于破除隐性壁垒，提升商事主体获取文件便利度。专门机构和平台有利于商事主体集中办理相关业务，提高企业效率，从而促进市场和谐发展。营商环境建设主要通过制度来进行规范，因而制度基础设施为主要评估方面。其内容有：

第一，是否具备 1＋N 的营商环境制度体系。经过多年多批次的评估实践，国家评价指标体系的科学性、合理性和可操作性得到部门和地方的认同，成为推动各地深化改革的风向标和指挥棒。而各地充分发挥地方改革的积极性和主动性，相继出台各自的优化营商环境政策，形成多层级、全方位的制度体系。

第二，经济类、人文类地方性法规、地方政府规章数量与全省数量的比。法律法规发布的数量直观反映了地方的重视程度。地区经济情况以及经济政策固然对投资的吸引程度有差异，但人文对于营商环境也是不可忽视的因素。每个地区因其人文情况不同而各有特色，因地制宜才能使得经济发展事半功倍。经济、人文两方面的法律法规发布数量，是评估地区对于营商环境建设重视程度的重要因素。

第三，经济类、人文类地方性法规、地方政府规章英文文本数量与全省数量的比。一方面，中国对外开放已 40 多年，在这期间内，国外投资对于中国经济发展产生了巨大的影响。另一方面，国际化、全球化是经济发展的趋势，而中国一直以来都在以开放的姿态拥抱世界。因此，在制度方面，中国也抱有积极的态度，并采用一系列的方式来面对外来投资。

第四，地方政府规章、行政规范性文件制度体系建设情况。政府也是市场主体之一，制度建设也应当包含对政府行为的规范，其中包括规范商事活动流程等内容。

第五，重大行政决策制度体系建设情况。重大行政决策关乎人们的生产生活、行业的发展前景等各个方面。同时，由于其影响面较大，为了避免政府滥用权力，该行为必须通过制度予以规范。

第六，行政规范性文件、涉及营商环境政策文件英文翻译发布数量。与上述内容相似，此指标主要针对外资设置，反映了政府对外来投资的重视程度。

第二节　三级指标的确定与权重赋予

一、三级指标的确定

市场经济的发展离不开制度基础设施的保障，而一系列的优化举措也都源自制度。制度基础设施是整个制度体系的本体与基础，涉及面广且深，因而本指标比重设置一级指标的 50%。我们从制度、组织和设施三方面出发，确定了评估制度基础设施状况的三级指标，并为每一指标进行了权重赋予。

二级指标	三级指标	权　　重
制度基础设施（50%）	是否具备 1＋N 的营商环境制度体系	是与否，0—1 得分
	地方规范性文件统一发布平台建设及管理情况	对平台建成时间、发布文件数量、功能便利程度、公众访问量、社会影响力及标准化、精细化、动态化管理水平进行评价，基于排序转化为 0—1 得分
	是否建立创新性地方营商环境专门机构或平台	是与否，0—1 得分
	经济类、人文类地方性法规、地方政府规章数量 / 全省数量	基于数值排序转化为 0—1 得分
	经济类、人文类地方性法规、地方政府规章英文文本数量 / 全省数量	基于数值排序转化为 0—1 得分
	地方政府规章、行政规范性文件制度体系建设情况	对体系完备程度如管理制度、制定规则、公众参与程序、技术规范进行评价，基于排序转化为 0—1 得分
	重大行政决策制度体系建设情况	对体系完备程度如项目编制、决策程序进行评价，基于排序转化为 0—1 得分
	行政规范性文件、涉及营商环境政策文件英文翻译发布数量	基于数值排序转化为 0—1 得分
	优化营商环境法治联合体组织的完善程度	市级有 1 分，区县有 0.5 分，没有不得分

二、三级指标的权重赋予

（一）是否具备 1＋N 的营商环境制度体系

1＋N 的营商环境制度体系是指地方依据国家《优化营商环境条例》制定专项一揽子优化营商环境地方性法规（比如《广州市优化营商环境条例》）与各地出台的具体配套政策、规范性文件构成的体系。该指标反映的是制度体系的整体情况。若评估地区出台了配套的法规政策，具备 1＋N 的营商环境制度体系，得 1 分。若不具备该制度体系，则不得分。

（二）地方规范性文件统一发布平台建设及管理情况

文件统一发布有利于降低信息获取成本。文件发布平台建设与管理情况包含的内容较多，主要考量平台建成时间、发布文件数量、功能便利程度、公众访问量、社会影响力及标准化、精细化以及动态化管理水平。该指标评估的是制度设施情况。对以上具体内容进行全面评价，并按照评价分数降序排列。评价分数最高者，得 1 分。评价分数最低者，不得分。

（三）是否建立创新性地方营商环境专门机构或平台

创新性地方营商环境专门机构或平台指为了优化营商环境而特设的、具有地方特色的专门机构或平台，为商事活动提供服务。该指标评估的是制度设施情况。若评估地区已建立创新性地方营商环境专门机构或平台，得 1 分。若未建立专门机构或平台，则不得分。

（四）经济类、人文类地方性法规、地方政府规章数量／全省数量

经济与人文共同构成了评估地方环境特征的要素，不同的地方环境对于资本的吸引程度有所不同。规定这两方面的地方性法规与地方政府规章是将地方营商环境特色制度化，数量反映了该地区政府与人大对营商环境建设的重视程度。该指标评估的是制度供给情况。将该区域内经济类、人文类地方性法规与地方政府规章数量除以全省的法规规章数量，得出来的数值按降序排列。数值最大的，得 1 分。数值最小的，不得分。

（五）经济类、人文类地方性法规、地方政府规章英文文本数量／全省数量

与前一指标类似，本指标仅指地方人大或政府发布的经济类、人文类法规规章的英文文本数量。反映的是在全球化的背景下，地方对外来资本的重视程度。该指标评估的依然是制度供给情况。将该区域内经济类、人文类地方性法规与地方政府规章英文文本的数量除以全省的法规规章数量，得出来的数值按降序排列。数值最大的，得 1 分。数值最小的，不得分。

（六）地方政府规章、行政规范性文件制度体系建设情况

地方政府规章、行政规范性文件制度体系建设情况主要是对体系的完备程度进行评价。该指标评估的是制度供给情况。对体系完备程度如管理制度、制定规则、公众参与程序、技术规范进行评价，将评价分数按照降序进行排列。分数最高者，得 1 分。分数最低者，不得分。

（七）重大行政决策制度体系建设情况

重大行政决策一般体现在政策扶持与业务办理流程等方面上，不管是哪个方面，最终都会影响到商事主体的生产经营。本指标主要评估的范围是重大行政决策制度体系的完备程度，即是否具有如项目编制、决策程序等内容。反映的是政府部门的服务水平。该指标评估的是制度供给情况。对体系完备程度如项目编制、决策程序进行评价，按照评价分数进行降序排列。评价分数最高者，得 1 分。分数最低者，不得分。

（八）行政规范性文件、涉及营商环境政策文件英文翻译发布数量

行政规范性文件是规范政府行为的文件，通过将文件进行英文翻译并发布，可以使外商在未进入该地区市场时先了解政府的规范情况。涉及营商环境政策文件进行英文翻译并发布，也是为了吸引外来资本进驻本地市场。该指标评估的是制度供给情况。将行政规范性文件、涉及营商环境政策文件英文翻译发布数量按照数值大小进行降序排列，发布数量最多者，得 1 分。发布数量最低者，不得分。

（九）优化营商环境法治联合体组织的完善程度

法治化是优化营商环境最好的方式。优化营商环境法治联合体组织是由地

方发起，为了优化营商环境、促进商事活动法治化，由相关职能部门、法学院校、律师事务所、企业、商会、协会以及法治类社会组织等组成的政企交流协作平台。组织的完善程度可以通过级别进行评定，完善程度越高的，其级别也会越高。该指标评估的是制度基础设施的组织情况。若地区内有优化营商环境法治联合体组织的市级组织，得 1 分。区县地区有法治联合体组织，得 0.5 分。若该地区市区县均没有法治联合体组织，则不得分。

第三节　样本实践

一、以广州市科学技术局"1＋5＋N"政策体系为例

2021 年 7 月 1 日，《广州市科技创新条例》正式施行。广州市科学技术局以该条例为纲，围绕"科学发现、技术发明、产业发展、人才支撑、生态优化"全链条创新发展路径的 5 个方面配置相应政策包，出台 N 部细化落实措施或管理办法，形成新时期"1＋5＋N"科技创新法规政策体系，为实现老城市新活力，支撑高水平科技自立自强提供制度保障。

《广州市科技创新条例》依照科技创新全链条从基础研究和应用基础研究、技术创新、科技人才、科技经费和科技金融、成果转化、知识产权、区域与国际合作、创新环境等方面作了具体规定，是制定科技政策的纲领性文件。在科学发现方面，出台《广州市加强基础与应用基础研究实施方案》与《广州市支持科技资源库发展办法》。在技术发明方面，发布《广州市重点领域研发计划实施方案》《广州市重点领域研发计划揭榜挂帅制技术攻关项目试点工作方案（试行）》。在另外三个路径也有相关政策出台，为促进科技发展提供全面制度保障。

二、以广州市住房和城乡建设局"1＋1＋N"政策体系为例

中共广州市委员会第十一届第十一次全会审议通过的《关于深化城市更新工作推进高质量发展的实施意见》（以下简称《实施意见》）、《广州市深化城市更新工作推动高质量发展的工作方案》（以下简称《工作方案》），对新一轮城市更新作出重要部署，揭开广州市深化城市更新新篇章。随后广州市出

台了一系列配套指引，对《实施意见》和《工作方案》的有关内容进行了细化。截至 2020 年 12 月，共有 15 个配套政策文件。这些配套文件与《实施意见》和《工作方案》一起形成了"1＋1＋N"政策体系。

这 15 个配套政策文件中，广州市住房城乡建设局牵头制定的配套政策指引共 9 个，其中已经印发实施了 5 个，其余 4 个正在进一步完善及报审，其内容主要涉及片区策划方案编制和报批、项目审批流程优化、市政基础设施和公建配套设施评估、合作企业引入与退出、村集体经济组织决策、老旧小区微改造实施、城市更新工作领导小组议事规则、专家库使用、评估机制等各个方面。《城市更新片区策划方案编制和报批指引》细化落实《实施意见》关于片区策划方案编制和报批方面的有关内容，包括片区策划方案的编制要求、申报和审批流程、审查要点等。首先，鼓励提升编制水准。鼓励邀请院士、大师团队以及国内外名家大师参与片区策划编制工作，进一步提升策划编制水平。其次，优化地价评估机制。对融资地块进行楼面地价的评估，参考结合 5 家以上（含 5 家）评估机构评估结果（去掉最高价和最低价，取平均值）确定融资楼面地价。再次，优化方案编制审核流程。片区策划方案加强与国土空间规划（城规和土规）对接，片区策划方案和详细规划调整方案同步编制、审核。其中，片区策划方案报送市住建部门组织联合审查，详细规划调整方案报送市规划部门按程序组织审核，以"套开会议"或同步审议的形式审定两个方案。最后，体现 9 项重点工作的统筹安排。片区策划方案需编制 9 项重点工作专篇，并通过"多规合一"平台征询 9 项重点工作主管部门意见，联审阶段由城市更新工作领导小组成员单位及专家联合审查，重点关注统筹产业、公建配套、交通基础设施、历史文化传承和保护、住房保障等建设内容。

未来，将加强组织领导，通过市区联动、部门协同，以项目有效实施为目标，联动各区出台贯彻落实细则，保障新旧政策衔接，并对纳入近期实施计划的重点项目，明确工作节点，抓紧启动前期工作，重点谋划推进一批城市更新改造项目，确保城市更新工作取得实效。①

---

① 《广州市城市更新"1＋1＋N"政策体系解读》，载搜狐网，https://www.sohu.com/a/431174220_327912，2020 年 11 月 11 日。

三、以深圳市龙华区"1＋N＋S"政策体系为例

2020 年，龙华区提出全面打造数字经济、数字城区、数字治理"三位一体"的数字龙华，加快建设数字经济先行区、未来城市试验区、智慧治理示范区。在此背景下，龙华区数字经济产业政策应运而生，形成了"1＋N＋S"数字经济产业政策体系。"1"指的是龙华区数字经济 3 年工作实施方案；"N"为分行业分领域普惠性政策；"S"为数字经济产业专项政策，致力加快构建现代化产业体系，推动经济可持续高质量发展。[①]

根据《深圳市龙华区数字经济三年工作实施方案（2021—2023 年）》，到 2023 年，数字经济核心产业增加值突破 1000 亿元，占 GDP 比重超 31%，十大产业集群总规模 4000 亿元以上，实现工业互联网、人工智能 2 个千亿级集群，智能制造装备、消费互联网、生命健康 3 个 500 亿级集群，区块链、新型显示、时尚创意、数字文化、集成电路 5 个百亿级集群。"N"为分行业分领域普惠政策，鼓励新经济、新业态、新模式发展，大力引导各行各业数字化转型。例如制造业政策——聚焦壮大集群规模、提升发展能级、强化产业空间，共 11 项扶持条款，单项最高奖励达 1000 万元。数字化转型政策——共 8 项扶持条款，单项最高奖励达 3000 万元。招商政策——聚焦招大商招优商招好商，共有 7 方面举措，单项最高奖励达 5000 万元。在支持企业"专精特新"发展、企业上市、研发激励等方面，奖补力度居各区前列，并且有多项措施是全市首创。数字经济产业专项政策，靶向聚焦加大扶持力度。数字经济产业专项政策瞄准全区重点发展的数字经济十大产业链，针对产业现状、特点和短板，靶向聚焦，加大对工业互联网、消费互联网、智能制造装备、人工智能、集成电路、新型显示、数字文化、生命健康、区块链等产业的扶持力度。[②]

---

① 《"1＋N＋S"数字经济产业政策体系解读》，载龙华新闻数字报网站，http://lhxw.sznews.com/PC/content/202109/24/content_1098377.html，2021 年 9 月 24 日。

② 《〈数字圳当时〉：顶层设计 龙华区"1＋N＋S"数字经济产业政策体系解读》，载龙华政府在线网站，http://www.szlhq.gov.cn/ztzq/lhqzfkfr/kfrtshd/zwysjhdljl/content/post_10242439.html，2022 年 1 月 24 日。

第二章 制度运行质量

第一节 三级指标的设计与筛选

一、三级指标的设计

制度运行质量是指在明确营商环境中各项制度目标与内容的前提下，评价制度实施与运行的程序与效果与既定制度目标内容要求的相符程度。具体包括推动制度建设和执行有效衔接，提高制度执行力，政府政策信息透明度，政府政策信息发布的及时性，经济类紧急状况应对方案出台的效率等内容。制度运行越顺畅，营商环境越优化，越能激发市场主体的活力和社会创造力。完备的营商环境制度体系和有保障的制度运行质量是营商环境建设的必要保障。制度运行质量指标要求继续加强各项制度规范督办落实，确保已定的各项政策全部落地兑现。对在制度运行中主动作为、成效明显的地方，要给予激励。对督查发现的制度运行质量打折扣、擅自对市场主体加负担、资金闲置等问题，要列出清单，予以通报，限期整改。对整改不到位的要曝光追责。

我国经济正经历质量变革、效率变革、动力变革，制度供给成为重要的核心竞争力。总结我国优化营商环境的经验做法，将实践证明行之有效的改革举措用法规制度固化下来，切实保障制度的运行质量，是进一步优化营商环境的重要举措。因此，有必要将制度运行质量纳入营商环境评价指标体系中。制度运行质量按适用状况不同可以分为一般状况和紧急状况两个层面。一般状况下制度运行质量指标包括政府政策信息透明度，政府政策信息发布的及时性，政府政策信息的公众知晓度。紧急状况包括经济类紧急状况应对方案出台的效率等。

二、三级指标的筛选

与世界银行营商环境评价指标体系相比，本评价指标体系增加了"制度运行质量"这一二级指标。世界银行营商环境评价指标体系倾向于从企业经营的内部视角出发，衡量被评估地区是否有利于公司的经营发展。而"制度运行质量"这一评价指标则是站在宏观视角上，探讨各类市场主体在运营过程中，被评估地区能否保障营商环境相关制度顺畅运行，不局限于某一类市场主体。"制度运行质量"下4项三级指标相较于世界银行营商环境评价指标均为新增。

（一）政府政策信息透明度

政府政策信息透明度是指行政机关依照法定程序以法定形式公开其掌握的与公众利益相关的政策法规制度信息的公开透明程度，包括市场环境、政务服务、监管执法和法律法规等方面信息的公开知晓，没有隐性或显性的限制，可从参与法律政策制定、及时公布信息、查询获取信息方便等维度考察。随着政府政策信息透明度的提高，营商环境不断优化，市场主体之间的信息差进一步缩小，使得各类市场主体都能及时获得相关信息，把握政策走向和市场机会，平等参与市场竞争，公众利益得到充分保障，营商环境的可预期性得到增强。好的营商环境具有便利性、公平性、透明度、法治化、国际化等特征。政府政策信息透明度高，有利于增进政府与市场经济主体之间的有效沟通，更广泛地宣传解读法律法规和改革举措，推进制度和政策落地生效，从而切实保障制度运行质量。因此，政府政策信息透明度这一指标是有必要的。

（二）政府政策信息发布的及时性

制度运行质量的好坏，往往与群众对政府政策信息是否及时了解相关。只有将政策信息及时有效发布，才能让市场主体第一时间了解到营商环境相关政策并进行及时调整。《中华人民共和国政府信息公开条例》第6条第1款规定："行政机关应当及时、准确地公开政府信息。"国务院办公厅印发的《关于加强政府网站信息内容建设的意见》指出，各地区、各部门要将政府网站作为政府信息公开的第一平台，建立完善信息发布机制，第一时间发布政府重要会议、重要活动、重大政策信息。依法公开政府信息，做到决策公开、执行公开、管理公开、服务公开、结果公开。及时发布、解读、宣传优化营商环境的政策措施，有利于营造优化营商环境的良好氛围，因此将政府政策信息发布的及时性纳入评估指标能有效反映被评估地区制度运行质量的情况。

（三）经济类紧急状况应对方案出台的效率

2020年5月，中共中央、国务院《关于新时代加快完善社会主义市场经济体制的意见》提出，"强化经济监测预测预警能力，充分利用大数据、人工智能等新技术，建立重大风险识别和预警机制，加强社会预期管理"。积极应对可能出现的突发金融、物价等经济类紧急状况事件，快速有效地开展应急协调工作，及时控制和最大程度消除突发经济紧急状况的危害和影响，能有效维护经济秩序和社会稳定。及时掌握紧急状况的发生根源以及影响范围，提高出台应对方案的效率，在降低或化解潜在威胁，最大限度减少对企业等市场主体的影响，提升营商环境的稳定性等方面发挥其重要作用。因此经济类紧急状况应对方案出台的效率也应当作为三级指标纳入评价指标体系中。

（四）政府政策信息的公众知晓度

2020年7月15日，国务院《关于进一步优化营商环境更好服务市场主体的实施意见》（国办发〔2020〕24号）强调，要抓好惠企政策兑现，各地要梳理公布惠企政策清单，根据企业所属行业、规模等主动精准推送政策，实行政策兑现"落实到人"，鼓励推行惠企政策"免申即享"。政府政策信息若没有公众知晓，政策效果便难以实现。将政府政策信息的公众知晓度指标纳入评价指标体系中，努力使"人找政策"变为"政策找人"，对推动惠企政策应享尽享，提升制度运行质量有重要作用。

第二节　三级指标的确定与权重赋予

一、三级指标的确定

制度运行质量指标由4项三级指标构成，即政府政策信息透明度，政府政策信息发布的及时性，经济类紧急状况应对方案出台的效率，政府政策信息的公众知晓度。通过设立一系列比较具体的评估指标，检验制度实施和运行的效果与制度既定的目标要求的契合程度，并发现制度运行中存在的比较突出的问题。

二级指标	三级指标	权　　重
制度运行质量 （40%）	政府政策信息透明度	主观题，问卷。每题0—10分，基于排序转化为0—1得分
	政府政策信息发布的及时性	主观题，问卷。每题0—10分，基于排序转化为0—1得分
	经济类紧急状况应对方案出台的效率	主观题，问卷。每题0—10分，基于排序转化为0—1得分
	政府政策信息的公众知晓度	主观题，问卷。每题0—10分，基于排序转化为0—1得分

二、三级指标的权重赋予

（一）政府政策信息透明度

该指标评估的是政府政策信息的公开程度，并转化为0—10酌情打分。政府政策信息透明度与制度运行质量基本成正比。为保证政府政策信息透明度，可以从政策信息公开流程、公开形式、开放信息种类、保障机制、政策引导和热点解读等5个方面酌情打分。若其中一项落实有欠缺，打0分；若一项落实到位，打2分，总分10分。政策信息公开流程主要指各个政策信息公开平台的数据是否有一套标准决定是否公开；公开形式即区分政策信息是主动公开还是依申请公开；开放信息种类是指对各种政策信息进行分类；保障机制是看有无政府政策信息公开的政策法规；政策引导和热点解读则主要观察信息公开平台上是否有及时政策引导和热点回应。

（二）政府政策信息发布的及时性

该指标评估的是政府政策信息公开的速度。这一指标能够展现政策信息能否及时同步以及地区行政部门的工作效率。分以下5个方面酌情打分，总分10分。若一项落实有欠缺，则打1分；若一项完全未达成，则打0分；若一项落实到位，则打2分。第一，国务院办公厅印发《〈关于全面推进政务公开工作的意见〉实施细则》要求，对涉及特别重大、重大突发事件的政务舆情，最迟在5小时内发布权威信息，在24小时内举行新闻发布会，持续发布权威信息，有关地方和部门主要负责人要带头主动发声。第二，有无互动交流平台和实时评论保障机制、有无及时政策引导和热点回应。第三，准确传递权威信息和政策意图，及时传达并解读已出台的优化营商环境政策措施，并将各类优惠政策信息向相关企业推送，切实提高政策的可及性。第四，对于市场主体关注的重点难点问题，要及时研究解决，回应社会关切，合理引导预期。第五，设立营商环境投诉举报和查处回应制度，及时发现并解决问题，对营商环境反面典型案例进行公开曝光。

（三）经济类紧急状况应对方案出台的效率

该指标评估的经济类紧急状况发生时应对方案的出台效率，旨在衡量被评估地区应对经济类紧急状况的能力。分以下5个方面酌情打分，总分10分。若一项落实有欠缺，则打1分；若一项完全未达成，则打0分；若一项落实到位，则打2分。第一，是否成立应急保障工作指挥机构，建设管理体制，落实各部门应急保障责任。第二，是否建立紧急状况事先预防机制，提前综合分析、科学判断营商环境监测数据和动态信息，完善应急保障措施和决策机制，提高处置能力和效率。第三，是否第一时间发现经济类紧急状况并作出应对方案并及时缓解紧急状况，切实防范和化解风险，维护经济安全和社会稳定。第四，是否建立地方政府紧急事件报告制度，发现问题按规定程序及时报告，未瞒报、迟报、漏报、谎报。第五，是否在紧急情况处置结束后，财政部门及时对突发事件财政应急保障工作进行总结，对突发事件财政资金的使用效益进行绩效评价。

（四）政府政策信息的公众知晓度

该指标评估的是政府政策信息能否被公众知晓以及被公众知晓的范围和程度。可以从公众参与度、有无链接、互动交流、可获取情况、准入限制等5个方面酌情进行打分，总分10分。若其中一项落实有欠缺，打0分；若一项落实到位，打2分，总分10分。公众参与度是现代民主国家体现民主理念的重要手段，主要从企业、公民个人、政府部门和非政府部门3个方面的参与度进行考量；有无链接则是看平台公开内容是否实现对接以及链接内容是否可打开；互动交流主要看政府政策信息公开平台是否设有专门的互动交流平台和有实时评论功能；而可获取情况则主要从政策信息文件是否公开、可复制下载来评价；准入限制则通过获取政策信息是否要申请注册个人信息来判定。

第三节 样本实践

一、以广州市规范性文件集中发布平台为例

广州市在多年实践探索基础上，建立起一套以"前置审查、有效期制度、统一登记、统一编号、统一公布、数据库管理"为特色的"1＋1＋8"（即1部地方性法规、1部政府规章、8个配套文件）的行政规范性文件管理制度体系，并于2019年1月1日建立广州市行政规范性文件统一发布平台。这是全国首个集"录入、审核、发布、检索、清理"功能为一体的规范性文件智能管理平台，是广州市运用信息化技术和大数据手段提升文件管理水平的有益探索，真正实现全市规范性文件"一次录入、分级审核、数据同源、统一发布、信息共享、动态更新"，标志着广州市行政规范性文件迈入标准化、精细化、动态化管理的新阶段，推动广州市规范性文件管理水平再次走在全国前列。符合"政府政策信息透明度"和"政府政策信息发布的及时性"这两个三级指标的要求，为规范和提升规范性文件管理提供了"广州方案"。①

（一）亮点和特色

广州市行政规范性文件统一发布平台（以下简称发布平台）以统一发布为突破口，以分级审核为立足点，牢牢把住规范性文件合法性审查"最后一关"，运用新技术手段和大数据方式，首次实现全市规范性文件"一个平台全管理、市区街镇全覆盖"，推动规范性文件全生命周期的标准化、数字化、智能化管理，切实提升了规范性文件管理水平和运行实效。

1. 一次录入、分级审核

广州市所有行政规范性文件，包括区各部门及各镇街规范性文件，由起草

---

① 《广州市打造标准化数字化智能化规范性文件统一发布平台》，载广州市人民政府网站，https://www.gz.gov.cn/xw/gzyw/content/post_2842424.html，2019年1月25日。

部门按照程序完成起草并正式签发后，通过专有账号上传至发布平台，一次录入即可，不需要再上传任何其他信息公开平台，有效避免了多次录入、重复录入、数据错误、发布迟滞等问题。规范性文件一经录入发布平台，市、区司法行政部门分级审核，确保规范性文件合法性审查意见得到落实，确保规范性文件不存在合法性问题，把好发布前的最后一关。市政府及市政府各部门规范性文件由市司法行政部门负责审核；区政府、区各部门及各镇街规范性文件由区司法行政部门负责审核。

2. 数据同源、统一发布

发布平台电子文本是全市规范性电子数据的唯一来源，全市各部门官网公开的规范性文件都必须从发布平台调取数据。规范性文件在发布平台显示时，系统会自动同步生成统一编号，作为识别规范性文件的文件编号。其中，市一级文件统一编号以"GZ"开头，区一级文件统一编号以各区拼音首字母开头，如天河区编号以"TH"开头。发布平台还统一了规范性文件发布的基本要素，具体包括文件名、文本全文、统一编号、文号、文件类型、发布机关、实施日期、失效日期、文件状态等基本要素。

3. 信息共享、动态更新

发布平台与市政府网站无缝衔接，录入发布平台的行政规范性文件经审核通过后，自动同步推送至市政府门户网站、市政府各部门门户网站、广州市政府信息公开目录系统、11个区政府门户网站及其下属各部门和镇街政府信息公开目录等平台，实现了全网发布、实时同源、信息共享、动态更新。发布平台是全市规范性文件信息共享中心，全市其他信息公开平台均从发布平台统一调取规范性文件数据，从源头上确保各平台发布使用的规范性文件的权威性、准确性和一致性。

4. 周期管理、自动清理

规范性文件自发布之日起，发布平台将自动计算文件有效期。规范性文件有效期届满，发布平台将自动标注，文件标题变成灰色并加注"（已失效）"。规范性文件有效期届满6个月前，系统自动提示清理，清理信息自动发送至发布部门，督促和提醒发布部门及时予以评估修订或者按规定延长文件有效期后继续实施。

5.智能检索、关联解读

发布平台拥有自助智能检索功能，社会公众可设定文件名、发布机关、文件类型、成文日期等多种方式，根据实际需要进行检索。发布平台后台系统可以通过多种方式，实现规范性文件数据的实时自动统计。发布平台在文件发布时，还同时发布了关联解读材料，主动释疑解惑，力求让公众"随时看""愿意看""看得懂"。①

（二）实施效果

广州市行政规范性文件统一发布平台是全市行政规范性文件电子发布平台和市区两级管理应用系统，推动全市规范性文件的全覆盖、标准化管理，实现规范性文件从审查到发布、从生效到失效的全生命周期闭环管理，切实解决了区一级规范性文件管理前置审查不到位、文件清理不及时、文件效力不明确等问题，有效避免了文件数据来源多、信息发布不及时、文件修订不及时、文件报备滞后和漏报等问题，全面提高了规范性文件标准化、数字化、智能化管理水平，在建设法治政府、数字政府、服务型政府的道路上迈出了坚实一步。

二、以深圳市南山区应急管理局应急管理体系为例

2021年，南山区坚持"人民至上、生命至上"，科学统筹发展与安全，以"思想重安、体系固安、整治保安、科技强安、法治护安、应急守安"为工作主线，跑出"加速度"、开拓新局面，推动应急管理工作从"1.0"向"2.0"版本跃升，为"双区建设"和世界级创新型滨海中心城区建设创造更加安全稳定的社会环境。②

---

① 《第一批广东省法治政府建设示范项目广州市司法局"创建规范性文件统一发布平台"》，载广州市司法局网站，http://sfj.gz.gov.cn/ztlm/fzzfjs/fzgzjsjy/content/post_8486394.html，2022年8月9日。

② 《南山应急：全力打造应急管理"2.0"版本，护航城区高质量安全发展》，载深圳新闻网，http://www.sznews.com/news/content/mb/2022-02-01/content_24914177.htm，2022年2月1日。

（一）建立"统一领导、分级管理、分口负责"的应急管理体制

南山区将 38 个专项应急指挥部建设、6 类应急预案修编、专业领域应急演练有机结合，理顺"统一领导、分级管理、分口负责"的应急管理体制，规范应急值守和信息协同，发挥各级值班室应急指挥"前哨"作用，提升突发事件应对处置效能。2021 年，南山区坚持问题导向，紧扣安全事故高发频发的重点行业领域，突出风险，瞄准薄弱环节精准发力、靶向施策，以安全生产专项整治三年行动为总纲，在落实上级部署"规定动作"基础上创新"自选动作"，持续充实拓展整治内容，全年出动 58.8 万人，检查各类企业 62.7 万家。

（二）构建"大数据在平台、N 应用在部门"的综合监测预警指挥体系

按照全市"1 ＋ 11 ＋ N"工作部署，结合全区可视化城市空间数字平台建设成果，南山区提速推进"1 ＋ 8 ＋ N"本地化部署落地，以落实 7 大建设任务为抓手，推动系统整合、数据共享，加快实现全域风险感知、全程监测预警、全网互联互通，努力构建"大数据在平台、N 应用在部门"的综合监测预警指挥体系。此外，南山区加快推进城区易涝点水位监测预警、灾害预警广播系统等"智慧三防"建设，加强重点森林防火地带智能卡口、视频监控、红外监测等科技手段应用。

（三）建设安全教育体验馆，多元政策信息解读方式

南山区安全教育体验馆，作为全国应急系统首个"全国法治宣传教育基地"，南山区对其进行迭代升级，为不同受众群体量身定制"个性化"特色体验套餐，2021 年新获评深圳市五星级法治宣传教育基地。同时，推进 8 个街道结合辖区实际建设街道级特色分馆，打造"1 个主馆＋8 个特色分馆"的特色宣教矩阵。[1]

---

①《南山区应急管理局以高水平安全服务高质量发展，以新安全格局保障新发展格局》，载南山区人民政府网站，http://www.szns.gov.cn/xxgk/qzfxxgkml/bmdt/content/post_10393597.html，2023 年 1 月 20 日。

三、以珠海市金湾区"数字政府"创新政策公开形式为例

2020 年 11 月 26 日，"2020 环球趋势大会——区域营商环境高峰论坛"在北京举行，珠海市金湾区继 2019 年后再次获评为"中国营商环境示范区"，此次再度获评成功，是金湾区在持续优化营商环境方面保持良好势头的具体反映。[①]

（一）发布机会清单，创新政府政策公开形式

该举措打破政府传统管理体制，变革政府治理方式，助推政府由"给优惠"向"给机会"、"政府配菜"向"企业点菜"转变，通过全面整合政府可释放的市场机会，以清单的形式公布，让大湾区内的企业和人才能够全面、准确、及时地掌握金湾发展机遇，并为其在金湾发展提供入口和机会。截至 2020 年底，已在区政府门户网站共发布三期机会清单合计 51 项。

（二）建设"数字政府"，提高政府政策信息公开效率

2018 年，金湾区在打造数字政府方面进行了诸多尝试，先后上线运行了营商环境分析系统、工业企业用地效益综合评价体系、全资源可视化大数据平台等。其中，金湾区营商环境分析系统通过将固化在政府各职能部门的政务数据统一归集，通过大数据、云计算等信息技术建立了科学的评价指标体系和计算模型。该系统在世界银行营商环境评价指标体系的基础上，结合金湾的实际情况，构建了"10＋2"营商环境评价模型，为政府科学决策提供依据和支撑。金湾区通过建设政务服务大数据平台等其余三大版块，加快推动"数字政府"改革建设工作，为政府科学决策提供依据和支撑。此外，金湾区还上线了智能客服系统，需要咨询的市民可通过语音询问的方式即刻咨询相关政策信息。金湾区将充分发挥信息化对科学高效配置资源的支撑和服务功能，切实增强智慧城市建设带来的便捷、高效、创新的感受度，助力打造共建共治共享社会治理格局。[②]

---

① 童丹：《珠海金湾再次获评"中国营商环境示范区"，持续发力"破难点""疏堵点"》，载《广州日报》百家号官方账号，https://baijiahao.baidu.com/s?id=1684497579647437928&wfr=spider&for=pc，2020 年 11 月 27 日。

②《扫码＋刷脸！"数字政府"建设为珠海金湾优化营商环境》，载澎湃新闻网，https://m.thepaper.cn/baijiahao_4357383，2019 年 9 月 6 日。

（三）建立招商项目履约评价系统一站式了解政府项目进展情况

金湾区招商项目投资履约评价系统可对签约落地项目进行全生命周期的追踪与管理。按照在谈、新签约、筹建、已投产等要素，评价系统将区内的各个投资项目分类。市场主体获取具体项目简介、技术优势、知识产权、土地需求等信息仅需在系统中点击该具体项目即可。各个项目还设置了动工、竣工等时间提醒，逾期未完成的项目将触发项目预警。此外，该系统还将持续开发，增加在线招商、移动端应用等新功能，为相关部门了解项目进展情况提供便捷的渠道。①

① 《让长项更长，短板变"潜力板"》，载乐居网百家号官方账号，https://baijiahao.baidu.com/s?id=1625311151594296410&wfr=spider&for=pc，2019 年 2 月 13 日。

第三章　制度宣传质量

第一节　三级指标的设计与筛选

一、三级指标的设计

　　制度宣传质量，主要是用于衡量政府在贯彻落实《优化营商环境条例》的过程中的制度宣传工作。营商环境氛围营造是优化营商环境的重要内容之一，而营造优良的营商环境氛围则主要依赖于政府对于优化营商环境的制度宣传质量。优化营商环境的制度宣传力度越大，越有利于为市场营造优良的营商环境氛围。企业通过政府的制度宣传充分了解什么是优化营商环境以及市场主体能在优良的营商环境中获得什么，就能引导企业依法经营，吸引企业积极投身到营商环境优化的过程之中，进而推动建设、优化营商环境。做好《优化营商环境条例》的制度宣传，有利于提升制度供给质量，营造良好的宜商舆论氛围，加强法治营商环境建设。而制度宣传工作主要是从制度规划和具体宣传工作两个方面展开。因此，在设计三级指标时，从设计制度宣传方案和规划和开设专门宣传平台两个方面展开。设计制度宣传方案主要从设计专门方案和宣传纳入普法规划两个方面出发。开设专门宣传平台要从开设专门宣传平台、平台宣传频率和宣传平台影响力出发。

二、三级指标的筛选

　　本评价指标体系增加了"制度宣传质量"这一二级指标。回顾我国现代化历史进程，可以发现，制度建设和治理在我国现代化发展进程中发挥了巨大的作用。而制度宣传则是制度供给的窗口，我国长期以来在制度基础设施和制度运行上投入了大部分的力量，但是制度宣传能力依旧有待提升。制度宣传是制度供给的重要对外窗口。通过制度宣传，营造良好的制度舆论环境，可以吸引更多的企业参与、建设、支持制度。因此将"制度宣传质量"纳入"制度供给"中十分必要。我国 2020 年已经开始正式施行《优化营商环境条例》，通过制度宣传可以将这一制度建设的目的、具体措施等向政府、市场、企业和民众进行普及，以推动廉洁高效的政务环境、公平竞争的市场环境、宽松透明的政策环境和优质低成本的创业环境的建设。

制度宣传方案是开展制度宣传工作的纲领和基础。为了保证优化营商环境宣传工作开展的有序性和规范性，政府应当有针对优化营商环境主题的专门方案。同时在政策方面，应当将优化营商环境的制度宣传工作纳入相关的普法工作规划之中，以充分地发挥普法工作规划的强大动员能力，帮助优化营商环境的制度宣传。因此，在制度宣传方案上应当关注是否有优化营商环境主题普法宣传的专门方案和是否将优化营商环境宣传纳入相关普法宣传之中。

制度宣传平台是开展制度宣传工作的重要渠道。政府通过专门的制度宣传平台，将优化营商环境的制度向社会传播，这对优化营商环境政策的落地和建设都有极强的助推力。随着全媒体和"互联网＋"的兴起，线上宣传平台可以发挥出更多的作用。政府可以通过及时、正面和积极的制度宣传提升优化营商环境政策的了解程度，此外还能加强对政策的社会监督，让政策的制定和实施在阳光下运行。而衡量制度宣传平台应当从以下 3 个方面展开，是否开设了专门的宣传媒体平台、宣传媒体平台的更新频率和宣传平台的影响力。

第二节　三级指标的确定与权重赋予

一、三级指标的确定

制度宣传质量在制度供给一编中分数占比 10%。本评价指标体系最终确定制度供给由 5 个三级指标构成，即是否有开展优化营商环境主题普法宣传的专门方案、是否将优化营商环境相关法律法规的宣传纳入本地"八五"普法规划、是否有开设专门的普法宣传融媒体平台、普法宣传新媒体平台是否每天更新宣传内容和普法宣传新媒体平台的影响力。下表对各项三级指标进行确定及权重赋予：

二级指标	三级指标	权　　重
制度宣传质量（10%）	是否有开展优化营商环境主题普法宣传的专门方案	是与否，0—1 得分
	是否将优化营商环境相关法律法规的宣传纳入本地"八五"普法规划	是与否，0—1 得分
	是否有开设专门的普法宣传融媒体平台	是与否，0—1 得分
	普法宣传新媒体平台是否每天更新宣传内容	是与否，0—1 得分
	普法宣传新媒体平台的影响力	基于排序转化为 0—1 分得分

二、三级指标的权重赋予

（一）是否有开展优化营商环境主题普法宣传的专门方案

优化营商环境主题普法宣传的专门方案是营商环境宣传工作的总纲领。专门方案将营商环境宣传工作全面化、系统化和规范化，在制度宣传过程中更有利于引导企业等市场主体依法、规范经营。可以用更高的效率提高企业及其员工提高对于相关法律法规的知晓度和对优化营商环境的认同度。优化营商环境的专门宣传方案应当包括宣传平台、宣传主体、宣传方式等。若受评估对象有开展优化营商环境主题普法宣传的专门方案，则打 1 分；如果没有专门宣传方案，则打 0 分。

（二）是否将优化营商环境相关法律法规的宣传纳入本地"八五"普法规划

"八五"普法规划是指《中央宣传部、司法部关于开展法治宣传教育的第八个五年规划（2021—2025 年）》。"八五"普法规划提出，要大力宣传有关平等保护、公平竞争、激发市场主体活力、防范风险的法律法规，推动建设市场化法治化国际化营商环境。将优化营商环境与推进"八五"普法规划进行有机结合，可以充分发挥法治对营商环境的规范、指导和保障作用，有利于营造优化营商环境的法治氛围。若受评估区域将优化营商环境相关法律法规的宣传纳入本地"八五"普法规划中，则打 1 分；若没有将其纳入本地"八五"普法规划中,则打 0 分。

（三）是否有开设专门普法宣传融媒体平台

中共中央办公厅、国务院办公厅印发的《关于加快推进媒体深度融合发展的意见》提出,要深度探索媒体深度融合发展。通过"普法＋融媒体"平台,可以将传统媒体与新兴媒体相融合。一改以往单一的宣传路径,全媒体运营,充分调动各类宣传资源参与优化营商环境的普法宣传。不仅可以提高优化营商环境的普法宣传的效率,还有利于掌握宣传话语,统一宣传内容,从而提高优化营商环境宣传的质量。若受评估区域已经开设了专门普法宣传融媒体平台,则打 1 分;若没有,则打 0 分。

（四）普法宣传新媒体平台是否每天更新宣传内容

衡量一个宣传新媒体平台是否发挥了其应有的宣传作用,平台发布内容频率是重要的衡量标准之一。若普法宣传新媒体平台每天更新宣传内容,则说明其有运行通畅的宣传体系、稳定的用户群体和较高的内容质量。若普法宣传新媒体平台没有每天更新宣传内容,则说明该新媒体平台的设置更偏向形式主义,并没有发挥出预期的作用。若受评估区域的普法宣传新媒体平台每天更新宣传内容,则打 1 分;若没有每天更新宣传内容,则打 0 分。

（五）普法宣传新媒体平台的影响力

普法宣传新媒体平台的影响力可以反映出一个宣传媒体平台的辐射范围和在受众群体中发挥的作用。普法宣传新媒体平台的影响力越强,说明优化营商环境的普法宣传质量越高,越有利于优化营商环境制度的建设、发展和优化。对于普法宣传新媒体平台的影响力的评估应当从粉丝数、互动量(点赞、转发、评论)和账号内容质量(是否有吸引力,是否有创新内容)三部分出发。将粉丝数和平均互动量加总进行排名,最终将各个评估对象基于排序转化为 0—1 得分。

第三节　样本实践

一、以广州市制度宣传政策为例

广州市把持续推动优化营商环境作为提振市场信心、推动经济复苏、促进高质量发展的重要手段，高度重视政策举措的宣传推介，形成优化营商环境的共识和合力，发挥"1＋1＞2"的叠加效应，打通政策落地"最后一公里"。

为了更好地让政策落地生根，让企业市场更好地了解市场规则，优化营商环境制度的宣传解读在其中起到了重要的作用。《广州市优化营商环境条例》以完善营商环境法治宣传教育考核为抓手，推动全社会树立"人人都是营商环境，处处优化营商环境"的意识，为营造法治化营商环境提供基础性支撑。涉及市场主体权利义务的规章、行政规范性文件和政策措施，应当通过官方载体以及网上政务平台、移动客户端、服务热线等载体公开发布，为市场主体提供政策解读。

《广州市优化营商环境条例》要求人民政府及其有关部门应当加强优化营商环境的法律、法规、规章和政策措施的宣传，完善法治宣传教育考核体系，支持新闻媒体客观、公正地对营商环境进行舆论监督，建立舆情收集和回应机制。此外，市、区人民政府及其有关部门应当落实"谁执法谁普法"的普法责任制，引导市场主体合法经营、依法维护自身合法权益，不断增强全社会的法治意识，为营造法治化营商环境提供基础性支撑。并将每年10月15日设立为"广州营商环境日"，市、区人民政府应当通过系列宣传、对话、招商、表彰、服务等活动，营造良好营商环境，依法保护市场主体合法权益。如广州南沙举办优化营商环境便利新举措"宣讲进园区"活动。通过这种新型的方式，不仅有利于落实不动产登记改革政策宣传工作，同时加强与企业交流，倾听企业意见和建议，携手将各类改革措施落到实处，真正惠及园区企业，让企业在办理不动产登记过程中切实获得便利。

（一）召开优化营商环境网络主题宣传活动广东行媒体沟通会

2020年10月19日，由中央网信办网络新闻信息传播局、国家发展改革委法规司、市场监管总局新闻宣传司主办的"落实'六稳六保'·优化营商环境"网络主题宣传活动广东行媒体沟通会在广州市召开。

该网络主题宣传活动不仅有利于贯彻落实习近平总书记重要讲话精神和中央决策部署，还有利于推动各地进一步落实"六稳六保"、优化营商环境，为实现高质量发展营造良好的舆论氛围。会议中介绍了广东市场监管部门落实"六稳六保"工作的重点举措以及广州开发区知识产权金融服务中心、广州质检院、广州南沙政务服务中心、深圳惠企便利化等基本情况，同时欢迎媒体记者深入一线，多发掘改革创新亮点，多传播广东好声音。此外，本次活动还介绍了广东落实《优化营商环境条例》的主要措施，媒体多通过数据和生动事例来反映营商环境改善带来的变化，增强市场主体发展信心。

此次网络主题宣传活动通过线上线下并行的形式进行优化营商环境制度宣传，有利于深入了解、宣传长江经济带和大湾区四省区落实"六稳六保"目标任务、优化营商环境的典型经验和惠民成效。广东行媒体将多看多听多问多思，按照"准深实"的要求，多形式展现各地工作成果。①

（二）开展《广州市优化营商环境条例》宣传研讨会

2021年，广州市社会科学院主办的"广州市全面优化营商环境咨委会系列研讨之一《广州市优化营商环境条例》宣传研讨会"在广州召开。该宣传研讨会旨在全面学习领会《广州市优化营商环境条例》的立法精神，把握实质要义，做好《广州市优化营商环境条例》的宣传、贯彻、执行，促进优化营商环境制度的落地生根，进一步在广州全面优化营商环境工作中发挥咨委会委员作用、展现委员价值。②

此次宣传研讨会以"营造法治化营商环境 激发市场主体活力"为主题，汇聚了来自政府机构、高等院校、专业机构、企业协会的咨委会委员们的智慧

---

① 王照重：《"落实'六稳六保'·优化营商环境"网络主题宣传活动广东行媒体沟通会召开》，载《中国市场监管报》2020年10月22日。

② 《〈广州市优化营商环境条例〉宣传研讨会在广州市社会科学院成功举办》，载广州市社会科学院网站，https://www.gzass.gd.cn/gzsky/contents/19/36393.html，2021年1月26日。

与资源，共同就宣传研讨《广州市优化营商环境条例》开展多形式、多视角的全景解读剖析，为推动广州市现代化国际化营商环境出新出彩献计献策。[①]

此次宣传研讨会指出，优化营商环境是增强城市竞争力、保持经济增长、推动城市治理能力和治理体系现代化的重要抓手。广州市委、市政府高度重视全面优化营商环境改革，将其作为广州市"一把手"工程和市全面深化改革的突破口、着力点，推动营商环境不断优化提升。自成立以来，广州市社会科学院高质量运作咨委会，优化营商环境工作进展顺畅，成效卓然。一是紧扣世界银行营商环境评价指标，精密组织召开咨询会委员座谈并征询意见建议，深挖咨委会委员潜力，形成高质量委员建议报告上报市委市政府，充分发挥咨委会咨政建言功能。二是全力打造优化营商环境意见建议开放交流平台，咨委会委员们精心开展营商环境调研、立法、宣传等工作，以提案、建议、实地调研、宣传宣讲、新闻发布等多种形式为广州全面优化营商环境贡献智慧和力量，积极发声，多项建言获得国家和省、市相关部门采纳，高规格发挥咨委会枢纽桥梁作用。[②]

二、以佛山市制度宣传政策为例

2021 年，佛山地区生产总值 12156.54 亿元，增长 8.3%。全市经济稳中向好的态势持续显现，发展质效稳步提升。[③]佛山市经济表现如此强势，离不开一流的营商环境，更离不开强有力的法治支撑。佛山市普法办、佛山市司法局从 2021 年 8 月起至 2022 年年底，联合在全市开展为期一年半的优化营商环境专项法治宣传活动，活动主要从 8 个方面入手，进一步充分发挥法治宣传作用，为打造佛山一流营商环境提供法律服务和法治保障。

---

① 胡俊：《优化营商环境要重视市场主体的感受》，载《广州日报》百家号官方账号，https://baijiahao.baidu.com/s?id=1689612503344842883&wfr=spider&for=pc，2021 年 1 月 22 日。

②《〈广州市优化营商环境条例〉宣传研讨会在广州市社会科学院成功举办》，载广州市社会科学院网站，https://www.gzass.gd.cn/gzsky/contents/19/36393.html，2021 年 1 月 26 日。

③《2021 年佛山市经济运行简况》，载广东省人民政府网站，http://www.gd.gov.cn/zwgk/sjfb/dssj/content/post_3805600.html?jump=false，2022 年 2 月 8 日。

（一）组建营商环境法律服务智库

在"八五"普法讲师团、民法典宣讲团等普法队伍中，甄选精通营商环境理论研究和实践的师资组建营商环境法律专业服务队伍，成立佛山市营商环境法律宣讲团，采取法律咨询、现场讲座、新媒体传播等方式开展营商环境法治宣传；以营商环境法律专业服务队伍为依托，借鉴营商环境标杆城市经验做法，每年围绕 2 到 3 个主题开展营商环境法治宣传专题调研和重点研讨评价，为打造一流营商环境提供法律服务智库支持，发挥咨政作用。

（二）开展"普法牵引政务服务水平提升"行动

做优化营商环境的"引导者"，压实"谁执法谁普法"普法责任制，牢固树立"规范执法就是最好的普法"理念，切实提升市场执法、行政许可、行政处罚、行政服务窗口等国家工作人员的法治保障服务水平。落实行政处罚法专题培训及领导干部旁听庭审制度；落实集体学法、会前学法、任前法律知识考试、年度学法用法考试、干部年度述法等制度，建立干部学法用法档案。落实行政执法权责清单制度，全面落实行政执法人员培训上岗制度。

（三）实施"依法治企兴企"企业家法治培训活动

举办企业家法治素养提升研讨会和企业家法治培训班，编撰企业家法律指引；探索构建企业家法治健康成长评价体系和搭建企业家法治教育实践基地；探索民营企业"法治入章"，推动把法治建设要求写入民营企业公司章程，提升企业家以法兴企、依法治企思维。

（四）开展企业管理人员法律实务培训等活动

围绕企业从设立到退出全生命周期中涉及民间借贷、专利申请等法律风险点，编印营商环境法律事务书籍、制作动漫海报等进行培训；针对不同对象，举办营商环境法律知识挑战赛等活动，在企业员工用工、入学、落户、保险、安全、优化就业环境等方面开展政策解读。开展"法治文化建设示范企业"创建，带动全市企业依法经营、依法管理、改革发展、做强做优，进一步提升企业软实力和竞争力，促进企业发展和打造企业行业新标杆。

（五）开展"持续提升公民法治意识和法治素养"行动，实行公民终身法治教育

把法治教育纳入干部教育体系、国民教育体系、社会教育体系；把公民法治素养基本要求融入我市文明城市创建、平安创建、民主法治示范村（社区）创建、依法治校等工作。充分发挥企业法律顾问、人民调解员、村居法律顾问、法治副校长等队伍作用，积极推进"送法下基层"活动，构建全覆盖的基层法治服务网络。

（六）组建营商环境融媒体法治传播体系

建立"以案释法"优秀案例评选常态化工作机制，开展"优化营商环境"法治案例征集评选活动；探索建立法治化营商环境与全媒体法治传播研究共建基地；引导职能部门制作营商环境相关的法治动漫等产品并播出；开展各类优化营商环境金点子征集活动。[①]

---

① 《佛山市司法局：八大措施！全方位优化营商环境专项法治宣传工作》，载"广东司法行政"微信公众号，https://mp.weixin.qq.com/s?__biz=MzU1MDczNzgyNw==&mid=2247598753&idx=1&sn=409de15860f89d3163a974ee6dc00ca9&scene=21#wechat_redirect，2021 年 8 月 18 日。

第二分编 政务服务

政务服务是指各级政府、各相关部门及事业单位，根据法律法规，为社会团体、企事业单位和个人提供的许可、确认、裁决、奖励、处罚等行政服务。政务服务事项包括行政权力事项和公共服务事项。政府不仅是市场的主体，也是市场的服务者，服务水平与能力的提高直接影响营商环境的建设。

本分编主要包括开办企业，办理建筑许可，获得用水、电力、用气，登记财产，获得信贷，缴纳税费，劳动力市场服务，政务服务创新 8 个方面。第一章为开办企业，开办企业是主体成立的前提，也即市场经济活动的开端。其评判指标包括开办企业程序是否实现政策要求、支出费用等。第二章为办理建筑许可，建筑业是国民经济的重要支柱产业，与整个国家经济的发展、人民生活的改善有着密切关系。其评判指标包括建筑许可办理全流程是否在网上公示、竣工联合验收办理时限等。第三章为获得用水、电力、用气，水电气是企业开办的基本要素，是深化"放管服"改革、推进市政公共服务和优化营商环境的重要内容。其评判指标包括申请接入电力（水、气）的费用、环节、所需时间等。第四章为登记财产，登记财产指标是对经济体的财产转移与抵押的时间消耗和经济成本的衡量，以及对土地行政管理质量的评估。其评判指标包括建立统一的不动产登记平台等。第五章为获得信贷，获得信贷有助于破解中小微企业融资难、融资贵等问题的同时，也能进一步激发市场主体活力，推动经济高质量发展。其评判指标包括中小企业获得融资的便利度等。第六章为缴纳税费，缴纳税负和行政负担的降低有利于加快财税体制改革，促进我国供给侧结构性改革，推进经济稳定向好发展。其评判指标包括是否为纳税人提供使用电子税务局办税操作指引等。第七章为劳动力市场服务，劳动力市场是交换劳动力这种特殊商品的场所，服务劳动力市场是促进经济发展、社会进步的必然要求。

其评判指标包括政府或地区工会是否有为企业工会提供免费法律顾问等。第八章为政务服务创新，政务服务创新是良好营商环境的关键。其评判指标包括智能政务受理终端多点布局、秒批率等。

第一章　开办企业

第一节　三级指标的设计与筛选

一、三级指标的设计

开办企业是指在正式运营前，依法成立公司的活动。具体指设立中的公司需依照法定程序，提交规定的资料，投入一定的时间、人力与金钱成本，来获取经营资质，从而获得以企业的名义在市场中与其他主体进行交易的资格。企业是市场经济活动的主体之一，而开办企业是主体成立的前提，也是市场经济活动的开端。开办企业的流程越简便高效、经济成本越低，则依法成立的企业数量也就越可观。随之而来的市场竞争的增强，则有利于调动市场的活力。

2021 年，市场监管总局等六部门联合发布《关于进一步加大改革力度不断提升企业开办服务水平的通知》。该通知中明确指出，要大力推动企业开办要素电子化，进一步优化企业开办流程，以减轻企业办事负担，同时提升企业开办便利化水平，进一步打造国际一流营商环境。结合此背景，在企业开办标准化规范化的要求下，开办企业指标成为营商环境评价指标体系的组成部分之一，是顺理成章且毋庸置疑的。

对开办企业情况的评估应当以企业为视角来进行。如何在尽可能短的时间内付出最低的成本来获得经营资质，是企业在设立过程中最需要考虑的问题。那么，三级指标可根据开办企业投入成本的种类不同，从时间与经济两方面来进行评估。时间方面主要评估企业设立过程中经历各个流程所需要的时间长短，所需时间越短，则证明在开办企业过程中各方面效率越高，对于企业来说，其成本也就会相应地降低。经济方面主要评估企业设立过程中所需支出的费用大小，其直观反映了开办企业的成本高低。

二、三级指标的筛选

在世界银行营商环境评价指标体系中，"开办企业"作为独立的一级指标而存在。世界银行开办企业指标衡量的内容包括合法开办和运营公司所需程序的数量、完成每项程序所需的时间、完成每项程序所需的成本以及最低实缴资本。

首先，合法开办和运营公司所需程序的数量指标的评估包括了5项三级指标，分别是预先注册、在经济体最大的商业城市注册、注册后、是否获得配偶许可开办企业或离家注册企业、获取任何用于公司注册和运营的特定性别文件或国民身份证。预先注册是指如名称验证或预约、公证等具体程序。但是，中国并不存在需要企业于注册前进行公证等活动。该指标不符合中国国情，因而在评价指标体系中无法借鉴该指标的内容。注册后是指如社会保险登记、公司印章等流程。注册、注册后与用于注册的身份信息这三个指标应是全世界所有具备社会福利与企业正常交易的国家，在开办企业活动中最主要的活动，中国也不例外。但此二级指标为开办企业的程序数量，程序数量多少对于营商环境优劣来说并无直接必然的联系，而对于企业来说，时间与金钱才是关键。因此，该部分的3个指标可由完成每项程序所需的时间或成本吸收，无独立存在的必要。获得配偶许可或离家注册企业与营商环境的建设无直接联系，因此未被纳入中国营商环境评价指标体系中。

其次，完成每项程序所需的时间与成本这两个二级指标下设立的三级指标均为说明性指标，不具有单独作为评估标准的能力。此二级指标本应为开办企业评价指标体系的主要评估方面，但世界银行对其指标设置似乎并没有此打算。此两项指标过于宏观，并没有列出"每项程序"中的具体程序事项，而之前的程序数量指标也只是根据注册阶段大概列出了几项程序，并不能完全覆盖开办企业中应当评估的所有具体程序。因此，需要将程序数量指标与这两个指标进行结合，并细化这部分的内容。中国从开办企业所需的时间与费用这两个方面为主，结合中国当前的国情，来考量开办企业的过程。从时间方面来说，可以根据开办企业的流程分为 5 个内容，分别是开办企业程序是否实现"一窗通取"与"全程电子化登记"、开办企业时是否需要法定代表人及股东到登记部门确认信息、企业变更登记时是否需要法定代表人及股东到登记部门确认信息、开办企业从申请到获得营业执照的时间、开办企业领取各类证照是否需要现场领取。从费用方面来说，则仅指为了开办企业，而支付给政府部门的费用。

最后，最低实缴资本指标与中国现行法律要求不太相符。中国现行公司法对于注册资本规定的是以认缴登记制为主，以实缴登记制为例外，只有在法律或国务院另有规定的情况下才实行实缴制。因此，该指标在中国与营商环境评估关系不大，无须纳入评价指标体系中。

相较于世界银行从程序数量、时间、成本、注册资本 4 个方面来评估营商环境对于开办企业的影响，中国结合自身的国情，主要从时间与成本两个方面入手，以开办企业的流程为线索进行总体评估，使得评估更具有可操作性与逻辑性。

第二节　三级指标的确定与权重赋予

一、三级指标的确定

经过 40 多年改革开放，中国成功建立了社会主义市场经济体制。市场经济的发展离不开企业，而重视开办企业情况在某种程度上也就是促进中国经济繁荣。中国从开办企业的成本种类方面出发，确定了评估开办企业情况的三级指标，并为每一指标进行了权重赋予。

二级指标	三级指标	权　　重
开办企业 （12.5%）	开办企业程序是否实现"一网通办、一窗通取""多证合一""全程电子化登记"	是与否，0—1 得分
	开办企业时法定代表人及股东是否需要到场确认	如果某市所有县区均不需要到场确认，得 1 分；部分县区需要到场得 0.5 分；全部区县需要到场得 0 分
	企业变更登记时法定代表人及股东是否需要到场确认	如果某市所有县区均不需要本人到场确认，得 1 分；部分县区需要到场得 0.5 分；全部区县需要到场得 0 分
	开办企业从申请到获得营业执照的时间	基于时间长度降序排列转化为 0—1 得分
	开办企业领取证照、发票、UKEY 等证照的现场领取	如果某市所有县区均需要现场领取，不得分；部分县区需要到场得 0.5 分；全部区县都不需要到场得 1 分
	开办企业的支出费用	如果某市所有县区均需要缴费，不得分；部分县区需要缴费 0.5 分；全部区县都不需要缴费得 1 分

二、三级指标的权重赋予

（一）开办企业程序是否实现"一网通办、一窗通取""多证合一""全程电子化登记"

为了提高开办企业的效率，中国自 2015 年起开始实施工商营业执照、统一社会信用代码与税务登记证三证合一。随着数字化的兴起，中国在大力提倡登记电子化的同时，也在逐步提升政府服务水平，尽量减少需要设立人反复到登记部门进行业务办理的流程，推动实现"一网通办、一窗通取"。是否贯彻落实以上措施成了评估开办企业的重要标准。该指标侧面反映的是在开办企业过程中所需付出的时间成本。若开办企业程序实现了以上政策，即"一网通办、一窗通取""多证合一"以及"全程电子化登记"，则得 1 分。若没有实现或部分程序未实现，不得分。

（二）开办企业时法定代表人及股东是否需要到场确认

法定代表人和股东是企业的核心人物，二者均需为企业在经济活动中的行为负责。因而，在开办企业过程中，必须提交相应的证件来证明身份。是否需要到登记部门进行现场确认，则关系到政府的服务水平质量以及企业为设立所需付出的时间。该指标评估的主要是开办企业的时间成本。若市域中的所有县区均不需要法定代表人及股东到场确认，得 1 分；部分县区要求开办企业时法定代表人及股东需要到场确认，得 0.5 分；若全部区县均要求到场确认，则不得分。

（三）企业变更登记时法定代表人及股东是否需要到场确认

企业信息发生变更在企业经营过程中是十分常见的。企业信息变更关乎企业人员的责任分配、运营状态等重要事项，在对此等信息进行登记时往往会要求法定代表人及股东进行确认。中国企业数量众多，可能一个人会在多家企业内担任重要职位。若要求法定代表人及股东现场确认变更登记的话，多少会影响企业的正常运营。该指标评估的正是在开办企业过程中是否会影响企业运转。若市域中的所有县区均不需要法定代表人及股东本人亲自到场确认，得 1 分；部分县区要求法定代表人及股东需要到场确认，得 0.5 分；若全部区县均要求到场确认，则不得分。

（四）开办企业从申请到获得营业执照的时间

法律法规及相关政策明确规定了开办企业的流程，从设立人向相关部门申请开办企业，到部门审核资料，最后通过审核并取得营业执照。每个环节都需要人力进行办理，因此，开办企业必定会耗费一定的时间。但是基于每个市区的政府办事效率的不同，所耗时间长短也有所不同。开办企业时间越长，越不利于活跃市场。该指标评估的是设立人为了开办企业而付出的时间成本。将该市域内所有县区办理开办企业业务所产生的时间，按降序排列转化为 0—1 得分。花费时间最长则不得分，所用时间最短得 1 分。

（五）开办企业领取证照、发票、UKEY 等证照的现场领取

申请的企业在获得审批后，需领取经营执照、发票、在经营过程中需使用的 UKEY 等相关证件，才能合法进行商业活动。本指标同上述法定代表人及股

东的到场确认相似，都是只有经过该流程后，企业才可以正常经营。但是，是否需要到达相关部门现场才能办理业务，则有待商榷。非现场办理方式主要目的是方便企业，节省企业人员在办理业务路途上的时间，尽可能降低对企业经营的影响。该指标评估的依然是开办企业的时间成本。若市域中的所有县区均需要现场领取开办企业的相关证件，则不得分；部分县区需要到场领取，得0.5分；若全部区县均不要求到场领取，得1分。

（六）开办企业的支出费用

在开办企业的过程中必然会产生一定的费用，但并不是所有费用都需要通过本指标进行评估，如交通费等。本指标所指支出费用是为了开办企业而向相关部门缴纳的费用。政府部门具有服务公共的职能，政府通过税收等方式合理获得收入，并服务于公众。那么，在服务公共的过程中就不应当再向公众收取费用。设立人为了开办企业而需要向政府部门缴纳费用的话，企业设立成本过高，相对而言企业数量难以提高，影响该地区的投资率的同时，还会影响市场竞争。该指标评估的是开办企业的经济成本。若市域中的所有县区均要求设立人缴纳费用，则不得分；部分县区要求缴费，得0.5分；若全部区县都不要求缴费，得1分。

第三节　样本实践

一、以广州市南沙区市场监督管理局优化开办企业流程为例

近年来，广州市南沙区为推进粤港澳大湾区建设，营造国际一流营商环境，构建与国际通行惯例接轨的市场准入新模式，发挥自贸区制度创新优势，持续深化商事制度改革。南沙于2020年5月率先探索商事登记确认制改革试点作为全国深化商事制度改革成效显著、落实事中事后监管等相关措施真抓实干成效明显的典型经验，获得国务院办公厅督查激励。

（一）推进商事登记去许可化，最大程度尊重企业登记注册自主权

自南沙自贸区成立以来，紧紧围绕建设广州城市副中心和"双区"开发建设的中心任务，商事主体数量高速增长。广州市南沙区秉承着"流程简化优化，

办事便捷高效"为原则，大力深化商事登记制度改革。以国际通行理念为参照，广州市南沙区将商事登记由政府赋予企业主体资格和一般经营资格，改为对投资意愿真实性的确认。全面推行登记事项自主申报，重点审查申请人身份的真实性，以及相关人员是否涉及失信禁入、限入等情形，不再审查企业章程中的特殊规定、住所租赁合同等属于企业可自主决定的内容。依法制定出台《深化商事制度改革先行先试若干规定》《商事登记确认制管理办法（试行）》等规范性文件，细化完善改革试点制度设计，明确政府与企业各自权利、义务边界。强化技术支撑，服务效能有效提升。通过推行全程商事登记电子化，依托广州市开办企业一网通平台实现电脑、手机、政务服务一体机多种渠道的无纸化办理。通过推行标准化、智能化申报，大幅提升网上办理营业执照的首次申请成功率。通过一系列举措创新企业商事登记，进一步激发市场主体活力。随着确认制改革的推进，政府对微观市场行为的干预进一步减少，企业投资创业活力也得到了进一步提高。仅 2020 年，新增企业 4.76 万户，同比增长 4.6%，有效稳定经济发展底盘，有力优化提升营商环境。①

（二）首创工商登记电子签名认证，提高开办企业效率

南沙区对企业注册"一口受理"系统进行了优化，增加了银行电子签名认证等功能。按照企业设立类别，建立企业设立标准化点在表单库。表单库中包含企业设立所需要填报的全部资料。通过技术创新，原来办事群众需要到窗口手工填写 25 张表单，耗时 40 分钟左右，现在网上填报只需要 15 分钟。利用"电子签名"和双向快递，市民可足不出户申请南沙区范围内的企业营业执照。②

（三）持续系统深化开办企业便利化改革，全面推广开办企业全程网上办

南沙区以自贸区先行先试的发展原则，一系列创新措施多渠道服务企业设立，全方位便利登记事项，实现注册企业全流程电子化，不断深化打造南沙高

---

① 王坚：《广州南沙开办企业率先探索试点商事登记确认制》，载中国新闻网，https://www.sohu.com/a/503187681_123753，2021 年 11 月 24 日。

② 舒霞：《广东自贸试验区：企业足不出户可办南沙营业执照》，载中国（福建）自由贸易试验区网站，https://www.china-fjftz.gov.cn/article/index/aid/4668/gid/，2016 年 10 月 20 日。

度便利化的营商环境，充分激发市场主体活力。[①]

为深入贯彻落实党中央、国务院关于深化营商环境改革的决策精神，按照市委、市政府对标国际先进水平、全面优化营商环境综合改革部署，就全面推动和系统提升广州市开办企业便利化水平，广州市市场监督管理局等七部门出台了《关于进一步优化营商环境提升开办企业便利度的意见》，并提出：

优化升级全市统一的一网通平台，开办企业涉及的申请营业执照、刻制印章、申领发票（含税控设备）、就业和参保登记、住房公积金缴存登记、预约银行开户等事项，均可在一网通平台"一站式""一环节"同步办理。各部门通过平台同步联办上述业务，实现最快 0.5 天办结，全力提升企业群众创业办事便利度。

优化就业和参保登记程序。申请人在一网通平台办理营业执照时，平台同步采集就业和参保信息。人力资源和社会保障部门接收了平台推送的统一社会信用代码等企业登记信息以及就业和参保信息后，就业登记和参保登记（企业和员工参保登记）随即完成。申请人不需要另行申请，平台实现"一次采集，一步办结"。

实行"一窗通取"便捷服务。全市各区政务服务中心设置"一窗通取"专窗，申请人通过一网通平台成功办理上述开办企业全部事项后，各部门按规定职责和时限，分别将纸质营业执照、免费印章、发票和税控设备送至专窗发放，申请人在专窗一次性通取。

（四）切实降低开办企业成本

申请人在一网通平台办理营业执照时，平台同步采集刻制印章信息，不需要单独申请办理。

近年来，南沙区紧紧围绕营造国际一流营商环境，以落实国家、省、市营商环境改革工作部署为抓手，以企业需求为导向，不断完善营商环境制度机制建设，着力打造高效便捷的政务环境、竞争有序的市场环境、与国际接轨的开

[①]《南沙营商环境持续优化 开办企业便利再便利》，载广州市南沙区人民政府网站，http://www.gzns.gov.cn/tzns/tzdt/nsdt/content/post_3873705.html，2018 年 6 月 1 日。

放环境、充满活力的创新环境以及公平公正的法治环境。南沙开发区创新工作局发布的南沙区2021年营商环境改革工作要点，涵盖了5大领域60项改革举措，参照国内外最先进的标准与实践，关注市场主体反映强烈的热点问题，并突出南沙自身特色和差异化情况，全力打造营商环境改革"南沙样本"。[①]

二、以深圳市市场监督管理局提高开办企业效率为例

深圳市积极贯彻国家、省、市关于深化"放管服"改革和优化营商环境的部署要求，抢抓"双区驱动"和综合授权改革试点的重大战略机遇，[②]加强顶层设计，优化企业开办服务，在减环节、减材料、减时间、减成本上持续深化改革，持续提升企业、群众办事满意度和获得感。

（一）提升开办企业效率，缩短开办企业时间

深圳市简化企业开办流程，全面实行"一网通办、一窗领取、一日办结、分时办理"。实现商事登记、公安、税务、社保、银行等部门系统的互联互通，2019年6月底前，办理营业执照、申领发票、刻制公章、社保登记并联办理1个工作日全部完成，继续保持开办企业便利度排名全国、全省前列。

首先，全面提升企业开户银行账户服务效率，优化开户审核流程，确保企业银行开户2天内办结。将企业设立登记、公章刻制、银行开户预约、申领发票、企业社会保险单位参保登记等涉企事项全部归集到"一窗通"平台，申请人登录"一窗通"平台即可实现设立登记、公章刻制、银行开户预约、发票申领、企业社会保险单位参保登记等事项的在线办理，实现企业开办1个工作日内全部办结。进一步优化商事登记全流程申报系统，加快股权转让等业务的全流程系统开发，提高系统稳定性，大幅提升用户体验。2019年6月底前于全市范围内推广个体工商户登记"秒批"，并提供自动审批服务。同时对自然人有限公

---

① 《南沙全力推动营商环境走在前列：突出"五个环境"打造南沙样本》，载广州市人民政府网站，https://www.gz.gov.cn/ysgz/jyzc/ysyyzc/content/post_7248304.html，2021年4月27日。

② 深圳市场监管：《Carry全场一窗通！深圳企业开办注销一窗通升级之路！一图读懂！》，载深圳新闻网，http://www.sznews.com/news/content/2021-11/10/content_24726070.htm，2021年11月10日。

司设立"秒批"进行试点，并于 2019 年底前在全市全面推开，让改革成果惠及更多企业和市民；服务大湾区建设，在前海自贸区试点"深港通注册易"服务的基础上，年底前全市推广"深港通注册易""深澳通注册易"服务机制。

其次，社保部门进一步优化、简化涉企社保登记事项办理环节、流程、办事材料等。通过在"一窗通"平台中纳入企业社会保险单位就业参保登记服务，实现企业在办理设立登记的同时可以填报企业参保信息、职工参保信息等内容。提升共享信息使用率，在企业在线填报并确认企业参保信息、职工参保信息等信息后，通过跨部门信息共享和部门内部数据流转同步办理企业社保登记，并将办理结果及时通过"一窗通"平台反馈企业。

最后，加快建设电子营业执照管理应用平台，将电子营业执照作为企业在网上办理企业登记、印章制作、社保登记等相关业务的合法有效身份证明和电子签名手段，积极推动电子营业执照更多领域拓展；市公安部门积极向公安部争取在深圳开展先行先试，推广电子印章广泛应用。[①]

（二）全面实现企业开办零成本

将企业开办费用（刻章）纳入财政年度预算，以政府购买服务方式为全市范围内注册的新开办企业免费刻制印章，切实降低企业开办费用，实现在深开办企业"零成本"。

---

① 参见《深圳市深化开办企业便利化改革工作方案》，载深圳市市场监督管理局网站，http://amr.sz.gov.cn/xxgk/qt/ztlm/yhyshj/content/post_2289206.html，2019 年 8 月 13 日。

第二章　办理建筑许可

第一节　三级指标的设计与筛选

一、三级指标的设计

办理建筑许可是指建筑工程开工前，建设单位应当按照国家有关规定，向工程所在地县级以上人民政府建设行政主管部门申请领取施工许可证的过程。但是，国务院建设行政主管部门确定的限额以下的小型工程除外。建筑业与国民经济息息相关，是国民经济的重要支柱产业，其通过大规模的固定资产投资活动为国民经济持续健康发展提供了坚实的物质基础。国民经济的增长与衰退，以及社会劳动力就业状况的良好与否直接受到建筑业的影响。可以说，建筑业的兴衰对中国经济的发展举足轻重。近年来，中国建筑业持续兴盛并保持快速发展，产业规模不断扩大，建造能力不断增强。新时代，中国经济已经由高速增长阶段转向高质量发展阶段。各行业各领域朝着规范化方向发展，正是中国经济发展的要求之一。

2020 年，在国务院办公厅《关于进一步优化营商环境更好服务市场主体的实施意见》中有提到关于进一步提升工程建设项目审批效率的意见。该意见指出，全面推行工程建设项目分级分类管理，在确保安全前提下，对社会投资的小型低风险新建、改扩建项目，由政府部门发布统一的企业开工条件，企业取得用地、满足开工条件后作出相关承诺，政府部门直接发放相关证书，项目即可开工。加快推动工程建设项目全流程在线审批，推进工程建设项目审批管理系统与投资审批、规划、消防等管理系统数据实时共享，实现信息一次填报、材料一次上传、相关评审意见和审批结果即时推送。2020 年底前将工程建设项目审批涉及的行政许可、备案、评估评审、中介服务、市政公用服务等纳入线上平台，公开办理标准和费用。

建筑工程施工许可办理是综合考量城市营商环境的一个重要指标。它衡量的是从土地取得后到项目竣工验收之间全流程中，企业与政府互动的环节、时间、成本。评价内容涵盖中国工程建设项目审批流程的 4 个阶段：立项用地规划许可、工程建设许可、施工许可、竣工验收。站在建筑企业的角度，最直接的要求便是简化审批流程和降低企业成本。因此，办理建筑许可三级指标可从审批流程和企业成本两方面进行设计。审批流程包含了流程的透明度以及可实施度，企业成本则包含了时间成本与经济成本两项内容。

二、三级指标的筛选

建筑工程事关公共安全，在追求效率的同时，也应当关注建筑的安全性与可靠度。建筑许可办理是世界银行营商环境评价指标体系中涉及部门最多、办理环节复杂、时间跨度长、质量要求高的一项测评指标，被业内公认为最复杂指标。在世界银行营商环境评价指标体系中，"办理建筑许可"指标由程序、时间、成本以及建筑质量控制四个部分构成。

第一，程序为企业雇员或管理人员同外部各方所进行的任一互动。该指标主要通过依法建设项目的相关程序的数量来进行评估。很显然，该指标所评估的人员范围过于广泛，不利于评估活动的开展。外部各方指企业外的所有人员，不仅包括负责建筑工程施工许可的政府部门，还包括了公用设施公司等相关人员。此类人员与企业办理建筑许可活动并无直接联系，而且若牵涉到此等非政府活动，则评估工作无法开展，评估结果难以获得。

第二，时间考虑的是企业在办理建筑许可过程中完成每项程序所需的时间。总用时越短，越有利于建筑工程的开展。

第三，成本指完成每项程序所需的成本，不包括企业在此过程中自身的花销，而是仅指企业为了获得建筑许可而向官方所缴纳的费用。

第四，建筑质量控制。世界银行对于该指标是从建筑法规质量、施工前质量控制、施工中质量控制、施工后质量控制、责任和保险制度以及专业认证这 6 个三级指标进行评估。除了责任和保险制度指标外，其余指标均是指法律上是否有对建筑许可、相关人员资格进行规定。这些指标都太过于具体，可操作性较低。责任和保险制度评估的是参与施工的各方在法律上是否应对建筑负责。工程参与方对工程质量负有责任，其目的是为了保证施工质量，促进经济发展的同时，也保障人民的生产生活安全。但是法律上是否有规定，与实践中是否依法办事，这是两个问题，该指标无法衡量在实践中是否也如法律所述一样。

中国实行的是建筑许可制度，因而在对营商环境进行评估时，办理建筑许可的情况于中国来说也是非常重要的。世界银行对于办理建筑许可指标的认定具有一定的合理性。中国在对办理建筑许可指标进行设计时，参考了世界银行标准，并吸收其中的合理成分，结合中国自身国情，筛选出以下标准：

第一，建筑许可办理全流程是否在网上公示。流程公示有利于企业随时获取办理建筑许可的信息，降低企业搜集信息的时间成本。

第二，建筑许可办理流程的可操作性。相关部门一般都已经规定了建筑许可的办理流程，对于流程是否可以精简，以及是否能完全落实等问题需要进一步评估。

第三，企业是否可分阶段办理施工许可证。办理建筑许可的程序数量较多，而且并不是都与预备施工的部分相关。为避免耽误工程进度，是否可以分阶段办理施工许可证，对项目进度来说十分关键。

第四，企业是否可分阶段提供规划手续。与前述相似，在企业提出申请时，并不一定能备齐所有手续，而建筑许可又是企业施工的前提。而且，分阶段提供的手续一定是在不影响工程质量的前提下进行，所以提出分阶段提供手续既解决了企业因缺乏相关手续而无法动工的困境，又科学地提升了政府服务水平，为建筑业的发展提供了新思路。

第五，工程建设项目是否需要购买工程质量安全保险。一般而言，参与施工的企业均需要为竣工后的工程质量负责。但考虑到市场环境复杂，面对时刻可能消失的主体，为了避免因工程质量而发生事故却无人负责的情况，第三方保险是一种比较不错的选择。工程质量安全保险使得工程质量责任不因施工方的存续而发生转移。

第六，竣工联合验收办理时限。竣工联合验收事项较为繁多，涉及部门较广。若办理时间较长，则不利于工程交付使用，同时也影响施工企业的资金周转。

第二节　三级指标的确定与权重赋予

一、三级指标的确定

好的营商环境，不仅是吸引力、聚集力，更是竞争力、生产力。建筑工程作为中国工业腾飞的基础，对于营商环境的建设具有重要意义。站在企业的角度考虑，中国确定了评估办理建筑许可情况的三级指标，并为每一指标进行了权重赋予。

二级指标	三级指标	权　　重
办理建筑许可（12.5%）	建筑许可办理全流程是否在网上公示	是和否，0—1 得分
	建筑许可办理流程的可操作性	主观题，0—10 分，基于排序转化为 0—1 得分
	企业是否可分阶段办理施工许可证	是和否，0—1 得分
	企业是否可分阶段提供规划手续	是和否，0—1 得分
	工程建设项目是否需要购买工程质量安全保险	是和否，0—1 得分
	竣工联合验收办理时限	基于时间长度降序排列转化为 0—1 得分

二、三级指标的权重赋予

（一）建筑许可办理全流程是否在网上公示

中国正逐步开展政务服务一网通，使常见业务可以通过网络进行办理，真正做到足不出户就能办事。建筑行业本身门槛较高，相关流程与信息专业化程度较高。为了方便企业获取相关信息、准备资料以及把握项目进度，应将办理建筑许可的全部流程都公示在官网上。该指标评估的是建筑许可办理程序的透明度。若相关部门将建筑许可办理全流程在官网上公示，得 1 分；若未将流程公示于官网，或者未在官网上公示建筑许可办理的全部流程，则不得分。

（二）建筑许可办理流程的可操作性

一般而言，政府相关部门规定了建筑许可办理的流程。但企业是否能在办理建筑许可时进行完所有的流程，在程序中是否遇到困难等问题，都是值得讨论的。本指数评估的就是流程的可操作程度，若可操作性强，则说明企业可顺利办理许可，并且政府的服务水平也较高。不同的企业在办理建筑许可的过程中，可能遇到的问题不同。因此，本指标无法设置明确的标准，而是以主观题的形式呈现。企业可将自身遇到的问题写出来，对办理建筑许可的流程进行评分，评分区间为 0—10 分。随后，根据企业的打分按升序转化为 0—1 得分。主观题得分最低的，评估为不得分；主观题分数最高的，则得 1 分。

（三）企业是否可分阶段办理施工许可证

企业可能无法一次性准备所有资料，并一次性办理施工许可证。但是没有该证件，项目工程又无法施工。因此，在不影响项目质量安全的情况下，分阶段办理施工许可证成为可能。该指标评估的是办理建筑许可的便利程度。若企业可以分阶段办理施工许可证，得 1 分；若不可以分阶段办理该证，则不得分。

（四）企业是否可分阶段提供规划手续

与上述指标类似，规划涉及的范围较广，手续较多，可能无法一次性办结。因此，设想是否可以分阶段提供该手续。该指标评估的同样是办理建筑许可的便利程度。若企业可以分阶段提供规划手续，得 1 分；若不可以分阶段提供，则不得分。

（五）工程建设项目是否需要购买工程质量安全保险

办理建筑许可无须向政府部门缴纳费用。但是，考虑到市场情况瞬息万变，为了提高工程安全质量，促使事故赔偿到位，引入工程质量安全保险。该保险的保险内容为竣工后工程的质量安全。若因工程质量安全而发生事故，则保险公司会进行赔偿。该指标评估的是办理建筑许可的经济成本。若工程建设项目需要购买工程质量安全保险，得 1 分；若不需要购买该保险，则不得分。

（六）竣工联合验收办理时限

联合验收是指原来多个主体各自独立地组织实施的专项建设工程竣工验收，转变为统一组织、集中时间验收的运作模式。此模式是为了缩短办结时限，但由于涉及部门较广，协调上存在困难。因此，对于办理时限需要进行明确。

该指标评估的是办理建筑许可的时间成本。基于时间长度降序排列转化为 0—1 得分。将区域内竣工联合验收办理时限按时间长度降序排列，时间最长的，不得分；时间最短的，得 1 分。

第三节　样本实践

一、以深圳市住房和城乡建设局推动工程项目管理全流程建设为例

经过 40 多年的改革开放，深圳从小渔村成长到如今的高楼林立，其中建筑业的发展功不可没。与之共同成长的是深圳市政府，在不断的发展中积累了建设项目的先进管理经验。服务市场发展的同时，发挥地方能动性，积极创新，先行试点。

（一）质量风险管控，提高企业资金使用效率

深圳市福田区政府投资代建工程项目质量潜在缺陷保险（IDI）采购招标正式完成，这标志着深圳政府基建工程质量潜在缺陷保险在全国率先落地。[①] IDI 的推出，标志着保险机制全面融入建设工程质量风险管理体系。IDI 的发展，不仅对建筑使用方可以形成"质量双保险"，更大程度地进行质量风险管控，对于建筑施工方来说，也提高了公司资金的使用效率。该保险项目落地是深圳市政府与深圳保监局密切合作，推动商业保险助推地方经济发展的切实举措。一是开创了商业保险参与政府基建项目的新模式，商业保险参与市政工程质量管理，进一步推进对代建项目工程质量的有效监控，保障代建责任全过程履行和后期维修责任到位，部分政府承担的维修责任和质量风险得到减轻和转移。二是分担政府职能，有关政府部门的职能被其他主体分担，廉政风险得到有效降低，为全国政府投资项目供给侧结构性改革先行探索了一条全新的道路。三是拓宽了 IDI 的应用范围，首创政府投资建设工程质量风险管控与商业保险机

---

① 胡佩霞：《深圳率先引入"市政工程"险》，载《深圳商报》2017 年 9 月 15 日。

制相结合的案例，使 IDI 在全国正式进入市政代建工程项目。[①]

（二）构筑政府管理和项目管理全流程，建设服务型政府

为促进营商环境建设，深圳市政府发布了《深圳市政府投资建设项目施工许可管理规定》。其中第 3 条规定，政府投资建设项目审批全流程遵循科学决策、规范管理，主动服务、优化审批，流程管控、注重绩效，信息共享、公开透明的原则。按照"投资服务需求、设计服从规划、保证质量安全"的要求，构筑政府管理和项目管理"双流程、双优化、共提效"的政府投资建设项目审批全流程。各部门要按照要求统一审批标准、简化业务流程，开放业务数据，提供工作指引，规范办理行为。各部门审批系统与在线平台对接，数据双向实时流转，在线平台实现审批事项、受理材料、批复文件、流转信息等强制共享、结果互认，实现项目建设的全流程覆盖、全业务流转、全方位监管。各部门建立健全工程建设项目网上审批相关管理制度，实现网上受理、审批和出件，并加强各部门之间信息共享，推进实施并联审批，通过电话会议、视频协商、在线沟通等方式加强部门沟通协调，实现工程建设项目网上全过程审批，推行"不见面"审批。

（三）简化许可流程，规范缩短办理时限

《深圳市政府投资建设项目施工许可管理规定》规定，建设工程规划许可核发（出具工程规划审查意见）10 个工作日内办结，概算批复 8 个工作日内办结（不含技术审查）。取消房屋建筑及市政基础设施工程施工图审查，各项行政许可均不得以施工图审查合格文件作为前置条件。竣工联合验收办理时限为 10 个工作日，市住房建设部门牵头制定联合验收管理办法。统一验收竣工图纸、统一验收标准、统一出具验收意见。对于验收涉及的测量工作，实行一次委托、统一测绘、统一成果审核、统一汇交管理、实现成果共享。

二、以广州市住房和城乡建设局优化审批流程为例

广州市作为全国经济和营商环境排头兵之一，持续发力优化办理建筑许可

---

① 绊煌棠：《工程质量潜在缺陷保险首落地》，载深蓝保网，https://www.shenlanbao.com/zhishi/2-8593，2021 年 1 月 16 日。

营商环境，进一步为企业减负。广州市相继推出了一系列改革试点措施和深化改革措施，审批制度改革取得了较好的成效，环节流程极大简化，申请材料大幅减少，办理时间大幅压缩，建筑质量控制进一步提升。①

（一）优化审批，分阶段办理许可证

广州市推行工程建设项目风险分级分类审批和质量安全监管制度。各类工程主管部门应当结合实际分别制定审批流程图，推行工程建设项目一站式开工审批、过程联合监管、一站式联合验收。市住房城乡建设、交通运输、水务、林业等房屋建筑和市政基础设施工程的监管部门可以按照国家有关规定取消施工图审查或者缩小审查范围，由相关部门通过政府购买服务开展监督抽查。房屋建筑工程项目满足土地、规划条件后，建设单位可以按照基坑支护和土方开挖、地基基础和地下结构、地上结构等施工进展顺序，分阶段申请办理施工许可证。

（二）缩短时限，提高质量保障

新出让居住用地的土地出让人应当将投保 IDI 列入土地出让合同。新建保障性住房和安置房项目应当投保 IDI。鼓励新建商品房项目投保 IDI，旨在进一步完善工程质量保障体系，提升建筑工程质量品质，推动建筑业改革发展。新建社会投资简易低风险工程建设项目的建设单位可以同步申请竣工验收和不动产登记，一次性获取联合验收意见书和不动产权证电子证照。②

---

① 《广州优化建筑许可指标改革 打造一流营商环境》，载搜狐网，https://www.sohu.com/a/402366143_124706?_trans_=000019_wzwza，2020年6月17日。

② 参见《广州市优化营商环境条例》，载广州市人民政府网站，https://www.gz.gov.cn/ysgz/xwdt/ysdt/tpxw/content/post_7216045.html，2020 年 12 月 4 日。

第三章　获得用水、电力、用气

第一节　三级指标的设计与筛选

一、三级指标的设计

获得用水、电力、用气指标衡量的是市场主体接入用水、电力、用气的供应连接服务的全部流程，对市场主体的生产力以及生产能力上的投资有重要影响。具体包括申请接入电力（水、气）的费用，申请接入电力（水、气）的环节，企业接入电力（水、气）所需时间，接入电力（水、气）的能否通过线上程序申请，电费（水费、气费）的价格等内容。

水电气是企业开办的基本要素，优化获得电力、获得用水用气服务水平是党中央、国务院深化"放管服"改革、推进市政公共服务和优化营商环境的重要内容。水、电力和燃气等基础设施服务对企业等市场主体至关重要，当基础设施服务的质量和可获得性较差时，其生产力和成长会受到较大程度影响。这一指标能准确评价公用服务中关键资源服务的质量和可获得性。2020 年 9 月 25 日，国家发展改革委、国家能源局联合印发《关于全面提升"获得电力"服务水平　持续优化用电营商环境的意见》。根据该意见，到 2022 年底前，在全国范围内实现居民用户和低压小微企业用电报装"三零"服务、高压用户用电报装"三省"服务，推动用电营商环境持续优化。在"双碳"战略目标和可再生能源转型的宏观背景下，获得用水、电力、用气是企业正常运营不可或缺的重要因素，也是营商环境再升级的重要环节和关键指标。"获得用水、电力、用气"的评级指标对于服务这一进程具有特殊意义。

二、三级指标的筛选

与世界银行营商环境评价指标体系相比，本评价指标体系二级指标增加了"用水、用气"这一方面评价。世界银行营商环境评价"获得电力"指标衡量一个国家或地区电力营商环境水平。它反映企业获得电力供应的难易程度，主要测评一个企业获得永久性电力连接的所有手续，包括向电力企业提出申请并签订合同、从其他机构办理一切必要的检查和审批手续、以及外部的和最终的连接作业。它的主要指标包括获得电力的程序、时间、成本、供电可靠性和电费透明度。但"获得电力"的营商环境评价方法仅考虑了企业用户作为消费者单向获得电力的评价内容，而"获得用水、电力、用气"这一评价指标则是兼顾了水、电、气3种基础设施服务，不局限于某一种公用服务。"申请接入电力（水、气）的费用""申请接入电力（水、气）的环节""企业接入电力（水、气）所需时间""接入电力（水、气）的能否通过线上程序申请""电费（水费、气费）的价格"等4项三级指标均是考察了水、电、气的获得情况，相较世界银行的指标有一定创新。"获得用水、电力、用气"下5项三级指标相较于世界银行营商环境评价指标未将"供电可靠性"列入，而是通过5项具体指标的设计以体现供电是否具备可靠性，故不需要再将"供电可靠性"这一较为抽象的指标作为评价标准列入其中。其中"接入电力（水、气）的能否通过线上程序申请"为新增，申请程序繁杂一直是电力（水、气）的接入过程中的难点、痛点问题，全面优化流程、压缩时限、降低成本，努力打造"审批事项少、办事效率高、服务质量优、群众获得感强"的一流电力（水、气）接入营商环境，新增"接入电力（水、气）的能否通过线上程序申请"这一指标是有必要的。

第二节　三级指标的确定与权重赋予

一、三级指标的确定

　　获得用水、电力、用气指标由5项三级指标构成，即申请接入电力（水、气）的费用，申请接入电力（水、气）的环节，企业接入电力（水、气）所需时间，接入电力（水、气）的能否通过线上程序申请，电费（水费、气费）的价格。通过设立获得电力（水、气）过程中的5个具体评估指标，来评判被评估地区电力（水、气）的可获得性。

二级指标	三级指标	权　　重
获得用水、电力、用气（12.5%）	申请接入电力（水、气）的费用	基于数值降序排列转化为 0—1 得分
	申请接入电力（水、气）的环节	基于数值降序排列转化为 0—1 得分
	企业接入电力（水、气）所需时间	基于时间长度降序排列转化为 0—1 得分
	接入电力（水、气）的能否通过线上程序申请	是与否，0—1 得分
	电费（水费、气费）的价格	基于数值降序排列转化为 0—1 得分

二、三级指标的权重赋予

（一）申请接入电力（水、气）的费用

该指标评估的是完成申请接入电力（水、气）的所有相关成本和费用，主要为企业首次申请报装业务与供应公司、政府部门所收取的各项费用（不包含企业内部线路施工或采购材料等费用）。供应公司或政府机构等部门收取的业务费用，主要包括政府机构办理审批手续及道路挖掘许可、用电（水、气）申请、中间检查以及所有新装所需要的费用。该指标基于数值降序排列转化为 0—1 得分，申请接入电力环节数量与得分成反比。

（二）申请接入电力（水、气）的环节

该指标评估的是实际企业与外部各方的交互环节，不包含供电公司或政府部门的内部流传作业等流程。以广州市为例，在报装阶段，用户仅需登录"一个平台"、准备"一套资料"、填写"一张表单"、点击"一键确认"，即可享受电水气热网五大业务"一次办"服务。在公共服务接入阶段，政府服务专员与"电水气热网"客户经理组成"保姆级"服务团队，联合开展踏勘、设计、施工、验收，相同施工路段一次审批，同步开挖、同敷管线、一次回填，实现了电水气热网接入时间大幅压减、公共投资费用有效节省。办理低压电力接入共 2 个环节，即申请签约和施工接电。申请接入电力（水、气）的环节基于数

值降序排列转化为 0—1 得分，申请接入电力环节数量与得分成反比。

（三）企业接入电力（水、气）所需时间

该指标主要为企业准备好所有正确文件或准备工作后，供电（水、气）公司办理业务的承诺时间（不包含企业由于自身原因或其他企业内部因素所导致的延误时间）。不涉及外线施工的，用时不超过 3 天，涉及外线施工的，用时不超过 8 天。基于时间降序排列转化为 0—1 得分，申请接入电力所需时间长短与得分成反比。

（四）接入电力（水、气）的能否通过线上程序申请

该指标评估的是接入电力（水、气）的方式的便利化程度。能否线上申请，充分利用数字政府改革建设成果，将电子证照、电子签章应用在办电（水、气）领域，能否在线完成供电（水、气）合同、签署完成用电（水、气）报装申请。例如广州供电局提供签订电子合同、预约上门、在线查询业务办理进度、服务评价等线上服务，实现办电"一次都不跑"。能够线上申请接入电力（水、气）打 1 分，不能则打 0 分。

（五）电费（水费、气费）的价格

该指标评估的是每耗费一定量电（水、气）所应该支付人民币的价格。控制电费（水费、气费）的价格有利于改善电力（水、气）供求状况，更好保障企业用电（水、气）需求，促进企业平稳生产，增加市场供给，从总体上有利于建设营商环境。基于数值降序排列转化为 0—1 得分，电费（水费、气费）的价格与得分成反比。

第三节　样本实践

一、以广州市黄埔区水务局为例

黄埔区作为营商环境改革创新实验区，扎实推动用水营商环境改革创新工作，构建国际一流的用水营商环境。为解决多头报装耗时耗力问题，黄埔区针

对电水气热网报装实行"靶向"改革，于2021年7月初正式推出电水气热网联合服务平台（以下称"服务平台"），实现5个公共服务领域业务一次报、零跑动，助力企业筹建提速增效。黄埔区水务局、广州开发区水质监测中心通过自我加压落实多项改革举措，与服务平台高度融合，实现筹建企业获得用水零成本、零门槛、零材料、零跑动、优时限的"四零一优"服务，开创了"获得用水"领跑全市的黄埔模式。[①]

（一）零成本

黄埔区水务局、广州开发区水质监测中心充分发扬"广州改革看黄埔"的担当精神，积极落实国家发展改革委等部门《关于清理规范城镇供水供电供气供暖行业收费促进行业高质量发展的意见》，主动开展现场勘查、方案设计、外线施工、接驳装表等服务，区财政承担用户红线范围外的供水管道建设，无须用户支付建筑区划红线外发生的任何供水建设费用。从2021年3月5日起，免费范围从原工业项目扩大到所有用水类别，率先成为全市首个真正实现获得用水零成本的区域。

（二）零门槛

落实服务平台主动服务、靠前服务的要求，广州开发区水质监测中心对获得用水实行"容缺受理、信任审批、全程管控"，取消可供水证明等前置条件，企业有需求即可申请用水，零门槛受理。

（三）零材料

区民营经济和企业服务局在服务平台上填报企业报装信息之后，企业只需要通过短信链接"一键"确认，信息即被供水单位获取，除此之外企业不需要再提交任何材料。这项措施的受惠面从简易低风险项目扩大到通过服务平台流转的所有企业项目，开创全市先河。

---

① 《电水气热网联办　开创"获得用水"黄埔模式》，载广州市黄埔区人民政府网站，http://www.hp.gov.cn/gzjg/qzfgwhgzbm/qswj/xxgk/content/post_7835993.html，2021年10月15日。

（四）零跑动

广州开发区水质监测中心通过服务平台推送，提前获取企业用水需求，先行复核项目市政供水接入条件，且代为办理外线工程涉及的道路开挖、绿化迁移等行政审批事项，全程无须企业参与，实现企业获得用水零跑动。

（五）优时限

通过市、区营商环境政策保障和提前服务，一般获得用水项目供水单位办事时间压缩至4—7个工作日、外线工程行政审批不超过5个工作日，社会投资简易低风险项目5个工作日即可办结，施工完成后通水。

黄埔区电水气热网联合服务平台上线以来，已有50多个筹建项目在服务平台上流转，企业已实实在在享受到黄埔区相关部门和公共服务单位主动服务、减轻企业负担的营商环境改革成果。为保持"获得用水"黄埔模式的先进性，黄埔区水务局、广州开发区水质监测中心持续改革创新，不断探索更加优化的获得用水服务模式。

二、以广州南沙供电局为例

广州南沙自贸区设立5周年之际，南沙区政府对标世界银行营商环境评价指标体系，发布了营商环境最新指标，其中南沙区获得电力指标模拟测评得分96.9，进入世界前十的先进水平。南方电网广东广州南沙供电局在提高企业电力使用便利度上，探索了不少先进的经验做法。南沙自贸区工商业推行低压供电，进一步降低了客户的接电成本。推行临电租赁共享服务，实现了供电设施循环利用和资源共享。此外，南沙供电局还推出一款电力服务保险产品"电能保"，解决单个企业受电设备故障抢修经验不足、可调动资源匮乏、单次抢修投入大等难题，降低企业损失，实现快速复电，南沙城区年平均停电时间小于0.8小时，达到世界一流水平。[①]

---

① 林传凌：《世界前十！广州南沙"获得电力"更便捷，接电零成本》，载《广州日报》百家号官方账号，https://baijiahao.baidu.com/s?id=1665022781687599730&wfr=spider&for=pc，2020年4月26日。

一是实行 3 "零"业务模式，让客户"一次都不跑"。营商环境评价指标体系中获得电力指标包括了企业获得永久性电力连接的所有手续。为加快企业办电时间，南沙供电局积极推行 3 "零"业务模式。现在办电"零上门"，"互联网＋"业务办理，实现客户"一次都不跑"。接电"零审批"，小微企业低压报装，涉及外线开挖手续的，政府行政免审批。办电"零投资"，报装容量 200 千瓦及以下的小微企业，实行低压供电，客户用地红线外的电力工程不收费，由供电企业投资。获得电力指标模拟评价结果显示，南沙区获得电力指标最终环节为 2 个，时间 6 天，接电成本为 0，均处于世界先进水平。

二是创新开展明珠湾区"3＋"片区开发模式，即"规划＋建设"结合、"临电＋永电"结合、"供电＋综合能源"结合，为片区开发建设和招商引资客户"获得电力"提供全旅程、全系统化、全智能化服务。为了进一步强化电网规划的前瞻性，南沙供电局在明珠湾横沥岛尖作试点，探索"规划＋建设"结合。在电网规划阶段，政府部门与供电企业共享区域开发建设和招商引资信息；在土地平整阶段（一级开发）结合规划提前部署临电变压器，把电直接送到客户门口；在企业开发阶段（二级开发）即可从周边临电变压器就近接入。这些做法有效地实现电网"等待"客户，缩短了客户办电时长，降低了客户获得电力成本，实现了全国首创的"拿地即开工，插电式服务"模式。截至 2021 年底，明珠湾横沥岛尖已建成类似插口 52 个，国际金融论坛（IFF）永久会址施工建设项目便是通过独有的"插电式服务"，迅速完成 2 台 500 千伏安临时用电接入。[1]在规划建设阶段，通过共享区域开发建设和招商引资有关情况，广州南沙供电局与南沙区明珠湾管理局为用户统一将电力管廊等前置确定，在末端设置临时用电"插口"。项目报装后，用户在"插口"处直接接入临电，真正享受"拿地即开工，插电式服务"的高质量用电体验。[2]

---

[1]《营商环境指标解读及优秀案例：获得电力》，载网易网，https://www.163.com/dy/article/GO4912IH0518KCLG.html#，2021 年 11 月 6 日。

[2] 班娟娟：《对标国际一流水平　广州优化电力营商环境再升级》，载新华社新媒体，https://baijiahao.baidu.com/s?id=1681306215408310752&wfr=spider&for=pc，2020 年 10 月 23 日。

　　三是在广州针对用电报装容量不超过 200 千瓦的低压电客户实行"零投资"的基础上，南沙自贸区进一步作了投资界面的延伸，实行"全口径低压供电"，区域内工商业企业可全部采用 380/220 伏低压供电，接电成本为零。因此，客户将可以大幅节省报装用电成本和后续运行维护费用，并大幅缩短接电时长。南沙还积极服务碳达峰、碳中和战略，推动光伏发电项目开发建设和并网消纳，推进绿色电能替代，探索储能技术应用，努力打造粤港澳大湾区"获得电力"示范区。

第四章 登记财产

第一节 三级指标的设计与筛选

一、三级指标的设计

登记财产指标主要考察从申请登记至领取不动产权证书的整个流程，包括申请办理不动产登记、缴税、不动产登记机构审核并登簿、缴费并领取不动产权证书等内容。登记财产指标是对经济体的财产转移与抵押的时间消耗和经济成本的衡量，以及对土地行政管理质量的评估。

财产登记指标更关注衡量对于私营部门不动产物权属性权利的保护。产权保护对于私营部门尤为重要。产权安全程度更高的国家，私营部门可以获得更好的配置资源。探索财产登记方法，才能营造出友好的营商环境，发挥不动产登记保障财产安全、促进财产效率的功能。对于财产权利的保护是政策选择以及社会制度共同作用的结果。由于当前世界各个经济体的政治制度、经济制度等存在着不可忽视的客观差异性，相应地，各个经济体对产权保护的方式、程度不同，这使得评估工作很有必要。因此，实现登记财产的规范化应当在立足本国国情，并对政策、社会以及治理环境等因素审慎认知的基础上作出判断。为贯彻党中央、国务院优化营商环境重大决策部署，加快落实《国务院办公厅关于压缩不动产登记办理时间的通知》（国办发〔2019〕8号）、《国务院办公厅关于做好优化营商环境改革举措复制推广借鉴工作的通知》（国办函〔2019〕89号）、《国务院办公厅关于印发全国深化"放管服"改革优化营商环境电视电话会议重点任务分工方案的通知》（国办发〔2020〕43号）的相关要求，设计登记财产指标进行评价是必要的，也是可行的。

二、三级指标的筛选

世界银行营商环境评价指标体系记录一个企业（买方）从另一个企业（卖方）

购买一处财产,并且把此财产的使用权从卖方转移到买方,使买方能使用此财产或者用于扩大自己现有的企业,以及把此财产作为贷款抵押,在必要的时候将此财产卖掉的所有手续。该体系也评估完成每一项程序所需的时间和费用。与此同时,还评估各个经济体的土地行政管理的优劣,主要考察不动产登记程序、时间、成本及土地管理系统的质量指数。世界银行营商环境评价指标体系限缩了财产登记中的"财产"内容,聚焦于不动产。评价立足私营部门商业经营活动的实际,相较于不动产而言,动产通常具有较低的价值,因而不构成私营部门的核心财产;无形财产虽价值不低且在信息技术、文化传媒等领域作为核心财产而存在,但其具备强烈的行业特征,在一般的传统行业里不具有充足的代表性。因此,选择不动产作为评价对象才能在全世界范围内构建一个具有可比性、可操作性的评价指标体系。世界银行营商环境评价指标体系的"登记财产"指标包括4个二级指标,即程序、时间、成本及土地管理系统质量。其中,"土地管理系统质量"又包括5个三级指数:基础设施可靠性指数、信息透明度指数、地理覆盖指数、土地争议解决指数以及平等获得财产权指数。程序,仅为实际企业与外部各方的交互环节,不包含不动产登记机构或政府其他部门的内部流传作业等流程。时间,主要为企业带齐所有正确文件或准备工作后,不动产登记机构办理业务的承诺时间(不包含企业由于自身原因或其他企业内部因素所导致的延误时间)。成本,主要为企业办理不动产登记时,不动产登记机构或政府其他部门收取的各项业务费用(不包含企业应缴的税费等)。土地管理系统的质量指数,主要包括基础设施可靠性、信息透明度、地理覆盖范围、土地争议解决等4个方面。

与世界银行营商环境评价指标体系相比,本指标体系同样设计了"不动产登记承诺办理时限""公开不动产的登记信息"两项三级指标,考察不动产登记的办理时间和信息透明度。国务院《优化营商环境条例》和《关于压缩不动产登记办理时间的通知》文件精神,2019年3月自然资源部办公厅出台《关于印发不动产登记流程优化图的通知》,明确了最常见的26种登记流程图,推动不动产登记流程再造,大幅压缩环节,精简申请材料。不动产登记作为与群众直接相关的一项工作，其最为直观地展现政府效率和形象的便是办理的时间，切实解决办事难、耗时长等问题，进而实现群众办事更为便利的目标，这也是推进营商环境建设的重要一环。公开不动产的登记信息，形成外部信息的互通共享，切实方便群众办事。在《不动产登记暂行条例》中也已然明确了登记信息互通共享的原则，然而在实践中，很多地区此种互通共享仍未实现。所以，这两项指标的设计有其必要性。除此之外，"登记财产"指标下有 3 项三级指标相较于世界银行营商环境评价指标为新增。

一是建立统一的不动产登记平台。《不动产登记暂行条例》已正式实施并在全国多个省市进行试点。它的出台不仅为不动产权利人的合法产权提供了保护，也对国土资源信息化提出了更高要求。统一的不动产登记平台能够将各部门大量不同标准的信息数据进行有效整合，并成为全面开展不动产登记的重要基础。可见，建立统一的不动产登记平台这一指标十分必要。

二是不动产登记与税务实行联合办理。推行不动产登记和税收征缴"一窗受理"，优化群众办事环境。全面深化以地控税、以税节地业务合作，促进土地节约和利用，并进一步加强税收管理。不动产登记与税务实行联合办理，税务部门和自然资源部门借助信息互通、数据智能应用等手段促进税收共治，实现精准管理。不动产登记信息是唯一具有法律效力的核税依据，保证了税务机关税收信息更加准确，既保障了产权人的合法产权，也维护了国家税收的合法性。因此，不动产登记与税务实行联合办理这一指标设计是有必要的。

三是不动产登记机构同时提供现场办理和网上办理。自然资源部《"互联网＋不动产登记"建设指南》要求全国地级及以上城市和具备条件的县市全面实施"互联网＋不动产登记"，用 1 年至 2 年时间建成相应的服务体系。建设不动产登记网上"一窗办事"平台，实现不动产登记、交易、缴税等业务协同联办，为不动产登记业务全程网上办理提供支撑。为深化"放管服"改革，进一步优化营商环境，各地税务部门与不动产登记机构等部门加强协作，实现不动产登记机构同时提供现场办理和网上办理，让群众办税缴费最多"跑一次""一次不用跑"成为新常态，同时也照顾到了并不熟悉网上操作流程的中、老年人的需要，切实提升纳税人、缴费人的获得感和满意度。因此，该指标应当成为登记财产的三级指标之一。

第二节 三级指标的确定与权重赋予

一、三级指标的确定

登记财产指标由 5 项三级指标构成，即建立统一的不动产登记平台，不动产登记与税务实行联合办理，不动产登记承诺办理时限，不动产登记机构同时提供现场办理和网上办理，公开不动产的登记信息。

二级指标	三级指标	权　重
登记财产（12.5%）	建立统一的不动产登记平台	是与否，0—1 得分
	不动产登记与税务实行联合办理	是与否，0—1 得分
	不动产登记承诺办理时限	基于时间长度降序排列转化为 0—1 得分
	不动产登记机构同时提供现场办理和网上办理	是与否，0—1 得分
	公开不动产的登记信息	是与否，0—1 得分

二、三级指标的权重赋予

（一）建立统一的不动产登记平台

该指标评估的是否建立统一的不动产登记平台。有统一的不动产登记平台，公司等市场主体所能享受的服务就越多，登记财产也就越便利。因此，有必要考察统一的不动产登记平台是否在被评估地区建立起来，有统一的不动产登记平台，则打 1 分；无统一的不动产登记平台，则打 0 分。

（二）不动产登记与税务实行联合办理

该指标评估的是不动产登记和税务能否实行联合办理。此类服务联合办理能够提高效率、促进土地节约利用和加强税收管理。在具备条件的地方，原应由当事人提交的家庭住房套数、契税完税凭证等证明材料，登记部门可从税务部门共享获取，也避免了办证群众在部门间跑路。通过整合办税办证业务流程，实现不动产登记和办税资料由不动产登记机构一个窗口接收。不动产登记与税务能实行联合办理，则打 1 分；不能联合办理需多道程序，则打 0 分。

（三）不动产登记承诺办理时限

该指标评估的是不动产登记办理完成所承诺的办理时限。不动产登记办证难、办证慢是历史遗留问题在不动产登记环节的集中体现，暴露出历史上相关不动产管理不规范、各部门登记审查标准不统一、各自为政互不衔接等弊端，但在根本上损害的是人民群众的权益。广东省自然资源厅《关于明确全省不动产登记办理时限的通知》表明，2019 年 6 月 1 日起，除法人或其他组织建造房屋首次登记、涉及历史遗留问题、非公证的继承等复杂的不动产登记外，全省不动产抵押登记须在 3 个工作日内办结，一般登记须在 5 个工作日内办结，未在上述时限内办结的属超期登记，纳入行政效能监察范围。2019 年 12 月 31 日前，除法人或其他组织建造房屋首次登记、涉及历史遗留问题、非公证的继承等复杂的不动产登记外，全省争取实现抵押登记 2 个工作日内、一般登记 4 个工作日内办结。不动产登记承诺办理时限基于时间长度降序排列转化为 0—1 得分，不动产登记承诺办理时限长短和得分成反比。

（四）不动产登记机构同时提供现场办理和网上办理

该指标评估的是不动产登记机构办理不动产登记的方式的便民性。我国目前不动产登记的网上办理使用率和办结率不高，"一网通办"的类型和范围有限，在技术和流程上不是非常顺畅。并且群众对网上办证了解程度不高，因此需要不动产登记机构引导办理。若能同时提供现场办理和网上办理，则打 1 分；不能同时提供两种办理方式，则打 0 分。

（五）公开不动产的登记信息

该指标评估的是不动产登记的信息透明度。不动产统一登记开展后，国务院制定了行政法规《不动产登记暂行条例》。依据上述法律法规，国家已建立起有中国特色的不动产登记资料依法查询和有限查询制度，其中法定的查询主体有 3 类：不动产权利人、利害关系人、有关国家机关。

　　该指标的设计有力地保障了公民、法人和其他组织依法依规获取政府信息的权利。根据《中华人民共和国民法典》第 218 条规定，权利人、利害关系人可以申请查询、复制不动产登记资料，登记机构应当提供。由此可见，不动产登记资料不能通过政府信息公开的方式获取，而应依据《中华人民共和国民法典》《不动产登记暂行条例》《不动产登记资料查询暂行办法》到不动产登记机构申请查询。按照条件公开不动产的登记信息，则打 1 分；不公开不动产的登记信息，则打 0 分。

第三节　样本实践

一、以广州市不动产登记中心创新登记财产举措为例

　　2020 年中国营商环境评价结果显示，广州市登记财产排名全国第一，被列为登记财产指标"全国最佳表现"，"1 窗 1 人 1 套资料 1 个环节""推广不动产登记电子证照应用""推行不动产登记全市通办、广州深圳珠海三地通办、跨境抵押"等改革举措被列为改革亮点，改革成效走在全国前列。[①]不动产登记"指尖办"服务已覆盖全省范围，据统计，截至 2021 年 5 月，通过"粤省事"小程序、"粤商通"APP 向社会提供了约 649 万次不动产登记信息查询服务，约 25 万次一码通服务，约 22 万次办事进度查询服务，约 18 万次办事预约服务，全天候、全时段、全地域的移动办事新模式已逐渐成为群众办事新主流。[②]

　　（一）强化不动产登记"一网通办"

　　为进一步深化广州市"互联网＋不动产登记"政务服务水平，优化登记财产领域营商环境，在广州不动产"e 登记"服务以及依托广东政务服务网实现

[①]《从线下"一窗"到线上"一网"，广州登记财产改革再提升》，载广州市人民政府网站，https://www.gz.gov.cn/xw/zwlb/bmdt/sghhzrzyj/content/mpost_7730485.html，2021 年 8 月 20 日。

[②] 张影：《"指尖办"提升不动产登记便利度，已提供649万次查询服务》，载《广州日报》百家号官方账号，https://baijiahao.baidu.com/s?id=1701984369838255705&wfr=spider&for=pc，2021 年6月8日。

不动产登记全业务类型网上申办的基础上，广州市规划和自然资源局现推出"广州市不动产登记网上申请系统"（以下简称网申系统），为企业群众提供不动产交易、税务、登记线上"一网通办"服务。企业、群众可通过网申系统办理不动产交易网签、发起不动产登记业务申请、申报缴纳税费、网上预约、查询进度、意见反馈等。网申系统的业务受理范围为存量房转移登记业务。[①]

（二）加强地籍图查询与更新工作

为进一步规范和提升地籍图查询与更新工作的便利度，进一步加强全市域不动产权籍成果全覆盖动态管理，不动产权籍调查成果按标准规范即时更新到广州市不动产权籍数据库。互联网公开查询的宗地数据更新周期为一个月。[②]

（三）严格落实不动产登记压缩时限和精简材料

落实企业间不动产转移登记"一个环节"办结。各不动产登记机构设置企业服务专窗，集成不动产交易、税务、登记服务，实现企业间不动产转移登记受理、核缴税费、领证等全流程"在一个窗口、交一套材料、与一人互动、当场办结"。按照不动产登记相关法律法规要求，审查不动产权属来源、交易合法性、交易双方主体资格、是否存在抵押查封等限制（留置）情形，完成不动产登记审核、登簿、发证等法定职责。落实精简不动产登记材料要求。全面梳理精简不动产登记材料，取消非法定的申请材料，并按照"共享一份，减免一份"原则持续精简。针对涉企登记业务不断精简优化，精简后企业间存量房交易转让登记仅需提交不动产登记申请表、买卖合同两份材料。[③]

[①] 广州从化发布：《不动产登记网上申请系统来了！足不出户办理存量房转移登记业务》，载南方＋,http://static.nfapp.southcn.com/content/202005/16/c3540178.html,2020年5月16日。

[②] 参见《广州市规划和自然资源局关于进一步加强地籍图查询与更新工作的补充通知》，载广州市规划和自然资源局网站，http://ghzyj.gz.gov.cn/zwgk/ztzl/zszhlwgzqmlslbrw/zcwj/content/post_7277031.html，2020年2月29日。

[③] 参见《广州市规划和自然资源局关于严格落实不动产登记压缩时限和精简材料有关工作要求的通知》，载广州市规划和自然资源局网站，http://ghzyj.gz.gov.cn/sjb/yw/bdcdj/yhyshj/zcwj/content/post_5785681.html，2020年1月20日。

二、以珠海不动产登记中心登记财产为例

2021 年，珠海不动产登记中心创新推出"虚拟自助机"服务平台，"刷脸"通过实名认证后，可在线办理房产证明、档案查询、电子证照查询、缴款通知书查询、网签合同密码重置等业务，为办事群众提供全天候不打烊、24 小时在线办的不动产登记服务；创新推出港澳居民身份证件关联备案服务，持有港澳居民来往内地通行证的港澳居民，通过"珠海不动产"公众号进行"港澳身份证件关联"，即可办理不动产登记信息查询并开具相关证明，让港澳居民享受"线上办、指尖办"的便利。同时，通过"珠海不动产"微信公众号介绍各类创新举措，并用视频方式对"二手房交易登记＋金融服务"五合一模式进行解读，积极回应社会关切，搭建互动交流沟通渠道，更好引导和服务广大群众。①

（一）不动产登记"互联网＋金融服务"

珠海市在省内率先上线运行不动产登记"互联网＋金融服务"模式，在银行设置不动产登记便民服务点，实施不动产登记与商业贷款办理"一窗式服务"。银行在线提交登记申请，登记机构在线审核并发放电子证明，办理抵押登记实现"只跑一趟银行，一个工作日办结"。此模式已在省内全面推行。

（二）不动产登记与税务部门深度合作

2018 年 7 月，珠海税务与珠海不动产登记两部门共同在全市范围内统一设立登记、税收"联办窗口"。后联合推出"一窗受理"1.0 模式，"一窗受理"平台上线，通过"互联网＋"提升便利度，"一窗受理"升级至 2.0 模式，申请人在线提交申请，预审通过后，现场核对资料并当场缴税、领证，实现"一网申办、一窗办理、一套资料、一次办结"。2021 年，两部门在此基础上深合作、再发力，升级推出"一窗受理"3.0 模式，登记与税务线上线下全面融合。此模式下，买卖双方不需要提前网上申办、网上提交资料预审，达成交易意向后直接持不动产权证、身份证等材料到不动产登记部门窗口提出"一窗受理"申请；

---

① 参见《珠海市不动产登记中心 2021 年政府信息公开工作年度报告》，载珠海市不动产登记中心网站，http://bdc.zhuhai.gov.cn/gkmlpt/content/3/3050/post_3050691.html#326，2022 年 1 月 14 日。

窗口一次性受理不动产转移登记与纳税申请，并一次性收取所需材料，买卖双方即可离开窗口；税务部门在线完成税费审核后，买卖双方线上远程缴税，税务部门将完税信息自动推送给登记部门；登记部门完成转移登记审核，并将权证邮寄到买卖双方指定的地址，实现了线下即来即办、一表申请、一套材料、一次提交、限时办结。

（三）实现流程集成，二手房过户贷款"五合一"

"二手房登记＋金融服务"依托在银行设置的不动产登记便民服务点和已搭建的"不动产登记＋金融服务"信息平台，通过优化办理流程、精简办事材料、合并办理环节，让二手房买卖双方在办理银行金融业务的同时提交纳税及不动产登记申请材料，做到"只跑一趟、只交一套材料"即可完成还清原贷款、申请新贷款、解除抵押、二手房交易、房产抵押共五项业务的"五合一"。

珠海市不动产登记中心坚持以人民为中心的发展思想，落实深化"放管服"改革精神，持续推动构建"一个中心、多点辐射"的不动产登记"1＋N"便民服务体系，推动不动产登记与关联业务之间的流程融合，为社会提供安心、舒心、暖心的登记服务。"二手房登记＋金融服务"模式让二手房交易及相关贷款更加安全、高效、便捷，是"1＋N"服务体系的又一拓展。①

---

①《工作动态："二手房登记＋金融服务"开创便民新模式　珠海市不动产登记中心推行二手房交易按揭"五合一"》，载珠海市不动产登记中心网站，http://bdc.zhuhai.gov.cn/gkmlpt/content/2/2642/post_2642255.html#324，2020 年 9 月 22 日。

第五章　获得信贷

第一节　三级指标的设计与筛选

一、三级指标的设计

获得信贷，即企业能否便利地获得信贷。获得信贷是衡量营商环境的重要指标之一。金融"活水"丰沛，经济发展动力才会更强劲。获得信贷对于破解中小微企业融资难、融资贵问题有很大的助力，同时也能进一步激发市场主体活力，持续优化金融信贷环境，推动经济高质量发展。2021年，财政部、工业部和信息化部印发《关于继续实施小微企业融资担保业务降费奖补政策的通知》，国务院发布《加强信用信息共享应用促进中小微企业融资实施方案》，致力于通过建设信息共享平台帮助企业解决融资难融资贵的问题。2022年国务院《政府工作报告》中指出，将继续执行小微企业贷款延期还本付息和信用贷款支持政策，大型商业银行普惠小微企业贷款增幅超过40%。2022年广东省出台《进一步支持中小企业和个体工商户纾困发展的若干政策措施》。该文件从融资方面提出了具体举措，这些举措对于提升中小企业融资便利度起到了很大的作用。从世界银行营商环境评价指标体系获得信贷的方法可以看出，债权人权利和信息共享机制受到法律的保护程度与获得信贷的便利度可能性紧密相关。对于债权人权利的保护程度越高，即债权人收回借款或者获得抵押品越能受到保障的时候，信贷市场发展得越好，企业更能够便利地获得信贷。信贷信息越全面，出借人对于借款人了解更多的时候，借款人更能够便利地获得信贷。

二、三级指标的筛选

世界银行《营商环境报告》通过合法权利力度指数、信贷信息深度指数、信贷登记机构覆盖率和信用机构覆盖率4个指标来衡量获得信贷的便利程度。一是合法权利力度指数主要用于衡量担保法和破产法对借方和贷方权利的保护，也就是借贷提供便利的程度。世界银行对此项指标的赋分是 0—12 分，具体细分为两项，其中对抵押法规定的借款人和抵押人的权利这项的赋分是 0—10 分，对破产法对有担保质权人权利的保护的赋分是 0—2 分。二是信贷信息深度指数用于衡量影响信贷信息覆盖面、范围和开放程度。世界银行对此项指标的赋分是 0—8 分。三是信贷登记机构覆盖率衡量的是纳入公共信贷登记部门系统的人数及其近 5 年来的借款历史信息及信用被查询的记录。四是信用机构覆盖率衡量的是信用机构在信贷业务中的覆盖面，也就是纳入私营信用机构的人数及其近 5 年来的借款记录及信用被查询的记录。对于信贷登记机构覆盖率和信用机构覆盖率，世界银行是按统计数量占成年人口（15 岁及以上）的百分比来表示的。

中小企业获得融资的便利度是衡量获得信贷的核心指标。地方政府对多元化企业融资需求的支持力度和抵押（含涂销）登记便利度也一定程度上为中小企业获得信贷提供了权利保障。世界银行的"合法权利力度指数"指标直接指向企业获得信贷的便利程度，是获得信贷的核心概念。其对于合法权利力度指数赋分 12 分，其下细分为 12 个小项，主要是通过抵押法和破产法的具体规定来衡量企业是否可以便利地获得信贷。对债权人权利的保护程度越高，信贷便利度越高。该指标在衡量获得信贷指标上有一定的可行性，指标内容清晰具体，因此予以借鉴和吸收。最终，本指标将合法权利力度指数的内容进行拆分加以吸收，确定为中小企业获得融资的便利度、地方政府对多元化企业融资需求的支持力度和抵押（含涂销）登记便利度三项。此外，基于对我国国情和法律制度的考量，本评价指标体系对世界银行的"合法权利力度指数"指标中的一些具体指标没有进行吸收。

信息不对称是造成信贷风险的根源。世界银行的"信贷信息深度指数"指标指向另一项对获得信贷有重大影响的因素——信息共享机制。不管信息是从何处获得的，可以获得的信贷信息越多，越有助于贷款决策的作出。因此，本评价指标体系对其进行了借鉴和吸收，在三级指标中的各项指标中均有所体现。此外，本评价指标体系还对世界银行的"信贷登记机构覆盖率"指标进行了借鉴和吸收，在中小企业获得融资的便利度中有所体现。但是，不同于世界银行将在最大的个人征信机构中登记的个人和公司数量占成年人口的百分比作为赋分，本评价指标体系为了保证指标打分的整齐统一，将除了消费贷占银行贷款比重之外的其他指标均设计为 0—10 分的赋分制。本评价指标体系对于世界银行的"信用机构覆盖率"指标没有吸收。我国目前私营信用机构的数量有限，并且纳入的信用记录都主要针对各自的业务场景，信用信息收集有限，因此不足以作为衡量获得信贷的衡量指标之一。

结合我国实际情况和具体政策，随着我国经济结构的转变和科技创新政策下科技型中小微企业的融资难问题的出现，本指标体系将"知识产权金融产品的发展程度"和"消费贷占银行贷款比重"这两项指标单列出来，不仅与我国的国家政策和经济战略保持了统一，还增强了这两项指标在获得信贷指标中的重要性。

第二节　三级指标的确定与权重赋予

一、三级指标的确定

获得信贷在政务服务一编中分数占比 12.5%。本评价指标体系最终确定获得信贷由 5 个三级指标构成，即中小企业获得融资的便利度、地方政府对多元化企业融资需求的支持力度、消费贷占银行贷款比重、知识产权金融产品的发展程度和抵押（含涂销）登记便利度。下表对各项三级指标进行确定及权重赋予：

二级指标	三级指标	权　重
获得信贷（12.5%）	中小企业获得融资的便利度	0—10 分，基于排序转化为 0—1 分得分
	地方政府对多元化企业融资需求的支持力度	0—10 分，基于排序转化为 0—1 分得分
	消费贷占银行贷款比重	基于数值排序转化为 0—1 分得分
	知识产权金融产品的发展程度	0—10 分，基于排序转化为 0—1 分得分
	抵押（含涂销）登记便利度	0—10 分，基于排序转化为 0—1 分得分

二、三级指标的权重赋予

（一）中小企业获得融资的便利度

衡量中小企业获得融资便利度的 10 个方面，赋分范围从 0 到 10，每项指标赋分 1 分，基于排序转化为 0—1 分得分。得分越高，说明中小企业获得信贷的便利度越高。这一指标主要分为两个方面，即企业获得信贷的便利度以及获得信贷信息的了解程度。具体解析如下：

（1）获得贷款的周期是否过长？一般在几个工作日内可以获得贷款？

（2）贷款手续是否便捷？获得贷款所需要的文件是否过于烦琐？是否有线上贷款的便捷服务？

（3）银行业是否出台了针对中小微企业贷款的普惠金融战略？对于不良贷款的容忍期限是否延长？

（4）中小微企业获得融资的成本是否较低？续贷或转贷成本是否较低？

（5）担保法和破产法是否对债权人的权益有相应的法律保护？如企业被清算时，能否担保债权人首先获得赔付？

（6）是否可以从信贷登记机构获得关于公司和个人的数据？

（7）银行和其他金融机构是否可以通过网上平台、系统等共享信息在线访问借款人的信用信息？

（8）正面的信贷信息和负面的信贷信息是否都发布？

（9）根据法律规定，借款人是否有权利获取自己在经济体内的信贷登记机构的数据？

（10）是否需要收取有关费用才能查询相关数据？

（二）地方政府对多元化企业融资需求的支持力度

一般来说，地方政府对企业融资的支持力度越大，企业获得信贷的便利度和可能性越高。地方政府一般从政策指引、简政放权、各部门职能整合、信息共享等方面提高对于企业获得信贷的支持力度。该指标的赋分范围从 0 到 10，每项指标赋分 1 分，基于排序转化为 0—1 分得分。数值越高，说明地方政府对于企业获得信贷的支持力度越大。具体解析如下：

（1）是否为了帮助企业获得信贷，建立地方政府内部多部门联动工作机制？

（2）地方政府是否对于企业融资风险进行了风险分担，风险分担力度如何？

（3）地方政府是否利用某种技术手段提高识别风险的能力，降低企业获得信贷成本？

（4）是否由地方政府牵头建立统一的融资信用信息平台？

（5）地方政府是否对于银行对于中小企业发放的贷款有风险补偿机制？是否有对于政策性小额贷款保证风险补偿和保费补贴？

（6）政策性融资担保体系是否完善？

（7）央行对于中小微企业或者特定的行业如金融科技行业是否有专项资金支持？

（8）是否有由央行或者银行监管局管理数据库，在同一时间收集金融系统内借方的信用信息？

（9）上述信用信息的获取途径和成本是否得到了地方政府的帮助和支持？

（10）地方政府是否联合银行业、保险公司，统筹三方力量，帮助企业获得信贷？

（三）消费贷占银行贷款比重

目前我国消费对于经济的贡献度增加，消费贷款占银行贷款比重越高，对于消费的促进作用越大，越有利于经济的发展。消费贷比重大，不仅能塑造良好的经济环境，还可以在一定程度上降低企业贷款不良率。对该项指标根据比值排序，赋分范围从 0 到 1。得分越高，说明消费贷占银行贷款比重越高，经济发展水平向好，企业贷款不良率降低，企业更容易获得信贷。

（四）知识产权金融产品的发展程度

该指标主要是针对知识产权金融产品。科技型中小微企业的融资一直存在较大的问题，对于众多银行的金融产品，企业往往很难获取。通过发展知识产权金融产品和知识产权质押融资，帮助科技型企业解决缺少不动产担保带来的资金紧张难题，对加速知识产权市场转化、提升企业核心竞争力具有积极的推动作用。对该指标的赋分范围从 0 到 10，共 5 项指标，每项指标赋分 2 分，基于排序转化为 0—1 分得分。数值越高，说明知识产权金融产品发展程度越高，科技型企业更容易获得信贷。具体解析如下：

（1）是否有关于发展知识产权服务、科技金融服务的政策文件或实施细则？

（2）金融机构是否创新知识产权融资产品，是否拓宽抵押物的范围？

（3）上述知识产权金融产品在所有金融产品中所占比重是否达到一定比重？

（4）是否有专项用于科创型企业知识产权质押融资风险补偿基金？

（5）是否建立知识产权质押信息平台，提高信息共享程度？

（五）抵押（含涂销）登记便利度

该指标主要衡量企业抵押登记时的便利程度，赋分范围从 0 到 10，每项指标赋分 2 分，基于排序转化为 0—1 分得分。得分越高，说明企业抵押登记的便利度越高。这一指标主要有以下 5 个方面组成，具体解析如下：

（1）是否存在一个正常运营的动产抵押权登记处或者登记机构？

（2）上述登记处或者登记机构是否拥有一个以担保债务人姓名为索引的电子资料库？

（3）抵押登记机构是否具有现代化特征？如允许担保债权人在线注册、修正、赊销及搜索担保权益。

（4）线下的抵押登记制度是否完善便民？是否根据实际业务办理量，开通了预约申请、绿色通道、专窗受理登记或承诺时间内完成登记工作等制度？

（5）法律是否对于抵押登记的机构、程序、权利、法律后果等有相应的规定？

第三节 样本实践

一、以广州市获得信贷改革为例

近年来，广州市通过通"堵点"、破"难点"、消"痛点"，大力提升企业尤其是民营企业和中小企业获得信贷的便利化水平，为企业发展加速度、减负担。在 2019 年国家营商环境测评中，广州市"获得信贷"指标位居第一梯队前列，处于全国领先水平。[①]

（一）加强对企业融资需求支持力度

广州市地方金融监督管理局响应政府政策，为小微企业贷款提供快捷的信贷支持，实施普惠金融战略。行业内对小微企业贷款尽职免责，提高对于不良贷款的容忍度。设立融资风险补偿机制，提高银行发放小微企业贷款积极性，创建针对补偿信用贷款风险的普惠贷款风险补偿机制，印发《广州市普惠贷款风险补偿机制管理办法》，遴选了第一批11家合作银行机构。按照该政策的设计，每年2亿元财政资金全部补贴，有望促进合作银行机构新增发放小微企业贷款300亿元左右，按照单户平均发放200万元贷款计算，将惠及1.5万家小微企业和个体工商户，制定为农业企业、科技企业、小微企业及农业种养大户、城乡创业者提供保险增信支持的政策性小额贷款保证保险政策，为企业增信，帮助企业提高融资的可获得性。同时，财政部门给予保费补贴，有效控制了小微企业的融资成本。[②]

为了降低转贷成本，广州市建立了市场化运作的应急转贷机制，印发《广州市企业转贷服务中心管理办法》。广州市企业转贷服务中心于2020年6月1日正式运营，按照政府引导、社会资本参与、封闭运作、确保安全的原则，通过以银行推荐客户、合作机构竞价、转贷中心撮合的流程，降低转贷融资综合成本。同时，完善市区两级政策性融资担保体系，增强增信分险功能，制定促进广州市融资担保行业加快发展实施方案。[③]

---

① 《广州"获得信贷"全国领先　本外币贷款增速五城第一》，载广州市人民政府网站，https://www.gz.gov.cn/zt/ylctfjzx2019gzld/content/post_6478812.html，2020年7月31日。

② 参见丁玲：《@小微企业个体户，广州普惠贷款风险补偿，你想了解的都在这》，载羊城派，https://baijiahao.baidu.com/s?id=1669648456517010834&wfr=spider&for=pc，2020年6月16日。

③ 参见《广州积极谋划成立转贷服务中心、建立风险补偿机制》，载广州市人民政府网站，https://www.gz.gov.cn/zt/qlyfdyyqfkyz/gzzxd/content/mpost_5950029.html，2020年6月17日。

（二）推动金融基础设施平台建设，提高获得信贷便利度

推进"粤信融""中小融""信易贷"等平台的建设和推广，引导各类金融机构入驻平台并发布创新产品，有效对接融资信息需求，启动全省动产担保统一登记系统试点工作，助力广州市成为全国第三个获批试点城市。建立多层次的产融对接机制平台，制定《关于引导广州市银行业金融机构加强服务实体经济工作方案》，并举办了全市重点建设项目融资对接会等。此外，国家级绿色金融改革创新试验区、中证报价系统南方运营中心、国际金融论坛落户广州市。在依托新型科技金融产业的基础上，广州的科技金融授信贷款金额与备案企业库数量均为全国第一。南沙自贸区成为全国融资租赁"第三极"。[①]

二、以深圳市获得信贷改革为例

深圳市小微企业林立，它们的发展，有赖于金融"活水"的灌溉滋养。[②]深圳市作为获得信贷改革上的排头兵，在设立综合性金融服务平台、完善知识产权金融服务等方面都有亮眼的表现。

（一）设立综合性金融服务平台

深圳金服平台是根据市政府重点工作部署，市地方金融监督管理局等43个政府部门和中央驻深金融监管机构共同搭建、由深圳前海九慧金服科技有限公司运营的综合性金融服务平台，旨在为深圳市的中小微企业提供债权和股权融资对接、支持金融供给侧改革和区域金融服务创新、政府配套扶持政策、行业咨询等一站式综合服务，助力企业健康稳步发展。[③]具体来说，该平台可以提供的帮助有：第一，可帮助小微企业最快3个工作日获得贷款；第二，可帮助

---

① 参见《广州今年坚决打赢防控金融风险攻坚战》，载搜狐网，https://www.sohu.com/a/222316310_161794，2018年2月12日。

② 邹媛：《今年以来获银行贷款企业三成是首贷户》，载光明网百家号官方账号，https://m.gmw.cn/baijia/2021-06-07/1302344033.html，2021年6月7日。

③《179款融资产品，最快3天放款，20000＋位深圳老板的选择！》，载深圳市地方金融监督管理局网站，http://www.jr.sz.gov.cn/sjrb/ztzl/szsjfpt/xwdt/content/post_3170400.html，2019年10月12日。

小微企业进行金融产品的智能匹配以及定制化服务；第三，可帮助企业智能匹配市、区两级政府政策；第四，还可以为小微企业提供包括财税、法律、知识产权在内的专业化企业服务。

（二）完善知识产权金融服务

一直以来，深圳市高度重视知识产权金融创新工作，先后建立了知识产权质押融资再担保机制、坏账补偿机制、风险补偿基金机制，试点了专利保险保费补贴，以推动深圳企业、金融机构开展知识产权金融创新工作。2019年，全国首家知识产权金融联盟成立大会暨深圳市知识产权金融公共服务平台启动仪式在深圳市举行。该平台通过金融与知识产权深度结合，旨在服务深圳市2万余家高新技术企业，以深圳市各类知识产权132万余件为核心，为专利、商标、版权资产的价值展开各类金融服务，实现知识产权的"产权化、货币化、商品化、证券化"。[①] 2020年6月，南山区成功落地首单知识产权保险质押融资产品，为辖区两家中小型科技企业解决了770万的贷款需求。[②] 2021年10月，深圳市知识产权局举办粤港澳大湾区知识产权金融交流对接会，帮助企业解决融资难、融资贵难题，推动企业的知识产权尽早实现产能化。

（三）深圳市政府加强企业获得信贷的支持

深圳市金融管理部门和金融机构不断通过制度、产品和服务的创新，加大对小微企业金融支持。2018年9月，市政府出台《关于强化中小微企业金融服务的若干措施》，提出了支持中小微企业融资的11条举措；2018年12月底，市政府又出台《关于以更大力度支持民营经济发展的若干措施》，提出"四个千亿"计划。[③] 此外，统筹"政府、银行、保险"三方力量，积极发挥了保证保

---

① 谭冰梅：《金融深度服务创新科技，全国首家知识产权金融全业态联盟在深圳成立》，载南方+，http://static.nfapp.southcn.com/content/201910/28/c2751225.html，2019年10月28日。

② 深圳卫视深视新闻：《深圳：知识产权金融创新 赋能实体经济高质量发展》，载新浪微博，https://weibo.com/ttarticle/p/show?id=2309404564345567707173，2020年10月26日。

③ 沈勇：《金融助力深圳营商环境持续优化》，载《深圳特区报》2020年3月17日。

险的增信功能，改善了对小微企业的信贷服务。更多利用技术手段提高风险识别水平，充分发挥财政资金杠杆作用，进一步降低小微企业获得信贷资金的成本。

三、以珠海市获得信贷改革为例

珠海市围绕企业融资难、融资贵问题，出台了一批融资利好政策支持企业发展。这些政策不仅提高了小微企业获得信贷的便利度和可能性，还缓解企业融资风险，减少了企业融资成本，有利于优化珠海市的营商环境。

一是为更好地发挥财政资金引导作用，通过对银行机构开展科技企业信贷的风险进行有限补偿方式，鼓励银行机构加大对珠海市科技企业的信贷支持，缓解科技型中小企业融资难问题，市科技创新局与中国人民银行珠海市中心支行于 2021 年 12 月 10 日出台《珠海市科技信贷风险补偿金管理办法》。该办法主要针对完成科技信贷项目入库并发生信贷本金损失的合作银行。风险补偿金实施梯次比例补偿：科技企业的信贷风险损失补偿比例为该笔不良贷款余额的 50%；科技企业贷款中信用贷款比例达到 70% 及以上的，风险损失补偿比例为该笔不良贷款余额的 70%；科技企业在珠海市银行机构发生的首笔信贷（不含贴现），风险损失补偿比例为该笔不良贷款余额的 90%。同时符合上述条件的，按"从高"原则进行补偿。单笔贷款项目申请最高补偿金额不超过 300 万元。

二是为规范珠海市知识产权质押融资风险补偿基金的管理，充分发挥财政资金的引导和激励作用，鼓励和引导合作银行机构加大对科技型中小微企业的信贷支持力度，缓解企业融资困难，市知识产权局牵头基金决策委员会成员单位于 2021 年 12 月 6 日印发《珠海市知识产权质押融资风险补偿基金管理办法》。该办法主要投向珠海市专利及商标等知识产权质押融资项目。该办法要求申请风险补偿的企业应满足以下条件之一：有效期内的国家高新技术企业、入库企业；获得国家、省、市知识产权示范或优势企业称号的企业；珠海市高成长创新型企业（独角兽企业）培育库入库企业；入选珠海市创新创业团队和高层次人才创业项目的企业；国家、省或市创新创业、工业设计等大赛的获奖企业；近 5 年内获得国家、省、市、区科技立项的企业；符合珠海市产业布局和发展方向的、具有中长期发展前景的企业。单个企业每年最多可申请 1 个风险补偿项目，基金按照单笔不超过贷款本金 40% 的标准进行补偿，每笔最高不超过 200 万元，申请贷款期限原则上不超过 1 年。

三是为鼓励融资性担保机构主动提高中小微企业贷款融资担保规模，降低融资担保费率，缓解中小微企业融资难融资贵问题，2021 年 10 月 26 日，珠海市工业和信息化局印发了《珠海市促进实体经济高质量发展专项资金（融资担保体系补助）管理实施细则》。该实施细则规定，申请专项资金补助的融资性担保机构应同时满足以下条件：依据国家有关法律、法规设立和经营，具有独立企业法人资格；具备健全的内部财务管理制度、担保评估制度、反担保制度、风险责任准备金制度、债务追偿制度及具有良好的纳税记录；企业近 3 年内无重大违法行为记录，未被相关部门列为失信联合惩戒对象；为珠海市中小微企业贷款提供担保，不包括为房地产、金融行业企业提供的担保贷款。

四是为做好扩大贷款风险补偿和贴息范围，开展政策链金融服务，建立企业普惠金融服务白名单制度，健全完善小微企业贷款服务平台工作，缓解企业融资难融资贵问题，2021 年 10 月 25 日，珠海市工业和信息化局印发了《落实〈关于促进民营经济高质量发展的若干政策措施〉做好缓解企业融资难融资贵相关工作的实施方案》。该实施方案主要支持首贷、信用贷和银税互动贷款且符合《珠海市产业发展导向目录》中优先发展类和鼓励发展类的中小微企业，还支持在有效期内的市级及市级以上的专精特新中小企业。该实施方案要求"首贷""专精特新"贷款项目按照实际贷款本金损失的 50% 给予合作机构补偿，单个企业年度项目补偿金额最高不超过 500 万元，"信用贷""银税互动"贷款通常采用随借随还用款方式的，不分担贷款风险。对"首贷""信用贷""银税互动贷"按贷款项目最高不超过当期贷款市场报价利率（LPR）的 50% 给予贴息，单个企业年度贴息金额最高不超过 5 万元。

第六章　缴纳税费

第一节　三级指标的设计与筛选

一、三级指标的设计

缴纳税费指标主要反映企业所承担的税负，以及缴纳税款过程中的行政负担。世界银行评估缴纳税费的方法论指出，公司税收对投资和创业具有反向影响，将一定程度上影响税收政策的评估和设计，还将进一步推动经济增长。从宏观角度上看，缴纳税负和行政负担的降低有利于加快财税体制改革，促进我国供给侧结构性改革，推进经济稳定向好发展。从微观角度上看，缴纳税负和行政负担的降低在一定程度上优化了税收营商环境。中小微企业在减税降费、税收征管流程简化、税收服务优化的环境下，将更多的成本投入到科研创新中，提升自身在商品和服务中的市场竞争力。2022 年，国务院《政府工作报告》就提及，2021 年新增减税降费超过 1 万亿元，还对制造业中小微企业、煤电和供热企业实施阶段性缓缴税费；并提出，延续实施扶持制造业、小微企业和个体工商户的减税降费政策。此外，为了支持各省市落实好退税减税政策，财政部发布了《关于下达 2022 年支持小微企业留抵退税有关专项资金预算的通知》，具体包括新出台小微企业留抵退税和原有政策实施的小微企业制度性留抵退税。上述政策主要用于弥补政策性减收，缓解财政收支矛盾。本评价指标体系认为应当从税收征管简化和税收服务优化两个角度优化税收营商环境，提高税收治理能力。简化税收征管应当减少对准备、申报和缴纳的特定税项的承诺时间以及压缩增值税、企业所得税退税时间。优化税收服务应当结合大数据和互联网平台，提高纳税服务的多样性，为缴税退税提供便捷的线上服务。

二、三级指标的筛选

世界银行营商环境评价指标体系通过 4 个指标来衡量缴纳税费的便利程度，

分别是次数、时间、税项和派款总额和报税后程序。次数是指公司缴纳税项和派款的总数、支付方法、支付频率，以次数计量。时间是指准备、申报和缴纳主要税项和派款所需要的时间，以小时计量。税项和派款总额是指企业在运营第二年所负担的税项和强制性派款的额度，以额度占商业利润的百分比为计量。报税后程序主要包括4个部分，即增值税退税合规的时间、获得增值税退税的时间、企业所得税申报修正合规的时间和完成企业所得税申报修正的时间，计量方式为0—100。

征税对象和税率等税制要素是由国家以法律的形式预先规定的，任何部门都不能随意改变。作为地方优化营商环境的指标，地方纳税次数、税项和派款总额一致或者固定的，无须作为指标进行评估。因此，本指标对世界银行指标中的次数、税项和派款总额不予采纳。

压缩办税时间有利于创新税收征管方式，改进税收服务，为企业缴税松绑减负。时间是优化缴税营商环境，提高税收治理能力的最明确直接的衡量指标。因此，本指标借鉴了世界银行的指标，将时间纳入评价指标体系之中，最终确定为"常规办税事项承诺办结时间"。同时为了保持政务服务这一编打分标准的统一，本指标并未采取以小时作为计量单位的方式，而是基于时间长度降序排列转化为0—1得分。

报税后程序的简化和退税时间的压缩有利于提高办税效率，便捷纳税企业，优化纳税环境。因此，本指标为了提高缴纳税费的便利度，也借鉴了世界银行的报税后程序这一指标。我国将世界银行三级指标退税合规时间和获得退税时间加总，统一称为获得增值税退税所需时间。同时，为了统一打分标准，未采取以小时作为计量单位的方式，而是基于时间长度降序排列转化为0—1得分。

"互联网＋缴纳税费"的方式有利于推动运用信息化手段推进缴纳税费，也能更好地解决企业缴税难、缴税慢、程序繁的问题。基于我国"互联网＋政务服务"改革的蓬勃发展，本指标将提供电子办税操作指引和网上办理退税业务也纳入了缴纳税费的评价指标之中。这是我国在世界银行营商环境评价指标体系之外的一个创新点。

第二节　三级指标的确定与权重赋予

一、三级指标的确定

缴纳税费在政务服务一编中分数占比 12.5%。本评价指标体系最终确定缴纳税费由 4 个三级指标构成，即为纳税人提供使用电子税务局办税操作指引、获得增值税退税所需时间、常规办税事项承诺办结时间和网上办理退税申请、退税审核、退库等业务。下表对各项三级指标进行确定和权重赋予：

二级指标	三级指标	权　重
缴纳税费（12.5%）	是否为纳税人提供使用电子税务局办税操作指引	是与否，0—1 得分
	获得增值税退税所需时间	基于时间长度降序排序转化为 0—1 分得分
	常规办税事项承诺办结时间	基于时间长度降序排序转化为 0—1 分得分
	是否可网上办理退税申请、退税审核、退库等业务	是与否，0—1 得分

二、三级指标的权重赋予

（一）为纳税人提供使用电子税务局办税操作指引

该指标主要衡量的是缴纳税费的简便性。有电子税务局等线上税务平台并发布办税操作指引，说明纳税人可以通过线上平台办理涉税业务，而不用花费大量的时间成本去线下等待。有关的税务机关是否为纳税人提供线上办税平台，并为纳税人提供适用电子税务局办税操作指引？如果有，则打 1 分；如果没有，则打 0 分；如果电子税务局等有线上办税平台，但是没有发布电子版或者纸质版的操作指引的，则打 0 分。

（二）获得增值税退税所需时间

该指标主要衡量的是报税后程序的简便性，按照小时数进行记录。获得增值税退税所需时间越短，更有利于促进盘活沉淀资金，降低融资成本，进而提高企业的市场竞争力，推动企业高质量发展。获得增值税退税所需时间包括增值税退税合规的时间和获得增值税退税的时间。增值税退税合规所需时间应当从申报增值税退税起计算，包括增值税审计的时间。获得增值税退税的时间从提交退税时起算，到收到退税时止。时间应当计算已交退税申请的平均等待时间。再对评估主体基于时间长度降序排序，最后转化为0—1分得分。如果不适用增值税，那么该项指标不打分，不包括在缴纳税费便利程度的排名之中。

（三）常规办税事项承诺办结时间

该指标衡量的是税务机关针对纳税人准备、申报和缴纳主要税项和派款所需时间作出的承诺办结时间，按照小时数进行记录。常规办税事项承诺办结时间越短，税收服务越优良，税收营商环境越优良。根据广东省税务局发布的涉税事务"最多跑一次"清单中，涉税业务有199项，涉及信息报告、发票办理、申报纳税、优惠办理、证明办理等业务类型，涵盖了企业从成立至注销前日常经营活动的各个环节涉税（费）项目。结合广东省电子税务局等系统验证实操性，优先选取纳税人在办税业务大厅经常办理的登记类、备案类、申报类、发票类等认定为常规办税事项。承诺办结时间的来源需要在有关税务机关的官方网站上可以查询。在评估区域内将各个评估主体基于时间长度降序排序，最终转化为0—1分得分。

（四）网上办理退税申请、退税审核、退库等业务

该指标主要衡量的是缴纳税费的简便性。电子税务局等线上税务平台上除了办理申报纳税、发票办理、证明办理等基本业务之外，若还包括退税申请、退税审核、退库等业务，这说明该线上税务平台可办理的涉税业务种类全面丰富，有利于提升缴纳税费便利性，优化纳税服务。有关的税务机关是否为纳税人提供线上办税平台？纳税人是否可以通过该线上办税平台办理退税申请、退税审核、退库等业务？如果可以，则打1分；如果没有，则打0分；如果可以办理退税申请、退税审核、退库等业务中的两项及以上，即可打1分；如果只能办理退税申请、退税审核、退库等业务中的一项，则打0.5分；如果提供线上办税平台但是只提供发票办理、申报纳税等基础业务，无法为纳税人提供退

税退库类业务的，则打 0 分。

第三节　样本实践

一、以广州市税务局提升纳税缴费便利度措施为例

为了进一步优化税收营商环境，响应国家降税减费的政策，广州市税务局印发了《提升纳税缴费便利度　优化营商环境的若干措施》的通知。该通知从拓展税费综合申报范围、拓展纳税（费）服务手段，通过"互联网＋缴纳税费"模式优化办税体系，丰富缴税费渠道，简化完善报税后流程等几方面出发，深入推进"放管服"改革，持续优化广州市营商环境，精简税费办理事项，提高税费办理便利度。

（一）优化纳税服务

1.丰富纳税宣传方式

通过线上线下的各种平台，运用办税服务厅、12366 纳税服务热线、纳税人学堂、税务网站、微博、微信等各种渠道，向纳税人（缴费人）推送税收政策法规、办事指南，回应纳税人（缴费人）关切。依托"税惠通"，帮助纳税人和缴费人快速查找税费优惠政策。①

推广"税信码"，扫描"税信码"后可展现企业基本信息、企业纳税情况、企业纳税信用级别三类信息。"税信码"的推广应用，不仅能帮助纳税人降低在企业合作、工程竞标、银行贷款等经营活动中的沟通成本，提升企业形象和可信度，还能帮助企业迅速找到诚信度高、经营状况稳定的合作伙伴。②

---

① 参见《国家税务总局广州市税务局提升纳税缴费便利度　优化营商环境的若干措施》，载国家税务总局广州市税务局网站，http://guangdong.chinatax.gov.cn/gdsw/gzsw_tggg/2021-01/29/content_b0f01bcb32a4484c98543c3e7f2058f7.shtml，2021年1月29日。

② 参见《广州推出"税信码"纳税信用"亮码见"》，载广东省政务服务数据管理局网站，http://zfsg.gd.gov.cn/xxfb/dsdt/content/post_3233747.html，2021 年 3 月 3 日。

2. 优化智能咨询服务模式

依托智能咨询服务平台，以"智能＋在线"咨询为支撑，为纳税人（缴费人）提供7×24小时"全天候、自动化、智能化"的便捷咨询服务。依托掌上税务局"视频连线"功能，为纳税人（缴费人）提供远程、实时视频咨询辅导服务。

3. 推广"财税衔接"项目

继续推广"财务报表与纳税申报表对接转换"智能辅助申报项目，扩大使用覆盖面，帮助更多纳税人使用智能辅助申报系统将财务软件数据和购销发票数据"一键转换"生成和提交增值税和企业所得税申报表，进一步压缩纳税准备时间和申报时间。

4. 有序推进实施发票电子化改革

在全面推广增值税普通发票电子化的基础上，积极稳妥推进增值税专用发票电子化。探索区块链电子发票应用场景。

5. 实现发票代开全程线上办

纳税人代开发票从申请、缴税到开票均可"网上办、掌上办、自助办"，进一步节省纳税人处理发票事宜的时间成本。

（二）推进"互联网＋缴纳税费"

通过不断推进"互联网＋缴纳税费"的结合模式，提高自动化办税水平，加强税务信息化管理水平，压缩税务办理时间，提升税务办理效率，最终营造低成本、短耗时的健康稳定的税务营商环境。

1. 大力推进税费事项网上办掌上办

进一步巩固拓展"非接触式"办税缴费服务。在所有税费种全流程电子化申报、主要涉税（费）服务事项实现网上办理的基础上，不断完善电子税务局功能，除个别特殊、复杂事项外，逐步实现企业办税缴费事项可网上办理，个人办税缴费事项可掌上办理。

2. 探索远程可视化网上办税新模式

依托"V-Tax"小程序或客户端，继续探索推进真人实时辅导、线上提交资料、视频对话提交业务申请的网上办税新模式。通过税务企业号、区块链发票、I-Tax

全天候咨询服务等措施减少纳税准备时间。[①]

3. 探索自助办税新模式

与部分商业银行合作开展"银税互联自助办税"项目，在银行网点设置智慧柜员机设备。纳税人可在银行网点办理含开具个人所得税纳税清单和完税证明、个人社保费完税证明等 28 项证明类、查询类的常用涉税费业务。与政务部门合作，进驻 5G＋VR 政务"晓屋"，通过设在社区、商圈、产业园区的政务设施，以远程视频连线的方式，为纳税人提供办税实时辅导、业务实时咨询、资料实时传输等服务。

4. 推广"智能导办"服务模式

依托微信"粤税通"小程序，为纳税人（缴费人）提供"预导税、预填单、预审核（办理）、预约"等智能化服务功能，减少"约错号"或"缺资料"导致的重复跑、多次跑。

（三）简化报税后征管流程

一是提速增值税留抵退税业务办理。依托"i 惠退"增值税留抵税额退税平台，提供申报后退税办理提醒精准推送、退税数据自动计算、自动填报、自动校验等功能，进一步优化退税办理，提高退税效率。二是优化完善税费更正申报。在全面实现企业所得税等税费征期内及征期后网上更正申报的基础上，进一步优化完善税费更正申报系统功能。[②]

二、以深圳市税务局减税降费措施为例

深圳市税务局立足先行示范，认真贯彻落实"六稳""六保"要求，连续推动一系列减税降费措施扎实落地。在新型冠状病毒肺炎疫情期间，深圳市不

---

① 郑澍、杨锐轩：《从"最多跑一次"到"一次不用跑"：广州优化税收营商环境再出实招》，载央广网百家号官方账号，https://baijiahao.baidu.com/s?id=1640544730644607434&wfr=spider&for=pc，2019 年 7 月 31 日。

② 参见《国家税务总局广州市税务局提升纳税缴费便利度 优化营商环境的若干措施》，载国家税务总局广州市税务局网站，http://guangdong.chinatax.gov.cn/gdsw/gzsw_tggg/2021-01/29/content_b0f01bcb32a4484c98543c3e7f2058f7.shtml，2021 年 1 月 29 日。

断提升出口退税的审核速度，支持和保护企业资金链的发展。在退税款的支持下，企业可以用退税资金扩大产能，有了充足的资金"活水"，企业将更多资金投入核心技术研发，提高自身的竞争力。出口退税力度加大，还推动盘活了关联企业的整条产业链。退税资金扶持效应持续传导至产业链下游，助力大批中小微企业尽快复工复产，实现外贸综合服务企业的辐射带动作用。[①] 最终实现"减税降费稳经济"的目标。

（一）利用"互联网＋"压缩办税时间

一是打造智慧型电子税务局，将云计算、大数据、人工智能等技术与先进的现代税收管理深度融合。2021 年，实现 347 项无纸化办税功能，203 项业务流程全程网上办，为纳税人和缴费人提供智能填表、智能审批、"套餐式"服务等智慧办税体验，完成一次纳税申报，平均不到 5 分钟。[②]

此外，深圳市电子税务局还提供了财物报表转换功能，只需 2 至 3 分钟则就可以完成财物报表的提交，还能一键转换成申报表数据。

深圳税务还上线了"区块链破产事务办理联动云平台"，这是全国首个运用区块链技术优化破产事务办理的平台。仅需电脑操作，就可完成发出债权申报通知、债权人会议文件、接收债权申报结果等一系列工作，极大地提升了破产事务的办理速度。

二是推出"＠深税"移动办税平台。纳税人不仅可以通过微信扫码完成预约办税、申报缴税、开具证明、代开发票等操作，还可以随时查询文书办理进度、接收税局涉税提醒。此外，还能一键登录纳税人学堂，学习新税法、新政策。

三是推广应用区块链电子发票。2018 年，深圳市税务局率先推行区块链电子发票。短短两年来，区块链电子发票已被广泛应用于金融、房地产、零售、餐饮、交通、医院、互联网等上百个行业，累计开票量已超 2700 万张。尤其在

---

① 段琳筠：《税收"硬举措"提升营商环境"软实力"》，载深圳市人民政府网站，http://www.sz.gov.cn/cn/xxgk/zfxxgj/zwdt/content/post_8043009.html，2020 年 8 月 31 日。

② 《"互联网＋"在税务系统中的极致运用》，载卓越领跑者百家号官方账号，https://baijiahao.baidu.com/s?id=1693017399382384102&wfr=spider&for=pc，2021 年 3 月 1 日。

新型冠状病毒肺炎疫情期间，深圳税务还推出了免开发版本的区块链电子发票"极速版"，使纳税人足不出户即可"非接触式"用票，高效助力企业复工复产。深圳市区块链电子发票系统项目荣获"深圳市市长质量奖（服务类金奖）"。

（二）简化完善税务流程

深圳市电子税务局共推出5项新措施，要素化辅助纳税申报、"扫码登录"跨平台联动登录、"电税帮"实时互动咨询、"办税指引"辅导纳税和"逾期处罚一点通"联动场景自动办。上述5项新功能是深入推进税务领域'放管服'改革，优化营商环境，推动征管模式向精细化转型的重要举措。

其中，要素化辅助纳税申报的功能对简化完善税务流程有很大作用。"要素化辅助纳税申报"是在提炼前期电子税务局小规模纳税人增值税引导式申报和"十税合一"综合申报的基础上，创造性推出的新型申报模式，即以"智能＋人工相结合"采集跨税费种共有要素替换"逐项填报＋人工判断"的主附表填鸭式申报模式，纳税人由"单项申报、分开填写、分次扣税、逐表查询"转变为8个税种（基金、费）跨税费种"一次填写、多报合一、一次扣税、多表共查"，实现高频税费申报之间的互融互促。要素化辅助纳税申报不仅大幅减少申报次数，提高纳税人预填率，缩短预填时间，还降低了纳税人由于对政策把握不准而自行判断的风险，有效规避纳税人漏填、错报。[①]

三、以佛山市税务局优化缴税环境措施为例

佛山市税务局始终以"简流程、减税费、添活力"为目标，进一步深化税收征管改革，在减少纳税次数、压缩纳税时间、简化办税流程、优化报税后流程、规范税收执法等方面持续发力，最终建成佛山"益晒你"企业服务体系。该体系具有较好的办事便利性，市场满意度也处于较高水平。

（一）优化办税流程、提高办税效率

2021年以来，佛山市税务局持续优化税收营商环境，服务发展大局，前三

---

① 陈发清、钟飙等：《深圳首推要素化纳税申报 打造智能申报体系》，载读创，https://baijiahao.baidu.com/s?id=1705423405822206580&wfr=spider&for=pc，2021年7月16日。

季度，累计新增减税降费68亿元；1至11月办理出口退（免）税353亿元。同时，税务部门不断扩大"非接触式"办税缴费覆盖面，推出"零跑动"远程可视化办税系统，截至2021年底，已实现323项依申请业务全程"非接触式"办理，"非接触式"办理率达83.9%。

佛山市主要通过"互联网＋税务"提升办税效率。2018年12月，广东首家"云交互"智能办税服务厅落地佛山禅城，纳税人可以在这里自助办理税务登记、认定管理、发票管理等9大类共662项业务。2019年，智能办税服务网点已覆盖全市五区，2019年以来共服务纳税人3.4万余次，受理各类业务超过6.1万笔，成为全省乃至全国"互联网＋税务"的新样板。[①]此外，依托佛山"益晒你"企业服务体系，逐步推广纳税服务运营中心，优化"零跑动"远程可视化办税系统、网格化"彩虹服务"征纳互动群组、"云呼中心"、"股转通"等智能办税缴费服务渠道，持续扩充"非接触式"办税缴费业务范围，构建全过程、一体化的新型纳税服务运营体系。在2021年国家税务总局纳税人满意度调查中，佛山三水在全国180个样本县区中排名第2位，打破广东省样本地区历史最好成绩。[②]

（二）增强税收服务时效，加强风险防控

构建新时代亲清政商关系，要以"亲"为导向，以"清"为界限。作为最常与企业打交道的部门之一，佛山市税务部门主要从增强服务实效和加强风险防控两方面着手，同企业形成良性互动的亲清政商关系。一方面，除了持续拓宽"非接触式"办税缴费渠道，推动税费优惠政策直达快享之外，税务部门将拓展"信用＋"容缺办理事项，截至2021年底，已实现58项业务150余项文书资料可容缺办理。通过定期开展税企座谈会对政策要点进行宣传和解读，

---

① 《办税"一次不用跑"！佛山频出实招优化税收营商环境》，载国家税务总局广东省税务局网站，https://guangdong.chinatax.gov.cn/gdsw/fssw_tpxw/2019-10/22/content_b7ff175fe9264b749c51cf1e8b9bcc29.shtml，2019年10月22日。

② 倪玉洁：《佛山市税务局局长林敬忠：简流程减税费，助力佛山成为营商环境制度改革领头羊》，载《佛山日报》2021年12月30日。

同时以走访工商界、企业界人大代表和政协委员，与企业开展党建共建活动等方式问需问计问效。另一方面，税务部门将加强风险防控。打造纳税遵从动态评价体系，排查重点行业风险疑点，引导纳税人不断规范涉税行为。运用"行政处罚裁量基准智能模型"实现处罚智能判，确保执法口径统一、处罚决定公平，有效降低基层税务执法风险。引进最新的信息技术，强化税收执法全过程监控，以保障廉洁执法，并持续完善提升纪检"直联制"，充分发挥基层纪检工作人员"最后一公里"的监督前哨作用，防范各类风险。①

----

① 倪玉洁：《简流程减税费，助力佛山成为营商环境制度改革领头羊》，载澎湃新闻网，https://m.thepaper.cn/baijiahao_16083489，2021 年 12 月 30 日。

第七章 劳动力市场服务

第一节 三级指标的设计与筛选

一、三级指标的设计

劳动力市场是指具有劳动能力的劳动者与生产经营中使用劳动力的经济主体之间进行交换的场所，是通过市场配置劳动力的经济关系的总和，是市场体系的组成部分。在中国，劳动力市场主要指人才市场，由人力资源和社会保障局管辖。而劳动力市场服务是指服务于劳动力市场的一系列活动，包括管理与监督劳动力就业、劳动合同和工资、劳动社会保险和福利等方面。在劳动力管理和就业领域中，按照市场规律，自觉运用市场机制调节劳动力供求关系，对劳动力的流动进行合理引导，从而实现对劳动力的合理配置。马克思主义理论认为生产力中最活跃的因素是劳动者，而劳动力是劳动者体力与智力的总和。劳动者通过劳动创造社会财富，并用于交换。因此，商品是用于交换的劳动产品，劳动是商品价值的唯一源泉。劳动力市场是交换劳动力这种特殊商品的场所，服务劳动力市场是促进经济发展、社会进步的必然要求。通过良好的管理、有效的制度，优化劳动力资源配置，充分调动市场中的劳动力因素，提高市场活跃度。

国务院办公厅《关于进一步优化营商环境更好服务市场主体的实施意见》指出，为更大激发市场活力，增强发展内生动力，需进一步降低就业创业门槛。一方面，优化部分行业从业条件，加快推动劳动者入职体检结果互认，减轻求职者负担。另一方面，促进人才流动和灵活就业。2021 年 6 月底前实现专业技术人才职称信息跨地区在线核验，鼓励地区间职称互认。引导有需求的企业开展"共享用工"，通过用工余缺调剂提高人力资源配置效率。统一失业保险转移办理流程，简化失业保险申领程序。

劳动力市场服务指标的设计应当站在劳动者的角度进行考虑。解决劳动者在劳动过程中的后顾之忧、打造劳动者对未来的预期是进行劳动力市场服务十分重要的两个目标。为了实现此目标，可从以下几个方面来优化服务：第一，完善制度。制度是维护市场秩序的最重要的方式，规范和约束各主体行为，提高交易效率。第二，形成救济途径。在劳动过程中，劳动者不仅需要制度的保障，而且在其权利受到侵犯时，需要有合理的权利救济途径。第三，提高社会保障。人们努力工作是为了有更好的明天，而社会保障体系的建立就是保障劳动者未来的一种手段。社会保障体系为全社会兜底，保障人们的基本生活权利，促进社会公平。

二、三级指标的筛选

劳动者是社会发展的基础，任何地区的经济腾飞都离不开人的因素。良好地服务劳动者是政务工作的应有之义，也是市场运行的必然要求。但是，劳动力市场服务并未被纳入世界银行营商环境评价指标体系中。劳动者是商事活动最重要的参与者，不应被排除在评价指标体系之外。若劳动者积极性较低、市场上劳动力短缺，那么企业对人才的招聘会难以开展，进而影响经济发展。为劳动力市场做好服务工作，则是提高劳动积极性、优化营商环境的重要手段。

相较于世界银行对于劳动力市场服务指标未能给予相应的重视，中国充分认识到劳动力对市场经济发展的重要影响。中国是人口大国，劳动力资源丰富。近年来，随着中国教育的发展以及人民生活水平的提高，中国劳动力市场正转向高质量发展阶段。劳动者们对于劳动环境的要求也在逐渐提高，用人单位也在进行转变。根据中国劳动力市场服务现状，为了进一步优化服务质量，从劳动者的角度筛选出 5 项三级指标。

第一，政府或地区工会是否有为企业工会提供免费法律顾问。中国大部分劳动者较为缺乏法律知识，在自己的合法权利受到不法侵害时，不懂得拿起法律的武器保护自己。政府或地区工会为劳动者提供免费的法律咨询服务，有利于促使劳动者积极行使权利，为劳动提供保障。

第二，申请和领取失业保险网上办理。劳动力市场上的供需关系主要靠市场自发调节，劳动力与非劳动力之间的转化是动态的。但是，人们的生活却是每天都在发生的。作为劳动者基础生活的一种保障，失业保险可以避免劳动者在丧失劳动力或暂时退出劳动力市场时失去生活保障。劳动者在参与劳动时，企业会强制缴纳失业保险。而当劳动者失业时，申请和领取失业保险金的便利程度关乎失业人群的基本生活。

第三，参与社保是否可以积分入户。户籍制度是中国的特色制度之一。当前，中国经济发展不平衡，不同城市之间差距较大，因此，不同城市对于劳动者的吸引程度相差较大。而城市的劳动者因为参与了城市的共建，就应该得以共享城市的设施。但不同城市因户籍管理制度不同，教育医疗等设施明显更有利于具有该市户籍的居民，因此，不具有该市户籍的劳动者们是否可以通过参与社保的方式成为该市居民，进而更好地享受劳动带来的成果，是政府部门需要认真考虑的问题。

第四，政府是否建立处理劳资纠纷的三方协商机制。在劳动过程中，劳资纠纷是比较常见的，但其带来的社会问题却比较大。产生劳资纠纷后，若不及时解决，劳动者与企业均需要投入大量的时间与精力。若解决不好，则会打击劳动者的劳动积极性，或是增加企业经营成本，不利于市场的发展。协商是中国重要的纠纷解决方式，企业、劳动者、相关部门三方协商，运用人民群众的智慧与经验，以较小的成本快速解决纠纷，促进恢复市场秩序的同时，也缓解了司法压力。

第五，地方出台人才政策法规数量。法律法规是人们行动的指南，也是人们权利的依据。政府部门对于人才的重视，首先会体现在人才政策上。人才政策的种类主要包括吸引各地人才、提高人才质量、维护人才合法权利、促进人才全面发展等。同时，对于本地区的劳动力发展过程中出现的问题，也会首先通过出台人才政策，全地区进行改革来解决。

第二节　三级指标的确定与权重赋予

一、三级指标的确定

古今内外，无论是哪个国家、地区，只要发展经济，都离不开劳动力。劳动力质量、劳动者数量关乎着地区的建设与发展。我国深刻认识到劳动者在生产中的重要地位，一直重点关注劳动力市场的服务。营商环境的建设离不开劳动者，而劳动者依靠劳动力市场服务。我国从劳动者的需求着手，确定了评估劳动力市场服务的三级指标，并为每一指标进行了权重赋予。

二级指标	三级指标	权　　　重
劳动力市场服务（12.5%）	政府或地区工会是否有为企业工会提供免费法律顾问	是与否，0—1 得分
	申请和领取失业保险网上办理	全流程网上办理得 1 分，部分流程网上办理得 0.5 分，线下办理得 0 分
	参与社保是否可以积分入户	是与否，0—1 得分
	政府是否建立处理劳资纠纷的三方协商机制	是与否，0—1 得分
	地方出台人才政策法规数量	基于数值排序转化为 0—1 得分

二、三级指标的权重赋予

（一）政府或地区工会是否有为企业工会提供免费法律顾问

劳动者自身缺乏一定的法律知识，很难及时维护自身的合法权益。劳动者在承担不起付费法律咨询，或咨询成本大于其可获得的收益时，从而容易导致放弃维权。而提供免费法律咨询是促进劳动者积极行使权利、维护自身权益、规范企业用工、促进法治建设的重要方式。该指标评估的是对劳动者的劳动保障情况。若政府或地区工会为企业工会提供免费法律顾问，得 1 分；若没有提供免费法律顾问，则不得分。

（二）申请和领取失业保险网上办理

劳动力市场的动态平衡使得劳动者可能会在从业和失业之间转化。对于劳动者来说，失业可能意味着丧失生活经济来源。为了促进社会和谐发展、保障人们基本生活权利，中国建立了社会保险制度。在社会保险中，失业保险是对劳动者的基本保障。申请和领取保险金的便利程度是衡量该保障情况的重要因素，线上办理有利于提高办事效率，以更便捷的方式尽早获得保障。该指标评估的是对劳动者的劳动保障情况。若劳动者申请和领取失业保险可以全流程网上办理，得 1 分；若只有部分流程可以进行网上办理，得 0.5 分；若只能线下进行失业保险的申请与领取，则不得分。

（三）参与社保是否可以积分入户

共建共享是中国构建社会主义和谐社会的基本原则和基本特征。把共同建设、共同享有和谐社会贯穿于和谐社会建设的全过程，真正做到在共建中共享、在共享中共建，是构建社会主义和谐社会的要求。劳动者参与了城市的建设，但是非该市户籍的身份却阻碍了其享有城市中的许多基础设施以及相关政策。中国建立的社会保险制度是每个劳动者都需要参与的，因此，参与社保的年限就体现了劳动者的建设时间，从而决定其是否可以加入该市户籍，落实共建共享原则。该指标评估的是城市对劳动者的友好程度。若评估地区的劳动者参与社保可以作为积分入户的条件，得 1 分；若参与社保不可以积分入户，则不得分。

（四）政府是否建立处理劳资纠纷的三方协商机制

三方协商机制是指企业、劳动者与相关部门进行友好协商，以非诉讼的程序来解决劳动过程中产生的纠纷。劳资纠纷不可避免，但因劳资纠纷导致的成本扩大则是可以控制的。政府建立三方协商机制，能公平解决纠纷，避免事态升级，促进市场秩序的回归。该指标评估的是劳动力市场的救济保障情况。若政府建立了处理劳资纠纷的三方协商机制，得 1 分；若没有建立处理劳资纠纷的三方协商机制，则不得分。

（五）地方出台人才政策法规数量

人才政策法规反映的是地方对于人才的重视程度。地方越重视人才，关于劳动力相关方面的政策法规就会越多。该指标评估的是劳动力市场的法制保障。将地方出台的人才政策法规按照数量降序排列，出台政策数量最多的，得 1 分；数量最少的，不得分。

第三节　样本实践

一、以广州市人力资源服务中心创新工作机制为例

《广州市优化营商环境条例》于 2021 年 1 月 1 日正式施行。广州市各级公共人力资源服务机构结合自身服务职能，广泛宣传就业政策及服务措施，助力营商环境优化，进一步激发劳动力市场活力。

（一）社保业务全城通办，线上提高办结效率

2021 年，广州市社会保险基金管理中心坚持以人民为中心，以党史学习教育"我为群众办实事"为契机，聚焦社保业务经办的难点、堵点、痛点问题，实现包括失业保险、医疗保险等 30 项高频社保业务全市"跨层级、跨区域"无差别办理，有效助力优化全市营商环境，持续提升社保经办服务体验和效能。广州社保打破业务属地化办理传统模式，根据广州市社保业务经办实际，全面梳理纳入"全市通办"的高频服务事项，明确通办事项和通办时间，有计划、分批次稳步推进更多高频社保业务实现就近可办、异地可办，全年分两批次共推进 30 项社保业务全市通办。充分发挥社保业务"网上办""预约办""不见面办"，推动更多社保事项实现全流程网办，及时分流核心区现场业务经办量，减少群众轮候时间，进一步提升办事群众满意度。①

2020 年 6 月 30 日，广州市印发了《广州市人力资源和社会保障局　广州市财政局转发广东省人力资源和社会保障厅　广东省财政厅关于扩大失业保险保障范围的通知》，阶段性实施失业补助金政策。7 月 15 日，广州市首批失业补助金通过系统发放到位，成为全省第一个发放失业补助金的城市。2020 年 12 月 31 日前，人力资源社会保障部提供了失业保险金和失业补助金网上申领的全国统一入口，畅通申领渠道、优化经办服务，更好地保障失业人员

---

① 《助力营商环境优化，广州市实现 30 项社保业务全城通办》，载广州市人力资源和社会保障局网站，http://rsj.gz.gov.cn/ywzt/shbz/gzdt/content/post_7975261.html，2021 年 12 月 20 日。

基本生活。①

（二）创新服务，为灵活就业的劳动者提供兜底保障

随着新经济、新业态的发展，快递小哥、外卖骑手、网约车司机、网络主播、家政服务等灵活就业人员规模不断扩大。该群体普遍依托新业态平台企业实现就业，但未与平台企业建立劳动关系。社会保障已成为灵活就业人员普遍面临和关心的问题。

《广东省灵活就业人员参加失业保险办法（试行）》已于 2022 年 1 月 1 日起实施，有效期 2 年。作为大湾区 9 市试点城市之一，在广州市就业的灵活就业人员可自愿参加失业保险，并按规定享受相应的失业保险待遇。为更大力度推进落实社会保障制度创新，广州市按照"畅通领、安全办"的要求，对灵活就业人员前往服务窗口办理失业登记和失业保险金发放业务实行"一门、一窗"办理，避免参保人"进多个门、排多次队、跑多次脚"，积极为灵活就业人员提供更加便捷高效的社会保障服务，让更多符合条件的灵活就业人员充分享受到社会保障政策创新红利。②

（三）创新工作机制，构建和谐劳动关系

为贯彻落实党中央、国务院、广东省委省政府关于构建和谐劳动关系的意见精神，按照广州市委、市政府联合印发的《广州市构建和谐劳动关系工作方案》要求，广州市人社局、市总工会、市企业联合会和市工商联联合印发了《广州市劳动人事争议三方联合调解中心工作方案》。广州市协调劳动关系三方四家决定设立广州市劳动人事争议三方联合调解中心，共同开展劳动人事争议联合调解工作。这是广州市协调劳动关系三方贯彻落实《广东省劳动人事争议处理

---

① 《你还不知道吗？超便捷！电子社保卡可申领失业补助金！》，载"广州人社"微信公众号，https://www.gzdaily.cn/site2/pad/content/2020-10/30/content_1409492.html，2020 年 10 月 30 日。

② 《好消息！广州市灵活就业人员可自愿参加失业保险》，载广州市人力资源和社会保障局网站，http://rsj.gz.gov.cn/ywzt/ztbd/zszhlwgzqmlslbrw/lhjyryshbz/qt/content/post_8448825.html，2022 年 7 月 18 日。

办法》要求的创新举措，也是广东省内设立的第一家三方联合调解中心。开展三方联合调解工作，不仅可以顺利承接劳动人事争议仲裁委受理案件的先行调解和委托调解，减轻双方当事人仲裁和诉讼负累，提高调解的针对性和成功率，及时便利高效调处劳动人事争议，达到"案结事了人和"的目的，还可以加强三方沟通协调，推进协调劳动关系三方实体化建设，加强集体协商争议的预防化解工作，对维护和保障劳动关系和谐稳定发挥积极作用。[①]

（四）积分入户，推进稳定居住和就业

积分制入户，是指通过建立积分指标体系，每项指标赋予一定分值，根据申请入户人员的条件进行指标量化，当累计积分达到规定时即可申请入户。根据《广州市积分制入户管理办法》第 6 条规定，在本市合法稳定就业或创业、年龄在 45 周岁以下、持本市办理有效《广东省居住证》、缴纳社会保险满 4 年、按照《广州市积分制入户指标体系及分值表》计算总积分满 150 分、近 5 年内未受过刑事处罚的人员，可申请积分制入户。

（五）广州工会力量，维护劳动者权益

2022 年 1 月 20 日，第四期广州市工会法律服务律师团正式成立，规模创历史新高，并设有产业工人和新就业形态劳动者权益维护等 6 个专业组。第四期广州市工会法律服务律师团由 40 家律师事务所、564 名律师组成，下设产业工人和新就业形态劳动者权益维护、"一带一路"和粤港澳大湾区劳动关系、劳动政策研究、女职工权益维护、农民工权益维护、劳动争议多元化解等 6 个专业组。其主要职责是：为工会参与制定和修改涉及职工权益的有关法律、法规、规章和政策提供法律意见和建议；协助工会开展法律宣传教育；为工会提供法律咨询服务；接受委派到基层工会开展法律知识培训；接受委派开展工会法律顾问工作；接受委派参与企业劳动争议调解工作；接受委派参与劳动人事争议三方联合调解、劳动争议诉调对接工作；代写法律文书；接受委派，代理工会法律援

[①]《劳动人事争议　穗启动三方联合调解》，载搜狐网，https://www.sohu.com/a/201741912_161795，2017 年 11 月 2 日。

助案件的仲裁或诉讼等。第四期广州市工会法律服务律师团为维护职工合法权益、构建和谐劳动关系、打造劳动争议多元化解"广州模式"作出积极贡献。[①]

近年来,广州市工会法律服务工作始终走在全国最前列,以第三期广州市工会法律服务律师团为例,该团自成立以来,协助工会组织开展法治宣传活动800 余场次,解答各类法律咨询 1.5 万余宗,服务职工近 35 万人次,累计派发民法典、劳动法、劳动合同法、工会法等法律法规宣传资料近百万份,免费提供工会法律援助服务 1.5 万余宗;工会法律顾问累计走访顾问单位开展法律指导 5000 余次,参与全市劳动争议三方联调、诉调对接案件 1.9 万余宗,使广州市工会法律服务工作始终走在全国最前列。[②]

二、以深圳市人力资源服务中心推进治理标准和治理能力现代化为例

近年来,深圳市人力资源和社会保障局扎实推进社保降费减负,稳就业、保就业,强化劳动力市场监管,深化"放管服"改革,助力打造市场化、法治化、国际化营商环境。

(一)简化办事流程,提升办事效率

运用"互联网+社保",推进社保业务"网上办、自主办、一窗办、就近办"。实现"业务上网、服务下沉",简化申报手续、优化经办流程,方便企业就近就便、及时足额享受政策利好。截至 2020 年 9 月底,深圳市人力资源和社会保障局196 个依申请事项全部实现全流程网上办理。其中,164 个事项实现"不见面审批",占 83.7%;73 个事项实现"马上办",即办率达 37.2%;38 个事项实现"秒批(办)",占 19.4%。全部事项办理时限压缩至法定时限的 50% 以内。此外,18 个事项入驻"粤省事",87 个事项进驻"i 深圳"APP。全力打造以"秒批"为代表的人社政务服务"深圳模式",引领全市政务服务"秒批"改革。

---

① 程小妹、罗瑞雄:《广州工会力量!超 500 名律师"组团"维护劳动者权益》,载搜狐网,https://www.sohu.com/a/517969721_161795?tc_tab=s_news&block=s_focus&index=s_1&t=1642677741954,2022 年 1 月 20 日。

② 程小妹、罗瑞雄:《广州工会力量!超 500 名律师"组团"维护劳动者权益》,载搜狐网,https://www.sohu.com/a/517969721_161795?tc_tab=s_news&block=s_focus&index=s_1&t=1642677741954,2022 年 1 月 20 日。

（二）创新劳动关系治理标准体系建设，推进劳动关系治理体系和治理能力现代化

近年来，深圳市不断加强劳动争议调解体系建设，积极推进矛盾纠纷多元化解改革工作，充分发挥调解在化解劳动争议中的基础性、源头性、预防性作用。据统计，2020 年，全市调解组织劳动争议调解结案 39240 宗，其中达成调解协议及和解案件 33947 宗，占调解结案数的 86.5%。为进一步推进劳动关系治理体系和治理能力现代化，健全基层劳动关系争议调解机制，创新完善劳动关系全域化治理标准体系建设，深圳市出台的《深圳市劳动争议调解工作规范》，这是全国范围内首个出台的专业性劳动争议调解工作地方标准。此标准对深圳劳动争议调解工作存在的主要问题和薄弱环节作出了有针对性的回应，还对近年来在平台实体化建设、"以案定补"激励机制、社会力量参与、案件处置等方面可复制可推广的经验做法进行了精炼总结，并在此基础上，充分发挥先行示范作用，以地方标准的形式进行了一系列创新性探索。[1]

（三）深化法律援助工作，维护劳动者合法权益

近年来，深圳市总工会以构建和谐劳动关系，服务广大职工为主线，通过集体协商和集体合同制度、法律援助服务、信访和舆情工作机制、多元化纠纷解决等方式，充分履行维护职工合法权益的基本职责，有效维护了劳动关系的和谐稳定。市总工会为企业工会提供法律顾问的"律师入企"服务，通过借助工会法律援助平台，发挥工会法律援助律师团队的专业作用，让律师参与企业工会工作，促进基层工会规范化运作，从而提升企业工会依法行事、科学维权的能力和专业水平，增强职工的法律意识和规则意识。2014 年以来，深圳市总工会的律师团队为 436 家企业工会提供"律师入企"服务，覆盖职工 1608676 名。[2]

[1]《深圳市出台全国首个专业性劳动争议调解工作地方标准》，载深圳市人力资源和社会保障局网站，http://hrss.sz.gov.cn/gkmlpt/content/9/9151/post_9151131.html#1689，2021 年 9 月 24 日。

[2]《聚焦深圳工会七大——集体协商、法律援助……全方位维护职工合法权益》，载《潇湘晨报》百家号官方账号，https://baijiahao.baidu.com/s?id=1686742674109954141&wfr=spider&for=pc，2020 年 12 月 22 日。

第八章　政务服务创新

第一节　三级指标的设计与筛选

一、三级指标的设计

政务服务，即政府业务服务，是指各级政府、各相关部门及事业单位，根据法律法规，为社会团体、企事业单位和个人提供的许可、确认、裁决、奖励、处罚等行政服务。在传统政府工作模式中，地方政府的政务服务管理对不同的公共事务进行梳理和划分，群众需要往返多地且要准备众多材料，再加上管理体系十分复杂的问题，不仅不利于服务群众，还会出现办事时间长、流程烦琐等问题。随着时间的推移，便民意识的不断加深，中国基层政府改革了原本的分类分工管理体系，并借助不同政府部门派驻服务人员到政务服务中心的方式，减少了群众往返次数、简化了办事流程、提高了工作效率。这种做法不仅为人民群众提供了更加高效便捷的服务，而且对传统的公共服务事务办理流程进行了创新与改革，是中国未来政府提供公共事务服务的新方向。

《法治政府建设实施纲要（2021—2025年）》指出，法治政府建设是全面依法治国的重点任务和主体工程，是推进国家治理体系和治理能力现代化的重要支撑。为在新发展阶段持续深入推进依法行政，全面建设法治政府，需加快建设服务型政府，提高政务服务效能。全面提升政务服务水平，完善首问负责、一次告知、一窗受理、自助办理等制度。加快推进政务服务"跨省通办"，到2021年年底前基本实现高频事项"跨省通办"。大力推行"一件事一次办"，提供更多套餐式、主题式集成服务。推进线上线下深度融合，增强全国一体化政务服务平台服务能力，优化整合提升各级政务大厅"一站式"功能，全面实现政务服务事项全城通办、就近能办、异地可办。坚持传统服务与智能创新相结合，充分保障老年人基本服务需要。

政务服务创新是良好营商环境的关键。良好的营商环境是市场发展程度、经济活力、政府管理水平和社会文明进步的综合体现,不仅要争取市场的短期效益,更要使其进行可持续发展,而创新就是可持续发展的源泉。政务服务为优化营商环境提供支持,只有不断优化的政务服务才能形成"洼地效应",实现人流、物流、信息流、资金流、技术流互相融通。政务服务于公众,而公众在办理业务过程中遇到的困难,主要可以归结为便利程度不够、办事效率过低、服务意识不强这几个方面。针对这些方面,可以对于地区政务工作创新程度设计衡量标准。

一是便利性。政务工作面向大众,而居民分散在全国。与其坐等民众前来排队办理业务,既浪费时间,又不利于提高人民满意度,如何创新使得人民能以最便利的方式享受服务,就成了检验政务服务水平的标准之一。

二是政务效率。政务服务是一种公共性的服务,一般制度规定了服务工作流程。但是,并不是所有流程都是有必要的,烦琐的程序往往是阻碍民众办事的重要因素。精简流程、缩短审批时间等都是提高政务效率的有效措施,也是促进服务型政府转变的重要途径。

三是政务服务意识。制度只能规范办事流程,但为民众办事的终归是人。没有服务意识的政府,永远都只能是制度的执行者,而不是国家的管理者。意识指导实践,实践反作用于意识,服务意识的提高有利于服务工作的提升,而在服务工作中也会有服务意识的创新。

二、三级指标的筛选

政府是社会的管理者,通过开展政务工作,服务民众,管理好国家,使得社会稳定运行、维护国家安定。同时,政府也是商事活动的参与者,通过开展政务工作,服务于市场,提供制度支持,使得市场繁荣、经济发展。世界银行并未在营商环境指标评价指标体系中对政务服务工作作出相关评价。

相反,中国进入法治化阶段以来,树立起的"社会本位、权利本位"思想,要求政府全心全意为人民服务,积极创新服务方式,提高服务水平,实现社会公共利益的最大化。根据中国政务服务工作现状,为了进一步优化服务质量,检验服务创新情况，本评价指标体系从民众的角度出发筛选出 10 项三级指标。

第一，智能政务受理终端多点布局，覆盖基层街道社区。近年来，智慧化办事是中国创新政务工作的一大亮点，将多项常规服务集中在智能政务受理终端，实行自助服务，为群众节省办事时间。因其便利性高，操作简易，而群众分布较散，为了能无差别服务群众，需要在一定的范围内设置投放点，覆盖整片辖区。

第二，24 小时开放自助办证事项种类。对于一些无须审批或无须到窗口办理的业务，可于智能终端上 24 小时对群众开放。对于多种多样的群众需求，相关部门无法在工作时间——解决，借助智能终端，随时办理常规业务，真正实现全天候服务群众的工作目标。

第三，资料齐全事项当场办妥（"秒批"）率。反复跑部门、办事时间长一直是中国群众办事的痛点，不仅耽误群众时间，而且并没有产生额外的效益，反而还会影响政府形象。对于资料齐全事项本就应该当场办结，给群众减少麻烦，也是政务服务的应有之义。

第四，办证事项市内各区通办率。传统政府服务中，跨区办理业务很难实现。以前技术水平较低，无法实现各区信息联通是主要原因。另外，各辖区领地意识较强，一般政务工作只面向本辖区内的居民。群众可能办一件事，需要花大量的精力在各区县之间穿梭。近年来，国家提倡开展"政务一网通"，在实现各部门相关信息联通的基础上，跨区办事成为可能。

第五，设立"一窗多证"综合受理窗口。为切实降低群众的办事成本，实施一窗受理，多证联办，让群众不跑来回路。

第六，政务＋邮政快递，不见面收件、审批和送达。中国在大力推行线上业务办理，切实提高办事效率。为此，相应的配套服务也得跟上。中国快递业务的成熟为实现政务创新提供了支持，群众通过线上办理业务，申请资料均可通过网上传递，在相关部门办理完结时，相关文件通过快递寄到群众手上。实现办事不局限于当地，真正方便群众、提高政务效率。

第七，优化法治化营商环境的经验、做法获得全省或全国推广或者表彰。先进的经验值得大家学习，在相互学习中共同前进。

第八，主动派出服务。服务型政府的要义是积极、主动服务，尽量在问题产生前将其解决。

第九，半小时法律服务区。公共法律服务为群众生活提供保障，打造半小时服务区，迅速解决群众困难，避免事态升级，缓解司法压力。

第十，对政务服务可获取性、便捷性的满意度。

第二节　三级指标的确定与权重赋予

一、三级指标的确定

政务服务创新是衡量一个国家治理水平的重要因素，本评价指标体系从服务群众的角度出发，确定了评估政务服务水平的三级指标，并为每一指标进行了权重赋予。

二级指标	三级指标	权　重
政务服务创新（12.5%）	智能政务受理终端多点布局，覆盖基层街道社区	基于数值排序转化为0—1得分
	24小时开放自助办证事项种类	基于数值排序转化为0—1得分
	资料齐全事项当场办妥（"秒批"）率	基于数值排序转化为0—1得分
	办证事项市内各区通办率	基于数值排序转化为0—1得分
	设立"一窗多证"综合受理窗口	是与否，0—1得分
	政务＋邮政快递，不见面收件、审批和送达	是与否，0—1得分
	优化法治化营商环境的经验、做法获得全省或全国推广或者表彰	是与否，0—1得分
	主动派出服务	是与否，0—1得分
	半小时法律服务区	是与否，0—1得分
	对政务服务可获取性、便捷性的满意度	主观题，0—10分，基于排序转化为0—1得分

二、三级指标的权重赋予

（一）智能政务受理终端多点布局，覆盖基层街道社区

智能政务受理终端是中国当前推广的智能政务服务设备，群众可自行在设

备上办理业务。为了缩短群众办理业务等待时间，使群众在家附近就能办理，设备的覆盖面是衡量该项服务措施落实情况的重要因素。该指标反映的是政务服务便利度。将智能政务受理终端进行多点布局，按照其覆盖基层街道社区的程度进行评分。把评分根据数值大小按降序进行排列，评分最高的，得 1 分；评分最低的，不得分。

（二）24 小时开放自助办证事项种类

能通过智能政务受理终端向群众 24 小时开放的业务仅为政务工作的一部分，主要为常见业务，且为无须人工审批的简单业务。但因为该部分业务是群众生活中最常接触到的业务，应当种类齐全、方便群众。该指标评估的是政务服务便利度。将评估地区智能政务受理终端上的自助办证事项按种类进行统计，并将统计值按降序排列。业务种类最丰富的，得 1 分；种类最少的，不得分。

（三）资料齐全事项当场办妥（"秒批"）率

业务办理流程多的同时，每个流程还需要一定的时间，这就使得群众办事耗时太长。办事耗时太长在给人们的生活带来了不好的影响的同时，也降低了群众对于政府工作的满意度。针对此现象，一方面，政务服务应简化流程；另一方面也需要提高服务效率，对于资料齐全的事项应当及时审批，做到当场办结。该指标评估的是政务服务的效率。将评估地区资料齐全事项当场秒批率按数值大小进行降序排列，秒批率最高的，得 1 分；秒批率最低的，不得分。

（四）办证事项市内各区通办率

跨区办理业务为群众提供了便捷，同时也是对政务水平的一大考验。政务服务涉及面广，影响面大，其中需要的数据资料需要多个部门进行共享才能实现。城市作为一个整体，各区之间不应相互隔离交流。当代社会，人们的流动性较高，对于跨地区服务的要求也应运而生。因此，政府积极响应群众需求，实现市内业务通办，方便群众，为社会发展提供坚实保障。该指标评估的是政务服务的便利度。将办证事项市内各区通办率按数值大小进行降序排列，通办率最高的，得 1 分；通办率最低的，不得分。

（五）设立"一窗多证"综合受理窗口

一窗多证是指群众在一个业务窗口提交资料，可以一次性办理多个业务，即一个窗口、多证通办，实现"一件事"一次办好。对于需要进行行政审批的业务，一般需要进行多个流程，多个窗口进行把关。但是，这样的审批服务模式会使得办事效率变低。现打破各部门及行业领域界限，通过一窗受理、同步审批、集中踏勘、集成服务等模式推动审批服务"一项一办"向"一事一办"跃升，优化政务服务能力。该指标评估的是政务服务的便利度。若评估地区设立了"一窗多证"综合受理窗口，得1分；若没有设立该窗口，依然是传统的服务模式，则不得分。

（六）政务＋邮政快递，不见面收件、审批和送达

随着"放管服"改革步入深水区，"互联网＋政务服务"的不断推进，群众享受到了高效便捷的政务服务模式。这也离不开配套设施的发展，中国快递业务经过近十年的高速发展，已形成覆盖全国、高效运行的网络。通过互联网办理业务，再由快递进行文件传输，让群众能不出门即可办结业务。该指标评估的是政务服务的便利度。若评估地区已建立"政务＋邮政快递"的模式，实现不见面收件、审批和送达，得1分；若未能构建此服务模式，群众仍需到线下窗口进行业务办理，则不得分。

（七）优化法治化营商环境的经验、做法获得全省或全国推广或者表彰

不管是中央，还是地方，优化营商环境都是近年来的工作重心之一。中国的发展需要经济的支持，经济的繁荣需要良好的环境土壤。优化营商环境需要中央的指导，也需要地方发挥主观能动性，用理论指导实践，以经验丰富知识。各地发展程度、人文背景、特色优势等各方面均不一致，有取得显著成果的地区应当获得表彰，并将其经验共享、推广开来。该指标评估的是政务服务的成果。若评估地区具有优化法治化营商环境的经验，其做法获得全省或全国推广或表彰，得1分；若不满足上述条件，则不得分。

（八）主动派出服务

政务服务最主要的创新是由传统型服务转变为现代型服务。现代型服务的

中心思想是以社会为本位，充分考虑群众的实际需求，转被动服务为主动服务。该指标评估的是政务服务的服务意识。若评估地区政府部门有主动派出服务群众，得 1 分；若没有主动派出服务，则不得分。

（九）半小时法律服务区

经济发展越好的地区，商事活动越频繁，不可避免地会产生多种矛盾，而法律是人们权利的依据与保障。针对区域内纠纷多发这一特点，为加强纠纷案件援助力度，扩大援助范围，积极打造半小时法律服务区，在尽可能短的时间内及时解决纠纷，避免纠纷严重化。保障群众合法权益，打造法律援助"惠民工程"，使群众切实有法治获得感。该指标评估的是政务服务的便利度。若评估地区已形成半小时法律服务区，得 1 分；若没有形成半小时法律服务区，或者未构建法律服务区，则不得分。

（十）对政务服务可获取性、便捷性的满意

人民的认可是对政务服务工作最好的肯定。对于群众而言，评价政务工作的好坏主要从两个方面进行，即便利性与可操作性。长久以来，群众办事不方便，流程复杂，资料繁重等问题都阻碍了政府与群众的交流。因此，政务服务改革创新就要从这些基础问题出发，切实解决老百姓办事难的问题。在以前，政府多以管理者的姿态开展工作，群众与政府之间的距离较大，办事经常靠催，无法真正享受到人民当家作主的权利。针对该问题，政府积极开展改革工作，促进服务型政府建设，切实服务群众。本指标评估的是政务服务的满意度。本指标以主观题的形式呈现。人们根据以上两部分内容对政务服务工作作出点评，并在 0—10 分的区间内进行评分。按照分数高低进行降序排列，分数最高的，得 1 分；分数最低的，不得分。

第三节　样本实践

一、以广州市政务服务中心积极提高服务便利度为例

广州市大力推进"简政放权、放管结合、优化服务"，积极推进商事制度

改革和行政审批制度改革，大幅降低市场准入门槛，不断激发市场活力。

（一）实现政务跨城通办，提高服务便利度

为方便番顺两地市民办事，广州市番禺区与顺德区在互设政务服务自助终端"跨城通办"的基础上，推进两地业务在实体办事窗口的互通互办，实现更具深度的番顺政务通办。首批推出两批涉及两区 6 个部门共 46 个跨城通办事项，主要涵盖卫计、食药监、工商质监（注册登记）等范畴。申请人可任意选择两区政务服务中心就近办理相关业务，中间环节由政务服务中心全程跟办，快递费用由各政务服务中心承担，不需要申请人额外缴费。这意味着以后两地企业和个人可任意选择两区行政服务中心就近申办相关业务，免去来回奔波之苦。[①]

（二）推动创新驱动，优化服务供给

广州公安主动作为，勇于自我变革，以方便群众创业办事为目标，迅速制定了全市公安机关全面深化"放管服"改革推进审批服务便民化的实施意见，梳理全市公安机关 193 项行政审批服务事项的办理流程及简化优化意见，入选了广州市"花城事好办"的第一批实施清单。截至 2019 年 2 月，公安事项实现了 100% "一窗受理"集成服务、"最多跑一次"。随着市区两级公安机关政务服务标准化工作的落地，第一批有 151 项市局事项实现了"一次办"，群众办事只要进一门，一次就能办好。广州公安依托智慧警务、精简环节、优化服务流程，持续压缩了 83 项比例较大、时限较长的事项办理时限，总办理时限从 1121 天压缩到 682 天，压缩了 439 天，压缩率达 39.2%，使企业群众办事更轻松。[②]

广州公安全面自主研发了涉及多警种多业务的 16 种自助办证设备，已投入 466 台，初步建成一张覆盖全市区、街镇的自助办证服务网络，实现市民"家门口""手指尖"办证。通过各项综合改革措施，27 项出入境、户政业务实现

[①]《政务服务工作简报（2017 年第三季度）》，载广州市番禺区政府网站，http://www.panyu.gov.cn/ztzx/zwfwgzjb/content/post_4481518.html，2017 年 10 月 17 日。

[②] 广州政府南方号：《自助终端＋智慧警务，广州公安优化服务再出发！》，载南方＋，http://static.nfapp.southcn.com/content/201902/16/c1924085.html，2019 年 2 月 16 日。

了"就近办";58 项涉及车管、出入境、户政等业务的事项实现了"随心办",其中包括了车管、户政业务 43 项市区通办、42 项各区通办,7 项车管业务全省可办。①

2021 年以来,广州公安在"一件事"改革上持续发力,制定推进 45 项"一件事"主题套餐服务工作方案。截至 2021 年 9 月,广州已实现 19 项服务"一件事"办理。其中,"无犯罪记录证明和公证书联办、机动车年审换证、外国人来穗工作"等"一件事"联办在国内省内率先推出。此外,广州公安还新推出 5 项高频车管"一件事"已全部实施。②

广州市公安局试点打造智能警务服务站,致力打通警务服务"最后一公里"。为进一步深化"放管服"改革,提升广州市市域社会治理现代化水平,构建符合广州城市定位的警务服务生态圈,着力解决群众排队长、来回跑、不方便等突出问题,2020 年,市公安局在大型社区、交通枢纽、人流密集、偏远郊区等地区,试点打造了一批智能警务服务站,为市民提供 24 小时"自助办、随时办、就近办"的办证服务。③

（三）积累先进经验,塑造地区优势

2021 年 1 月,广州市司法局推动设立的"《广州市优化营商环境条例》保障广州市营商环境建设"获评"2020 广东营商环境改革创新案例十大优胜案例";广州市司法局推动创建的"成立营商环境法治联合体及国际商贸商事调解中心"获评"2020 广东营商环境改革创新案例法治保障优胜案例"。这主要得益于广州市司法局推出的一系列措施:一是深化审批改革。分类推进"证照分离"改革,简化企业登记程序,推广实施企业登记全程网上办理,优化工程监督管理,

---

① 广州政府南方号:《自助终端＋智慧警务,广州公安优化服务再出发!》,载南方+,http://static.nfapp.southcn.com/content/201902/16/c1924085.html,2019 年 2 月 16 日。

②《广州公安制定推进45项"一件事"主题套餐服务工作方案 机动车年审换证等实现"一窗办理、一次办结"》,载广东省人民政府网站,http://www.gd.gov.cn/zwgk/zdlyxxgkzl/xzsp/content/post_3508228.html,2021 年 9 月 7 日。

③《警务就近办 服务不打烊》,载广州市公安局网站,http://gaj.gz.gov.cn/gaxw/gzdt/content/post_6465157.html,2020 年 7 月 21 日。

建立工程建设项目风险分级分类审批和质量安全监管制度，进一步提升政务服务效能。二是加强帮企扶企。实行统一的市场准入负面清单及告知承诺制度，压缩证明事项范围，加强对中小微企业的金融服务供给，对市场主体的轻微违法经营行为建立免予行政处罚和行政强制制度，力争"无事不扰"。三是推动科技赋能。建设全市统一的一体化在线政务服务平台，推广信息技术在公共服务、行政检查、司法保护等领域的运用，建设产业供应链数字化平台，加快培育发展数据要素市场，引导数字经济与实体经济深度融合。四是强化法治保障。支持粤港澳人才合作示范区先行先试，放宽港澳专业人士从业限制，完善法治宣传教育考核体系，健全信用奖惩和信用修复制度，维护良好社会信用秩序，建立法治联合体及国际商贸商事调解中心，推动解决优化营商环境的体制机制问题。[①]

二、以深圳市政务服务中心提高智慧化管理服务能力为例

作为一座年轻的城市，深圳拥有众多的标签，比如创新之城、活力之城、爱心之城、梦想之城……2020 年 7 月，深圳上榜 2019—2020 年度"中国十大美好生活城市"，深圳的形象更加亮眼。

（一）科学治理，提高智慧化管理服务能力

近年来，深圳市以广东省"数字政府"综合改革试点为契机，以数据资源共建、共享、共用为突破口，不断增强城市的智慧化管理服务能力，助力城市治理从"经验治理"向"科学治理"转变。在此基础上，深圳市积极推进营商环境"一号改革工程"，从"一张复印件"这个事关群众和企业切身感受的小切口入手，从被频频吐槽的政府审批流程、办事效率等痛点、堵点改起，率先推出"秒批""不见面审批""最多跑一次"等改革，大力推动政务服务大提升、营商环境大变革。人民群众深切感受到了政府服务的便捷，获得感和满意度也就水涨船高。[②]

---

① 《〈广州市优化营商环境条例〉获评"2020 广东营商环境改革创新案例十大优胜案例"》，载《潇湘晨报》百家号官方账号，https://baijiahao.baidu.com/s?id=1689575416555355339&wfr=spider&for=pc，2021 年 1 月 22 日。

② 姚龙华：《"美好生活城市"深圳是这样炼成的》，载《深圳特区报》2020 年 7 月 20 日。

（二）自助服务，提升服务效率

为贯彻落实党的十九大"转变政府职能，深化简政放权，建设人民满意的服务型政府"的工作部署，让"数据多跑路，群众少跑腿"，最大程度地方便市民可在"家门口"办事，打造"一站式"集中便民服务空间，为广大群众提供更便利、更优质的政务服务。宝安区通过统一审批标准、畅通区街机制、前移服务端口等手段全力推进行政审批服务标准化、信息化、智能化，按照"就近受理申请、数据网上流转、批件快递送达"的原则，自主研发"智慧政务自助服务终端"，在全市范围内率先实现24小时政务自助服务，为宝安区进一步"建设一流营商环境，打造政务服务最优区"打下坚实基础。该区自主研发的服务终端中的自助申报系统主要包含个人办事、企业办事、部门服务、常办事项、自助打印5大模块，模块中集成了身份认证、办事指南查询、业务申报、打印凭证（回执、办事指南）、缴费、查询进度等功能，共纳入民政、残联、卫计等12个部门以及部分金融机构共153余项事项。在业务高峰期使用自助终端机可省去取号、排队的时间，有效提高办事效率。

宝安区率先实现跨街道业务"通办通取"、率先引进邮政专递服务、首推公安户政业务进驻街道政务服务大厅。"政务服务＋自助终端"的新型服务模式已推广至全区各街道，建成"中心区＋街道＋高人流量社区"共"1＋10"个服务区，实现政务自助服务全覆盖的三级服务网络体系。除公安出入境签注外，各街道24小时自助服务区还进驻了居民身份证申领、国税发票认证、交通罚款自助、社保业务自助及由宝安区自主研发的智慧政务服务自助等5类自助服务终端机，市民可以全流程自助办理常用的190项业务。[①]

（三）业务秒批，提高群众满意度

深圳市从解决一张免费复印件等"小切口"着手，推动政务服务"大提升"，在全国率先推出200多项"秒批"、500多项"不见面审批"、400多项"全

---

① 《宝安区自主研发智慧政务自助服务终端　全面铺开24小时自助服务区》，载深圳市人民政府网站，http://www.sz.gov.cn/szzt2010/jjhlwzwfw/cxal/content/post_1420925.html#，2018年8月23日。

城通办"政务服务事项，陆续推出"午间延时服务""容缺收件模式"等一批标志性的改革举措，切实地提升了企业和市民办事的满意度和获得感。全面推广"i 深圳"APP，力争让深圳市民"一屏智享生活、一号走遍深圳"，截至 2020 年已实现 95% 以上个人事项和 60% 以上法人事项移动办理。推进电子证件、照片等材料的共享和重复使用，并实现办事信息的自动填充和相关材料的自动推送，让申请人办事零要素填报、零材料提交，打造"无感申办"审批服务模式。①

（四）极速法律援助，保障群众生活

近年来，龙岗区法律援助处在"区—街道—社区"三级法律援助网络基础上，将法律援助触角向工业区、企业延伸，打造"全区的半小时服务圈，中心城区十五分钟服务圈"，延伸了法律援助服务，拉近与市民群众的距离，使群众能够获得更为便捷的法律援助服务。②

南山区蛇口街道以大部制改革为契机，整合街道法律顾问及公职律师资源，优化资源配置。街道法律顾问审核各类合同 90 次，出具专业法律意见 75 次；各社区法律顾问供法律咨询 557 余次，调解居民纠纷 252 余宗，到社区、到校、到厂开展法律宣传 39 次，公职律师参与办理行政诉讼案件 1 宗。截至目前，各社区法律顾问共值班 1248 小时。街道统筹各职能部门的法律顾问服务，在为街道党工委做重大决策提供法律意见的同时，促使各部门更好地以法治思维和法治方式管理公共事务，化解基层纠纷，进一步提升街道依法治理的能力。③

---

① 何泳：《从"小切口"入手全面提升政务服务水平，深圳在全国率先推出200多项"秒批"》，载读特网，https://www.dutenews.com/tewen/p/956065.html，2020 年 10 月 22 日。

②《龙岗区法律援助处打造"全区半小时服务圈"，中心城区十五分钟服务圈》，载深圳市龙岗区人民政府网站，http://www.lg.gov.cn/gkmlpt/content/5/5324/post_5324635.html#62，2014 年 9 月 23 日。

③ 参见《蛇口街道2020年法治政府建设报告》，载深圳市南山区蛇口街道办事处网站，http://www.szns.gov.cn/nsskjdb/gkmlpt/content/8/8383/post_8383316.html#15919，2020 年 12 月 30 日。

第三分编　诚信合规

诚信是一个道德范畴，是公民的第二个"身份证"。合规，即行为必须合法合规。只有以诚信为基础，做到诚实守信，重诺践行，同时遵守法律规定，市场经济活动才能得到蓬勃发展，从而推动营商环境建设。本分编主要包括政府采购、招标投标，以及执行合同（守约）3个方面。第一章为政府采购，主要阐述了在政府采购活动中，政府与企业的交易是否符合诚实信用原则。其评判指标包括公开采购限额标准透明度、获取采购信息透明度、采购文件获取成本、是否缴纳履约保证金、采购资金支付期限。第二章为招标投标，主要指合理分配招标、投标双方的权利、义务和责任，并建立相关的管理制度。中国特色社会主义市场经济的基本要求是要充分发挥竞争机制作用，使市场主体在平等的条件下公平竞争，从而实现优化配置资源。其评判指标包括招投标过程的电子化程度、招投标全过程的信息是否公示公开、是否有配套的建设信用信息管理平台，建立起以企业信用体系为核心的监管机制。第三章为执行合同（守约），指合同双方在签订合约后，对所签合同规定义务的执行行为，即诚信履约。其评判指标包括个人信贷违约率、企业信贷违约率。

第一章　政府采购

第一节　三级指标的设计与筛选

一、三级指标的设计

政府采购，是指各级国家机关、事业单位和团体组织，使用财政性资金采购依法制定的集中采购目录以内的或者采购限额标准以上的货物、工程和服务的行为。其实质是市场竞争机制与财政支出管理的有机结合。采购主体在追求经济效益最大化的同时，还要确保商品的质量，即尽可能以低的价格采购到质量理想的商品。在市场环境中，企业并不是唯一的主体，政府也是市场经济的主体之一。政府作为一个国家中最大的单一消费者，其购买力巨大，对社会经济中的其他主体有着至关重要的影响。而政府采购是将从民众取得的资金以另一种形式用之于民。因此，政府采购经常作为宏观调控手段之一，对国民经济具有调节作用。同时，政府采购还对中小企业发展的促进、就业的促进等营商环境的建设方面具有积极推动作用，有助于实现国家的经济和社会发展政策目标。因而，有必要将政府采购纳入营商环境评价指标体系中。

中央全面深化改革委员会第五次会议审议通过《深化政府采购制度改革方案》。该方案指出，深化政府采购制度改革要坚持问题导向，强化采购人主体责任，建立集中采购机构竞争机制，改进政府采购代理和评审机制，健全科学高效的采购交易机制，强化政府采购政策功能措施，健全政府采购监督管理机制，加快形成采购主体职责清晰、交易规则科学高效、监管机制健全、政策功能完备、法律制度完善、技术支撑先进的现代政府采购制度。

政府采购三级指标可以按照是否有利于降低企业成本来设计其具体内容。在改革开展之前，政府采购往往是把"双刃剑"。政府巨大的购买力可以助力企业的发展，但周期长、资金回笼慢等特点无疑加重了企业的运营成本。因此，是否有利于降低企业成本则成了检验政府服务水平、市场环境的重要标准。企业成本主要由时间与费用构成，那么三级指标的设计也可从这两方面来考量。时间方面主要评估企业收集政府采购信息与资金回笼所用时间长短。企业收集政府采购信息所需时间可从政府信息的公开程度进行侧面评价，公开程度越高，越有利于企业及时获取采购信息。而资金回笼所用时间可通过评估政府支付采购资金的期限进行评估，支付期限越短，越有利于降低企业等待成本。费用方面主要评估企业是否需要为了参与政府采购而向政府支付费用，主要包括获取文件信息的成本以及缴纳保证金。

二、三级指标的筛选

政府在市场经济活动中占有重要地位，其行为应予以重视。在任何国家里，只要存在合法政府，那么政府为了维持自身运转或为公众提供服务，就一定会与市场中的其他主体产生联系，政府采购就是这种联系的表现形式之一。而在世界银行营商环境评价指标体系中，并未考虑到政府采购对营商环境的影响，从而忽视了对这一重要活动的评估。

但是，政府采购在市场活动中具有的重要作用，使其不可避免地影响营商环境的建设。中国充分认识到政府采购对市场经济发展的重要影响，并结合政府采购活动的自身特点，根据中国当前国情，筛选出 5 项三级指标，以反映该活动对中国营商环境建设的影响。

（1）公开采购限额标准透明度。该指标体现的是采购方的采购能力。在交易过程中，若采购方超过采购限额而与供应商订立合同，最终会导致采购方无法支付全部资金，不利于交易达成。而本指标可侧面反映企业在收集政府采购信息时所需花费的时间长短。

（2）获取采购信息透明度。所有信息可能会以不同的形式公布在不同的平台，若分散发布，则无形中增加了企业获取信息的难度。因此，官方是否集中公示信息侧面反映了企业参与政府采购活动的成本大小。

（3）采购文件获取成本。政府采购本身具有非营利性，但不同地区政府部门对政策的落实会有不同的执行方式。因此，企业是否需要为了获取文件而缴纳费用，则体现了当地政府的服务水平，以及宜商的便利程度。

（4）是否缴纳履约保证金。政策文件上未对履约保证金进行规定，但各地、各项目对于是否需要缴纳履约保证金均有不同的实践。支付履约保证金一定程度上提高了企业的交易成本，不利于企业资金的周转。

（5）采购资金支付期限。对于企业来说，采购资金的支付意味着企业资金的回笼，这关乎供应商能否正常运转。支付期限越长，回款越慢，资金周转效率越低，越不利于企业生存。

第二节　三级指标的确定与权重赋予

一、三级指标的确定

前文阐述的三级指标在具有自身合理性的同时，全面反映了在政府采购活动中企业需付出的时间与费用。因此，政府采购三级指标由以上5项内容构成。而政府采购仅为诚信合规的一部分，在评估地区营商环境的诚信合规方面时，本指标占一级指标比例为33.3%。以下将阐述三级指标的内涵及其在政府采购指标中所占的权重。

二级指标	三级指标	权　　重
政府采购（33.3%）	公开采购限额标准透明度	公开采购限额标准官方网上是否透明可查，可查得分，否则不得分，0—1分
	获取采购信息透明度	官方网站集中公示，有得分，没有不得分，0—1分
	采购文件获取成本	不收费得分，收费不得分，0—1分
	是否缴纳履约保证金	不缴纳得分，缴纳不得分，0—1分
	采购资金支付期限	是否落实《保障中小企业款项支付条例》交付后30日内付款（随机抓取最近3个月的采购招标文件），未超过得分，超过不得分，0—1分

二、三级指标的权重赋予

（一）公开采购限额标准透明度

采购限额，是指中央或地方所规定的，机关单位在进行政府采购时，对于采购对象的数量、价格等要素的限制。该指标评估的是采购限额标准的获取是否无障碍，侧面反映商事主体参与政府采购活动的时间成本。法律规定属于地方预算的政府采购项目，政府采购限额标准由省级政府或者其授权的机构确定并公布。在信息化时代下，采购限额标准主要通过网络进行公布。若采购限额标准在政府机构的官方网站上进行了公开，能为公众所获取，则打1分；若在官方网站上未能查询到采购限额标准，或者被评估地区未建立发布信息的官方网站，则不得分。

（二）获取采购信息透明度指数

采购信息，是指除采购限额标准之外，单次政府采购活动需具备的全部基本信息，包括采购对象、采购数量、采购金支付等采购内容信息。该指标评估的是采购信息的获取是否无障碍，反映的是商事主体参与政府采购活动需付出的时间成本。采购信息的集中公示有利于降低制度化交易成本，使得信息能直接、全面被获取。若采购信息在官方网站上进行了集中公示，则打 1 分；若在官方网站上未能查询到采购信息，或者其内容分散在官方网站的各个文件中，则不得分。

（三）采购文件获取成本指数

采购文件，是指政府发布的包含采购内容信息、招投标过程信息、招标结果信息等文件。采购文件获取成本，是指企业向政府部门缴纳一定的费用以获得采购文件信息。该指标评估的是商事主体在获取政府采购文件的过程中的经济成本。为了保证采购过程的公开透明与公平竞争，应当将全部的信息在官方网站上进行公示，而且应当是能为大众所免费获取的。否则，政府还是在获取采购文件方面给企业设置了一定的门槛。因此，若政府对于商事主体获取采购文件的行为不收取任何费用，则打 1 分；若对此行为收取了费用，无论金额大小，均不得分。

（四）是否缴纳履约保证金指数

履约保证金是为了保证合同顺利履行而由双方进行约定的，供应商要提供的证明自己履约能力的资金。该指标评估的是商事主体在参与政府采购活动中的经济成本。政府采购的资金来源于公众，并最终服务于公众，应当谨慎使用。一般来说，政府采购的供应商应当提供一定的保证金以确保交易能顺利完成。但是，提高市场主体宜商便利化程度、促进商事交易是打造良好的营商环境的首要要求。因此，应当简化政务流程，以提高交易率与交易效益。若商事主体不需要向政府缴纳履约保证金，则打 1 分；若需缴纳履约保证金，则不得分。

（五）采购资金支付期限指数

采购资金支付期限，是指采购方在取得采购对象后，将采购金支付给供应商的时间。该指标评估的是政府能否在一定的期限内将采购资金支付给供应商，反映了企业参与采购活动的时间成本。根据国务院发布的《保障中小企业款项支付条例》的规定，机关、事业单位从中小企业采购货物、工程、服务，应当自货物、工程、服务交付之日起 30 日内支付款项；合同另有约定的，付款期限最长不得超过 60 日。其目的就是为了规范采购金的支付期限，使企业对回款有一定的预期。为降低交易成本，促进企业资金回笼，本指标将商品交付后 30 日作为标准，随机抽取最近 3 个月的采购招标文件，以评估该项内容的落实情况。若在商品交付后 30 日内向供应商付款，则打 1 分；若超过了商品交付后 30 日支付采购资金，则不得分。

第三节 样本实践

一、以深圳市政府采购中心提高政府采购管理水平为例

深圳市作为中国特色社会主义先行示范区，积极响应国家号召，贯彻落实国家深化政府采购制度改革精神，充分发挥地方优势与主观能动性，在政府采购领域推行"1234"工程，采取 32 项举措，着力打造营商环境"深圳样本"。

（一）提升政府采购透明度和便利度

公开透明是政府采购活动的基本原则之一。政府采购的三级指标中有两项内容与信息公开相关联，分别是公开采购限额标准透明度与获取采购信息透明度。深圳市政府采购中心为贯彻落实公开采购，主要采取了以下措施：一是建立市区统一的政府采购电子化平台和城市发展机会清单发布机制，推行政府采购信息无死角公示制度。将分散的政府采购信息汇总形成政府需求清单，并通过互联网向全社会公开政府采购政策制度、办事流程、招投标过程信息、投诉处理结果、处罚决定等全方面信息，主动接受社会监督，促进政企双方供需有效对接。二是执行公开统一的制度规则。梳理汇总现行有效的法律法规与制度文件，包括政府集中采购目录、限额标准、采购规则等，通过互联网、办事窗口等渠道将文件内容向社会发布，供各政府采购参加方免费下载或取用，大大

降低了企业获取采购文件成本。[①]

（二）加快资金流转，降低企业交易成本

在政府采购三级指标中，涉及企业交易成本的内容主要为是否缴纳履约保证金与采购资金支付期限。对于这两项内容，深圳市政府采购中心明确市内各采购人应当及时支付采购资金。对于满足合同约定支付条件的，应当自收到发票后15日内将资金支付到合同约定的供应商账户。并且，针对长期服务类项目，深圳市创新性地提出采购人应当提高合同款项的支付频次，原则上按月据实支付。与此同时，深圳市全面停止收取投标保证金，原则上不收取履约保证金，以及不得收取没有法律法规依据的保证金，已收取的限时清退，可为企业减少资金占用约2.35亿元。而对于确需收取履约保证金的，采购人、采购代理机构应当允许供应商自主选择以非现金形式缴纳或提交，有利于企业流动资金的正常周转，极大程度地降低了企业资金链断裂的风险。另外，深圳市正逐步推进预付款制度改革，鼓励采购人在签订合同后，即预付30%左右的合同款项给中标供应商，对于信誉特别好的供应商预付款比例最高达到80%。同时，推进付款提速改革，实行全流程电子支付，提高政府采购支付效率。推行公务采购卡结算制度，各采购人在电商采购、政府会议、公务住宿等采购领域实现即采即付。[②]

二、以广州市政府采购中心促进降低交易成本为例

广州市作为广东省省会城市，积极规范采购文件编制活动，本着公开、公平和公正的理念，提高采购文件编制质量和专家评审质量，着力提升政府采购业务工作的规范化水平。为优化政府采购营商环境，缓解供应商资金难题，广州市出台22项措施，进一步用好政府采购资金支持企业发展。

[①] 深圳政采：《深圳市关于优化政府采购营商环境的重要措施》，载腾讯新闻网，https://view.inews.qq.com/k/20200629A0A9BV00?web_channel=wap&openApp=false，2020年6月29日。

[②]《深圳推行"1234"工程促政采营商环境更优》，载北京市建筑工程招标投标和造价管理协会网站，http://www.bcebca.org.cn/ShowPolicy.aspx?id=6880，访问时间：2022年12月30日。

（一）提高管理水平，切实细化政府采购交易执行要求

广州市内全面推广应用广东政府采购智慧云平台，集中统一公开政府采购信息，提高企业参加政府采购便利度。该平台实现了公开招标、竞争性谈判等采购活动全流程电子化运行，并具备采购文件在线编制、采购公告在线发布、供应商网上报名和采购文件获取等功能。而且明确只要可以通过系统提取信息的，不再需要供应商提供财务、缴税和社保等证明材料，避免了企业重复提交资料，在减轻了企业负担的同时也有效提高了政府服务水平。

为切实促进中小微企业发展和支持脱贫攻坚，广州市印发《关于进一步促进政府采购公平竞争优化营商环境的通知》，明确了采购执行过程切实惠及小微企业的做法和措施，明确了使用财政性资金采购食堂食材的，在国家扶贫832平台采购的比例不低于15%，充分体现了政府采购本身具有的公共性。此外，严格落实采购意向公开，并保障供应商对采购结果知情权。该做法满足了中国政府采购三级指标中公开采购限额标准以及采购信息的要求，充分保障了市场主体自由参与政府采购活动。①

（二）缩短采购周期，进一步加快政府采购交易速度

广州市财政局六项政府采购措施战疫情稳经济，明确采购单位应当积极配合供应商履行合同、组织验收，进度款原则上应当自收到发票后5个工作日内办理支付手续，确保资金及时支付。新型冠状病毒肺炎疫情期间，采购单位应按照急事急办、特事特办的原则，全力支持供应商盘活政府采购项目存量资金，不得将采购文件和合同中未规定的义务作为向供应商付款的条件。本评价指标体系三级指标中采购资金支付期限的标准为交付后30日内，广州市在此基础上进一步优化，压实支付期限，切实提高了交易效率。②

---

① 参见《广州市财政局关于进一步促进政府采购公平竞争优化营商环境的通知》，载广州市政府采购平台网站，https://gzg2b.gzfinance.gov.cn/gzgpimp/portalsys/portal.do?method=pubinfoView&infoid=-45f1d32f177623d194d-7451，2021年2月10日。

② 参见《广州市财政局六项政府采购措施战疫情稳经济》，载广州市人民政府网站，https://www.gz.gov.cn/xw/zwlb/bmdt/sczj/content/mpost_5734025.html，2020年3月16日。

（三）促进资金流动，大幅度降低供应商交易成本

一方面，建立政府采购资金预付制度，提升了供应商的实际履约能力，有效降低了现金流风险，同时明确各采购单位应当在政府采购合同中约定比例原则上不低于合同金额 30% 的预付款，与疫情防控有关的采购合同最高预付比例可达 100%。另一方面，鼓励采购单位原则上免收中标（成交）供应商的预付款保函。新型冠状病毒肺炎疫情期间，对受疫情影响严重的供应商（特别是中小微企业）应当取消或减少预付款担保。鼓励采购单位、采购代理机构对信用记录良好的供应商（特别是中小微企业）给予免收履约保证金等支持措施。

第二章 招标投标

第一节 三级指标的设计与筛选

一、三级指标的设计

招标投标，是指由招标人向数人或公众发出项目招标通知或公告，在诸多参与项目竞争的投标人中选择自己认为最优的投标人，并与之订立合同的方式。其主要内容是合理分配招标、投标双方的权利、义务和责任，并建立相关的管理制度。中国特色社会主义市场经济的基本要求是要充分发挥竞争机制作用，使市场主体在平等的条件下公平竞争，从而实现优化配置资源。而招标投标作为基本建设领域中促进竞争的一种重要方式，其最大的优点就是能够充分体现"公平、公正、公开"的市场竞争原则，在提高经济效益和社会效益的同时，还能提高国有资金使用效率。与此同时，充分的竞争促使企业转变经营机制，积极创新，提高企业生产和服务效率，从而提升企业竞争力。加强招投标制度建设是市场经济的要求之一。通过招标投标，可以有效规制和维护市场竞争秩序，有力保障当事人的合法权益，不断提高市场交易的公平度、满意度和可信度，促进市场经济健康有序发展。

2021 年，国家发展和改革委员会发布《关于建立健全招标投标领域优化营商环境长效机制的通知》。该通知指出，为深入贯彻党的十九届五中全会关于坚持平等准入、公正监管、开放有序、诚信守法，形成高效规范、公平竞争的国内统一市场的决策部署，落实《优化营商环境条例》精神，进一步深化招标投标领域营商环境专项整治，切实维护公平竞争秩序，就建立健全招标投标领域优化营商环境长效机制提出要求。充分认识建立健全招标投标领域优化营商环境长效机制的重要性，严格规范地方招标投标制度规则制定活动，加大地方招标投标制度规则清理整合力度，全面推行"双随机一公开"监管模式，畅通招标投标异议、投诉渠道，建立营商环境问题线索和意见建议常态化征集机制，以及落实地方主体责任。

招标投标三级指标可以按照是否落实公开竞争原则来设计其具体内容。政府采购往往涉及较大的资金流动。而招标投标作为政府采购的重要方式，是否公开透明成了衡量该活动的重要标准。公开招标投标有利于保障国有资金的合理使用，实现市场公平竞争，促进政府转变职能，提高行政效率，构建预防腐败交易的社会监督制约体系。而"公平、公正、公开"原则可具体体现在三个方面：一是招投标过程的公开程度。招标投标涉及多个流程，每个流程是否公开进行关系着企业能否平等参与招投标活动。流程公开程度越高，企业参与公平性越强，避免暗箱操作，提高交易可信度。二是招投标信息的公开程度。信息公开是推行阳光政务的主要要求。对招标单位来说，信息公开是其实施市场交易行为的必然要求。一方面，有利于社会监督，提高政府可信度；另一方面，有利于防止腐败，推动机关廉政建设。对投标企业来说，信息公开有利于降低企业参与竞争的时间成本，提高企业自身的运营效率，推动公平交易，维护市场秩序。三是招投标活动的监管程度。政府采购是一种长期性活动，且采购内容较为复杂。而投标方数量众多且良莠不齐，一次招标投标的结果无法为下一次活动提供主要参考。另外，招投标活动往往涉及利益较大，容易出现不公平现象。因此，需建立健全监管机制，从而有效解决以上问题。

二、三级指标的筛选

招标投标作为一种成熟的交易方式，其影响力不断扩大。并且，各国和各种国际经济组织广泛认可招标投标在经济活动中的重要性和优越性。进而，招标投标在相当多的国家和国际经济组织中得以立法推行。并且，招标投标与政府采购关系密切。正因为招标投标的方式有利于规范政府采购行为，所以招标投标成了政府采购的重要方式。世界银行营商环境评价指标体系中未能考虑到政府采购因素的影响，同时也忽略了招标投标在市场交易活动中的重要性。

相较于世界银行营商环境评价指标体系中的遗漏，中国从法律法规到政务开展都对招标投标活动予以了一定的重视。随着社会主义市场经济体制和财政体制改革的不断深入，以及经过几十年招标投标的实践，中国在招标投标制度方面积累了丰富的经验。并且，针对发展过程中出现的一系列问题，中国出台了《中华人民共和国招标投标法》，扩大了招投标领域，创造公平竞争的市场环境，对招标投标制度进行了规范和完善。参考法律法规的规定以及实践中经验的总结，中国对招标投标活动的评估可根据 3 个具体指标来进行。一是招投标过程的电子化程度。我国的招标投标法第 5 条确立招标投标活动应当遵循公开、公平、公正和诚实信用的原则。随着科技的进步与发展，电子化是人类前进过程中的重要成果。电子化的好处在于所有的操作都会留下痕迹，并以数据形式被记录保存。而且，还降低了人们获取信息的难度。在促进交易公平的同时，提升政企交易效率。二是招投标全过程的信息是否公示公开。如上述所言，对于政府行为来说，信息公开具有极强的重要性。信息是否公示公开，不仅是检验政务水平的标准，而且也是衡量交易公平的标准。三是是否有配套的建设信用信息管理平台，建立起以企业信用体系为核心的监管机制。企业信用代表了企业的履约水平，是影响企业生存发展的重要因素之一。政府招标投标的目的是为了更好地服务公众，该行为一方面关系着政府的执政能力，另一方面还关系着人民的生活水平。面对众多投标企业，政府不仅要考虑到经济效益，更要考虑到企业的履约能力，以及时完善公共服务。因此，对企业信用的信息监管必不可少。是否建立管理平台、构建监管机制是评估招投标活动的标准之一。

第二节　三级指标的确定与权重赋予

一、三级指标的确定

　　中国形成了覆盖广、全领域、多层级的招标采购制度体系。随着招标投标法律体系和行政监督、社会监督体制的建立以及市场主体诚信自律机制的逐步完善，招标投标活动必将更加持续、健康地发展。目前，对于实践情况的检验，中国认为将由上述三项内容构成本活动的评估标准。招标投标属于诚信合规活动的一部分。因此，在评估诚信合规时，本指标占一级指标比例为 33.3%。以下将阐述招标投标活动的三级指标的内涵及其在政府采购指标中所占的权重。

二级指标	三级指标	权　重
招标投标（33.3%）	招投标过程的电子化程度	投标开标评标全流程电子化，得 1 分；部分流程电子化，得 0.5 分；不支持电子化，不得分
	招投标全过程的信息（招标公告、招标文件、资格审查信息、资审报告、中标候选人名单）是否公示公开	是与否，0—1 得分
	是否有配套的建设信用信息管理平台，建立起以企业信用体系为核心的监管机制	是与否，0—1 得分

二、三级指标的权重赋予

（一）招投标过程的电子化程度

招投标过程一般包括三个阶段：第一，招标阶段。招标人向数人或公众发出的投标邀请。第二，投标阶段。投标人按照招标文件的要求向招标人提出报价。第三，开标、评标、定标阶段。招标人在其召开的投标人会议上当众公开标书内容，对有效标书进行评审，并确定中标人。电子化的手段使得招投标全过程能直接展现在公众面前。为保障程序公正，招标人应将招投标全流程以电子化的形式进行公开。因此，该指标评估的是招标投标程序的公开程度。若投标开标评标全流程均以电子化的方式呈现，该地区在本指标上的评估分为 1 分；部分流程电子化，得 0.5 分；所有流程完全不以电子化的形式进行，则不得分。

（二）招投标全过程的信息是否公示公开

上述已提及招投标全过程的范围。而在此过程中需要进行公示的信息主要为招标公告、招标文件、资格审查信息、资审报告以及中标候选人名单。该部分信息因不涉及商业秘密，且关系到招投标活动是否顺利进行，因此，需将此信息向公众予以公示，以促进交易公平。该指标评估的是招标投标信息的公开程度。招标投标信息的公示有利于降低交易成本，提高政府可信度，使得交易顺利进行。若招投标全流程的信息在官方网站上进行了公示公开，则打 1 分；若在官方网站上未能查询到招投标过程中的全部或部分信息，则不得分。

（三）是否有配套的建设信用信息管理平台，建立起以企业信用体系为核心的监管机制

《关于建立健全招标投标领域优化营商环境长效机制的通知》提出，通过专项整治后，与广大市场主体的期盼相比，招标投标领域营商环境仍存在薄弱环节。招标投标行政管理轻事中事后监管，监管主动性、全面性不足。因此，将全面推行"双随机一公开"监管模式，充分发挥公共资源交易平台作用，完成相关制度建设，实现交易服务与行政监督的有效衔接。监管机制主要由投诉处理机制、企业信用管理机制等多种机制构成。通过完善监管措施，切实为不同所有制企业营造公平竞争的市场环境。该指标评估的是招标投标活动的公正程度。为了有效评估相关部门落实完善监管措施的情况，本指标明确考量是否建立了企业信用信息管理平台，以及是否构建起以企业信用体系为核心的监管机制。若政府有与招标投标活动配套的建设信用信息管理平台，且已建立起以企业信用体系为核心的监管机制，则得 1 分；若没有信用信息管理平台，或是未构建起整个监管机制，或是已建立的监管机制未能以企业信用体系为核心进而发挥作用，则不得分。

第三节　样本实践

一、以深圳市政府采购中心促进采购公开为例

深圳市是国务院批复确定的中国经济特区、全国性经济中心城市，商事主体总量稳居全国大中城市首位。高度自由竞争的环境是深圳的城市特点，也是使得深圳成为考验市场公平程度的首选。

（一）科技创新，技术促进活动公开

公开透明是招标投标活动的基本原则之一，中国招标投标三级指标中有两项内容与公示公开相关联，分别是招投标过程电子化程度以及全过程信息公开程度。深圳市政府采购中心为贯彻落实国家发展改革委、工业和信息化部、住房城乡建设部、交通运输部、水利部、商务部等六部委《"互联网＋"招标采购行动方案（2017—2019年）》、国家发展改革委《关于深化公共资源交易平台整合共享的指导意见》等文件精神，进一步优化政府采购营商环境，采取了有效措施，已逐步达成上述两项指标的要求。

2020年5月31日，深圳市区智慧采购平台（一阶段）正式上线运行，推动投标电子化进一步发展。秉承着"WeCity"建设理念，平台利用人工智能技术配合模块化工具，实现采购人、供应商、评审专家、监管方等多种角色的无缝对接，以技术助力政府采购交易、服务和监管的一体化全面升级。"智慧采购平台"一阶段试运行主要包括业务管理子系统、开评标管理子系统、智慧文件管理子系统等7个子系统。系统全流程自动引导，方便用户根据步骤提示进行操作。企业可以通过系统设置关键词订阅感兴趣的项目类别，第一时间获取政府采购公告信息，实现招标信息一网打尽、项目进展一目了然。[①]

为进一步规范政府采购公告和公示信息发布行为，提升政府采购活动透明度，优化政府采购营商环境，深圳市财政局发布《关于进一步规范政府采购中标（成交）结果公示（公开）信息的通知》，该通知明确指出，市区统一公开供应商投标文件中的《投标函》、《承诺函》、资格证明文件等相关证明材料。在招标文件中明示拟公示的内容，并要求供应商在投标承诺函中承诺所投标（响应）的货物、工程或服务，不存在侵犯知识产权的情况，以及已知悉并同意中标（成交）结果信息公示（公开）的内容，切实保障投标方掌握招投标过程信息。

---

① 许帼欣：《深圳市区智慧采购平台正式上线运行》，载政府采购信息网，https://www.caigou2003.com/shouye/shouyeyaowen/4733480.html，2020年6月8日。

（二）内外监管，机制提升交易诚信度

在中国招标投标三级指标中，涉及交易诚信的部分主要为是否构建相应的监管机制。深圳市对于监管招投标活动采取了以下措施：首先，创新监管方式，建立异常低价识别和处理制度。投标人的报价明显低于其他通过符合性审查投标人的报价时，采购代理机构应当主动告知评标委员会，并提醒评标委员会行使法定职权。综合运用大数据预警等技术手段，加强对采购价格、产品质量、供应商行为的管控，进一步提高监管效能。其次，建立内部制衡机制，进一步强化事中事后监管。开展对采购人的监督检查，督促采购人依法履职、规范采购。明确采购单位应当建立轮岗交流制度以制衡各岗位之间的权力。同时，应当建立健全本单位工作人员利益冲突防范机制。对可能存在利益冲突的关键环节和关键岗位，制定出台相应的行为规范。研究建立利益申报、利益回避、从业限制、道德规范、监督与惩戒等方面的规定，以及定期开展防范利益冲突有关的教育和培训。重点加大对提供虚假材料、串通投标等违法行为的查处力度，维护政府采购公平竞争良好秩序。再次，推进信用体系建设，进一步完善供应商权益救济机制。采用招标投标方式的项目，在公告中标结果的同时，对未通过资格性审查的供应商，采购人或采购代理机构应当书面告知其未通过的原因或评审得分与排序，从而有效保障供应商的知情权。明确招标投标信用评价指标和相关评价方法及标准，加强信用信息的共享和运用。按照规定做好对采购代理机构、评审专家和供应商的信用评价及不良行为记录工作，强化与相关领域的失信联合惩戒，让失信者"一处失信，处处受限"。最后，允许观摩开标和试点远程评审。在保证正常开标秩序的前提下，允许除投标人及其代表之外的其他人员观摩开标活动，并探索开展评审专家跨区远程评审，以更好地实现社会监督。[①]

二、以广州市政府采购中心强化活动监督为例

广州市是国务院批复确定的国际商贸中心。2017 年，福布斯发布中国大陆

---

① 参见《深圳市财政局关于进一步优化政府采购营商环境的通知》，载深圳市财政局网站，http://szfb.sz.gov.cn/gkmlpt/content/9/9031/post_9031922.html#4457，2021 年 7 月 30 日。

最佳商业城市排行榜，广州市居第二位。广州是中国通往世界的南大门，粤港澳大湾区、泛珠江三角洲经济区的中心城市，以及"一带一路"的枢纽城市。拥有众多头衔的广州在优化招标投标方面也取得了突出的成绩。

（一）优化服务，保障市场主体自由参与招投标活动

首先，优化采购交易方式。通过广东政府采购智慧云平台实施招投标活动，逐步推进实现包括"项目采购"在内的政府采购全流程电子化，实现在线发布采购意向、采购公告、提供采购文件、提交投标（响应）文件，电子开标、电子评审，在线办理招标答疑、资格预审、缴纳服务费、修改招标文件、书面通知中标结果等活动。其次，严格落实采购项目的意向公开。通过公开招标、邀请招标、竞争性谈判、竞争性磋商、询价、单一来源采购方式，按项目实施采购的集中采购目录以内或者采购限额标准以上的货物、工程、服务采购（不含涉密项目）均应当在广东政府采购智慧云平台公开采购意向。最后，保障供应商对采购结果的知情权。若供应商因不符合资格性审查或符合性审查而被排除在外时，采购代理机构应通过书面形式在评标报告中对其被排除的具体原因进行阐释。投标供应商未能中标，应以书面形式告知其原因。

对于招标投标三级指标中前两项内容的要求，深圳与广州都交出了示范性的答卷，致力于提高招标投标交易效率。

（二）强化监督，切实以公正监管促进公平竞争

第一，强化政府采购信用记录及运用。各采购单位应积极履行采购人主体责任，加强对供应商、采购代理机构和评审专家的信用评价及不良行为记录，开展供应商履约评价记录，强化履约评价结果运用。同时，依法对供应商参与采购活动的资格进行审查，强化政府采购与相关领域的失信联合惩戒，形成"一处失信、处处受限"的信用机制，并制定出详细的惩罚细则，对企业失信行为进行严肃处理。第二，完善政府采购质疑机制。对供应商提出的质疑，采购单位及代理机构应在法定期限内尽快答复和处理，从各环节提高质量，精简办案时限。第三，加大政府采购监管力度。落实政府采购投诉处理高效原则，供应

商对采购文件提起的投诉，原则上应在 10 个工作日内办结；供应商对采购过程或采购结果提起的投诉，案情简单且不涉及调查取证、不需要组织专家评审的，原则上应在 20 个工作日内办结。政府采购监管部门要加大对政府采购违法行为的查处力度，有序推进政府采购监督检查工作，对各类投诉、举报和情况反映中的违法违规线索坚决予以查处。①

可见，广州与深圳都建立起了招标投标监管机制，二者也明确表示了对于企业信用信息管理的重视，均满足本指标下三级指标建立相关监管机制的要求。但相较于深圳，广州市在对于企业失信行为的惩戒方面走得更远，具体的惩罚措施以及标准均已制定出来，真正做到了有法可依。

① 参见《广州市财政局关于进一步促进政府采购公平竞争优化营商环境的通知》，载广州市财政局网站，https://czj.gz.gov.cn/zwgk/zfxxgkml/bmwj/qtwj/content/post_7079096.html，2021 年 2 月 8 日。

第三章　执行合同（守约）

第一节　三级指标的设计与筛选

一、三级指标的设计

本章所述的执行合同是指合同履行。其含义为合同双方在签订合约后，对所签合同规定义务的执行行为，即诚信履约。执行合同的内涵包括两点内容：第一，执行合同是债务人完成合同义务的行为。债务人在履行义务时，应当通过适当的行为，全面执行合同的约定。这种特定行为既可以表现为积极的作为，比如支付价款、交付标的物等，也可以表现为消极的不作为。第二，执行合同要达到实现债权的结果。从合同成立的目的来看，当事人订立合同是为了能够实现合同的内容，而合同内容的实现依赖于合同义务的执行。当合同规定的义务被执行时，那么说明合同当事人正在履行合同。而当合同规定的全部义务被履行完毕时，当事人订立合同的目的也就得以实现，同时合同关系也就因目的实现而消灭。因此，合同的执行是合同制度的中心内容，是合同目的实现的根本条件，也是合同关系消灭的最正常的原因。商事行为是以商品或劳务交换为主要内容，以营利为目的的经营性行为。在市场经济活动中，市场主体通过互相之间的经济交流而得以发展。这种经济交流以契约行为为核心。因此，合同的履行对于推动经济发展、促进市场繁荣具有重要的意义。

2020 年中共中央、国务院发布《关于新时代加快完善社会主义市场经济体制的意见》，该意见指出要构建适应高质量发展要求的社会信用体系和新型监管机制。完善诚信建设长效机制，推进信用信息共享，建立政府部门信用信息向市场主体有序开放机制。健全覆盖全社会的征信体系，培育具有全球话语权的征信机构和信用评级机构。实施"信易＋"工程。完善失信主体信用修复机制。建立政务诚信监测治理体系，建立健全政府失信责任追究制度。严格市场监管、质量监管、安全监管，加强违法惩戒。

执行合同（守约）三级指标可以根据执行主体信用情况来决定其内容。不同于司法对执行合同情况的评价，本章三级指标考量范围仅为影响合同履行的因素。影响合同执行的因素可分为客观与主观两个方面。客观因素为非合同当事人主观意志所致，但确实影响了合同履行的事实，如不可抗力。由于客观因素并非当事人意志所产生，那么合同当事人无法控制影响执行合同的客观因素的出现。因而，在确定执行合同（守约）三级指标内容时，不需要考虑无法避免的因素。相对而言，主观因素是指合同当事人的主观意志因素，即当事人主观上不想履行或不想完全履行合同。主观因素因具有可控性，在不同主体上表现不同。当合同当事人不想履行合同时，其直接表现就是违约。违约会导致合同目的无法实现，之前的投入无法产生收益，不仅严重影响合同主体的信用，而且扰乱市场秩序。再者，我国的民法典第 509 条对履行合同的要求作出了规定，其中第 2 款明确规定当事人应当遵循诚信原则，根据合同的性质、目的和交易习惯履行通知、协助、保密等义务。合同当事人对诚信原则的践行情况，即主体的信用情况，成了检验合同执行效果的判断标准。无论是从逻辑分析角度还是法律规定角度出发，执行主体的信用情况成为评估执行合同效果的依据都是必要且合理的。市场经济活动的主体主要由企业和个人构成。考虑到评估标准是主体的信用情况，所以三级指标的设计可以从个人信用情况与企业信用情况两个方面入手。

二、三级指标的筛选

正因为执行合同是实现合同目的的唯一途径，合同当事人是否全面履行合同，直接影响到市场交易与经济运行。世界银行也充分认识到了执行合同对于营商环境建设的重要性，并将其纳入营商环境评价指标体系中。但是，在该评价指标体系中，执行合同是作为司法保障指标下的二级指标而存在。该指标主要评估的是在司法过程中对合同的执行情况，侧重于事后救济。而本章所指执行合同是指合同履行过程中、进入司法程序前，合同当事人对合同的执行情况，是对合同当事人诚信度的考察。司法救济的进步对于优化营商环境固然重要，但对交易对象的信用状况进行评估，也可以反映是否有利于营商环境的建设。

市场主体的信用越好，宜商氛围就越融洽，越能促进市场交易的发生。于此，世界银行并未认识到市场主体的信用对营商环境的影响，从而未设置该指标。

诚实守信是中华民族的传统美德，中国自古以来就非常重视诚信。交易本身就带有信赖的意味。因为对交易对象的信任，而选择与对方签订合同，并由对方来执行合同内容。因此，中国在对营商环境评估的指标中也加入了评估合同主体诚信度的指标。在执行合同过程中，执行主体的不诚信直接表现为违约。信贷违约率是指某市场主体以自己的信誉向金融机构申请贷款后，对于履行还款义务的违约比例。其直观反映了该市场主体的诚信程度，且该数据易于获得，便于评估。将合同主体的信贷违约率作为评估执行合同的核心内容，具有一定的合理性和可操作性。根据上述三级指标的设计可从主体类别入手，执行合同（守约）三级指标可由个人信贷违约率与企业信贷违约率构成。

第二节 三级指标的确定与权重赋予

一、三级指标的确定

全面、适当地执行合同是市场经济活动的必然要求。随着中国市场主体诚信自律机制的逐步完善，对于市场主体来说，守信成了越来越重要的品质。通过科学分析与经验总结，中国将上述两项标准确定为执行合同（守约）的评估指标。执行合同（守约）是诚信合规的最后一部分内容，占一级指标比例为33.3%。以下将阐述执行合同（守约）三级指标的内涵及其在政府采购指标中所占的权重。

二级指标	三级指标	权重
执行合同（守约）（33.3%）	个人信贷违约率	基于数值降序排列转化为0—1得分
	企业信贷违约率	基于数值降序排列转化为0—1得分

二、三级指标的权重赋予

（一）个人信贷违约率

信贷违约是指借款人以自己的信用向金融机构借款，并且不还或不完全还款，违反双方约定的借款合同的行为。个人信贷违约率是指个人的信贷违约次数占总信用贷款次数的比例。该指标评估的是个人在执行合同的信用情况。个人信贷违约率越高，则说明其信用情况越差。按照个人信贷违约率的大小从高到低进行排序，个人信贷违约率最高的地区，不得分；个人违约率最低的地区，得 1 分。

（二）企业信贷违约率

在市场经济活动中，进行交易活动的主体基本上以个人和企业为主。企业信贷违约率是指企业的信贷违约次数占总信用贷款次数的比例。该指标评估的是企业在执行合同的信用情况。企业信贷违约率与企业执行合同的效果呈反比，企业信贷违约率越高，则企业合同的执行效果越差。按照企业信贷违约率的大小从高到低进行排序，企业信贷违约率最高的地区，不得分；企业信贷违约率最低的地区，得 1 分。

第三节　样本实践

一、以中国人民银行深圳市中心支行推进社会信用体系建设为例

中国人民银行等四部门联合发布《关于金融支持粤港澳大湾区建设的意见》，进一步推进金融开放创新试点。深圳经济特区已建立 40 多年，作为粤港澳大湾区的核心城市之一，该意见的出台为深圳更好地抓住粤港澳大湾区建设契机，推进金融支持粤港澳大湾区建设指明了方向，开拓了空间。

（一）创新征信服务，推进社会信用体系建设

新型冠状病毒肺炎疫情暴发以来，中国人民银行深圳市中心支行坚决贯彻落实党中央、国务院及人民银行总行工作要求，秉承"以人民为中心"理念，坚持疫情防控和征信服务并重，指导制定《疫情防控期间做好征信服务工作方案》，形成覆盖个人、企业、金融机构多对象，线上、线下多方式，疫情防控企业优先、复工企业保障的征信服务工作机制，确保疫情期间征信服务不打折扣。为最大程度减少人员聚集，降低疫情传播风险，中国人民银行深圳市中心支行积极宣

传，引导公众通过线上渠道办理查询业务。在"金融鹏程"微信公众号推出《面对疫情，这样查征信更安全》等网上查询操作指南7篇，通过张贴告示、开设热线电话、利用商业银行新媒体渠道等多种方式，全方位引导公众使用互联网、银行网银方式查询个人和企业信用报告，有效缓解线下查询压力。①

以提升征信查询便利度和安全性为切入点，以人行柜台为核心，以代理查询点为延伸，多点联动，"三优化，三提升"，打造征信优质服务窗口，提升精神文明创建工作实效。②

（二）助力扶贫企业，打赢脱贫攻坚战

为深入贯彻党中央、国务院关于扎实做好"六稳六保"和"打赢扶贫攻坚战"的工作部署，支持受疫情影响的扶贫企业渡过难关，防止扶贫企业因资金断裂而倒闭和裁员，巩固扶贫产业带动脱贫致富的基础，中国人民银行深圳市中心支行组织辖内金融机构与多家扶贫企业召开专场银企对接会，了解企业经营情况和融资需求，着力解决扶贫企业"首贷"难题。通过发挥金融支持稳企业保就业的重要作用，让致力于扶贫的企业活下来，坚决打赢脱贫攻坚战。中国人民银行深圳市中心支行鼓励金融机构继续优先配置精准扶贫金融资源，不断探索金融扶贫新思路。③

针对扶贫企业经营规模小、短期资金回收慢、缺乏足额抵押物等经营特征，创新信贷产品。积极探索、稳步推进扶贫小额信贷发放和管理工作，在帮助贫困户发展生产、增收脱贫等方面取得了明显成效。扶贫小额信贷已成为精准扶贫、精准脱贫的金融服务品牌。

---

① 《抗击疫情不停歇　征信服务不打折》，载同花顺财经百家号官方账号，https://baijiahao.baidu.com/s?id=1661311665303168258&wfr=spider&for=pc，2020年3月16日。

② 《人民银行深圳市中心支行"三优化，三提升"打造优质征信服务窗口》，载凤凰网，https://i.ifeng.com/c/87S369SP4fq，2021年6月29日。

③ 朱立轩、王智勇、钟俊芳：《人行深圳市中支助力扶贫企业成功获得"首贷"融资支持》，载中国金融新闻网，https://www.financialnews.com.cn/qy/dfjr/202009/t20200911_200736.html，2020年9月11日。

（三）夯实金融支持，促进中小微企业可持续发展

中小企业是保就业、促创新、稳增长的重要主体。2021 年以来，国内疫情虽已得到有效控制，但深圳金融业对中小微企业的服务和支持并未中断。中国人民银行深圳市中心支行按照 2021 年两会《政府工作报告》明确提出，引导银行业金融机构扩大信用贷款、持续增加首贷户，推广随借随还业务模式。按照报告提出的"进一步解决中小微企业融资难题"和"做到小微企业融资更便利"的总体要求，保持金融支持政策的连续性、稳定性、可持续性。积极指导辖内银行继续夯实金融支持保市场主体的工作力度，推动深入社区稳企业保就业政银企对接常态化开展，继续联合深圳市各区政府，指导银行"进街道、进社区、进园区"，"送政策上门、送产品上门、送服务上门"，"几家抬"为小微企业实现高质量发展"再扶一把、再送一程"。数据显示，截至 2021 年 3 月末，29 家商业银行累计对接企业 55675 家。已有 10569 家企业获得贷款，金额共 285.33 亿元，其中 3337 家为首贷户，首贷率 31.57%，4891 家获得信用贷款，信用贷款占比 46.28%。[①]

二、以中国人民银行广州分行改善征信服务为例

2020 年，中国人民银行广州分行牵头开发的广东省中小微企业信用信息和融资对接平台（"粤信融"）入选国务院服务贸易发展部际联席会议办公室服务贸易创新发展试点首批"最佳实践案例"，位列前四，标志着"粤信融"征信服务取得积极成果。[②]

（一）创造性地改善征信服务，提高数据服务水平

截至 2020 年 7 月，"粤信融"累计采集省有关部门、21 个地级以上市的1300 多万市场主体约 6 亿条数据信息；注册企业 22.89 万家，接入金融机构网

---

① 《深圳持续夯实金融支持稳企业保就业工作力度　促进中小微企业金融服务稳定可持续》，载深圳新闻网，http://www.sznews.com/banking/content/mb/2021-04-09/content_24118296.htm，2021年 4 月 9 日。

② 参见《深化服务贸易创新发展试点最佳实践案例》，载中华人民共和国商务部网站，http://fms.mofcom.gov.cn/article/jingjidongtai/202004/20200402954907.shtml，2020 年 4 月 14 日。

点 1.38 万个，其中广州市 2921 个，占比超过 1/5；累计撮合银企融资对接 7.36 万笔、金额 1.18 万亿元，分别较年初增长 22.4%、9.6%；累计向商业银行精准推送重点企业 1.03 万家，帮助商业银行为 2428 家企业授信 2065 亿元。[1]

中国人民银行组织银行机构建成覆盖全国的、集中统一的金融信用信息基础数据库，在全国范围内为每一个与金融机构有业务联系的企业和个人建立起统一的信用档案，提高企业和个人征信服务水平。截至 2018 年 5 月末，该数据库个人征信系统和企业征信系统法人接入机构分别为 3347 家和 3283 家，累计收录 9.62 亿自然人和 2530 万户企业以及其他组织的信用信息；1 月至 5 月累计查询 6.90 亿次和 4062 万次，个人日均查询量达到 460 多万次，企业日均查询量达到 27 多万次，为减少信息不对称、防范金融风险、促进社会诚信发挥了重要作用。[2]

规范企业征信市场发展，推动企业征信机构备案。采集地方政府、行业协会、公用事业单位、上下游交易主体等掌握的各类企业信用信息，提供多元化的征信产品和服务。解决金融机构与中小企业信息不对称的问题，缓解中小企业融资难、融资贵，助力中小企业发展。[3]

（二）强化中小微企业金融服务

面对新冠肺炎疫情对中小微企业造成的重大影响，金融及相关部门坚决贯彻落实党中央、国务院的决策部署，迅速行动，主动作为，出台了一系列措施。首先，落实中小微企业复工复产信贷支持政策。安排好中小微企业贷款延期还本付息。完善延期还本付息政策，加大对普惠小微企业延期还本付息的支持力度。银行业金融机构要加大政策落实力度，提高受惠企业占比，对于疫情前经

① 辛继召：《"非信贷替代数据"如何用于放贷？广东"粤信融"征信平台接入6亿条数据》，载和讯网，http://bank.hexun.com/2020-08-14/201875628.html，2020 年 8 月 14 日。

② 参见《征信市场"政府＋市场"双轮驱动的发展模式初步形成》，载中国人民银行网站，http://www.pbc.gov.cn/zhengxinguanliju/128332/128352/3570533/index.html，2018 年 7 月 3 日。

③ 参见《征信市场"政府＋市场"双轮驱动的发展模式初步形成》，载信用中国（河北涞水县）网站，http://xy.baoding.gov.cn/laishuixian/creditschool/detail/1542676909908/132，2018年11月14日。

营正常、受疫情冲击经营困难的企业，贷款期限要能延尽延。要结合企业实际，提供分期还本、利息平摊至后续还款日等差异化支持。提高响应效率、简化办理手续，鼓励通过线上办理。其次，发挥好全国性银行带头作用。全国性银行要用好全面降准和定向降准政策，实现中小微企业贷款"量增价降"，出台细化方案，按月跟进落实。再次，用好再贷款再贴现政策。人民银行分支机构要用好再贷款再贴现政策，引导金融机构重点支持中小微企业，以及支持脱贫攻坚、春耕备耕、禽畜养殖、外贸、旅游娱乐、住宿餐饮、交通运输等行业领域。加强监督管理，确保资金发放依法合规，防止"跑冒滴漏"。最后，落实好开发性、政策性银行专项信贷额度。开发性、政策性银行要在 2020 年 6 月底前将 3500 亿元专项信贷额度落实到位，以优惠利率支持中小微企业复工复产，制定本银行专项信贷额度实施方案，按月报送落实情况。[①]

（三）加强中小微企业信用体系建设

一方面，加大对地方征信平台和中小企业融资综合信用服务平台建设指导力度。研究制定相关数据目录、运行管理等标准，推动地方政府充分利用现有的信用信息平台，建立地方征信平台和中小企业融资综合信用服务平台，支持有条件的地区设立市场化征信机构运维地方平台。以地方服务平台为基础，加快落实互联互通，服务区域经济一体化发展。另一方面，建立动产和权利担保统一登记公示系统。推动动产和权利担保登记改革，建立统一的动产和权利担保登记公示系统，逐步实现市场主体在一个平台上同时办理动产和权利担保登记。[②]

---

① 参见《关于进一步强化中小微企业金融服务的指导意见》，载中华人民共和国国务院新闻办公室网站，http://www.scio.gov.cn/32344/32345/42294/44149/xgzc44155/Document/1691399/1691399.htm，2020 年 6 月 2 日。

② 参见《关于进一步强化中小微企业金融服务的指导意见》，载中华人民共和国国务院新闻办公室网站，http://www.scio.gov.cn/32344/32345/42294/44149/xgzc44155/Document/1691399/1691399.htm，2020 年 6 月 2 日。

第四分编　行政监管

行政监管指标由6个二级指标构成，即劳动力市场监管，保护中小投资者（行政），知识产权监管（行政），市场监管，包容普惠创新，严格执法（行政）。

第一章　劳动力市场监管

第一节　三级指标的设计与筛选

一、三级指标的设计

劳动力市场监管，是指国家依据劳动法律法规和政策，通过各项举措，对劳动力市场的各个方面进行监督和管理，以调节劳动力市场中各方面的关系，维护劳动力市场各方主体的合法权益，保障劳动力市场的正常秩序和健康运行。具体包括监管劳动力市场各方行使权利和履行义务，管理劳动者就业、劳动合同、劳动安全卫生、社会保险、劳动报酬和福利待遇，处理劳资纠纷等内容。

劳动力市场监管指标衡量的是劳动力市场中该地区执行劳动相关法律法规的合法合规度，目的是通过考察合法合规度提升劳动力市场的就业监管及就业服务质量。劳动力市场监管指标的设计有其必要性。"劳动力市场监管"是世界银行营商环境评价指标体系的重要内容，同时也是贯彻落实《中共中央　国务院关于构建更加完善的要素市场化配置体制机制的意见》的关键环节。后新冠疫情时期完善市场化、法治化区域劳动力市场监管体制，落实好"六稳""六保"工作，释放监管效能，优化劳动力结构，为营商环境建设提供有力的劳动力要素支撑。新时代以来，我国劳动关系不断发展，出现许多新的劳动关系模式，劳动关系更加复杂，更容易积聚并触发劳资矛盾，缓解和减少矛盾是现下劳动力市场最主要的任务之一，这不仅关系着企业的经济效益和劳动者的切身利益，还与国民经济的稳健发展及社会稳定密切相关。本评价指标体系中劳动力市场监管中 6 个三级指标按评估侧重点不同可分为缓和劳资关系和支持灵活就业两个层面。其中，缓和劳资关系层面有：是否建立劳资纠纷三方协商机制；三方协商机制中各方地位是否平等；发生工伤事故后，企业是否可以及时补缴工伤保险；对企业稳定员工关系是否有奖励政策（比如稳岗补贴）。支持灵活就业层面有：是否有支持灵活用工的相关政策；对于灵活用工是否必须缴纳社保。

二、三级指标的筛选

与世界银行营商环境评价指标体系相比，本评价指标体系增加了"劳动力市场监管"这一二级指标。世界银行营商环境评价指标体系共 11 项一级指标、43 项二级指标。其中，实际应用 10 项一级指标、41 项二级指标，劳动力市场监管指标未引入评价指标体系。"劳动力市场监管"在世界银行营商环境评价指标体系中属于"观测指标"。"劳动力市场监管"下 6 项三级指标，相较于世界银行营商环境评价指标体系均为新增。

（一）是否建立劳资纠纷三方协商机制

劳资纠纷也称劳动争议，是指个体劳动者或劳动者群体与其雇用方因劳动待遇、劳动条件、解除劳动关系等事项产生的利益冲突而引发的一系列纠纷。在基层协调劳动关系的三方机制并没有完全建立起来，劳动者的权益难以得到有效保护，有必要进一步建立健全协调劳动关系的三方机制，以解决劳动关系中的突出矛盾，促进劳动关系和谐稳定。劳资纠纷三方协商机制是指县级以上政府劳动行政部门、工会和用人单位三方代表就制定劳动规范、调整劳动关系、处理劳动争议等问题，在平等的基础上进行研究沟通、协商应对，消除劳动关系双方的误解，解决或缓解劳动争议，减少矛盾产生，促进协议达成，共同协调劳动关系的机制。这一机制是目前我国社会主义市场经济条件下建立和谐劳动关系的有效途径，能够有效地维护劳动关系双方的权益，维护国民经济的持续发展和社会稳定。因此，是否建立劳资纠纷三方协商机制这一指标的设计是具备必要性的。

（二）三方协商机制中各方地位是否平等

三方协商机制中各方地位平等是保障协商机制的顺利运行和最终协商结果的可接受性的前提。由于当前我国劳动关系双方的地位存在较大差距，同时基层工会组织普遍缺乏独立性，工会职能不健全，企业工会人员素养和能力不足，要想发挥劳资纠纷三方协商机制的作用，维护劳动者的合法权益，必须确保各方地位的平等，这一指标的设计是上一指标切实发挥作用的必要条件。在劳资纠纷处理中各方地位平等，职能部门各司其职，才能形成新时代劳动关系治理的全社会合力。因此，三方协商机制中各方地位是否平等的指标设计是合理的。

（三）发生工伤事故后，企业是否可以及时补缴工伤保险

工伤保险是职工个人权益的重要保障，同时也能有效分散用人单位的工伤风险。根据《工伤保险条例》第62条第3款规定，用人单位参加工伤保险并补缴应当缴纳的工伤保险费、滞纳金后，由工伤保险基金和用人单位依照本条例的规定支付新发生的费用。企业应当在发生工伤事故后，及时补缴工伤保险。该指标的设计一方面能够督促企业主动改善生产条件，避免发生工伤事故。将工伤保险与生产单位改善劳动条件、防病防伤、安全教育、医疗康复等工作相结合，能够提高职工的安全意识，减少安全事故的发生，保护职工的生命安全。另一方面，该指标的设计能够更好地保障工伤职工的合法权益，妥善处理安全事故，快速恢复生产，推动企业有序运行，维护社会安定。

（四）是否有支持灵活用工的相关政策

灵活用工区别于固定、全职用工，是企业基于用人需求的波峰波谷、灵活地按需雇佣人才，参工者也合理安排自己主业和副业，以此谋取额外的收入。这种模式下，企业与人才不建立正式的全职劳动关系，按照需求随时使用、随时停止，更为灵活，不需要付出额外费用，也不需要复杂的入离职流程，能够节省成本，充分发挥人才价值。该指标的设置发挥了灵活用工的优势。在中国当前的经济环境中，第三产业在总体经济中占比逐年升高。为应对第三产业对岗位灵活性的要求，以及用工成本的高涨、经济环境不确定性可能带来的冲击，

众多企业开始主动调整组织架构。在这样的背景下，传统用工服务已经无法满足市场和企业的需求，灵活用工这种能够与传统用工模式互补的模式被越来越多的企业考虑和采用。互联网平台经济持续升温，大批灵活就业者出现在专业技术、营销推广、知识付费等中高端行业，灵活用工模式也日益丰富起来。该指标的设计有利于促进行业健康发展，保障灵活就业者的相关权益，规范企业的用工管理。

（五）对于灵活用工是否必须缴纳社保

在灵活用工模式下，企业和雇佣者之间存在雇佣关系时，由企业代为缴纳社保。若不存在雇佣关系，国家没有强制企业缴纳社保的规定，所以灵活的雇佣者的社保不在企业的负担范围内，可以让企业代替支付或者第三方公司代理支付或者灵活用工者可以在自己户籍所在地的社会保障服务厅、工作城市的居委会、街道事务所处理个人保险。该指标的设置旨在规范灵活用工人员的社保缴纳情况。即使是采用灵活用工的方式就业，只有积极、按时缴纳社保，才更能保障老有所养、病有所医的生活，提高生活质量和健康水平。

（六）对企业稳定员工关系是否有奖励政策（比如稳岗补贴）

和谐稳定的劳动关系事关企业和员工的切身利益。巩固疫情防控成果，确保企业生产有序、就业形势总体稳定，才能更好促进经济社会持续稳定健康高质量发展。稳定员工关系奖励政策，如通过失业保险稳岗返还政策加大新冠肺炎疫情期间援岗稳岗力度，落实中央稳就业决策部署。及时落实各项稳就业保民生政策所需的资金，提高资金拨付的及时性、时效性，才能有效助力中小微企业发展。因此，对企业稳定员工关系是否有奖励政策（比如稳岗补贴）这一指标的设计是具备必要性的。

第二节　三级指标的确定与权重赋予

一、三级指标的确定

劳动力市场监管指标由 6 个三级指标构成，即：（1）是否建立劳资纠纷三方协商机制；（2）三方协商机制中各方地位是否平等；（3）发生工伤事故后，企业是否可以及时补缴工伤保险；（4）是否有支持灵活用工的相关政策；（5）对于灵活用工是否必须缴纳社保；（6）对企业稳定员工关系是否有奖励政策（比如稳岗补贴）。

二级指标	三级指标	权　重
劳动力市场监管（16.6%）	是否建立劳资纠纷三方协商机制	是与否，0—1得分
	三方协商机制中各方地位是否平等	是与否，0—1得分
	发生工伤事故后，企业是否可以及时补缴工伤保险	是与否，0—1得分
	是否有支持灵活用工的相关政策	是与否，0—1得分
	对于灵活用工是否必须缴纳社保	是与否，0—1得分
	对企业稳定员工关系是否有奖励政策（比如稳岗补贴）	是与否，0—1得分

二、三级指标的权重赋予

（一）是否建立劳资纠纷三方协商机制

劳资纠纷三方协商机制解决的是劳动关系方面的重大问题，如劳动就业、劳动报酬与福利待遇、社会保险、劳动安全卫生、职业培训、工作时间和休息休假、劳动合同、劳动争议等。该指标衡量的是被评估地区是否建立了劳资纠纷三方协商机制。若建立了劳资纠纷协商机制，且有明确的程序和劳资纠纷救济途径，以及顺畅的劳资双方信息沟通渠道，则打1分；若未建立劳资纠纷三方协商机制，或者三方协商机制完全不具备可行性，则打0分。

（二）三方协商机制中各方地位是否平等

该指标衡量的是三方是否在平等自愿、协商一致的原则上，进行协商。在遵守国家法律的前提下，代表被代表方利益，并兼顾其他两方的利益，才能促进劳动关系的和谐稳定。三方在协调劳动关系过程中，必须秉持公平理念，尊重各方意见，防止进一步激化矛盾，并努力化解矛盾。若三方协商机制中各方地位平等且能够达成各方认同的解决方案，则打1分；若存在三方关系完全不对等，一方主导协商过程，操纵结果的情况，则打 0 分。

（三）发生工伤事故后，企业是否可以及时补缴工伤保险

该指标评估的是工伤事故后工伤保险补缴的情况。根据《工伤保险条例》的规定，用人单位未按照条例规定为职工缴纳工伤保险的，应当补缴工伤保险费。发生工伤保险后，企业若可以及时补缴工伤保险的，打 1 分；若未及时补缴工伤保险的，打 0 分。

（四）是否有支持灵活用工的相关政策

例如，受疫情影响职工不能按期到岗的，在条件允许的情况下，职工可灵活远程办公。在疫情期间符合相关规定允许复工的企业，为保障企业效益和职工安全，可采用错时上下班、弹性上下班等工作时间安排。对承担疫情防控职能需要紧急加班的企业，在保障职工身体健康和安全的前提下，可适当延长工作时间。对不愿复工的职工，指导企业主动劝导返岗，对经劝导无效或以其他非正当理由拒绝返岗的，指导企业依法予以处理。若有支持灵活用工的相关政策，则打 1 分；若无支持灵活用工的配套政策，则打 0 分。

（五）对于灵活用工是否必须缴纳社保

灵活用工人员在平台企业取得的收入为经营所得还是劳务报酬的判定标准为：如果是经营所得，则纳税人提供的劳务或从事经营的经济实质必须为生产经营性质；而从事设计、咨询、讲学、录音、录像、演出、表演、广告等劳务取得的收入，则属于劳务报酬所得应税项目。对于灵活用工有缴纳社保的判定标准，缴纳社保方式简便且多种方式可供选择，则打 1 分；若限制灵活就业人员缴纳社保，享受社保待遇，则打 0 分。

（六）对企业稳定员工关系是否有奖励政策（比如稳岗补贴）

稳定员工关系奖励政策是指为保障社会大局面的稳定，保障广大企业职工的权益，国家政府鼓励受突发事件影响的困难企业尽量不裁员或少裁员，稳定企业用工岗位，对受影响的企业发放补贴（如稳岗补贴）的奖励政策。若企业稳定员工关系有奖励政策，申报流程简便，可以网上办理，则打 1 分；若限制奖励申报，奖励发放不及时、不到位，则打 0 分。

第三节　样本实践

劳动力市场监管是营商环境综合考量的一项重要指标，近年来，粤港澳大湾区9个市人社局认真履行劳动力市场监管指标牵头抓总责任，坚持目标导向和问题导向，对标先进水平、创新提升服务、强化协同联动、完善政策保障，为加快打造中部标杆、国内领先、国际一流营商环境积极贡献人社力量。

一、以广州市南沙区人力资源和社会保障局创新"劳动力市场监管"为例

广州南沙围绕粤港澳大湾区建设，学习海内外"劳动力市场监管"一流标准和最佳实践，借鉴港澳"劳动力市场监管"理念及规则，不断完善营商环境"劳动力市场监管"指标相关制度机制。南沙在2020年中国营商环境评价（国家级新区）上，11个指标位列前3，其中劳动力市场监管等7个指标排名第1。在创新劳动仲裁机制的探索之路上，南沙区一直着力对接港澳，打造规则衔接劳动仲裁机制。南沙区正与海南自由贸易港共同搭建劳动争议仲裁跨省区域合作平台，促进粤港澳大湾区与海南自由贸易港"港湾联动"发展，在港口、航运产业劳动争议预防化解等方面开展制度创新成果共享。

南沙区人力资源和社会保障局在全国率先试点聘任港澳籍人士担任劳动人事争议仲裁员，发挥依法及时有效化解涉港澳劳动争议作用。南沙区已出台聘任港澳籍仲裁员"1+5"系列配套政策文件，确立遴选候选人任职资格标准，打造开放式培训考核新模式，成功聘用全国首批7名港澳籍劳动人事争议仲裁员，其中，香港5名、澳门2名；并在新冠肺炎疫情期间在全国启动首个跨境互联网劳动仲裁庭审模式，为依法化解涉港澳劳动争议开辟了新路径。南沙区聘任港澳籍仲裁员到内地参与案件审理，既有利于港澳人士了解内地劳动争议处理程序，也借助港澳劳资纠纷处理方式为粤港澳大湾区多元化解纠纷提供探索思路。接下来，南沙区会继续深化港澳仲裁员与区域合作仲裁员在粤港澳大湾区涉港澳、跨区域劳动争议治理上的合作，推动构建粤港澳大湾区共商共

建共享社会治理格局，依托互联网仲裁共享平台，推出互联网跨境、跨区域庭审智慧仲裁服务，为涉港澳、跨区域劳动争议案件当事人提供互联网零跑动仲裁服务。

南沙区全国首建劳动争议替代性解决机制。南沙借鉴港澳"先行调解"做法及国际通行替代性争议解决机制，建立劳动争议替代性解决机制 ADR（Alternative Dispute Resolution），引导劳资双方自愿协商在规章制度、集体合同、劳动合同等文书中，约定发生争议先行调解，对调解不成的简化仲裁流程，达到快速化解劳动争议作用。2021 年，南沙劳动争议基层调解比例年均达 80%，仅 20% 进入仲裁、司法或行政程序。[①]

南沙区人力资源和社会保障局借鉴香港繁简分流仲裁服务做法，打造"快速、权威、便民"劳动仲裁南沙模式，对拖欠工资、工伤、集体争议案件开通"绿色通道"，推动"快立、快审、快结"。[②]

二、以深圳市人力资源和社会保障局劳动力市场监管为例

近年来，深圳市人力资源和社会保障局扎实推进社保降费减负，稳就业保就业，强化劳动力市场监管，深化"放管服"改革，助力深圳市打造市场化、法治化、国际化营商环境。2020 年以来，迅速落实社保费免减延缓政策。企业免填单、免申请自动享受减免优惠，2—9 月，实际减免企业社保费 352.25 亿元，为 35.41 万家单位办理延缴社保费，缓解企业现金流超 79.81 亿元。通过压缩办理时限、容缺受理、简化程序，1—9 月，向 53.16 万户次企业发放稳岗返还资金 58.19 亿元，惠及员工 1106 万人次，政策实施力度全省第一、全国领先。

（一）深圳市践行返岗稳岗就业的支持政策

深圳市做好务工人员返岗复工服务保障，主动对接核心产业链企业和重点

---

① 赵青：《南沙区围绕湾区改革创新"劳动力市场监管"机制 打造劳动仲裁法治化服务营商环境新区样本》，载中经联播网，http://cctv-cmpany.net/channel04/79806.html，2021 年 11 月 15 日。

② 王坚：《广州南沙创新"劳动力市场监管" 打造港澳人士发展"沃土"》，载中国新闻网，https://www.chinanews.com/cj/2021/11-14/9608822.shtml，2021 年 11 月 14 日。

项目，全力支持企业复工复产。出台《深圳市进一步稳定和促进就业若干政策措施》，升级援企稳岗政策，鼓励企业吸纳就业；加大创业担保贷款支持力度，扶持创业带动就业；进一步稳定高校毕业生等重点群体就业；扩大失业保险保障范围，切实兜牢民生底线；强化就业服务供给，做实就业创业服务。扩大职业技能培训规模，开创线上技能培训新模式，在全国率先建立第三方实时培训监管系统，将在深全体劳动者纳入补贴范围，补贴标准全省最高，鼓励劳动者提升终身职业技能。加强劳动力市场监管，深入推进劳动保障诚信体系建设，联合多部门对违法失信企业实行联合惩戒，探索形成构建和谐劳动关系的"深圳样本"。

（二）深圳市龙岗区构建了"企业—园区—社区"三级议事协商平台

龙岗区各级工会在 11 个街道的 144 家企业推行了企业工会与企业方联席会议制度，在企业建立"企业工会—工会小组—职工"沟通联系机制以及企业工会与企业方联席会议制度的基础上，还建立拓展了园区职工议事会、社区职工议事会，构建了"企业—园区—社区"三级议事协商平台。相比职工代表大会和集体协商会议只能解决企业内部的问题，这一制度解决了企业外部需要园区或社区协同才能解决、又切实影响职工利益的问题。从实施效果来看，龙岗区的做法使劳资沟通常态化、便利化、制度化，有利于劳资双方加强理解和信任，形成遇事有商有量、共担风雨、劳资和谐双赢的良好氛围。多形式多层级劳资沟通协商机制的推行，使协商的形式更加灵活、层级更加多元、模式更为柔性，可以更好地照顾到劳资双方的心理预期和接受程度，对预防和化解劳资纠纷、稳定劳动关系，从实践上来说是可行的、有效的。[①]

三、以惠州市劳动人事纠纷人民调解委员会调解劳资纠纷为例

惠州市人力资源和社会保障局统计数据显示，2019 年，全市仲裁机构立案受理劳动人事争议案件 4971 宗，较上年同期增长 21.81%；2020 年，全市仲裁

---

① 刘靓：《期待符合省情的劳资沟通协商机制 成为我省和谐劳动关系的重要基石》，载《南方工报》2021 年 5 月 28 日。

机构立案受理劳动人事争议案件 4984 宗，较上年同期增长 0.26%；2021 年，全市仲裁机构立案受理劳动人事争议案件 7184 宗，较上年同期增长 44.14%。与此同时，惠州市人社部门案外调解劳动争议量也在逐年上涨。2019 年—2021 年，全市案外调解劳动争议数量分别为 9381 宗、12322 宗、23411 宗。整体来看，近三年来，惠州市劳动纠纷呈明显上升态势，争议主要集中在劳动报酬和解除、终止劳动合同领域。[①]

（一）建立广东省首家调解劳资纠纷的公益性人民调解组织

协商、调解、仲裁、诉讼，这些都是劳动纠纷的主要解决途径。对于企业内部纠纷化解机制不够完备的劳资双方而言，调解往往处于预防化解矛盾的第一线，既能便捷高效地处理纠纷，也可以节约司法资源。惠州市劳动人事纠纷调解委员会是全省第一家针对劳动人事纠纷的，具有行业性和专业性的人民调解组织，是中立、独立、专业的第三方人民调解机构，以公平、公正、中立、及时、便民为原则，专职调解惠州市行政区域内劳动人事领域的民事纠纷。[②]

建立健全劳动人事争议多元处理机制，是解决劳动人事纠纷，满足相关诉求，化解劳动关系双方矛盾，促进劳动人事关系和谐稳定发展的重要保障。惠州市人社局重视加强劳动人事争议多元处理机制建设，不仅设立了惠州市劳动人事纠纷人民调解委员会，还实行了简易仲裁程序和集体劳动人事快速仲裁特别程序，并在劳动人事争议多发的乡镇（街道）或园区新设 11 个派出仲裁庭，实行即时调解、就地立案、就地审理、尽快结案。[③]

① 于蕾：《第三方力量前端化解劳资纠纷！惠州市劳调委揭牌成立》，载南方+，http://static.nfapp.southcn.com/content/202112/30/c6089731.html，2021 年 12 月 30 日。

② 《惠州市劳动人事纠纷人民调解委员会揭牌成立》，载惠州市人力资源和社会保障局网站，http://rsj.huizhou.gov.cn/gkmlpt/content/4/4513/mpost_4513050.html#572，2022 年 1 月 6 日。

③ 《惠州市人社局：社保服务"打包办"群众办事更省心》，载惠州市政府门户网站，http://hfrx.huizhou.gov.cn/xfdt/content/post_4529271.html，2022 年 1 月 20 日。

（二）新业态从业人员可买工伤和失业保险

2021 年 4 月 1 日起，惠州市正式执行《关于单位从业的超过法定退休年龄劳动者等特定人员参加工伤保险的办法（试行）》，8 类未建立劳动关系特定人员均纳入工伤保险参保范围，享受工伤保险待遇。网约车司机和外卖送餐员等新业态从业人员，不但可以单独购买工伤保险，法定劳动年龄内的还可以购买失业保险。根据《广东省灵活就业人员参加失业保险办法（试行）》，法定劳动年龄内在我省从业的依托电子商务、网络约车、网络送餐、快递物流等新业态平台实现就业、但未与平台或机构等相关企业建立劳动关系的人员，以及无雇工的个体工商户，2022 年 1 月 1 日起，都可以购买失业保险。申请参加失业保险的无雇工个体工商户，可在注册登记地参加失业保险；其他灵活就业人员，可在本人就业所在市参加失业保险。灵活就业人员凭有效身份证件及就业登记向参保地主管税务机关办理参保缴费手续。①

---

① 骆国红、叶曼茵：《惠州市人社局：社保服务"打包办"群众办事更省心》，载惠州机关党建网站，http://szgw.huizhou.gov.cn/pages/cms/hzjgdj/html/zfjs/3ea19c8d2edb48baaa3e8aaf6ae49056.html?cataId=89e1ba9d206a4011871a04a3abe10c13，2022 年 1 月 28 日。

第二章　保护中小投资者（行政）

第一节　三级指标的设计与筛选

一、三级指标的设计

保护中小投资者（行政）是营商环境评价指标体系的重要指标，包括给予中小投资者普法教育，政府设立专门的保护中小投资者工作协调机构，组建中小投资者协会等内容。《优化营商环境条例》规定，国家加大中小投资者权益保护力度，完善中小投资者权益保护机制，保障中小投资者的知情权、参与权，提升中小投资者维护合法权益的便利度。国家推动建立全国统一的市场主体维权服务平台，为市场主体提供高效、便捷的维权服务。中小投资者有着投入资金少、投资规模较小、投资策略简单、存在投资跟风行为、法律意识较差、风险防范能力较弱等特点。但是，中小投资者是我国资本市场的绝大多数主体，因此，保护中小投资者尤为重要，不仅有利于提振投资者的信心，从长远看，还有利于我国资本市场的健康发展。所以，设计保护中小投资者指标有其必要性。本评价指标体系将保护中小投资者这一二级指标分为行政与司法两个方面进行评价。通过行政与司法良性互动，形成保护中小投资者合法权益的多方合力。

二、三级指标的筛选

与世界银行营商环境评价指标体系相比，本评价指标体系的研究对象不是市场主体间的互动，而是政府与市场主体间的互动行为。近年来，随着涉企事务审批的法治化、一体化和数字化的实践深入推进，市场主体数量倍增。保护少数投资者是世界银行营商环境评价指标体系的一级指标之一。世界银行营商环境评价指标体系倾向于从企业经营的内部视角出发，划分出纠纷调解指数和股东治理指数两个二级指标来衡量是否有利于公司的经营发展。其中，纠纷调解指数衡量利益冲突的调控能力，使少数股东不受董事们滥用公司资产为自己牟利的损害而对他们进行保护的力度。股东治理指数衡量股东在公司治理中的权力大小，分为三个方面：制定公司重大决策时股东的权利，用于防止不适当的董事会结构和自我固化的保障措施和对公司所有权、薪酬、审计和财务的透明度。而本评价指标体系"保护中小投资者（行政）"下3项三级指标相较于世界银行营商环境评价指标体系均有其创新性，主要从行政监管方面来设定三级指标。

第一，是否结合职能，将中小投资者教育列入普法清单。该指标的设计旨在强化对投资者的法治宣传教育，帮助中小投资者明晰权利义务，增强中小投资者法治意识。《关于进一步加强资本市场中小投资者合法权益保护工作的意见》提出，要强化中小投资者教育，加大普及证券期货知识力度，将投资者教育逐步纳入国民教育体系。加强对中小投资者知情权、参与权、收益权、监督权等权益的保护，有利于提振投资者的信心，有利于市场的健康发展，也是优化营商环境的重要前提条件。给予其普法教育，使中小投资者提高风险防范能力，增强自我保护意识，理性投资，避免盲目跟风。

第二，政府是否设立了专门的保护中小投资者工作协调机构。中小投资者是我国现阶段投资市场的主要参与群体，但在信息获得、公司决策参与、公司监督和分红方面可能都处于弱势地位，抗风险能力较低，自我保护能力较弱，合法权益容易受到侵害。从中小投资者自身角度维护权益必不可少，而仅仅依靠自身保护显然不够，需要政府建立专门的保护中小投资者工作协调机构。该指标的设计从政府角度来保障中小投资者的权益。建立纠纷调解网络，促进纠纷多元化解机制建设，有效化解资本市场纠纷，能更好地维护投资者特别是中小投资者的合法权益。中小投资者工作协调机构与所在地行业自律组织、人民法院的联系较为方便，有利于其与相关机构形成合力，提高纠纷解决效率。

第三，当地是否组建了中小投资者协会等社会组织。设立专门的中小投资者权益保护机构，借此推动中小投资者权益保护的发展。中小投资者在资本市场处于弱势地位，其知情权、参与权、收益权、监督权等合法权益屡受损害，为此，可建立专门的中小投资者权益保护机构作为公益性维权组织，赋予其投资信息收集与整理权利，并引入调解、诉讼和赔偿等机制，在其内部构建一套行之有效的中小投资者权利救济制度，形成中小投资者"避风港"。协会可将分散的中小投资者联结起来，并选出代表，代表中小投资者参与股东大会，代行股东权利，加强小投资者权益保护力度。所以，将其纳入评估指标能有效反映被评估地区中小投资者保护力度的高低。

第二节　三级指标的确定与权重赋予

一、三级指标的确定

保护中小投资者（行政）指标由 3 项三级指标构成，即：（1）是否结合职能，将中小投资者教育列入普法清单；（2）政府是否设立了专门的保护中小投资者工作协调机构；（3）当地是否组建了中小投资者协会等社会组织。

二级指标	三级指标	权　　重
保护中小投资者（行政）（16.6%）	是否结合职能，将中小投资者教育列入普法清单	是与否，0—1 得分
	政府是否设立了专门的保护中小投资者工作协调机构	是与否，0—1 得分
	当地是否组建了中小投资者协会等社会组织	是与否，0—1 得分

二、三级指标的权重赋予

（一）是否结合职能，将中小投资者教育列入普法清单

该指标衡量的是是否对中小投资者进行普法教育。增强中小投资者法治意识有利于中小投资者熟悉自身合法权益，提高风险意识和自我保护能力。若结合职能，将中小投资者教育列入普法清单，则打 1 分；若未将中小投资者教育列入普法清单，则打 0 分。

（二）政府是否设立了专门的保护中小投资者工作协调机构

中小投资者依靠自身保护基础之上仍需要政府建立专门的保护中小投资者

工作协调机构。政府是否设立了专门的保护中小投资者工作协调机构是评价中小投资者保护力度的重要依据。政府设立了专门的保护中小投资者工作协调机构，则打 1 分；未设立，则打 0 分。

（三）当地是否组建了中小投资者协会等社会组织

建立中小投资者协会等社会组织，将诸多分散的中小投资者联结起来共同保护，向中小投资者提供维权援助，弥补中小投资者力量的不足，丰富维权的内容和方式。当地组建了中小投资者协会等社会组织，则打 1 分；未组建，则打 0 分。

第三节　样本实践

一、以广州市南沙区司法局创新保护中小投资者为例

2020 年，南沙区在"保护中小投资者"指标排名居全国第二，中山大学 2020—2021 年度"中国自贸试验区制度创新指数"显示，南沙区法治化环境指数居全国自贸区前三。广州市南沙区司法局率先出台《关于保护中小投资者合法权益优化营商环境若干措施》（以下简称《措施》）。该局统筹线上跨境公证服务、律师跨境服务、法律援助服务、普法服务、调解服务及行政执法监督等司法行政职能，制定 18 项服务措施，助力保护中小投资者合法权益。《措施》的出台，进一步健全了中小投资者合法权益综合保障机制，推动营商环境优化升级。

（一）建立中小投资者矛盾纠纷集中调解机制

对涉及中小投资者的案件建立"绿色通道"，做到立即办、就近办、精准办。建立健全非诉讼纠纷解决机制，深入实施"1＋1＋9＋N"行政复议与调解联动机制，整合人民调解、行政调解、律师调解、公证、行政裁决、行政复议等职能，完善中小投资者矛盾纠纷多元化解体系。

（二）强化宣传教育，营造保护中小投资者浓厚氛围

《措施》完善了中小投资者保护宣传工作机制。发挥法治文化示范引领作

用，支持上市公司加强企业法治文化建设，着力提升上市公司合规意识和履职能力。健全上市公司董监高常态化法治学习机制，着力提高上市公司依法治理能力。加强中小投资者风险教育，通过专题讲座、座谈会、宣传文章、典型案例等形式加深中小投资者对金融知识、法规政策的认知，提高风险防范意识。

（三）优化执法监督机制

加强涉营商环境行政规范性文件合法性审核和公平竞争审查工作，全面实施证明事项告知承诺制。开展柔性执法包容审慎监管，全面推行有温度的行政监管新模式。加强涉中小投资者行政执法监督，提高行政执法规范化水平。围绕保护中小投资者优化法治化营商环境，每年开展重点领域涉企执法事项的专项监督。

此外，南沙区司法局全面贯彻新发展理念，落地实施了一系列改革创新举措。在全省率先成立首个区级优化营商环境法治联合体，充分发挥专家学者、人大代表、政协委员、企业家的作用。在全省率先建立法治联合体企业家代表库，积极动员、引导辖内企业特别是上市公司创建省级法治文化示范企业，获评省级法治文化示范企业的上市公司占比高达40%。组织开展企业法治体检三年行动计划，构建四位一体保护中小投资者宣传格局。①

二、以佛山市司法局多措施保护中小投资者为例

2021年1月，"法治化营商环境——佛山模式"入编《法治影响中国典范案例汇编》，经验做法获中央、省有关部门认可。

佛山市司法局在官网开辟"全力打造一流营商"专栏，在"佛山司法"微信公众号发布保护中小投资者专题信息，拓宽精准推送途径，通过微信公众号、官方网站等全媒体形式，全方位宣传推送宣传材料。同时通过报纸、电视台等大众媒体全方位报道，进一步对有关"保护中小投资者"的有关措施进行广泛

---

① 《首创！南沙区司法局出台18项措施保护中小投资者合法权益优化营商环境》，载广州市人民政府网站，https://www.gz.gov.cn/xw/zwlb/bmdt/ssfj/content/mpost_7949108.html，2021年12月7日。

宣传，不断扩大市民群众的知晓率。①

　　制定《关于建立"百所联百会"机制的实施方案》，组织动员全市 100 家以上律师事务所与 100 家以上工商联所属商会、区工商联建立"百所联百会"机制。截至 2021 年 7 月中旬，全市已组织 170 家律师事务所与 258 家市、区工商联所属商会结对。开展律师服务民营企业专项活动，组织 40 家律师事务所为 200 家民营企业提供专项法律服务。此外，联合佛山市律协举办"保护中小投资者权益，营造一流营商环境"系列活动，举办讲座，为加强保护中小投资者合法权益提供了法律指引。②

　　创新化解矛盾纠纷，构建外联内合式"五调"对接机制。在保护中小投资者方面，佛山市司法局还联合其他政法部门，在全省率先出台关于加强调解与公证对接机制的工作意见，构建外联内合式"五调"对接机制。同时，在驻佛山市检察院人民调解工作室等组建一批特色品牌调解组织，分门别类，对某个领域的纠纷，采用特色调解服务。2021 年 1—6 月，全市在该领域共开展矛盾纠纷排查 17548 次，全市各类调解组织共调解案件 11025 宗。③

　　在仲裁领域，创新将调解对接仲裁。佛山仲裁办与市司法局促进法治科共同协商，制定了有关人民调解与仲裁对接的合作方案，进一步推进商事纠纷的有效化解。④

　　此外，佛山市司法局还发文要求各区司法局、各镇街司法所组织各调委会加强推广应用"广东慧调解"微信小程序，特别强调在调解人民群众和中小投资者及其他市场主体矛盾纠纷时加强推广应用。会同三水区司法局、佛山市企业征信

---

　　①《打造一流营商环境！佛山下足功夫保护中小投资者合法权益》，载"佛山司法"微信公众号，https://mp.weixin.qq.com/s/CJKkvvVrP4cuoGwKeNJzDA，2021 年 9 月 30 日。

　　②《佛山市建立"百所联百会"机制》，载《潇湘晨报》百家号官方账号，https://baijiahao.baidu.com/s?id=1706514161386823903&wfr=spider&for=pc，2021 年 7 月 28 日。

　　③《市、区、镇共推人民调解亲民活动 携手共建基层治理共同体》，载"佛山市调解协会"微信公众号，https://mp.weixin.qq.com/s/Qm1VEeRnbltuctYTDBfwMA，2021 年 7 月 29 日。

　　④《佛山市司法局：保护中小投资者合法权益，打造一流营商环境》，载澎湃新闻网，https://m.thepaper.cn/baijiahao_14721883，2021 年 9 月 29 日。

建设促进会等单位，设立三水区企业信用纠纷人民调解委员会，专注调解企业货款被恶意拖欠的难题，维护中小投资者权益，为市场主体公平竞争保驾护航。[①]

三、以广州市司法局改革中小投资者保护措施为例

广州市司法局牵头，联合广东证监局、市法院、市市场监管局、市地方金融局推出了一系列保护中小投资者权益的制度创新和改革举措。[②]

在制度建设方面，制定了《广州市优化营商环境条例》，并对全市现有的法规规章进行专项清理，保证法规规章有利于营商环境优化。以《广州市优化营商环境条例》为主，先后出台《关于复制推广"3＋X"矛盾纠纷多元化解机制的工作方案》《关于进一步加强人民调解与司法调解衔接工作的意见》《广州市中级人民法院关于涉保护中小投资者案件开通诉讼服务"绿色通道"的实施意见（试行）》等 15 项配套文件，建立健全保护中小投资者地方制度体系。

在提供法律服务方面，设立"保护中小投资者"专项法援基金，为中小投资者提供法律援助，使其获得专业的法律服务。其中，广州公证处推出了保护中小投资者合法权益 20 项新举措及应用场景，发挥公证制度优势，降低矛盾纠纷发生概率，助力化解纠纷，为资本市场的持续健康发展奠定坚实的基础。

在行业执法监管方面，公布行政执法典型案例，突出体现了证券监管部门的执法理念和"零容忍"态度，通过行刑协同高效执法，查处和严惩违法的企业及中介机构，追究其责任，坚决打击信息披露违法违规、财务造假、内幕交易、短线交易等典型的违法行为，促进资本市场健康发展，有效防范化解金融行业风险，充分保护中小投资者合法权益。

[①] 《佛山市司法局：保护中小投资者合法权益，打造一流营商环境》，载澎湃新闻网，https://m.thepaper.cn/baijiahao_14721883，2021 年 9 月 29 日。

[②] 李凤荷：《如何构建中小投资者保护体系？广州这样做》，载《广州日报》百家号官方账号，https://baijiahao.baidu.com/s?id=1713677544299889797&wfr=spider&for=pc，2021 年 10 月 15 日。

第三章 知识产权监管（行政）

第一节 三级指标的设计与筛选

一、三级指标的设计

知识产权监管（行政）主要考察知识产权创造品质、保护社会满意度、商标监管力度等相关情况，具体包括创新活跃度、注册商标规范使用检查、展会商标保护、知识产权中介机构、知识产权监管机构执法、年度内发明专利/专利总量、年度著作权（版权）登记量等内容。

为保证知识产权法律制度的贯彻实施，维护知识产权权利人的合法权益而进行的活动，2021年10月，国务院印发《"十四五"国家知识产权保护和运用规划》。该规划提出，加强知识产权领域诚信体系建设。以全面加强知识产权保护为主线，以建设知识产权强国为目标，以改革创新为根本动力，深化知识产权保护工作体制机制改革，全面提升知识产权创造、运用、保护、管理和服务水平，深入推进知识产权国际合作，促进建设现代化经济体系，激发全社会创新活力，有力支撑经济社会高质量发展。加强对知识产权领域的政策引导和监管，使知识产权在企业技术研发、生产经营、战略布局等方面发挥应有作用。

习近平总书记在中央财经领导小组第十六次会议上强调，产权保护特别是知识产权保护是塑造良好营商环境的重要方面。要完善知识产权保护相关法律法规，提高知识产权审查质量和审查效率。要加快新兴领域和业态知识产权保护制度建设。要加大知识产权侵权违法行为惩治力度，让侵权者付出沉重代价。要调动拥有知识产权的自然人和法人的积极性和主动性，提升产权意识，自觉运用法律武器依法维权。这为中国提升知识产权保护水平和借此进一步优化营商环境指明了方向和遵循，知识产权监管指标的设计具备必要性和合理性。

知识产权监管（行政）分为3个层面来设计。知识产权发展层面有创新活跃度、知识产权中介机构数量、年度内发明专利 / 专利总量、年度著作权（版权）登记量 4 个指标；展会知识产权监管层面有展会是否设立商标保护的知识产权投诉站、展会知识产权投诉处理量、展会知识产权侵权撤展率 3 个指标；知识产权执法层面有市场管理监督部门是否定期开展对本辖区注册商标规范使用的检查、知识产权监管机构执法案件数量 2 个指标。

二、三级指标的筛选

与世界银行营商环境评价指标体系相比，本评价指标体系增加了知识产权监管（行政）这一二级指标。目前，国内知识产权保护水平与国际先进水平存在较大差距，亟须制定或完善知识产权保护法律法规，提高知识产权执法的水平，加大对知识产权侵权行为的惩治力度，加强知识产权监管，在全社会形成尊重和保护知识产权的氛围，激发各类主体创新动力，构建知识产权领域社会共治新格局，不断提高知识产权保护水平，使其成为进一步营造良好营商环境的推动力量和加速经济高质量转型的有力抓手。知识产权的相关指标从行政和司法两个方面来设计，本节"知识产权监管（行政）"下 9 项三级指标相较于世界银行营商环境评价指标体系均为新增。

知识产权发展层面有创新活跃度、知识产权中介机构数量、年度内发明专利 / 专利总量、年度著作权（版权）登记量 4 个指标。创新活跃度指标涉及发明专利申请量、发明专利授权量、科技人员数量、高新技术企业数量、研发支出金额等。在鼓励申请专利、著作权登记的基础上，国家知识产权局也坚决打击商标恶意注册、非正常专利申请行为，维护良好市场秩序，打造良好的营商环境。知识产权服务业的健康快速发展，为提升知识产权创造、运用、保护和管理能力提供了服务保障，对助力创新创业、稳定和扩大高水平人才就业、促进实体经济高质量发展意义重大。知识产权服务机构服务创新主体、支撑创新，促进知识产权服务标准化、精准化、智能化，降低成本、提升效率。一个地区的知识产权发展如何，既可以从司法审判层面以及行政执法部门对知识产权违法行为的打击力度上得知，也与科创中心的软环境建设相关。这其中，包括发展出数量足够多、具有专业水平的中介服务机构，提升企业知识产权管理专员的专业素质，等等。故设计以上三级指标来衡量知识产权的发展层面。

展会知识产权监管层面有展会是否设立商标保护的知识产权投诉站、展会知识产权投诉处理量、展会知识产权侵权撤展率3个指标。首先，知识产权投诉站等机构可以采取展前排查、强化专业支撑、加强宣传教育等一系列有力举措，维护展会良好交易秩序，净化展会知识产权保护环境。展会是否设立商标保护的知识产权投诉站的设计将各类展会作为知识产权行政执法保护的重要阵地，严厉打击展会知识产权侵权违法行为，加大对违法行为的惩戒力度，有利于形成展会知识产权"严保护、大保护、快保护、同保护"格局，营造保护和激励创新的良好营商环境。其次，作为企业呈现创新成果的重要舞台，展会同时也是知识产权风险的集中爆发地。展会的知识产权保护本身具有开展时间短、取证复杂、保护方式复杂、保护手段技术性较强等特点。我国现行的《展会知识产权保护办法》没有明确展会主办方和组织者对展会期间参展商知识产权侵权行为是否需要承担连带责任。这导致一些展会忽视招展工作中对参展商的知识产权审核，也没有健全的会展知识产权监督和管理制度，造成了展会组织者对参展方的知识产权情况审查和监督缺位。明确管理专利工作的部门应当责令侵权的参展方采取从展会上撤出侵权展品、销毁或者封存相应的宣传材料、更换或者遮盖相应的展板等撤展措施。投诉处理量和撤展率的设计是有效衡量展会知识产权保护的指标。

知识产权执法层面有市场监督管理部门是否定期开展对本辖区注册商标规范使用的检查、知识产权监管机构执法案件数量2个指标。商标是用来区别一个经营者的品牌或服务和其他经营者的商品或服务的标记。我国商标法规定，经商标局核准注册的商标，包括商品商标、服务商标和集体商标、证明商标；商标注册人享有商标专用权，受法律保护。如果是驰名商标，将会获得跨类别的商标专用权法律保护。商标的使用可以区别不同商品或服务最重要、最本质的功能和来源，引导消费者认牌购物或消费。商品或服务的质量是商标信誉的基础。所以，全面提高商标审查质量是贯彻落实党中央、国务院决策部署，持续推动商标改革提质增效，服务经济高质量发展的必然要求。商标局开展的

"商标审查质量提升年"行动，通过完善审查质量管理体系，加大审查质量管理力度，促进审查管理工作进一步规范化、制度化、标准化。为了完善审查质量管理体系，商标局建立了专项抽检、交叉抽检、记错申诉、投诉信访办理等质量管理制度，以及审查工作任务分配机制和审查权限管理机制，推进审查分文、审限管理的规范化常态化。对注册商标的定期核查有其必要性和和合理性。

其次，知识产权监管机构执法案件数量指标需要纳入知识产权监管（行政）中。整理执法案件数量可及时对知识产权执法情况进行监督，根据统计数据及时调整相关法律法规及政策的制定与施行，严格打击侵权违法行为，有力保障知识产权权利人的合法权益，为进一步营造良好的营商环境保驾护航。

第二节　三级指标的确定与权重赋予

一、三级指标的确定

知识产权监管（行政）指标由 9 项三级指标构成，即创新活跃度，市场监督管理部门是否定期开展对本辖区注册商标规范使用的检查，展会是否设立商标保护的知识产权投诉站，展会知识产权投诉处理量，展会知识产权侵权撤展率，知识产权中介机构数量，知识产权监管机构执法案件数量，年度内发明专利／专利总量，年度著作权（版权）登记量。

二级指标	三级指标	权　　重
知识产权监管（行政）（16.6%）	创新活跃度	发明专利申请量、发明专利授权量、科技人员数量、高新技术企业数量、研发支出金额，主成分分析合成指标进行排序，0—1 得分
	市场监督管理部门是否定期开展对本辖区注册商标规范使用的检查	是与否，0—1 得分
	展会是否设立商标保护的知识产权投诉站	是与否，0—1 得分
	展会知识产权投诉处理量	是与否，0—1 得分
	展会知识产权侵权撤展率	是与否，0—1 得分

（续表）

二级指标	三级指标	权　　重
知识产权监管（行政）（16.6%）	知识产权中介机构数量	基于数值排序转化为 0—1 得分
	知识产权监管机构执法案件数量	基于数值排序转化为 0—1 得分
	年度内发明专利 / 专利总量	基于数值排序转化为 0—1 得分
	年度著作权（版权）登记量	基于数值排序转化为 0—1 得分

二、三级指标的权重赋予

（一）创新活跃度

发明专利申请量、发明专利授权量、科技人员数量、高新技术企业数量、研发支出金额作为创新能力的重要指标，这类数据与被评估地区的创新活跃度存在显著正相关关系。按照主成分分析合成指标进行排序，打 0—1 分。

（二）市场监督管理部门是否定期开展对本辖区注册商标规范使用的检查

该指标评估的是市场监督管理局等相关部门开展对本辖区注册商标规范使用的检查的频次。此类知识产权监管措施能够有效减少辖区内不当使用注册商标的情况。市场监督管理局等相关部门开展对本辖区注册商标规范使用的检查的频次与被评估地区知识产权监管的力度成正比。若市场监督管理部门定期开展对本辖区注册商标规范使用的检查（频次大于或等于每季度一次，并持续一年以上），则打 1 分；若市场监督管理部门开展过对本辖区注册商标规范使用的检查，但次数较少或未常态化（频次低于每季度一次或并未持续一年以上），则打 0.5 分；若市场监督管理部门从未开展过对本辖区注册商标规范使用的检查，则打 0 分。

（三）展会是否设立商标保护的知识产权投诉站

展会知识产权投诉机构应由展会主办方、展会管理部门、专利、商标、版权等知识产权行政管理部门的人员组成。展会时间在 3 天以上（含 3 天），展会管理部门认为有必要的，展会主办方应在展会期间设立知识产权投诉机构。若设立投诉机构，展会举办地知识产权行政管理部门应当派员进驻，并依法对侵权案件进行处理的，打 1 分；若未设立投诉机构，展会举办地知识产权行政管理部门对展会知识产权保护有指导、监督和有关案件的处理，且展会主办方将展会举办地的相关知识产权行政管理部门的联系人、联系方式等在展会场馆的显著位置予以公示的，打 0.5 分；若完全无保护商标的相应救济投诉渠道的，则打 0 分。

（四）展会知识产权投诉处理量

参展方不得侵犯他人的知识产权。展会知识产权投诉机构接受知识产权权利人投诉，负责对投诉进行调查，参展方需服从展会知识产权投诉机构对侵权问题的管理，并积极配合专利、商标、版权等知识产权行政管理部门或司法部门的调查。展会知识产权投诉机构需根据调查结果将涉嫌侵权的展品撤展，或对涉嫌侵权的广告内容进行处理，展会知识产权投诉处理量反映了对展会知识产权的保护力度，基于数值排序转化为 0—1 得分。

（五）展会知识产权侵权撤展率

因为展会有时效性，相比诉讼而言撤展是最快的救济手段。被投诉方未作出或不能作出不侵权有效举证的，被投诉方应将涉嫌侵权的物品撤展；拒不撤展的，展会知识产权投诉机构予以撤展或提请执法部门依法处理。展会知识产权投诉机构作出撤展决定后，被投诉人补充相关材料证明自己不涉嫌侵权的，由被投诉人向展会知识产权投诉机构提交重新确认不涉嫌侵权的申请，由展会知识产权投诉机构重新调查认定。展会知识产权投诉机构作出新的认定意见前，原撤展决定继续生效。展会知识产权侵权撤展率体现了对展会知识产权侵权的处理有效性和及时性，基于数值排序转化为 0—1 得分。

（六）知识产权中介机构数量

该指标评估的是地区知识产权中介机构的规模，并基于数量排序转化为 0—1 得分。知识产权中介机构的数量越多，说明该被评估地区能提供的知识产权服务水平越高。2020 年，全国共有 7.3 万家知识产权服务机构。其中，专利代理机构有 3253 家，商标代理机构有 55572 万家，代理地理标志商标注册申请的服务机构有 255 家，代理集成电路布图设计申请的服务机构有 452 家，从事知识产权法律服务的机构超过 1 万家，从事知识产权信息服务的机构超过 6200 家，从事知识产权运营服务的机构超过3200家。若知识产权中介机构数量远超省内地级市平均水平，则打1分；若知识产权中介机构数量与省内地级市平均数量基本持平，则打0.5分；若知识产权中介机构数量远低于省内地级市平均水平，则打0分。

（七）知识产权监管机构执法案件数量

知识产权诉讼案件都比较特殊和复杂，而且取证困难，有时会导致审判周期过长。所以，权利人一般更愿意选择更为快捷的行政执法来打击侵权者。而且，知识产权的权利登记和注册也由不同的国家行政机关管理，因此，知识产权监管机构执法案件数量能够体现知识产权监管的质量。本指标基于数量排序转化为0—1得分。

（八）年度内发明专利/专利总量

专利/发明申请量是指专利机构受理技术发明申请专利的数量，是发明专利申请量、实用新型专利申请量和外观设计专利申请量之和，可以反映技术发展活动是否活跃，以及发明人是否有谋求专利保护的积极性。专利申请数量越多，表示一个社会的创新能力越高，社会就越有活力。本指标基于数量排序转化为0–1得分。

（九）年度著作权（版权）登记量

著作权登记，是指著作权有关当事人依照法律的规定，向登记机关申请，将作品及其权刊登载于登记簿的行为。年度著作权（版权）登记量体现了版权成果转化的成效，各类作品和软件的创造、创新能力的提升。本指标基于数量排序转化为0—1得分。

第三节　样本实践

一、以广州市市场监督管理局（知识产权局）创新知识产权保护为例

一是进一步强化展会知识产权保护，推动成立广州琶洲展会与数字经济知

识产权保护中心，进驻广交会开展知识产权维权执法。

二是规范专业市场知识产权保护。在全市大型专业市场开展知识产权保护规范化建设，从流通领域源头上有效遏制商标专利侵权假冒行为。

三是深化粤港澳大湾区知识产权保护合作。落实广州深圳关于全面加强知识产权战略合作协议，加强广深两市知识产权保护合作，推动建立粤港澳大湾区知识产权保护协作机制和信息共享机制，深化穗港澳知识产权保护领域合作与交流；加强大湾区城际知识产权保护执法协作，推进案件线索、检验鉴定等知识产权执法资源共享、执法证据互认；加强广深科技创新走廊知识产权保护，开展穗莞深三市知识产权行政执法合作。

四是加强企业知识产权海外维权服务。依托中国国际贸易促进委员会知识产权服务中心资源，建设企业海外维权援助服务平台，组建"企业海外知识产权维权联盟"，建设企业海外维权援助专家库，帮助外向型企业开展海外知识产权布局，加强海外知识产权保护与海外知识产权摩擦应对，为广州市企业提供高效优质的海外知识产权保护服务。

广州市市场监督管理局联合广东省海外知识产权保护促进会编制《广州市知识产权海外维权援助与保护》指引手册，帮助广州企业提升海外知识产权保护与纠纷应对能力，护航企业顺利"出海"。该指引采用图表化及流程化的形式，对企业海外知识产权布局策略、企业海外知识产权纠纷应对策略进行了重点介绍。企业可根据简明的指引，迅速对海外知识产权保护的全链条保护工作进行整体把握。[①]

五是统筹推进知识产权运营服务体系建设。推动全市实施严格知识产权保护、提升知识产权创造质量、优化知识产权运营服务生态三大工程。具体如下：

（1）全力推进知识产权强市建设，按照建立市场监管大格局对知识产权工作的要求，进一步提升知识产权管理效能。加强强市建设顶层设计。落实《广州市创建国家知识产权强市行动计划（2017—2020年）》，积极创建国内领先、

---

① 江南水乡栖身之所：《海外知识产权纠纷如何应对？"宝典"在手维权不愁》，载搜狐网，https://www.sohu.com/a/521879095_121123752，2022年2月10日。

国际有影响力的知识产权强市和具有集聚、引领和辐射作用的知识产权枢纽城市，提升知识产权综合服务能力。

（2）着力强化知识产权保护，建强知识产权保护根基，省、市、区共建的中国（广东）知识产权保护中心正式投入运行，提供专利快速确权、快速维权、协同保护的全链条服务。

（3）大力促进知识产权创造，实施专利创造提质增量和灭零倍增工程，想方设法鼓励各类创新主体积极申请专利。出台《广州市专利工作专项资金管理办法》、印发了《关于推动我市 PCT 专利申请高质量发展的意见》，重点培育发明专利、国外专利等高价值专利，促进知识产权高质量发展。积极推进知识产权贯标，开展市属国企专利工作统计评价工作，支持战略性新兴产业集群专利导航，鼓励企业与高等院校、科研机构、知识产权服务机构推进高价值专利培育工作。

（4）努力促进知识产权创造转化运用，加强知识产权运营服务，打造集知识产权创造、保护、运用全链条服务的知识产权运营平台。积极开展知识产权投融资，激发知识产权基金效能，鼓励开展质押融资工作，持续推进知识产权交易。[①]

二、以广州市天河区知识产权强区战略为例

自 2019 年 7 月获批设立国家知识产权强县工程试点县以来，天河区全面实施知识产权强区战略，将知识产权工作融入经济社会发展全局中，依托雄厚的产业基础，持续加大知识产权投入力度，知识产权创造、保护和运用同步发力，稳步推进区域知识产权提质增效。

2020 年，天河区专利代理机构及分支机构达 61 家，比 2019 年初 38 家增长 60.5%，其中 4 家服务机构获评全国知识产权服务品牌机构，2 家服务机构获评国家知识产权分析评议服务示范机构，6 家服务机构认定为 2019 年度广州

[①]《全力打造知识产权强市　建设中国知识产权保护高地》，载广州市市场监督管理局网站，http://scjgj.gz.gov.cn/zmhd/zxft/content/post_5847912.html，2020 年 5 月 22 日。

市高端专业服务业重点企业，优质知识产权服务机构数量位于广州市前列。优质服务机构集聚助推了天河区知识产权创造提质增效。截至 2020 年 11 月，全区专利申请量 45036 件，同比增长 53.6%，其中发明专利申请量 13263 件，同比增长 26.1%；专利授权量 24030 件，同比增长 54.1%，其中发明专利授权量 4104 件，同比增长 20.4%。商标申请量 110378 件，同比增长 21.1%，商标有效注册量 378266 件，同比增长 14.5%。有效发明专利总量、有效商标注册量稳居全市之首。[1]

　　深化高校知识产权交易转化示范、研究基地建设。天河区充分运用辖区内高校科研院所的科技资源，探索高校—服务机构知识产权联合运营商业化模型，加速推进知识产权成果从"实验室"走向"生产车间"。截至 2022 年初，已成功在重点领域培育高新技术企业 7 家，完成技术合同登记 1721 项，交易金额达 10.87 亿元；以转让、许可、作价入股等形式转化专利 43 件，累计转化金额达 3356 万元。[2]

　　大力整治重点领域知识产权违法行为，着力构建知识产权保护体系。针对版权市场秩序，天河区开展打击网络侵权盗版"剑网 2021""秋风"专项行动，复制印刷发行、内部资料性行出版物专项督查等各项版权保护清查整治行动，切实打击盗版侵权等违法行为，维护版权市场秩序。此外，开展全区各单位软件正版化工作培训，督促各单位落实工作责任制，组织完成正版 WPS 办公软件的安装、调试，聘请第三方技术服务单位开展全区机关事业单位软件正版化检查督导工作，从源头上防止盗版软件流入政府机关。[3]

---

[1] 夏嘉雯、李焱彤：《广州天河：有效发明专利总量、有效商标注册量稳居全市之首》，载腾讯网，https://new.qq.com/rain/a/20210426A0F3U600，2021 年 4 月 26 日。

[2] 参见《广州天河 2 项专利获中国专利金奖》，载人民资讯，https://baijiahao.baidu.com/s?id=1709068041694028268&wfr=spider&for=pc，2021 年 8 月 25 日。

[3]《全方位加强知识产权创造、运用、保护和服务　2021 天河区知识产权发展迈向新高度》，载澎湃新闻网，https://m.thepaper.cn/baijiahao_16460865，2022 年 1 月 26 日。

三、以深圳市市场监督管理局（知识产权局）知识产权监管为例

国家知识产权局公布第二十二届中国专利奖获奖名单，深圳市获奖 101 项，获奖数量居全国第二，同比去年增长 44%。其中包括中国专利金奖 4 项，中国外观设计金奖 1 项。深圳市知识产权局还是唯一荣获中国专利奖最佳组织奖的城市知识产权主管部门。[①] 从专利法诞生的 1985 年到 2020 年，深圳国内专利申请量增长了 1.94 万倍，平均每天提交 716 件专利申请，而同期全国增长 464 倍，全球增长 3.3 倍。[②]

深圳市知识产权局高度重视企业贯标宣传。通过企业贯标工作会议全面部署贯标工作，同时对深圳市企业进行贯标宣讲。深圳市知识产权局注重贯标辅导机构的能力培养。深圳市标准技术研究院为深圳市知识产权局直属事业单位，是一个专业从事标准化研究、应用与服务的技术机构，积累了丰富的标准实施的辅导和认证工作经验，从事过深圳市市长质量奖、深圳市"标准化良好行为企业"等评价标准的制定和认证工作。在知识产权方面，深圳市标准技术研究院承担了多家企业的贯标辅导工作，在知识产权分析预警、知识产权标准研制、知识产权公共信息平台建设方面都具备一定的工作基础。深圳市标准技术研究院具备认证机构所需的基本条件及开展知识产权管理体系认证的能力，依托该院作为第三方技术机构开展认证工作，能够公正、独立、专业和客观地开展认证活动。依托该院，深圳市在全国率先启动了贯标认证机构的创建工作。[③]

2020 年深圳专利授权量、商标注册量等多项关键指标均居全国首位，PCT 国际专利申请量更是连续 17 年领跑全国。2021 年 1 至 8 月，深圳专利授权量 175857 件，稳居全省第一，截至 2021 年 8 月底，每万人口发明专利拥有量达

[①] 魏格格：《中国专利奖深圳再摘101项！记者实地探访解码深企知识产权源动力》，载《深圳特区报》百家号官方账号，https://baijiahao.baidu.com/s?id=1705270318819442898&wfr=spider&for=pc，2021 年 7 月 14 日。

[②] 赵青等：《宋洋：亲历深圳知识产权从跟跑、并跑到领跑的跨越式发展》，载人民资讯网，https://baijiahao.baidu.com/s?id=1709648110365770412&wfr=spider&for=pc，2021 年 9 月 1 日。

[③] 《深圳市知识产权局推动成立企业知识产权管理体系认证分支机构》，载深圳市市场监督管理局网站，http://amr.sz.gov.cn/zscq/cqcj/cqgl/content/post_1924755.html，2016 年 6 月 12 日。

105.8 件，约为全国平均水平 6 倍，有效发明专利十年以上维持率达 28.84%，均居全国前列。

深圳高新投发起的"南山区—高新投知识产权 4 号资产支持专项计划（节能环保）"成功发行。本期项目发行金额 2.93 亿元，质押知识产权数量 34 项。入池的 11 家企业均为注册在南山区的节能环保产业相关企业。继南山区—高新投第 3 期数字经济专题知识产权证券化项目顺利落地后，第 4 期节能环保专题项目也于本周完成发行。一周内发行两期金额共计 7.91 亿元的证券化项目，南山区知识产权证券化再次创下效率之最。南山区是深圳知识产权证券化项目推广的发源地，自深圳高新投于 2020 年 3 月推出南山区首单知识产权证券化项目之后，深圳各区知识产权 ABS 产品如雨后春笋相继落地，共同将深圳的知识产权证券化业务推居全国领先地位。2021 年，南山区高新投知识产权证券化项目已获批 20 亿元储架，将在支持节能环保等方向持续探索，力争惠及更多南山区科技型企业。[①]

深圳市积极推进综合改革试点首批授权清单任务落实，率先形成知识产权惩罚性赔偿制度的司法适用操作规则和实践样本，大力推动深圳经济特区构建最严格的知识产权保护体系，打造国际一流的知识产权保护高地。深圳综合改革试点首批授权事项清单中提出，要开展新型知识产权法律保护试点，建立惩罚性赔偿制度，使赔偿数额充分反映知识产权市场价值。对此，2020 年，《深圳经济特区知识产权保护条例》修正案新增了惩罚性赔偿相关内容。同时，深圳中院出台《关于知识产权民事侵权纠纷适用惩罚性赔偿的指导意见》，为司法实践适用惩罚性赔偿提供具有可操作性的指引。截至 2021 年 10 月，深圳法院已在十多宗案件的判决中适用惩罚性赔偿，判赔金额近亿元。[②]

---

① 达人学 REITs：《深圳南山两单知识产权 ABS 成功发行》，载腾讯新闻网，https://view.inews.qq.com/k/20211028A0DGSJ00?web_channel=wap&openApp=false，2021 年 10 月 28 日。

②《率先建立惩罚性赔偿制度，深圳如何构建最严知识产权保护体系？》，载腾讯网，https://new.qq.com/rain/a/20211016A03LED00，2021 年 10 月 16 日。

第四章　市场监管

第一节　三级指标的设计与筛选

一、三级指标的设计

市场监管，是指市场监督管理部门为了规范市场行为和维护市场秩序，对市场交易关系的普遍性的监督和管理。健全市场监管是贯彻落实我国"放管服"改革，推动优化营商环境的重要一环。市场监督管理部门通过简政放权，降低市场准入门槛为企业入市减负松绑。市场监督管理部门还创新市场监管方式，放管结合，促进市场公平竞争，激发市场活力。不断向服务型政府转变，为市场积极提供便捷高效的优质服务，进一步优化整体市场营商环境，助力经济稳中向好发展。2021 年 8 月，国家市场监管总局公布《市场监督管理严重违法失信名单管理办法》《市场监督管理行政处罚信息公示规定》《市场监督管理信用修复管理办法》等 3 个部门规章和规范性文件，为市场监管的规范化、透明化和权利保障提供了重要依据。2022 年国务院《政府工作报告》指出，加强和创新监管，反垄断和防止资本无序扩张，维护公平竞争。2021 年 12 月，国务院印发《"十四五"市场监管现代化规划》（以下简称《规划》），对推进我国市场监管现代化作出全面部署。《规划》提出了"十四五"期间，营商环境持续优化、市场运行更加规范、市场循环充分畅通、消费安全保障有力、质量水平显著提升、监管效能全面提高等目标。而市场监管的主要内容是对市场主体准入和市场交易行为两部分进行监督管理。结合《规划》和市场监管的内容，本评价指标体系认为对该项指标的评估应当从市场准入、行政许可、行政处罚、信息公开等开展。

二、三级指标的筛选

相较于世界银行营商环境评价指标体系，本评价指标体系新增市场监管这一二级指标。《规划》指出，创新和完善市场监管，推进市场监管现代化，是建立统一开放竞争有序的现代市场体系的客观需要。科学高效的现代化市场监管体系能够进一步激发市场主体的活力，推进优化营商环境。综上，市场监管指标是衡量营商环境的重要环节之一，因此应当将该指标纳入评价指标体系之中。

在市场主体准备进入市场时，要重点关注市场准入和行政审批过程中的市场监管事项。其中一项是市场准入清单，尤其是市场准入负面清单。还有一项就是行政许可事项和数量。市场准入负面清单和行政许可事项、数量越透明，市场主体进入市场时受到的阻力和负担就越少，越有利于激发市场主体活力，进而鼓励更多相关企业进入市场进行公平竞争和交易。行政许可数量越少，越有利于精简许可，把权力还给市场，让市场充分发挥作用。因此，应当将市场准入负面清单、行政许可事项的透明度和行政许可数量纳入评价指标体系之中。

在市场主体顺利进入市场中开始行使市场行为时，市场监督管理部门会根据法律进行行政执法。在这一过程中，应当关注市场监管行政处罚事项和执法信息，把应当归属于市场的权力还给市场。市场监管的行政处罚事项和执法信息越公开透明，越有利于完善公共服务管理体制，有效激励产权，推动市场要素自由流动，营造公平有序竞争的市场环境，最终达到激发市场主体活力、优化营商环境的目的。因此，应当将市场监管行政处罚事项透明度和执法信息公开公示纳入评价指标体系之中。

此外，市场主体对市场监管信息了解越多，入市的风险防范能力越强，入市意愿越强。市场监管信息共享程度越高，越有利于市场要素自由流动和市场竞争公平有序，最终通过市场机制的调整，优化营商环境。因此，应当将市场监管信息共享纳入评价指标体系之中。

第二节　三级指标的确定与权重赋予

一、三级指标的确定

市场监管在行政监管这一指标中分数占比16.6%。本评价指标体系最终确定市场监管由 6 个三级指标构成，即市场准入负面清单落实透明度、行政许可事项透明度、市场监管行政处罚事项透明度、执法信息公示公开、是否建立市场监管信息共享制度、行政许可数量。下表对各项三级指标进行确定及权重赋予：

二级指标	三级指标	权 重
市场监管（16.6%）	市场准入负面清单落实透明度	负面清单内事项管理权限、审批流程、办理条件全公开，是与否，0—1 得分
	行政许可事项透明度	行政许可办理指南全公开，是与否，0—1 得分
	市场监管行政处罚事项透明度	行政处罚主体和事项全公开，是与否，0—1 得分
	执法信息公示公开	行政抽查、处罚结果信息公开，是与否，0—1 得分
	是否建立市场监管信息共享制度	是与否，0—1 得分
	行政许可数量	基于数值排序转化为 0—1 得分

二、三级指标的权重赋予

（一）市场准入负面清单落实透明度

2014 年，国务院发布了《关于促进市场公平竞争维护市场正常秩序的若干意见》。该意见指出，要改革市场准入制度，制定市场准入负面清单。市场准入负面清单制度，是指以清单的方式明确列出在国家境内禁止和限制投资经营的领域和业务等。而在该市场准入负面清单以外的领域和业务，市场主体都可以依法平等进入。市场准入负面清单发布至今，不仅是稳定市场预期、转变政府职能、优化市场监管服务的重要体现，还是优化营商环境最重要的成果，也是进一步发挥市场在资源配置中的决定性作用的关键工具。市场准入负面清单的落实透明度主要分为 3 个部分，即负面清单内事项管理权限、审批流程、办理条件全公开程度。若上述市场准入负面清单的 3 项具体内容全部公开，则打1 分；若上述市场准入负面清单有一项内容或者两项内容没有公开，则打 0.5 分；若上述市场准入负面清单的 3 项具体内容都未公开，则打 0 分。

（二）行政许可事项透明度

行政许可事项的透明度，主要是衡量市场监督管理部门对市场主体进行行政许可事项的公开范围和幅度。《规划》指出，要在全国范围内实施涉企经营许可事项全覆盖清单管理。实质上是对行政许可公开原则进行系统化、深层化的管理。行政许可公开，是指行政许可的事项、许可条件和标准、许可程序和费用结果等应当予以公布。市场主体可以通过公开的行政许可档案或者文件了解有关市场准入、退市等一系列的标准、程序等。行政许可事项透明度越高，市场主体在进入市场时了解的信息就越多，入市时受到的阻力和负担就越少，越有利于激发市场主体活力，进而鼓励更多相关企业进入市场进行公平竞争和交易。对本指标的衡量，应当以行政许可办理指南为依据，看行政许可办理指南有没有全部公开。如果行政许可办理指南全部公开，则打 1 分；若没有全部公开，则打 0 分。

（三）市场监管行政处罚事项透明度

市场监管行政处罚事项透明，是指市场监督管理部门是否将其行政处罚主体和事项全部公开。市场监管行政处罚事项透明度越高，越有利于市场主体或者其他利害关系人对行政执法活动进行监督，以市场主体为核心的社会主体通过市场监管部门公布的行政处罚信息知情、参与、表达和监督。市场监管部门通过公布保障市场主体的知情权来弥补先天的信息分配的不均衡，使得市场主体信息共享，更有利于推进市场公平竞争。此外，行政处罚事项透明度也可以为市场参与者进行风险警示，在信息获取不足、不均衡的时候，市场主体需要依赖政府的力量填补风险信息。市场主体对行政处罚的事项和主体了解越全面，越能对严重违反市场秩序和规则的行为起到教育和警示作用，也能引导市场参与者选择行为，避免风险。市场监督管理部门若对行政处罚主体和事项全部公开，则打 1 分；若未公开，则打 0 分。

（四）执法信息公示公开

《规划》认为，应当优化和完善行政执法程序，全面落实行政执法公示、执法全过程记录和重大执法决定法制审核制度，落实市场监管行政执法自由裁量权基准制度，促进公平公正执法。执法信息公示公开与上述行政处罚事项的透明度不同，行政处罚事项透明度主要关注行政处罚的事项和主体。执法信息公示公开则关注行政抽查和处罚结果的信息是否公开。执法信息公示公开程度越高，越有利于强化监督和风险警示，与市场监管行政处罚事项透明度有相同的作用。市场监督管理部门若公开行政抽查、处罚结果信息，则打 1 分；若未公开，则打 0 分。

（五）是否建立市场监管信息共享制度

市场监管信息共享，是指市场监管部门在履行职责过程中制作或获取的，以一定形式记录、保存的文件和资料等各类市场信息资源。建立市场监管信息共享制度，是为了增强政府公信力，提高行政效率，提升服务水平，进而形成一个稳定优良的营商环境。实现市场监管信息互联互通、数据集中共享，有利于加强部门之间的监管和联合惩戒。还可以通过信息共享的这个理念，探索行政监管的新管理模式，进一步提升对于市场主体的精细化管理，提高整个市场监管体系的工作效率。若评估区域内已经建立了市场监管信息共享制度，则打 1 分；若正在建立市场监管信息共享制度或者已经建立的市场监管信息共享制度尚有不足仍需完善的，则打 0.5 分；若没有建立市场监管信息共享制度，则打 0 分。

（六）行政许可数量

国务院持续转变政府职能，深化简政放权，开展"减证便民"行动。这就对行政许可的数量作出了要求。《规划》指出，应当对市场和社会能够调节、事中事后监管能够实现相关功能的事项，进一步精简许可。行政许可数量越少，越有利于精简许可。把权力还给市场，让市场充分发挥作用，是落实建设服务型政府的应有之举。该指标的评估应在评估范围内对各个评估对象的行政许可基于数值降序进行排序，转化为 0—1 得分。

第三节　样本实践

一、以广州市越秀区市场监管措施为例

广州市越秀区致力于全力推进法治政府建设，全面提升依法行政能力，持续巩固拓展疫情防控和市场监管成果，着力创造良好市场监管法治环境。根据

越秀区市场监督管理局 2021 年法治政府建设年度报告，该区主要实施了以下市场监管措施：

（一）推动跨领域跨部门联合执法，完善行政执法和刑事司法衔接机制

规范了两法衔接平台信息录入工作，落实各经办单位的分工和责任并定期通报。规范了案件接收和移送的流程，加强与公安部门的沟通，对具体案件移送的标准、资料和后续跟进反馈均作出规范，为顺利开展行刑衔接畅通了渠道。深化了部门沟通协作，强化部门间的信息交流与共享，与检察院、公安、烟草部门多次开展交流座谈活动。

（二）完善行政执法程序，公开行政处罚过程

将行政执法文书记录（文字记录）作为执法全过程记录的基本形式，同时运用综合执法信息平台实现执法行为全过程电子化管理，实现 100% 全过程实时录入，做到执法全过程留痕和可回溯管理。严格落实重大行政执法决定法制审核机制，确定本单位重大执法决定法制审核的工作机构，实现一般程序的行政处罚案件 100% 经过审核。加强事前公开、规范事中公开、推动事后公开。充分利用越秀区信息网、国家企业信用信息公示系统、广东省行政执法信息公示平台主动发布、更新法律法规、规范性文件、越秀区市场监督管理局机构设置和职能、权责清单、行政处罚和行政强制执法流程以及行政执法数据、行政处罚决定、行政检查抽查等信息。

（三）执法信息公示公开，创新行政执法方式

推行包容审慎监管，根据广州市司法局等部门联合印发的《广州市市场轻微违法经营行为免处罚免强制清单》，在市场监管中实施包容监管，建立纠错容错机制，对市场监管领域事项依法采取"双免"措施，支持企业轻松经营。坚持以公开为常态、不公开为例外原则，推进决策公开、执行公开、管理公开、服务公开、结果公开。一是围绕建设法治政府全面推进政务公开。成立局政务公开领导小组，由局办公室负责具体日常工作，形成"一把手亲自抓、分管领导督导抓、业务科室具体抓"的工作格局。严格落实信息公开保密审查制度，

规范信息公开行为，确保国家秘密信息安全。二是围绕重点领域加大主动公开力度。高度重视信息公开的内容和更新的实效性，安排专人负责跟进局信息公开网站的维护管理和审核、编辑工作，明确要求信息公开的形式要多样、公开内容要充实、公开范围要准确、公开时间要及时、公开重点要突出，有效地实现了政府信息公开的便民利民的服务功能。

（四）深入推进"放管服"改革，精简许可数量

依托开办企业一网通平台推行企业开业、变更注销线上一体化办理服务，简化办理手续，切实降低企业办事成本。健全完善区公平竞争联席会议整体组织框架和工作机制，督促指导成员单位均建立公平竞争内部审查制度，清理废除妨碍统一市场和公平竞争的规定和做法。扎实推进妨碍统一市场和公平竞争的政策措施清理工作，严格审查增量政策文件。开展招投标领域政策措施公平竞争审查，指导政策制定机关完善内部审查机制，推动开展政策自查自纠，排查禁止设置外地企业、产品、服务歧视性准入条件，保障各类市场主体依法平等参与市场竞争。[①]

二、以广州市白云区市场监管措施为例

广州市白云区深入学习贯彻习近平法治思想，依法行政，积极作为，着力推进法治政府建设，不断优化营商环境。根据白云区市场监督管理局 2021 年法治政府建设年度报告，该区主要实施了以下市场监管措施：[②]

（一）深入推进"放管服"改革，精简许可

白云区全面对照 523 项改革事项清单，采取取消审批、审批改为备案、实行告知承诺、优化审批服务等 4 种方式深入推进"证照分离"改革，实现 30 个

---

① 《越秀区市场监督管理局2021年法治政府建设年度报告》，载广州市越秀区人民政府网站，http://www.yuexiu.gov.cn/zwgk/zwgk/fzzfjsbg/qbm/content/post_8084320.html，2022 年 2 月 16 日。

② 参见《广州市白云区市场监督管理局2021年法治政府建设年度报告》，载广州市白云区市场监督管理局网站，http://www.by.gov.cn/gzbyscjg/gkmlpt/content/8/8021/post_8021258.html#8417，2022 年 1 月 11 日。

审批事项"证照联办"，56 个审批事项"跨省通办"，行政许可事项的总时限压缩率达 94.93%，即办件比率、全流程网办率等各项指标均位全市前列。全局纳入考核的政务服务事项实现即办件比率达 100%，即办程率达 100%，电子证照绑定和应用率达 100%，全流程网办率达 98.47%。

（二）开列清单，推动监管信息公示公开

严格落实重大行政决策程序、"三项清单"管理制度，梳理权责清单、服务事项清单、重大执法决定法制审核目录清单等并对外公开，实际工作中对重点行政许可，行政处罚等重大行政处理决定全面实行法制审核。

（三）全面主动落实政务公开，加快推进政务诚信建设

通过区政府网站主动更新和发布政务服务场所、服务事项、局领导工作分工、部门职能及联系方式、权责清单等，建立闭环工作机制，持续健全政务信息公开制度，2021 年度受理并答复依申请公开 70 件。信息公开依赖于白云区信息化平台建设。围绕区"数字政府"改革建设工作和"智慧白云"建设规划的要求，稳步推进综合业务监管平台一期项目建设、区电梯智慧化监管系统、智慧白云（数字政府）信息化建设，建设重点场所防疫视频 AI 分析系统。还深入推进"互联网＋监管"建设。依据并对应地方性法规和地方性政府规章，完成梳理事项工作，确保监管事项目录清单内容规范、全面。完成省"互联网＋监管"系统 214 条实施清单的认领和 40 条实施清单的完善工作。

三、以潮州市潮安区市场监管措施为例

潮州市潮安区深入贯彻习近平新时代中国特色社会主义思想和党的十九大精神，在区委区政府的领导下，建立健全行政执法相关制度，着力规范行政权力运行，努力推进法治政府建设工作。为贯彻落实潮安区 2021 年全面依法治区工作要点和 2021 年依法行政工作要点，潮安区市场监督管理局印发《潮安区市场监督管理系统 2021 年度 5＋9 项重点工作》，对内部管理基本任务，制订了 5 项重点工作，对外履行职能基本任务，制订了 9 项重点工作，简称"5＋9"重点工作。结合工作实际，部署并细化法治建设具体任务，将工作任务项目化管理，依法

行政,不断推进市场监管领域治理体系和治理能力现代化。[①]根据潮州市潮安区市场监督管理局2021年法治政府建设年度报告,该区有以下市场监管措施:

(一)严格执行重大行政决策法定程序

潮安区市场监督管理局严格落实重大行政决策集体讨论制度,在作出重大执法决定前均严格进行法制审核。对查办的罚款、没收违法所得和非法财物价值数额较大的案件、责令停产停业、吊销许可证或者执照的案件、减轻处罚的案件以及产生重大社会影响的案件等,提交案件审理委员会进行集中讨论,从法律适用、自由裁量权使用、行政与司法衔接等方面进行审理,确保行政处罚合法。2021年以来,潮州市潮安区市场监督管理局案件审理委员会已经集体审议案件210多宗。

(二)全面推行行政执法"三项制度",提升监管规范性和透明度

一是全面推行行政执法公示制度,应当依法公开的执法信息及时主动公开。经统计潮安区市场监督管理局2021年完成5515条行政许可信息、569条行政处罚信息和13条行政强制信息在广东省行政执法信息公示平台的录入公开工作。二是严格落实执法全过程记录制度,重点执法事项全环节记录。要求各执法单位在开展行政执法活动(行政检查、行政强制和行政处罚)时应使用执法记录仪,实现全面系统归档保存,做到执法全过程留痕和可回溯管理。三是严格执行重大行政执法决定法制审核制度,确保重大行政执法决定法制审核率达100%。落实行政案件法制审核制度,坚持实行"查审分开、审处分开"的办案制度,2021年以来潮安区市场监督管理局政策法规股共审核案件1010宗。

---

① 《潮州市潮安区市场监督管理局2021年法治政府建设年度报告》,载潮安区市场监督管理局网站,http://www.chaoan.gov.cn/czcascjgj/gkmlpt/content/3/3785/post_3785676.html#11531,2022年2月9日。

第五章　包容普惠创新

第一节　三级指标的设计与筛选

一、三级指标的设计

包容普惠创新是评估营商环境的重要指标之一。习近平在首届中国国际进口博览会开幕式上发表演讲，指出要科学把握经济全球化的历史大势，并明确提出了坚持包容普惠、推动共同发展的主张。2018年9月，为了增强创新创业创造活力，国务院发布《国务院关于推动创新创业高质量发展打造"双创"升级版的意见》。2019年1月，《人力资源和社会保障部关于充分发挥市场作用促进人才顺畅有序流动的意见》出台，主要围绕实施人才强国战略和创新驱动发展战略，以促进人才顺畅有序流动、激发人才创新创业创造活力为目标。为了扩大市场开放，2018年至2019年间，商务部公布了《自由贸易实验区外商投资准入特别管理措施（负面清单）（2019年版）》等一系列市场准入负面清单。该指标主要衡量的是评估区域内创新创业活跃程度、促进人才顺畅有序流动、扩大市场开发程度、提供优质基本公共服务、生态环境保护和交通便捷程度等情况。其中，"包容"主要是指政府是否实施企业扶持激励制度，政府是否出台措施提升投资贸易便利度，是否为企业合作搭建国际合作平台和外商投资情况等。"普惠"则指普惠利民，考察政府的公共服务事项或者清单。此外，深化生态文明体制改革和增强交通综合枢纽功能等也可以纳入普惠利民概念之中。"创新"是指创新引领，主要是衡量政府是否为企业构建了创新创业的良好环境（政策和资金等方面的支持），是否有保障人才引进的政策和激励，是否创造了有利于新经济发展的创新平台和孵化机构。坚持包容普惠创新不仅有利于破除各种不合理门槛和限制，营造公平竞争市场环境，更能推动各经济主体共同发展，共建创新包容的开放型经济。综上所述，该指标的设计应当从包容、普惠、创新 3 个角度出发，从创新扶持政策、行政处罚数量、公平竞争制度、行政指导和监督等具体方面展开。

二、三级指标的筛选

相较于世界银行营商环境评价指标体系，本评价指标体系新增包容普惠创新这一二级指标。包容普惠创新的行政监管措施不仅可以通过提供便利化、可预期的举措大力提升生产效能，降低实体经济成本，还能培育出发展新产业、聚焦新动能的肥沃土壤。进而构建具有吸引力、创造力和竞争力的优良营商环境。综上，包容普惠创新指标是衡量营商环境的重要环节之一，因此应当将该指标纳入评价指标体系之中。

从包容出发，本指标应当评估政府是否能为企业创造宽松、包容、有利的制度环境，政府的政策是否弹性大、灵活性强，对企业的限制少。因此，本指标应当从是否建立信用惩戒的修复制度、与"四新"经济相关的行政处罚数量占行政处罚总数量比例、是否有严重影响公平竞争的制度或规范性文件出发。政府对企业的限制越少，越能把企业运行过程中应当由市场调节的部分交还给市场调节，不仅有利于保障市场主体的权利，释放市场主体的活力，还能创造出倡导包容与合作的营商环境，进而吸引更多的企业进入市场。

从普惠出发，本指标应当以进一步深化"放管服"改革，提升政务服务质效为背景。该指标评估政府是否为企业宜商提供了便捷高效的服务，政府出台的政策从配套服务到办事效率是否普惠利民，以降低企业在运营过程中的负担和压力。因此本指标应当从是否制定"免强制""免处罚"清单、是否有提供行政指导、调解、互联网监督出发。政府提供的配套服务越便捷高效，办事效率越高，越有利于市场快速良好地运行，为企业减负，进而营造一个优良的营商环境。

从创新出发，本指标应当衡量政府是否通过提供各种规则、法律程序和行为规范，为促进企业创新发展提供了助推力。因此，本指标应当从"四新"经济的扶持政策数量和是否建立其他创新性制度或举措出发。政府在创新发展的各个过程中都能发挥重要的作用。在制度建设上，政府基于公共利益的制度安排，提供有利于创新的制度或举措。在创新理念培育上，政府可以凭借其动员能力，树立有利于创新的社会观念。在激发创新动力上，政府可以充分运用各种资源配置方式（政府和市场等）促进各种生产要素的结合，建立畅通无阻的信息公开共享制度，激发市场主体创新的积极性。

第二节　三级指标的确定与权重赋予

一、三级指标的确定

包容普惠创新在行政监管一编中分数占比 16.6%。本评价指标体系最终确定包容普惠创新由 7 个三级指标构成，即是否制定"免强制""免处罚"清单，"四新"经济的扶持政策数量，与"四新"经济相关的行政处罚数量占行政处罚总数量比例，是否建立信用惩戒的修复制度，是否建立其他创新性制度或举措，是否有严重影响公平竞争的制度或规范性文件和是否有提供行政指导、调解、互联网监督。下表对各项三级指标进行确定及权重赋予：

二级指标	三级指标	权　　重
包容普惠创新 （16.6%）	是否制定"免强制""免处罚"清单	是与否，0—1 得分
	"四新"经济（新技术、新业态、新产业、新模式）的扶持政策数量	基于数值排序转化为 0—1 得分
	与"四新"经济相关的行政处罚数量占行政处罚总数量比例	基于数值排序转化为 0—1 得分
	是否建立信用惩戒的修复制度	是与否，0—1 得分
	是否建立其他创新性制度或举措	是与否，0—1 得分
	是否有严重影响公平竞争的制度或规范性文件	是与否，扣 0—1 分
	是否有提供行政指导、调解、互联网监督	是与否，0—1 得分

二、三级指标的权重赋予

（一）是否制定"免强制""免处罚"清单

根据《中华人民共和国行政处罚法》的规定，由于违法行为轻微并及时改正，没有造成危害后果，可以不予行政处罚。根据《中华人民共和国行政强制法》的规定，由于违法行为情节显著轻微或者没有明显社会危害，可以不实施行政强制措施。结合上述法律的规定，对于可以免处罚或者免强制的轻微违法经营行为编制相应的清单。"免强制""免处罚"清单可以帮助政府尽可能减少对于市场正常的生产经营活动的过度干涉，有利于促进各行业持续稳定发展，有利于优化营商环境。在评估该指标的过程中，如果已经根据法律和政策的规定制定了"免强制""免处罚"清单，则打 1 分；若没有制定"免强制""免处罚"清单，则打 0 分。

（二）"四新"经济（新技术、新业态、新产业、新模式）的扶持政策数量

"四新"经济，是指新技术、新产业、新业态、新模式的经济形态。"四新"经济是在新一代信息技术革命、制造业与服务业融合发展的大背景下，在充分考虑市场需求的导向下，以现代信息技术为基础产生的新型经济形态。"四新"经济是在市场竞争中赢得先机，开创发展新局面的核心一环。而"四新"经济的充分发展与政府对这种新型经济形态的扶持力度有很大的关联，"四新"经济的扶持政策数量越多，"四新"经济发展的市场环境就越稳定良好，"四新"经济的发展反过来又能推动相关产业和整个营商环境的优化。因此，对该项指标的评估应该以扶持政策数量为核心，先统计区域内政府对"四新"经济的扶持政策的数量，再基于数值排序转化为 0—1 得分。

（三）与"四新"经济相关的行政处罚数量占行政处罚总数量比例

"四新"经济的发展给传统监管方式带来新的挑战，若政府对"四新"经济的监管依旧采用传统的监管方式，两者之间可能会发生"排斥"反应，如带来过多数量或者比例的行政处罚。因此，把对"四新"经济相关的行政处罚比例纳入评价指标体系，不仅有利于加强对"四新"经济发展环境的监测，还能推动政府主动转变对"四新"经济的监管方式，采取市场化的规制方式和底线监管的原则，提高政府行政监管的灵活性。对该指标的评估应该先对与"四新"经济相关的行政处罚数量和行政处罚总数量两项数据进行统计，然后计算与"四新"经济相关的行政处罚数量占行政处罚总数量比例，最终将评估对象基于数

值正排序，最终转化为 0—1 得分。

（四）是否建立信用惩戒的修复制度

信用惩戒的修复制度，是指政府引导失信主体在失信惩戒之后主动纠正自己的违法失信行为，消除信用不良影响。对于符合修复条件、主体等相关规定的失信主体，政府应当将其及时按照要求移除失信名单。信用惩戒的修复制度可以弥补信用惩戒带来的后续一系列问题，避免失信主体因长期陷入失信的评价中而影响后续经营。信用惩戒的修复制度不仅有利于引导失信主体增强自身守信意识，还能保障失信主体的合法权利，使其从失信状态中恢复信用，激发市场主体的活力。在评估过程中，若评估对象已经建立了信用惩戒的修复制度，则打 1 分；若没有，则打 0 分。

（五）是否建立其他创新性制度或举措

其他创新性制度或举措，是指除了第四分编第五章包容普惠创新的评价指标体系筛选的三级指标之外的其他创新性制度或举措，如运用区块链技术线上实现公共资源交易等。若建立了其他创新性制度或者举措，则打 1 分；若没有，则打 0 分。

（六）是否有严重影响公平竞争的制度或规范性文件

国务院在《关于在市场体系建设中建立公平竞争审查制度的意见》中正式确立公平竞争审查制度。我国《优化营商环境条例》对落实公平竞争审查制度提出具体要求。为了防止行政职能部门发布的制度或者规范性文件限制或者影响公平竞争和统一市场，应当建立公平竞争审查制度。该指标实际上评估的就是公平竞争审查制度的核心内容。政府若有严重影响公平竞争的制度或规范性文件，则会影响市场公平竞争，产生地方保护和地方壁垒，既会严重打击市场主体的积极性，又不利于资源和生产要素的流动。在评估该指标时，应当考察受评估区域内是否有严重影响公平竞争的制度或规范性文件。若有，则扣掉 1 分；若没有，则不扣分。

（七）是否有提供行政指导、调解、互联网监督

政府除了对市场行使行政处罚、行政强制等刚性执法手段之外，还应当充

分地运用法律赋予的职能对市场进行行政柔性执法，如行政指导、调解和互联网监督，致力于建设友好型、服务型的行政监管体系。上述柔性执法手段有助于政府在行政监管中与相对人建立良好的关系，树立正面形象，还有利于提升执法的效率和效果。在评估该指标时，应当考察受评估区域内政府是否有提供行政指导、调解、互联网监督等柔性执法方式。若有上述一项以上（包括一项），则打 1 分；若没有，则打 0 分。

第三节　样本实践

一、以广州市包容普惠创新实践为例

广州市为了探索包容审慎监管，激发市场活力，不断优化更具国际竞争力的营商环境，促进经济持续健康发展，进行了一系列对包容普惠创新的探索。

（一）出台"双免清单"，激发市场活力

"双免清单"的制定目的主要是贯彻落实《优化营商环境条例》有关要求，在广州市各有关市场领域建立纠错容错机制，激发市场活力，进一步优化营商环境，促进广州市各有关市场领域持续健康发展。"双免清单"中有关事项的轻微情节细化了《中华人民共和国行政处罚法》第 33 条第 1 款中的"违法行为轻微"以及《中华人民共和国行政强制法》第 16 条第 2 款中的"违法行为情节显著轻微"和第 42 条第 1 款中的"当事人采取补救措施"。若企业违法行为轻微，并及时纠正，且没有造成危害后果的，可以依法不予行政处罚或依法不予采取行政强制措施。"双免清单"的制定使企业能够在有轻微违法经营行为时获得纠错容错的机会，既能督促企业改正违法行为，又能有效减少行政对企业生产经营活动的干预，激发市场活力。

（二）推动制定了《广州市科技创新条例》

广州市科技局已围绕《广州市科技创新条例》梳理和构建了新时期"1＋5＋N"科技创新法规政策体系，并将以此为框架，抓好政策文件的设立、修改

和废止，不断丰富和完善广州科技创新法规政策体系。[①]其中，"1"指地方性法规——《广州市科技创新条例》；"5"指围绕"科学发现、技术发明、产业发展、人才支撑、生态优化"全链条创新发展路径5个方面配置的政策包，对《广州市科技创新条例》的相关规定予以落实；"N"指围绕主要政策配置的其他细化落实措施或管理办法。[②]

《广州市科技创新条例》对以科技创新为核心的全面创新作出系统性和制度性的安排，全面激发创新主体活力。相比原《广州市科技创新促进条例》，删除"监督管理""法律责任"专章，新增了系列免责条款，对科技领域"放管服"改革的有效举措如科技经费使用包干制和负面清单等均予以吸纳，营造宽松的创新环境。同时，《广州市科技创新条例》突出广州优势和特色，明确了广州科技创新轴、"一区三城"等空间承载区的发展定位，明确了人工智能、集成电路、智能网联汽车等重点支持的关键核心技术研发领域，具有鲜明的地方特色，为今后一段时间内广州市科技创新发展提供了方向引领。此外，《广州市科技创新条例》针对广州地缘优势，增设"区域和国际保护"一章，就广州市开展区域与国际合作总体要求、如何响应国家"一带一路"科技创新行动计划与粤港澳大湾区国际科技创新中心建设要求等内容作出了较为明确的规定，符合广州国际科技创新中心的定位要求。[③]

二、以深圳市包容普惠创新实践为例

为补齐科技创新发展短板，深圳市制定出台了《深圳经济特区科技创新条例》（以下简称《条例》）。《条例》首创不少鼓励和保护科技创新的制度设计，涵盖基础研究和应用基础研究、技术创新、成果转化、科技金融、知识产权、

---

① 《〈广州市科技创新条例〉首场宣讲活动举行》，载广州市人民政府网站，https://www.gz.gov.cn/xw/zwlb/bmdt/skxjsj/content/post_7372274.html，2021年7月9日。

② 林晓燕：《科技立法保障科技创新强市建设》，载广州科学技术局网站，http://kjj.gz.gov.cn/ztzl/cxzl/jd/content/post_7795580.html，2021年9月16日。

③ 李钢：《最权威解读！〈广州市科技创新条例〉透露了哪些"势"与"策"？》，载羊城派，https://baijiahao.baidu.com/s?id=1704818597640449710&wfr=spider&for=pc，2021年7月9日。

空间保障、创新环境等方面，是一项全面系统促进和保护科技创新的全链条法规。《条例》成了深圳在新征程中深入实施创新驱动发展战略的重要制度依据。

（一）坚持把创新驱动作为城市发展主导战略，以科技创新为核心推进全面创新

1. 加快国家级重大科技创新平台建设

首次将建设深圳综合性国家创新中心，以及相依托的光明科学城、深港科技创新合作区、西丽湖国际科教城和国家实验室、广东省实验室等科技创新平台写入条例，凸显其重要地位，充分发挥其核心引擎功能和创新引领作用。

2. 构建多元化基础研究投入机制

基础研究可为科技创新奠定基石，然而我国在科技创新领域还存在基础研究投入不足的缺陷。《条例》在全国率先以立法形式保证财政对基础研究和应用基础研究的稳定支持，规定"市人民政府投入基础研究和应用基础研究的资金应当不低于市级科技研发资金的百分之三十"。同时还支持其他社会力量通过设立基金、捐赠等方式投入基础研究和应用基础研究。该规定有利于推动解决目前我国科学领域的前沿重大问题。

3. 强化企业技术创新主体地位，推动新型研发机构创新发展

在科技创新格局中，企业居于主导地位。提升企业创新能力是推动经济高质量发展的关键，也是增加经济活力和竞争力的内在要求。《条例》进一步强化企业的主导地位，并规定企业开发新技术、新产品、新工艺或者从事核心技术、关键技术和公共技术研究的，可享受优惠待遇。《条例》鼓励企业与高等院校、科研机构共同开展科技研发、共建科技创新平台。

（二）着力构建协同创新的强大合力，营造良好的创新环境

1. 建立科技人员双向流动制度

为支持和鼓励高等院校、科研机构等事业单位专业技术岗位人员开展科技成果研发和转化活动，《条例》将人力资源社会保障部《关于进一步支持和鼓励事业单位科研人员创新创业的指导意见》等文件规定固化为法规，规定了建立科技人员双向流动制度，允许科技人员按照有关规定到企业兼职、挂职或者

参与项目合作并取得合法报酬，在职创办企业或者离岗创新创业；同时，高等院校、科研机构可以聘请有创新实践经验的管理人才、科技创新人才担任兼职教师或者兼职研究员。

2. 加强粤港澳大湾区科技创新合作

为落实《粤港澳大湾区发展规划纲要》关于"推进'广州—深圳—香港—澳门'科技创新走廊建设，探索有利于人才、资本、信息、技术等创新要素跨境流动和区域融通的政策举措""鼓励粤港澳企业和科研机构参与国际科技创新合作，共同举办科技创新活动"等要求，《条例》首次通过经济特区法规规定，允许香港、澳门符合条件的高等院校、科研机构申请内地科技项目，允许相关资金在大湾区跨境使用。

3. 确立同股不同权制度

当前我国公司法实行的是"一股一权""同股同权"制度。该制度从表面上看似乎可以使投资者获得公平待遇，但是这种制度不适合科创类企业。因为在该制度下，经历多轮股权融资后，企业创始股东以及对公司科技创新有重大影响的股东的持股比例不断被稀释，继而不利于这类人群维持对公司的控制权和管理权，久而久之不利于公司的技术进步和业务发展。《条例》对公司法进行变通，借鉴美国、香港等地采取的"同股不同权"制度，规定企业可以设置特殊股权结构，在公司章程中约定表决权差异安排，在普通股份之外，设置拥有大于普通股份表决权数量的特别表决权股份。"同股不同权"的创新规定，既有利于保护公司创始股东及其他科技创新人员的权利，维护公司稳定，还有利于引进全球创新人才和资源，为深圳市科技创新提供推动力。

第六章　严格执法（行政）

第一节　三级指标的设计与筛选

一、三级指标的设计

严格执法（行政），是指执法机关在执法过程中是否严格依法执法、公平公正。严格执法（行政）指标主要从行政监管的角度出发对执法机关的执法活动提出要求。首先，该指标要求执法依据是以事实为依据，以法律为准绳，执法人员在执法过程中要严格遵守相关法律和执法程序。其次，该指标对执法机关的执法行为提出要求，执法机关在执法过程中面对违法案件应当依法纠正，始终保证执法公平、公正，不偏袒徇私。2020 年 1 月，广东省司法厅印发《关于推进乡镇街道综合行政执法的工作意见（试行）》，指导全省司法行政系统推进乡镇街道综合行政执法工作。2020 年 6 月，广东省司法厅与省政务服务数据管理局共同印发《广东省行政执法信息平台和行政执法监督网络平台建设实施方案（2020—2021 年）》。2021 年 1 月 10 日，中共中央印发《法治中国建设规划（2020—2025 年）》，指出"建设法治中国，必须深入推进严格执法"。严格执法是全面推进依法治国的关键，是构建现代法治政府的题中之意，是法治现代化的基本要求。严格执法不仅有利于规范和限制公权力，保障各市场主体的权利和利益。严格执法与优化营商环境之间是辩证统一的关系。严格执法是严格依法执法，不是指执法的严厉性，是依法行政的具体表现，是符合现代法治观念和精神的。政府严格执法越到位，越有利于监督其在执法过程中的不当行为，使执法主体的执法行为更加合法和规范，越有利于限制政府公权。通过这种方式，严格执法不仅可以给市场主体充足、公平竞争的发展空间，还能进一步构建统一开放、竞争有序的市场体制。最终有利于激发市场活力，优化市场环境。从执法行为的角度展开，该指标的设计应当从执法依据、执法程序、执法责任和执法监督这 4 个方面出发。

二、三级指标的筛选

相较于世界银行营商环境评价指标体系,本评价指标体系新增严格执法(行政)这一二级指标。法治是最好的营商环境,严格执法是优化营商环境的应有之义。政府的行政职能中,执法是与市场主体最密切相关的一项。没有严格执法,就没有法治政府,也无法优化营商环境。严格执法落实越到位,越有利于建设一个公平、公正的竞争环境,越有利于将市场调节功能归还于市场,为市场主体行动留下充分的空间,越有利于优化营商环境。综上,严格执法指标是衡量营商环境的重要环节之一,因此应当将该指标纳入评价指标体系之中。

严格执法的执法依据是坚持以事实为依据,以法律为准绳。对于新政策的出台,执法机关都要严格根据法律,通过法律流程制定、公示、实行新政策。因此,在本评价指标体系的构建中,要突出执法机关是否依法对某项新政策制定、公示以及实行。此外,由于执法机关在执法活动中,要提高行政的精确度和合法性,就要对法律规定的范围、种类和幅度进行具体量化,即通过清单的方式将执法行为的范围进行确定,如重大执法决定法制审核清单、执法全过程记录清单等。

严格执法的执法程序是坚持完善执法程序,规范执法操作流程,建立健全执法全过程记录制度。建立执法全过程记录制度,是落实严格执法的重要一环。对于执法全过程进行记录,不仅有利于有效避免暴力执法和不文明执法行为,还有利于提高执法行为规范化水平,提高行政执法能力,增强行政执法水平,最终为建设宽松优良的营商环境添砖加瓦。

严格执法的执法监督是加强对行政执法决定的审核、抽检和量化,分别体现在重大执法决定法制审核制度、随机抽查事项清单和行政行为经行政复议或行政诉讼后未被维持的案件量。为了保证执法决定作出的合法性和合理性,通过上述三项制度对执法决定进行监督。推动执法机关认真履行执法责任,提升执法公信力,为建设宽松优良的营商环境保驾护航。

第二节　三级指标的确定与权重赋予

一、三级指标的确定

严格执法（行政）在行政监管一编中分数占比 16.6%。本评价指标体系最终确定严格执法（行政）由 6 个三级指标构成，即执法机关是否制定并公示了重大执法决定法制审核清单、执法机关是否实行重大执法决定法制审核、执法机关是否制定并公示执法全过程记录清单、执法机关是否制定并公示随机抽查事项清单、执法机关是否制定并公示执法自由裁量规则和行政行为经行政复议或行政诉讼后未被维持的案件量 / 全省数量。下表对各项三级指标进行确定及权重赋予：

二级指标	三级指标	权　重
严格执法（行政）（16.6%）	执法机关是否制定并公示了重大执法决定法制审核清单	是与否，0—1 得分
	执法机关是否实行重大执法决定法制审核	是与否，0—1 得分
	执法机关是否制定并公示执法全过程记录清单	是与否，0—1 得分
	执法机关是否制定并公示随机抽查事项清单	是与否，0—1 得分
	执法机关是否制定并公示执法自由裁量规则	是与否，0—1 得分
	行政行为经行政复议或行政诉讼后未被维持的案件量 / 全省数量	基于数值排序转化为 0—1 得分

二、三级指标的权重赋予

（一）执法机关是否制定并公示了重大执法决定法制审核清单

国务院《推行行政执法公示制度执法全过程记录制度重大执法决定法制审核制度试点工作方案》首次提出，要探索建立重大执法决定目录清单制度。重大执法决定法制审核，是指执法机关在作出重大的执法决定之前，必须要进行法制审核。未经法制审核或者审核未通过的，不得作出决定。而重大执法决定法制审核清单则是通过制度将需要进行法制审核的重大执法决定的范围进行确定。建立重大执法决定法制审核清单有利于明确重大执法决定的范围，有利于法制审核工作的程序化、规范化和制度化。重大执法决定法制审核清单的公示公开则有利于市场主体监督政府的执法决定，保障自身的合法权益不受不当执法行为的干涉，还有利于营造良好宽松的营商环境。若受评估区域内的执法机关制定并公示了重大执法决定法制审核清单，则打 1 分；若没有，则打 0 分。

（二）执法机关是否实行重大执法决定法制审核

法律的生命在于实践。在制定并公示了重大执法决定法制审核清单后，还需要在实际执法工作中落实。只有在执法工作中，将实行重大执法决定法制审核清单常态化，才能真正发挥出法制审核制度的作用，才能真正在优化营商环境中发挥其作用。若受评估区域内的执法机关实行了重大执法决定法制审核清单，则打 1 分；若没有，则打 0 分。

（三）执法机关是否制定并公示执法全过程记录清单

执法全过程记录制度，是指执法机关应当通过文字、音像等记录方式，对行政执法行为进行记录并归档，实现全过程留痕和可回溯管理。执法全过程记录制度是国务院办公厅印发的《关于全面推行行政执法公示制度执法全过程记录制度重大执法决定法制审核制度的指导意见》制度建设之一。制定并公示执法全过程记录清单，有利于记录不文明、不严格的执法行为，进而倒逼执法行为规范化、文明化、合法化，进而推动行政执法能力和执法水平的提升，有利于优化营商环境。若受评估区域内的执法机关制定并公示执法全过程记录清单，则打 1 分；若没有，则打 0 分。

（四）执法机关是否制定并公示随机抽查事项清单

国务院办公厅印发《关于推广随机抽查规范事中事后监管的通知》，首次提出行政机关应当制定随机抽查事项清单。随机抽查事项清单就是将法律法规规章规定的对执法部门的应检事项列入清单，然后以该清单为依据，通过随机抽查的方式，对执法工作进行检查。随机抽查事项清单应当明确抽查事项名称、抽查依据、抽查主体、抽查对象、抽查比例、抽查内容等。制定并公示随机抽查事项清单不仅有利于加强对于执法机关的社会监督，还有利于执法工作的长效改善，最终可以帮助执法机关提高自身的执法能力和执法水平。若受评估区域内的执法机关制定并公示随机抽查事项清单，则打 1 分；若没有，则打 0 分。

（五）执法机关是否制定并公示执法自由裁量规则

行政执法的自由裁量是法律规定的，是指执法机关在法律规定的范围内可以依据自身的客观判断对违法行为进行裁量。执法机关制定并公示执法自由裁量规则，能在赋予执法部门自由裁量权力的同时，对其行使自由裁量权进行规定。这将帮助执法行为的规范化、制度化，减少因为裁量自由带来的不公平的可能，推动执法行为合法公平公正。若受评估区域内的执法机关制定并公示执法自由裁量规则，则打 1 分；若没有，则打 0 分。

（六）行政行为经行政复议或行政诉讼后未被维持的案件量 / 全省数量

本项指标需要先统计行政行为经行政复议或行政诉讼后未被维持的案件量和全省行政行为经行政复议或行政诉讼的数量，最后再计算比例。这一比例的数值越大，说明行政行为经行政复议或行政诉讼后未被维持的案件量越多。这可以反映出执法人员依法行政、严格执法的水平有待提高。将这一比例纳入严格执法的评价指标体系之中，有利于加强对行政执法部门的监督和管理，提高行政执法水平，强化行政执法能力。将受评估区域内将各区域的比例，基于数值排序转化为 0—1 得分。

第三节　样本实践

一、以广州市城市管理和综合执法局严格执法实践为例

广州市秉持现代法治理念，深入推进新时代法治政府建设，深化行政执法体制改革，提高执法水平，全面推动依法行政，其法治政府建设走在全国前列。广州在首届和第二届中国法治政府评估中蝉联第一，连续 6 年位居全国前列，被授予"法治政府建设典范城市"，荣获第五届"中国法治政府奖"。[①]

---

① 《法治广州建设剪影之三——严格执法　推进政府治理规范化程序化法治化》，载广州市司法局网站，http://sfj.gz.gov.cn/ztlm/fzzfjs/fzgzjsjy/content/post_7836920.html，2021 年 10 月 15 日。

（一）行政执法数据公开透明

广州市是全国第一个公开权力清单以及第一个公开政府财政账本的城市，同时，广州市进一步公开行政执法数据，让行政执法流程更透明。广州市在全国率先制定《行政执法数据公开办法》，形成了"9＋1"全执法门类公开机制，确立了"统一时间、统一范围、统一模板、统一平台"的公开原则，实现了行政执法数据公开工作的法治化、规范化、常态化。此项创新举措被写入《国务院办公厅关于全面推行行政执法公示制度执法全过程记录制度重大执法决定法制审核制度的指导意见》并向全国推广。①

（二）对市场轻微违法经营行为免强制清单

为构建法治化营商环境监管执法纠错容错机制，体现对中小企业和新兴业态的包容审慎监管，广州在全国率先推出了一系列"双免"工作举措，涵盖新技术、新产业、新业态等各类市场领域，向全社会发布可以依法实施"双免"的违法经营行为以及相应的轻微情节。2020年5月印发了《广州市交通运输市场轻微违法经营行为免处罚免强制清单》，对79项交通运输市场领域属于轻微违法经营行为可以免处罚或免强制的情形进行了明确规定。这是全国首个免强制清单，也是全国首个面向交通运输市场领域的免处罚免强制清单。②自启动以来，已累计通过清单形式合计发布245项市场轻微违法经营行为免处罚免强制事项，涵盖交通运输、建设、能源、文化等重点行业，涉及市场监管、安全生产、交通、文化、城管等执法领域，基本实现包容审慎监管机制全覆盖。③

---

① 《法治广东：多项指标领跑全国，解码广州法治建设的高分秘诀》，载"广东司法行政"微信公众号，https://mp.weixin.qq.com/s/d29YplV4dPmgHbrMjcc5Yg，2019年11月11日。

② 参见《广州市在全国首推免强制工作及首发交通运输市场轻微违法经营行为免处罚免强制清单》，载"广东司法行政"微信公众号，https://mp.weixin.qq.com/s/7vY3eAxAU6qmJqz6S1oOJw，2020年5月15日。

③ 方晴：《广州对245项轻微违法经营行为可免处罚免强制举措》，载《广州日报》百家号官方账号，https://baijiahao.baidu.com/s?id=1684847799214038332&wfr=spider&for=pc，2020年12月1日。

（三）规范行政处罚自由裁量权

广州市城管局印发《广州市城市管理综合执法规范行政处罚自由裁量权规定》，详细规定了城管综合执法人员在执法过程中的行政处罚自由裁量权尺度，要求城管综合执法人员在行使行政处罚自由裁量权时遵循处罚法定、公开、公正的基本原则，坚持处罚与教育相结合，注重对违法行为的纠正和对违法行为人的教育，遵循行政合理性原则，综合衡量违法行为的事实、性质、情节、社会危害程度等相关因素，促进合理行政，保障公民、法人和其他组织的合法权益。

该规定将违法行为细化为严重违法行为、一般违法行为、轻微违法行为三个档次。城管综合执法人员需要综合考虑违法行为的时间、区域、面积、体积、危害后果等基本要素作出相应的裁量结果。裁量结果分为严重、一般、轻微三个档次。同时，该规定明确了不予处罚、从轻或者减轻处罚以及从重处罚的条件，城管综合执法机关应当严格按照规定执行，不得擅自增设条件。

该规定建立健全了规范行政处罚自由裁量权的监督保障机制。作出行政处罚决定的城管综合执法机关要定期进行案件复查，发现自由裁量权行使不当的，应当主动纠正。上级城管综合执法机关通过行政执法检查、行政处罚案卷评查等方式，对下级城管综合执法机关或者派出机构行使行政处罚自由裁量权的情况进行监督检查，发现有不当或者违法的裁量行为的，应当责令改正。

二、以深圳市城市管理综合行政执法局严格执法实践为例

为推进城管执法全过程记录工作，规范行政执法行为，实现执法全程留痕、可追溯，促进严格、规范、公正、文明执法，保障公民、法人和其他组织的合法权益，根据《中华人民共和国行政处罚法》《中华人民共和国行政强制法》等有关法律法规，结合深圳的工作实际，制定了深圳市城管执法全过程记录制度。该制度对执法的记录方式、记录内容、记录主体、记录对象等都作出了规定。[①]

[①] 参见《深圳市城市管理综合行政执法局执法全过程记录制度》，载深圳市人民政府网站，http://www.shenzhou.gov.cn/art/2020/2/18/art_9308_275591.html，2020 年 2 月 18 日。

（一）确立执法全过程记录原则，对执法方式、主体作出规定

行政执法全过程记录应当坚持依法、全面、客观、公正的原则。执法人员在执法过程全记录时，应当事先告知当事人。执法部门根据执法需要配齐执法记录设备，由专人负责设备管理。依法取得行政执法资格的执法人员是执法全过程记录的主体。行政执法全过程记录包括文字记录和音像记录两种方式，两种方式可以同时使用，也可以分别使用。

（二）对音像方式记录和重点记录部分进行详细规定

行政执法人员在查处违法行为、处理违法案件时，应当佩戴、使用执法记录仪进行全程录音录像，客观、真实地记录执法工作情况及相关证据。下列 10种现场执法活动应当进行音像记录：接受群众举报或者接指令后现场处置；办理行政执法案件现场询问、勘验、检查；先行登记保存；扣押财物、查封施工现场等行政强制措施；对日常巡查中发现的违反城市管理相关规定的行为进行现场处置、当场处罚；留置和公告送达法律文书；拆除违法建设等强制执行；其他直接接触行政相对人，可能引发双方争议和冲突的行政执法环节；处置重大突发事件、群体性事件；其他进行现场执法需要音像记录的情形。还对现场执法音像记录应当重点摄录的内容进行了详细规定，如应当重点拍摄执法现场及周边环境、现场当事人、证人、第三人等现场人员的体貌特征和言行举止等内容。

（三）对在执法记录时的禁止行为进行规定

行政执法人员在进行执法记录时，严禁下列行为：不进行或不按要求进行执法全过程记录；故意删减、修改执法记录设备记录的原始视音频资料；私自复制、保存或者传播、泄露执法记录的视音频资料和案卷资料；利用执法记录设备记录与执勤执法无关的活动；丢失或故意毁坏执法文书、案卷材料、执法记录设备或者视音频资料存储设备；不按规定存储视音频记录信息；其他违反执法记录管理规定的行为。违反上述规定，情节轻微的，予以批评教育；情节严重的，给予警告、记过处分。

第五分编　司法保障

司法保障分编共包括4个二级指标，即保护中小投资者（司法）、知识产权保护与运用（司法）、执行合同（司法）、办理破产。保护中小投资者（司法），是指从司法层面保护中小投资者。知识产权保护与运用（司法），是指由享有知识产权的权利人或国家公诉人向法院对侵权人提起刑事、民事的诉讼，以追究侵权人的刑事、民事责任，以及通过不服知识产权行政机关处罚的当事人向法院提起行政诉讼，进行对行政执法的司法审查，以支持正确的行政处罚或纠正错误的行政处罚，使各方当事人的合法权益都得到切实的保护。执行合同（司法），是指法院在解决商业纠纷时的司法制度运行和诉讼程序质量。办理破产，是指一个企业在办理破产过程中依照法律规定应当遵守的相关事项和程序。

第一章　保护中小投资者（司法）

第一节　三级指标的设计与筛选

一、三级指标的设计

保护中小投资者（司法），是指从司法层面保护中小投资者。本指标具体包括：（1）中小投资者在股东诉讼中申请调查令的便利程度；（2）公司股东知情权诉讼数量/公司主体的比值；（3）法院受理证券虚假陈述诉讼案件的立案数/上市公司数量的比值；（4）对于证券虚假陈述诉讼案件，当地法院的受理是否仍以行政处罚为前置条件等内容。虽然，中小投资者是目前我国资本市场的主要参与群体，但其在市场中处于弱势地位，抗风险能力和自我保护能力较弱，合法权益容易受到侵害。因此，维护好中小投资者的合法权益是资本市场稳健发展的关键。近年来，我国加强了对中小投资者的司法保护力度，国务院、最高人民法院、中国证监会相继出台了一系列法规、政策文件、司法解释，重构和优化了保护中小投资者的相关规则。但中小投资者司法保护工作仍不能满足确保资本市场公开、公平、公正的要求，不能全面地保障广大投资者的合法权益。仍旧需要强化司法保护，提升中小投资者诉讼便利度。深入推进诉讼服务中心标准化、规范化建设，进一步做好诉调对接立案登记、诉讼风险提示、诉讼材料接转、诉讼费用缴纳、财产保全、案件流程查询、信访接待等方面工作。保护好投资者尤其是中小投资者的合法权益，是资本市场监管工作人民性的具体体现，也是服务实体经济的应有之义。在此背景下，有必要将保护中小投资者（司法）纳入营商环境评价指标体系中。

二、三级指标的筛选

与世界银行营商环境评价指标体系相比，本评价指标体系将保护中小投资者这一二级指标分为行政与司法两个方面进行评价。保护少数投资者是世界银行营商环境评价指标体系的一级指标之一，下设两个二级指标，即纠纷调解指数与股东治理指数。其中，纠纷调解指数衡量在利益冲突的情况下中小持股者受到的保护，包括关联交易的透明度（披露程度指数）、股东对关联交易提起诉讼及问责（董事责任程度指数）以及股东在诉讼里获取证据和股东诉讼中的法律费用分担（股东诉讼便利度指数）3个三级指标；股东治理指数衡量在公司治理结构中股份持有人的权利，包括制定公司重大决策时股东的权利（股东权利指数），用于防止不适当的董事会结构和自我固化的保障措施（所有权和管理控制指数）和对公司所有权、薪酬、审计和财务的透明度（公司透明指数）3个三级指标。本评价指标体系中保护中小投资者（司法）下设的4项三级指标皆为新增。

第一，中小投资者在股东诉讼中委托律师就公司或大股东有关信息申请调查令的便利程度。在诉讼环节中，提高中小投资者获得证据的便利度，畅通投资者维权渠道，能有效降低投资者维权成本，解决中小投资者的维权难问题，切实增强投资者获得感，优化营商环境工作。因此，这一指标的设计是有必要的。

第二，公司股东知情权诉讼数量／公司主体的比值。股东知情权纠纷归根结底是以公司为战场的股东之间的博弈，通过司法判例来看，股东知情权诉讼往往集中在失控方股东在介入公司管理、了解公司情况受阻后的行权途径。股东知情权的行使则是中小股东事前防范大股东或经理人不当行为的发生、事后及时收集证据自我救济的重要途径之一。股东知情权诉讼也是中小股东对抗大股东将公司拖入诉讼，增强与大股东之间讨价还价能力的筹码。股东知情权纠纷正呈逐年上升的趋势，2011—2019 年期间，全国各级法院所涉及的股东知情权纠纷（仅限公开裁判文书）从 193 件激增至 4394 件。客观上，随着公司数量的增加，也必然出现更多的股东行使知情权的情形，但也直观地反映出股东行权的主观意愿在增强。因此，将其纳入评估指标能有效反映被评估地区中小投资者行使权力的情况。

第三，法院受理证券虚假陈述诉讼案件的立案数／上市公司数量的比值。由于证券虚假陈述诉讼案件专业性强、索赔周期长、前期成本高等原因，早年仅有少数证券维权律师专门代理投资者提起证券虚假陈述诉讼。随着被行政处罚的上市公司数量激增，大量提起诉讼的投资者获得赔偿，同时，征集方式的"自媒体化"进一步提高了征集效率，证券维权律师队伍快速扩张，这也导致证券虚假陈述诉讼的案件数量出现激增。因此法院受理证券虚假陈述诉讼案件的立案数／上市公司数量应当成为保护中小投资者（行政）的三级指标之一。

第四，对于证券虚假陈述诉讼案件，当地法院的受理是否仍以行政处罚为前置条件。《最高人民法院关于审理证券市场因虚假陈述引发的民事赔偿案件的若干规定》第 6 条规定，投资人提起证券虚假陈述民事赔偿诉讼，需要提交行政处罚决定或者公告，或者人民法院的刑事裁判文书，即所谓立案前置程序。设置前置程序虽然有利于投资者举证存在证券虚假陈述的重大违法事实，但实践中无论是中国证监会及其派出机构作出行政处罚，还是人民法院作出刑事判决，都存在较长的调查和审理周期，且处罚结果存在被司法程序撤销或改判的风险，再加上个人投资者法律维权的成本极高，最终可能导致遭受欺诈损失的中小投资者救济无门。况且，基于侵权责任的证券民事赔偿与行政责任、刑事责任的处罚目的和认定标准本就不相同，前置程序无形中提高了投资者维权的门槛。所以，《最高人民法院关于审理证券市场虚假陈述侵权民事赔偿案件的若干规定》正式取消了前置程序，新增了预测性信息避风港规则，围绕因果关系重构了虚假陈述侵权责任的构成要件，完善了因果关系认定、损失认定和赔偿责任减免的规则，能够更加合理地认定责任的范围。该指标的设计符合《最高人民法院关于审理证券市场虚假陈述侵权民事赔偿案件的若干规定》的要求，也是解决中小投资者维权难问题的有利条件。取消前置程序后，人民法院为了查明事实可以依法向中国证监会有关部门或者派出机构调查收集有关证据，人民法院调查收集的证据应当按照法定程序当庭出示并由各方当事人质证。

第二节　三级指标的确定与权重赋予

一、三级指标的确定

保护中小投资者（司法）由 4 项三级指标构成，即：（1）中小投资者在股东诉讼中委托律师就公司或大股东有关信息申请调查令的便利程度；（2）公司股东知情权诉讼数量／公司主体的比值；（3）法院受理证券虚假陈述诉讼案件的立案数／上市公司数量的比值；（4）对于证券虚假陈述诉讼案件，当地法院的受理是否仍以行政处罚为前置条件。

二级指标	三级指标	权　　重
保护中小投资者（司法）（25%）	中小投资者在股东诉讼中委托律师就公司或大股东有关信息申请调查令的便利程度	是与否，0—1 得分
	公司股东知情权诉讼数量／公司主体的比值	基于数值排序转化为 0—1 得分
	法院受理证券虚假陈述诉讼案件的立案数／上市公司数量的比值	基于数值排序转化为 0—1 得分
	对于证券虚假陈述诉讼案件，当地法院的受理是否仍以行政处罚为前置条件	是与否，0—1 得分

二、三级指标的权重赋予

（一）中小投资者在股东诉讼中委托律师就公司或大股东有关信息申请调查令的便利程度

在民事案件审理或执行过程中，当事人因客观原因无法取得诉讼所需要的证据，经当事人的代理律师向法院提出申请，由法院审查批准，向律师签发的一种具有法律效力的正式文书，代理律师可持令向有关单位或个人调查收集证据。该指标能有效解决调查难、取证难的问题。中小投资者在股东诉讼中委托律师就公司或大股东有关信息能够及时申请到调查令，则打 1 分；申请程序烦琐且时间长，则打 0 分。

（二）公司股东知情权诉讼数量 / 公司主体的比值

该指标反映的是当地对股东尤其是中小股东知情权的保护力度以及中小股东的法律维权意识。以广东省 2021 年为例，公司股东知情权诉讼数量为 2126 件，广东省上市公司的数量为 1002 家，公司股东知情权诉讼数量 / 公司主体的比值是 2.12。若公司股东知情权诉讼数量 / 公司主体的比值大于 2.3，则打 1 分；若公司股东知情权诉讼数量 / 公司主体的比值在 1.8 至 2.3 之间，则打 0.5 分；若公司股东知情权诉讼数量 / 公司主体的比值低于 1.8，则打 0 分。

（三）法院受理证券虚假陈述诉讼案件的立案数 / 上市公司数量

该指标反映的是当地对证券虚假陈述的打击力度以及对资本市场良好营商环境的维护程度。以 2020 年上海市为例，2020 年案件数量持续上升，全年共受理各类金融案件 7230 件，其中证券虚假陈述、金融借款、融资租赁案件分别占 46.14%（3336 件）、13.44%（972 件）和 8.20%（593 件），是案件数量最多的三类案件。全年共审结案件 7235 件，同比 2019 年案件受理量 6888 件和结案量 6924 件，分别上升 4.97% 和 4.23%。上海上市公司的数量为 386 家，法院受理证券虚假陈述诉讼案件的立案数 / 上市公司数量的比值是 8.64。若当地法院受理证券虚假陈述诉讼案件的立案数 / 上市公司数量的比值大于 10，则打 1 分；若当地法院受理证券虚假陈述诉讼案件的立案数 / 上市公司数量的比值在 7 至 10 之间，则打 0.5 分；若当地法院受理证券虚假陈述诉讼案件的立案数 /

上市公司数量的比值低于 7，则打 0 分。

（四）对于证券虚假陈述诉讼案件，当地法院的受理是否仍以行政处罚为前置条件

对于证券虚假陈述诉讼案件，当地法院的受理仍以行政处罚为前置条件，则打 0 分；当地法院受理证券虚假陈述诉讼案件不以行政处罚为前置条件，则打 1 分。

第三节 样本实践

一、以广州市司法局保护中小投资者为例

作为全国法治政府建设典范城市，广州市一直聚焦法规制度体系建设，健全完善营商环境法治保障机制。

（一）构建矛盾纠纷多元化解制度体系

广州市司法局牵头制定《广州市优化营商环境条例》，明确规定为市场主体提供多元化纠纷解决机制，要求建立全面覆盖城乡、便捷高效的现代公共法律服务体系，完善涉外法律服务工作机制，为中小投资者提供全方位的法律服务。《广州市优化营商环境条例》通过地方立法为中小投资者构建了保障体系，进一步加强了多元化纠纷解决制度建设，形成了科学规范、高效运行的多元解纷规则体系，为中小投资者权益保护奠定了坚实的基础。

（二）建立诉调对接机制保障调解审判有效衔接

为促进广州市商事调解制度发展，进一步完善保护中小投资者多元化纠纷解决机制，广州市司法局指导广州市律师协会于 2020 年 9 月成立了广州国际商贸商事调解中心。广州国际商贸商事调解中心与广州市中级人民法院签署了《关于共同建立广州市民商事纠纷诉调对接工作机制的合作协议》，就经调解中心调解的民商事案件的诉讼与调解对接工作的相关事项予以明确，并达成合作协议。广州市中级人民法院、广州市金融消费纠纷人民调解委员会签订《涉金融机构民

事纠纷诉调对接工作机制合作协议》，建立适用于两级法院的诉调对接机制。①

二、以深圳交易所保护中小投资者权益为例

在中国证监会指导下，深交所在充分听取各方意见的基础上，制定了《上市公司自律监管指引第 14 号——破产重整等事项》，以进一步规范上市公司破产事项、稳定市场预期、保护中小投资者合法权益。

（一）聚焦信息披露，充分保障投资者知情权

以重要节点和重要事项为抓手，明确破产事项披露主体、披露时点及披露内容，从制度上提高破产事项信息披露的及时性、完整性、可读性。针对破产事项环节多、程序长、跨度大等特点，分流程、分阶段提出信息披露要求，不仅规定破产事项推进期间的信息披露要求，还进一步督促信息披露义务人在重整计划、和解协议执行完毕后阶段及时披露进展情况和实施效果，充分保障投资者知情权。

（二）强化规范行事，完善停复牌和内幕交易防控机制

在推进破产事项过程中，公司股票及其衍生品种原则上不停牌，确需停牌的，上市公司应提出申请，充分披露停牌期间相关事项涉及的主要工作、事项进展、对公司的影响以及后续安排等。同时，要求上市公司及相关方切实做好内幕交易防控，在申请上市公司破产、法院裁定受理破产事项、债权人会议审议重整计划或和解协议草案、确定重整投资人等重要节点向深交所提交内幕信息知情人档案。

（三）督促归位尽责，保护投资者合法权益

针对资金占用、违规担保等问题提出了上市公司专项自查要求；针对权益调整方案，要求财务顾问对重整投资人受让上市公司资本公积转增股份价格低于投资协议签署日公司股票收盘价 80%、上市公司调整除权（息）参考价计算公式等事项出具专项意见。此外，依法依规就保护投资者知情权、交易权等合

---

① 《保护中小投资者权益，广州跑出加速度》，载广东省司法厅网站，http://sft.gd.gov.cn/sfw/xwdt/sfxz/content/post_3813754.html，2022 年 2 月 12 日。

法权益作出安排，督促各方归位尽责。

（四）创新性引入投资者说明会、媒体说明会机制

规定如出现重大市场质疑、投资者投诉或其他情形，上市公司可主动召开投资者说明会、媒体说明会，深交所也可视情况要求公司召开，推动中小投资者与上市公司、重整管理人等相关方直接沟通。[①]

三、以广州市南沙区司法局建设保护中小投资者机制为例

一是建立了中小投资者矛盾纠纷集中调解机制。对涉及中小投资者的案件建立"绿色通道"，做到立即办、就近办、精准办。建立健全非诉讼纠纷解决机制，深入实施"1＋1＋9＋N"行政复议与调解联动机制，整合人民调解、行政调解、律师调解、公证、行政裁决、行政复议等职能，完善中小投资者矛盾纠纷多元化解体系。

二是推进"智慧公证"建设，为中小投资者办理市场公开承诺公证、合同类公证、委托公证、股东大会现场监督公证、公司章程公证、保全证据公证、提存公证等，优化办证流程，加快办证速度，提供上门公证服务，节约时间成本。

三是健全调解与公证、诉讼的对接机制，推动调解与公证、诉讼有机结合，更好满足中小投资者的公证、司法确认以及诉讼需求。[②]

---

① 《深交所新闻发言人就〈上市公司自律监管指引第14号——破产重整等事项（征求意见稿）〉答记者问》，载国际在线百家号官方账号，https://baijiahao.baidu.com/s?id=17210634968739 37343&wfr=spider&for=pc，2022年1月5日。

② 参见《广州市南沙区司法局关于保护中小投资者合法权益优化营商环境若干措施》，载广州市南沙区司法局网站，http://www.gzns.gov.cn/gznssf/gkmlpt/content/7/7974/mpost_7974433. html#10643，2021年11月26日。

第二章　知识产权保护与运用（司法）

第一节　三级指标的设计与筛选

一、三级指标的设计

知识产权的保护与运用（司法），是指知识产权权利人或者国家机关对侵权人提起民事、刑事诉讼，追究侵权人的民事或刑事责任，以及受到知识产权行政机关不当行政处罚的当事人提起行政诉讼，以纠正错误的行政处罚决定或支持正确的行政处罚决定，从而全面有效地保护涉知识产权案件各方当事人的合法权益。知识产权是激励创新的基本手段，是创新原动力的基本保障，是国际竞争力的核心要素。一个地区营商环境好不好，知识产权保护是关键指标。目前，经济全球化快速发展，新一轮科技革命和产业革命持续深化。知识产权保护能够激励创新，提高国家创新实力，同时也是国际间经贸往来的基本要求，已经成为评价营商环境的重要指标。知识产权保护是营造良好营商环境的关键一环，国家需要通过强化知识产权立法和执法为营造良好营商环境提供制度支撑和法律保障。作为连接科技创新和市场竞争的重要载体，知识产权正逐步成为当今企业最重要的资产和最核心的竞争力，对企业的发展壮大具有战略性的影响力。但是，当前我国知识产权侵权案件数量不断上涨。究其原因主要包括创新主体知识产权保护意识淡薄，未及时对自身创新成果进行有效保护，以及我国知识产权保护法律体系不够完善，司法机关与行政机关未能有效打击侵权行为。我们需要把强化知识产权保护深度融入激励创新的全过程、促进投资和优化营商环境的各环节、扩大对外开放的各方面。知识产权保护制度致力于保护市场主体在科技与文化领域的创新成果。只有对权利人进行了及时有效的保护，才能维护并激励人们的创新动力，推动创新要素聚集，促进社会资源的优化配置。综上，知识产权的保护与运用（司法）指标的设置具备必要性。

二、三级指标的筛选

与世界银行营商环境评价指标体系相比，本评价指标体系增加了知识产权保护与运用（司法）这一二级指标。知识产权保护是一个复杂的系统工程，知识产权自身涉及专利、商标、版权、植物新品种、商业秘密等领域，其保护的权利内容、权利边界等有各自的特点；保护手段涉及注册登记、审查授权、行政执法、司法裁判、仲裁调解等多个方面，客观上需要构建知识产权大保护的工作格局。世界银行营商环境评价指标体系倾向于从企业经营的内部视角出发，衡量被评估地区是否有利于公司的经营发展。而本指标则是站在外部视角上，探讨公司等市场主体在运营过程中，被评估地区能够怎么保护公司等市场主体的知识产权。"知识产权保护和运用（司法）"下5项三级指标相较于世界银行营商环境评价指标体系均为新增。

第一，是否建立知识产权专门审判法院或指定集中管辖法院。建立知识产权法院，提高知识产权案件的审理质量，可以加强知识产权的保护，规范知识产权的运用，进一步完善国家创新激励机制，促进我国科技创新转型升级。另外，相对集中的知识产权案件管辖已成为国际发展趋势。建立知识产权法院，有利于我国知识产权保护与国际接轨，塑造尊重知识产权的良好国际形象。最后，整合我国知识产权司法资源，统一知识产权案件裁判标准，能够提高我国知识产权案件审理能力和水平，提高知识产权案件审理效率，切实有效地加强知识产权司法保护。

第二，知识产权侵权民事案件年度受理量。近年来，我国知识产权案件数量不断上涨，全国法院受理各类知识产权一审案件从2013年的10.1万件增长到2020年的46.7万件，年均增长24.5%，比全国法院受理案件总量年均增幅高出12.8个百分点。根据人民法院知识产权审判工作情况的报告，我国已经成为审理知识产权案件尤其是专利案件最多的国家，也是审理周期最短的国家之一，这反映出经济社会高质量发展对知识产权保护需求的明显增长。

第三，知识产权刑事案件年度办理量。近20年来，我国侵犯知识产权的刑事案件数量大幅攀升，其中侵犯商标权类犯罪占每年案件的绝对多数，比重超过 80%。特别是近 5 年来侵犯商标权类犯罪占比上浮至 90% 左右，侵犯著作权类犯罪和侵犯商业秘密罪合占约 10%。从案发地域看，侵犯知识产权犯罪主要集中在经济发达地区，对营商环境影响显著。

第四，知识产权侵权判决赔偿金额占诉请金额比例。赔偿金额的确定基本遵循了侵权责任的填补损失规则，以权利人实际损失获得填补为原则。我国确立了几种认定权利人受损的方式：（1）侵权人获利计算方法，在权利人损失无法计算时，以侵权人在侵权中的获利作为侵权人的损失；（2）许可费倍数计算方法，在商标侵权和专利侵权案件中，以权利人许可他人使用的费用作为侵权损失的计算标准；（3）法院依据法定赔偿酌定计算。赔偿金额占诉请金额的比例可以反映当地对知识产权的保护力度。

第五，知识产权侵权民事案件平均审理周期。据统计，我国知识产权侵权民事案件的平均审理周期为 4 个月，技术类知识产权案件二审实体案件平均周期为 73 天。最高人民法院知识产权法庭采取繁简分流，将民事和行政案件协同推进。民事案件和行政案件统一审理，能够通过审理时将民事和行政案件分配在一个合议庭，避免此前民事案件等待行政案件，等待期漫长的问题。知识产权法庭采取全国范围的统筹协调，构建多元化的技术事实查明机制，建立了全国的技术调查官的共享机制。此外，信息化建设对于推动法庭提高审判效率发挥了很大作用。通过知识产权诉讼平台建设，当事人可以在线提交证据、在线质证、在线询问、在线开庭、电子送达，提高了审判效率，从而充分及时保障市场主体的知识产权。

第二节　三级指标的确定与权重赋予

一、三级指标的确定

知识产权保护与运用（司法）指标由 5 项三级指标构成，即是否建立知识产权专门审判法院或指定集中管辖法院、知识产权侵权民事案件年度受理量、知识产权刑事案件年度办理量、知识产权侵权判决赔偿金额占诉请金额比例、知识产权侵权民事案件平均审理周期。

二级指标	三级指标	权　　重
知识产权保护与运用（司法）（25%）	是否建立知识产权专门审判法院或指定集中管辖法院	是与否，0—1 得分
	知识产权侵权民事案件年度受理量	基于数值排序转化为 0—1 得分
	知识产权刑事案件年度办理量	基于数值排序转化为 0—1 得分
	知识产权侵权判决赔偿金额占诉请金额比例	基于数值排序转化为 0—1 得分
	知识产权侵权民事案件平均审理周期	基于数值排序转化为 0—1 得分

二、三级指标的权重赋予

（一）是否建立知识产权专门审判法院或指定集中管辖法院

该指标衡量的是当地是否具有专门的知识产权法院。拥有专门的知识产权法院能够大幅度提高知识产权刑事和民事案件的办理效率，整合司法资源，集中办案。若地区内具有知识产权专门法院或指定集中管辖法院，则记 1 分；若没有，则计 0 分。

（二）知识产权侵权民事案件年度受理量

该指标反映的是从民事角度确定当地群众对知识产权保护的意识与当地对知识产权的保护力度。以 2020 年广东省为例，上一年受理知识产权民事一审案件 175795 件，广东省共有 21 个地级市，因此每一地级市受理知识产权民事一审案件数量为 8371 件。若受理知识产权民事一审案件远超省内地级市平均水平（超过 10000 件），则打 1 分；若受理知识产权民事一审案件与省内地级市平均数量基本持平（约为 5000 至 10000 件），则打 0.5 分；若受理知识产权民事一审案件远低于省内地级市平均水平（低于 5000 件），则打 0 分。

（三）知识产权刑事案件年度办理量

该指标是从刑事角度反映当地对知识产权犯罪的追责力度。以 2020 年广东省为例,上一年受理知识产权刑事一审案件 1450 件,广东省共有 21 个地级市,因此每一地级市受理知识产权刑事一审案件数量约为 69 件。受理知识产权刑事一审案件远超省内地级市平均水平(超过 80 件),则打 1 分;若受理知识产权刑事一审案件与省内地级市平均数量基本持平(约为 50 至 80 件),则打 0.5 分;若受理知识产权刑事一审案件远低于省内地级市平均水平(低于 50 件),则打 0 分。

(四)知识产权侵权判决赔偿金额占诉请金额比例

侵犯知识产权的补救措施主要包括停止侵权、赔偿损失、赔礼道歉、消除影响等,其中赔偿损失是双方当事人极为关心的问题,赔偿数额多寡既关系到权利人的获赔,又关系到侵权人的赔偿,对双方利益攸关。若赔偿金额占诉请金额比例超过 60%,则打 1 分;若赔偿金额占诉请金额比例在 30% 至 60% 之间,则打 0.5 分;若赔偿金额占诉请金额比例低于 30%,则打 0 分。

(五)知识产权侵权民事案件平均审理周期

该指标直接反映了当地对知识产权侵权民事案件重视力度和处理效率。以北京丰台区为例,知识产权侵权民事案件平均审理周期为 121.5 天。若知识产权侵权民事案件平均审理周期低于 90 天,则打 1 分;若知识产权侵权民事案件平均审理周期在 90 天至 150 天之间,则打 0.5 分;若知识产权侵权民事案件平均审理周期高于 150 天,则打 0 分。

第三节　样本实践

一、以深圳市南山区法院知识产权庭加强知识产权司法保护为例

南山区法院始终坚持党的领导,不断增强"四个意识"、坚定"四个自信"、做到"两个维护",从党的奋斗历程中不断汲取奋进力量,积极开展"向英模先进学习"等活动,确保队伍风清气正。先后获评"全国青年文明号""全国知识产权审判工作先进集体""查处侵权盗版案件有功单位二等奖""广东省五一劳动奖状""省级青年文明号"等荣誉称号,并记集体一等功一次,并培

育出"全国巾帼建功标兵"获得者、深圳政法群英等先进人物。南山区法院知识产权庭作为深圳市唯一一个集体,被最高人民法院授予"全国法院先进集体"称号。①

（一）司法保护

加强知识产权案件审理。大力推进繁简分流工作,优化知识产权案件快审、速裁审判机制,实现审判资源的优化配置。2020年,深圳市各级人民法院新收知识产权案件69661件,审结知识产权案件69602件,分别同比增长63.29%和69.63%。其中,新收民事一审案件62514件,同比增长82.47%;新收民事二审案件6704件,同比减少15.31%;新收刑事案件439件,同比减少7.77%;新收行政案件4件,同比增长100%。新收专利案件4862件,商标案件3581件,著作权案件59644件,不正当竞争类案件394件,其他知识产权纠纷案件1180件。

（二）行政保护

1. 严格专利行政保护

组织开展知识产权执法保护专项行动,全年查处专利侵权纠纷案件956件,同比增长5.64%;查处假冒专利违法案件31件,罚没款19.37万元。深化全国专利管理部门与电商平台执法协作机制,处理电商侵权案件803件,出具侵权判定咨询意见56份,办理维权援助申请18份和线下举报投诉案件31件。

2. 严格商标专用权保护

部署开展"铁拳"系列专项行动,全年查处商标侵权假冒等违法案件464件,同比减少35.38%;罚没款546.12万元,移送公安机关涉嫌商标侵权犯罪案件49件。查办的侵犯"华为"等注册商标专用权集群案,获评2019年度国家商标行政保护十大典型案例。

3. 严格版权执法监管

开展"剑网2020"专项行动,严厉打击网络侵权盗版违法行为。全年查处

---

① 王志明、刘颖、黄湘:《深圳市唯一!南山法院知识产权庭荣获"全国法院先进集体"称号》,载深圳新闻网,https://www.sznews.com/news/content/2022-01/19/content_24887881.htm,2022年1月19日。

版权等违法案件 32 件，同比增长 77.78%；罚没款 9.36 万元，移送公安机关涉嫌犯罪案件 4 件。检查各类文化经营场所 25020 家次，立案 79 件，结案 66 件。①

二、以佛山市禅城区新城知识产权法庭构筑知识产权"防护盾"为例

禅城法院新城知识产权法庭以公正、高效的审判，为企业创新发展构筑司法"防护盾"，为佛山创新升级提供了有力的司法保障。新城知识产权法庭着力全面提升审判调研能力，先后发布佛山知识产权案件一周年、五周年报告，佛山著作权纠纷"一门式"和解机制实施一周年总结报告，以专业法官会议为依托，统一各类知识产权案件的裁判标准，提高审判质效；把维护、促进佛山的知识经济发展作为审判任务目标之一，行使自由裁量权时充分考虑涉及相关产品的行业健康发展问题，既要引导公众购买正版产品，又要提高商家在疫情影响下也能正常经营的信心；把营商环境作为总结及各项调研宣传的专项议题。②

法官和调解员组织当事人开展"一门式"调解。知识产权案件中，著作权纠纷增长最快，种类繁多、标的小、数量大，为了充分发动各方力量及时化解社会矛盾，将诉讼对佛山文化娱乐产业的冲击减至最低，2020 年，新城知识产权法庭与市版权局协商建立了著作权纠纷"一门式"和解机制。"一门式"和解机制联合了著作权领域的行政机关、社会团体等力量，把当事人处理著作权纠纷的送达、举证、开庭、执行等多环节耗费的时间和费用压缩到最低，除法定程序外的其他工作由法庭和社会力量代替完成，把真正的便利带给当事人。机制建立以来，2020 年有 4041 件著作权纠纷成功和解，2021 年初至 7 月底已和解 1480 件，诉源治理成效显著。③

---

① 《深圳市 2020 年知识产权白皮书》，载深圳市市场监督管理局网站，http://amr.sz.gov.cn/gkmlpt/content/8/8804/mmpost_8804216.html#911，2021 年 5 月 25 日。
② 《新城知识产权法庭：用专业化审判护航知识产权》，载澎湃新闻网，https://m.thepaper.cn/baijiahao_14213945，2021 年 8 月 25 日。
③ 《最美人民法庭候选集体：新城知识产权法庭》，载澎湃新闻网，https://m.thepaper.cn/baijiahao_14419708，2021 年 9 月 8 日。

禅城法院新城知识产权法庭与佛山市工商局共同签署备忘录。加大与相关职能部门的沟通协调，主动牵头，共同探索保护知识产权工作新机制，形成合力，化解纠纷，充分保障知识产权人的合法权益，发挥司法在整个知识产权保护工作中的主导作用。

一是建立点对点便捷联系机制。为了提高调取侵权行政执法证据的效率，市工商局协调五区工商部门建立相对固定的人员联系机制，与禅城法院新城知识产权法庭的保全人员进行对接；对于法院需要调取的证据，先以电话沟通方式传真调查函，待工商部门调取证据后通知法院，法院持调查函原件领取材料，提高一次调证成功率。

二是探索律师持令调证机制。对于法律法规规定可以由律师持立案通知、补充证据通知等直接调取的证据材料，按规定办理；对于需要且可以由律师持法院调查令由工商部门协助提供材料的，由法院审查必要性和合理性，明确协助的单位及调证具体内容；法院向当事人出具调查令即获得法院授权，可由当事人委托的律师持调查令调取相应证据，工商部门应该按照调查令内容予以办理。

三是明确调取扣押侵权产品程序。对于需向工商部门调取扣押侵权产品的情形，由法院出具调取函，工商部门予以协助；侵权产品被销毁后，工商部门提供能够反映涉案商标等细节的侵权物品照片。

四是确定调取证据的形式。法院调取侵权执法证据时，无特殊要求，工商部门仅需提供复印件并加盖印章即可。

五是建立沟通长效机制。加强行政执法与司法的沟通，定期或不定期开展座谈交流，重点对行政执法和司法的认定标准统一等事项凝聚共识，发挥各自工作优势，共同提升佛山知识产权保护水平。

第三章 执行合同（司法）

第一节 三级指标的设计与筛选

一、三级指标的设计

执行合同（司法），即法院在解决商业纠纷时的司法制度运行和诉讼程序质量。该指标主要衡量国家司法程序解决商事纠纷所消耗的时间与经济成本，以及对司法程序的质量评估。作为一项优化营商环境衡量指标，执行合同（司法）为了降低当事人时间成本和经济成本，不仅通过时间、成本和司法程序质量促进了我国司法程序的改善，还对我国整体的投资、贸易环境以及经济的健康和持续发展至关重要。法院在解决商业纠纷时，能够推动新型商业合作关系的产生，推动资本进入更加复杂的生产和服务之中。除此之外，还可以保护双方公平交易，对于有害公平交易的行为进行限制和处理，强制违约方执行合同等。这一系列行为都在一定程度上解决了投资者进入商业交易中的"后顾之忧"，进而构建一个公平和谐的商业环境，从而促进创新创业、吸引国内外投资等，最终推动经济增长。多措并举共同推动司法中执行合同指标的构建。

2019年1月，习近平总书记在中央政法工作会议上指出，"要深化诉讼制度改革，推进案件繁简分流、轻重分离、快慢分道"。2020年1月，最高人民法院印发《民事诉讼程序繁简分流改革试点方案》和《民事诉讼程序繁简分流改革试点实施办法》。2020年4月，广东省高级人民法院和广东省司法厅发布《关于在民事诉讼中实行律师调查令的规定》。2021年2月，最高人民法院发布人民法院调解平台应用成效和《中国法院的多元化纠纷解决机制改革报告（2015—2020）》，系统介绍在线多元调解的应用成效和人民法院多元化纠纷解决机制改革成果。世界银行评估执行合同指标的方法论指出，执行合同指标重点反映执行合同的效率，因此在设计三级指标时，应当考虑一起商业纠纷从原告向法院提交诉讼，到最终获得解决所花费的时间、费用和步骤。具体可以从时间、成本、程序三个方面进行分析：时间主要是指解决争端所需时间，即从原告提起诉讼到实际解决期间的时间，包括采取行动的天数和等待时间以及执行时间等；成本主要是法院费用和律师代理费占债务总值的比例；程序是执行合同平均所需办理的手续数量等。

二、三级指标的筛选

案件平均审结周期越短，司法效率越高，越有利于营造一个健康平等安全的营商环境。根据该逻辑，对本评价指标体系中的案件平均审结周期指标的具体内容进行了确定，主要将其分为三个部分，即立案服务时间、审理判决时间和执行判决时间。

法院的电子化程度越高，表示保障合同执行的司法体系更自动化，更高效，更透明，更有利于执行合同。因此，本评价指标体系中的法院电子化程度指标吸收了世界银行的司法程序质量指数的三级指标法院自动化这一指标，内容相同，赋分相同。本评价指标体系中的法院提供自然人被告的公民信息查询这一指标也借鉴了上述世界银行的指标。律师参与法院诉讼案件调解是推动多元化纠纷解决机制的重要举措之一，有利于推动案件解决的专业化、法治化。因此本评价指标体系中的律师参与法院诉讼案件调解的制度这项指标部分借鉴和吸收了世界银行的司法程序质量指数的三级指标替代性纠纷解决这一指标。但是两项指标对比赋分不同，因为我国对于商业仲裁、调解的法律规定较为完善，对有效的仲裁条款的适用有明确的法律规定，因此只进行了部分吸收和借鉴。此外，监督法院的表现、案件在该法院的进展对法院审理案件的效率和质量都有一定程度的帮助。因此，本评价指标体系中的法院案件审理的绩效评估指数这项指标吸收和借鉴了世界银行的司法程序质量指数的三级指标案件管理指数这一指标。

因为与国际上的其他发达经济体相比，我国执行合同的成本较低，无论是市场调解的律师费用，还是财政收取的诉讼费用和执行费用，都明显低于发达国家。法院收取的费用是由《诉讼费用交纳办法》明确规定的，地方改革空间较小，因此本评价指标体系未对世界银行的成本指标进行吸收。

此外，本评价指标体系在世界银行指标之外新增了律师调查令制度。在遇到商事纠纷时，律师调查令制度让当事人举证更加容易，一定程度上能提高当事人的举证能力，解决当事人"举证难"的问题，也有利于提高司法诉讼效率。

第二节　三级指标的确定与权重赋予

一、三级指标的确定

执行合同（司法）在司法保障一编中分数占比25%。本评价指标体系最终确定执行合同（司法）由6个三级指标构成，即法院电子化程度、是否建立了律师调查令制度、法院是否提供自然人被告的公民信息查询、案件平均审结周期、是否建立了律师参与法院诉讼案件调解的制度和法院案件审理的绩效评估指数。下表对各项三级指标进行确定及权重赋予：

二级指标	三级指标	权　　重
执行合同（司法）（25%）	法院电子化程度（电子化立案、送达、案件档案和流程查询）	每项0.25分，加总0—1分
	是否建立了律师调查令制度	是与否，0—1得分
	法院是否提供自然人被告的公民信息查询	是与否，0—1得分
	案件平均审结周期	基于数值降序排列转化为0—1得分
	是否建立了律师参与法院诉讼案件调解的制度	是与否，0—1得分
	法院案件审理的绩效评估指数（审理时间报告、结案报告、未结案件案龄报告、单一案件进展报告）	每项0.25分，加总0—1分

二、三级指标的权重赋予

（一）法院电子化程度

法院电子化程度有4个组成部分，该指标的加总分数是0—1分，共有4项。

分数越高，法院的电子化程度越高，表示保障合同执行的司法体系更自动化，更高效，更透明。

1. 电子化立案

能否通过管辖法院的专用线上平台以电子的方式立案？如果有这样的线上平台且可以通过该平台无纸化立案，则打 0.25 分；否则，打 0 分。

2. 电子化送达

对于在管辖法院提交的案件，能否通过管辖法院的某个专用线上系统或者通过电子邮件、传真或短消息服务将最初的诉状以电子方式送达被告方？如果能，则打 0.25 分；如果不能，则打 0 分。本项打分重点关注是否无纸化，不考虑该专用线上系统的使用率。

3. 电子档案

管辖法院是否有一个专用线上系统对案件进行电子化的档案管理？主要包括两项内容：一是查看法律、法规和最高法指导案例；二是根据案件的具体情况生成案件审理表并追踪案件的具体状况。如果有以上两项内容，则打 0.25 分；如果没有，则打 0 分。

4. 线上案件查询

对于在管辖法院提交的案件，案件的当事人以及律师能否通过案件管辖法院的某个专用线上系统对案件进行查询？查询内容主要包括法律法规、法院通知、向法院提交诉状和文件、追踪案件的状况等。如果能查询，则打 0.25 分；如果不能，则打 0 分。

（二）是否建立了律师调查令制度

律师调查令，是指在民事诉讼的起诉、审理、执行阶段，经人民法院批准，律师可持调查令向有关单位和个人收集证据。律师调查令制度让当事人举证更加容易，有助于提高当事人的举证能力。是否建立了律师调查令制度？如果有，则打 1 分；如果没有，则打 0 分。

（三）法院是否提供自然人被告的公民信息查询

公民信息查询，是指管辖法院为符合条件的当事人及其代理人提供全国人口信息查询诉讼服务。通过公民信息查询服务，可以为当事人及其代理人提供诉讼便利，有效地降低诉讼成本。此外，公民信息查询也是电子送达的重要内容之一。当事人及其代理人查询得知被告身份信息之后，进一步明确被告所在，更有利于诉讼材料的送达，一定程度上还有利于司法实践中"送达难"问题的解决。案件管辖法院是否为案件当事人及其律师提供自然人被告的公民信息查询？如果能，则打 1 分；如果不能，则打 0 分。

（四）案件平均审结周期

案件平均审结周期以日历天数的计量方式记录，从一方向法院提起诉讼之日起计算，到款项执行结束。案件平均审结周期包括三个阶段的时间，即立案时间、审理和判决时间、执行判决的时间。该周期的时间计算应当包括采取行动所需的天数及其间的等候期。该项指标的分数基于数值降序排列转化为 0—1 得分。

（五）是否建立了律师参与法院诉讼案件调解的制度

律师参与法院诉讼案件调解是推动多元化纠纷解决机制的重要举措之一。律师在处理案件时所展现的专业素养和职业伦理能够提高调解的专业化和法治化水平，并为调解制度改革注入新的力量。调解以自愿原则为基础，律师参与调解有利于当事人在调解过程中充分表达需要，快速抓住各方当事人间的矛盾点，并促进合意达成。若建立了律师参与法院诉讼案件调解制度，则打 1 分；如果没有，则打 0 分。

（六）法院案件审理的绩效评估指数

法院案件审理的绩效评估指数有 4 个组成部分，该指标的加总分数是 0—1 分，共有 4 项。分数越高，法院审理案件的绩效越好，表示案件管理系统质量和效率越高。

1. 审理时间报告

是否能够针对管辖法院判决案件的时间作出评估报告，以监督法院审理效能及案件进展？如果能，则打 0.25 分；如果不能，则打 0 分。

2. 结案报告

是否能够针对管辖法院的结案率（对比已经解决的案件和受理的案件数）作出评估报告，以监督法院及时办理案件，保证办理时效？如果能，则打 0.25 分；如果不能，则打 0 分。

3. 未结案案龄报告

是否能够针对管辖法院未结案案龄作出评估报告，主要是指根据案件类型、案龄，上一个诉讼案件和下一个已确定的诉讼案件，提供待解决案件的概览，以监督该法院的表现、案件在该法院的进展以及确保遵守了既定的时间标准？如果能，则打 0.25 分；如果不能，则打 0 分。

4. 单一案件进展报告

管辖法院能否提供单一案件进展情况的概览或者单一案件进展报告？如果能，则打 0.25 分；如果不能，则打 0 分。

第三节　样本实践

司法是维护公平正义与市场道德的最后一道防线和保障，对市场有重要的引领、示范和安定作用。优化执行合同（司法）指标，提升司法服务保障水平，是法治化营商环境建设的重要环节。下面将以广州市执行合同（司法）指标改革的进展为例进行分析。

一、律师调查令制度

律师调查令，即指当事人请求法院签发的以特定被调查事由为对象的法律文书，它由律师持有向被调查对象收集证据。律师调查令在司法实践中长期存在，但是我国诉讼法条文中对于律师调查令并无明确规定。2017 年，广州市律师协会正式启动广州律师调查令制度的调研工作。通过各地调研、征求意见等，最终《广州市中级人民法院关于民事诉讼律师调查令的实施办法（试行）》出台，广州成为全国首个在市、区两级法院全面推行律师调查令的城市。2018 年，广州市司法局报送"广州律师调查令制度"到广州市委政法委主办的"2018 广州法治秀"，律师调查令制度入选"广州市法治化营商环境建设十大案（事）例"，同时以 57 万票的网络投票荣获"网络人气奖"。在现场进行的两项评委打分中，"广州律师调查令制度"均名列第一。根据广州中院统计的数据，截至 2021 年 8 月，全市法院累计律师调查令申请总数为 40162 件，发出律师调查令总数 32523 件，广州法院针对调查令申请的签发率超过 80%。此外，律师调查令制度也被纳入了《广州市优化营商环境条例》之中，首次得到了地方性法规的保障，这在一定程度上提高了律师调查令制度的法治化程度。[①]

广州律师调查令制度的出台有利于解决律师取证过程中面临的"取证难、调查难"问题。律师调查令制度的成熟运行有效地减少了律师在自行调查过程中所面对的单位和个人不配合的现象，进一步保障了律师调查取证的权利。这对于提高诉讼效率，保障当事人的合法权益都有着正面的作用。律师调查令制度的发展在一定程度上还可以减轻司法机关的调查负担，充分地赋予律师以调查案件事实的自主权，调动律师调查取证的积极性，不仅能节约司法资源，还能改善法院与律师群体之间的关系，保证法院公正中立的司法裁判态度。综上，律师调查令制度的确立是优化广州营商环境的重要一环。

2020 年 8 月，广州市中级人民法院正式上线"区块链律师调查令"线上办理平台。根据广州律协的统计，区块链律师调查令线上办理平台自实施以来，广州市两级法院签发率超过 90%，律师调查令签发后的取证率超过 80%。[②]该平台是全国首个运用区块链技术全流程线上办理的律师调查令服务平台。区块链律师调查令正是利用区块链技术全程留痕、可溯源、防止篡改的技术优势，确保律师调查令可以高效、准确、合法地使用。由于律师向法院申请调查的证据种类覆盖范围广，司法实践应用场景多，涉及大量的个人隐私，审批程序较为复杂。因此持着谨慎的态度，广州建立了区块链律师调查令线上办理平台。

---

① 参见《广州律师调查令制度出台这四年》，载广州市人民政府网站，https://www.gz.gov.cn/zwgk/zwwgk/jggk/gzfkgk/zdjcgzfkxx/content/mpost_7736462.html，2021 年 8 月 25 日。

② 余佩揪：《令为盾 法先行 广州全面推行律师调查令制度成效显著》，载《南方法治报》2021 年 9 月 29 日。

通过这一区块链律师调查令线上办理平台，律师能够更好地在线申请调查令，大大节约了律师在法院和协查单位往返申请审核的时间，提升了办案调查的效率，降低了诉讼成本。此外，区块链技术对于证据的来源和保存有一定的保证，不仅有利于防止因为办案调查容易产生的隐私和个人信息泄露，还有利于保障整体数据的安全。

自律师调查令制度在广州施行以来，其在司法实践中不断地发展、完善和成熟，在律师实际使用过程中发挥了重要的作用，对优化广州市营商环境有着正面的社会效果和法律效果。

二、压缩执行合同时间

执行合同时间包括法院解决纠纷的立案、审判和执行用时。广州法院以智慧法院建设为支撑，以机制改革为抓手，全面推行繁简分流机制改革，丰富电子送达方式，深化"智审智卷"系统应用，严格审限管理，促进执行合同用时不断缩短。[①]

（一）民事诉讼繁简分流改革

2021年以来，广州市法院形成了"1方案＋9指引＋N配套"的改革框架体系，在民事诉讼繁简分流改革试点实施方案基础上，制定了《广州法院关于优化司法确认程序实施细则》等9份配套实施细则指引，制定了《特邀调解员组织管理办法》等多份具有广州特色的配套规范。

（二）深入融合智慧法院的建设成果

借助智慧法院建设平台，推进繁简分流全流程线上办理，从线上调解、自动立案、智慧快审、网上服务4个方面建立调立审服的繁简分流全业务线上办理体系。

（三）坚持简出效率与繁出精品相结合

广州制定了《民事案件庭前会议操作办法》，创新庭审模式，提高庭审效率，

---

① 参见《期中"成绩单"来啦：广州法院这个改革小支点撬动了办案大效果》，载羊城派，https://baijiahao.baidu.com/s?id=1689932415660854816&wfr=spider&for=pc，2021年1月26日。

建立两级法院新类型案件通报制度。

三、多项措施解决送达难，加强合同执行的司法保障

广州通过完善机制建设，加强技术支撑，拓宽地址来源，丰富送达渠道等方式，提高电子送达适用率和成功率，在获取大家对于电子送达的认可的同时，促进审判用时的压缩。①

第一，完善了电子送达制度。出台《关于电子送达的若干规定（试行）》以及《关于推进全市两级法院电子送达的工作方案》，明确电子送达的适用条件、适用范围和生效标准。

第二，加大电子送达工作推进力度，召开全市两级法院电子送达业务培训会和市中院电子送达工作沟通交流会，细化了工作方案，解决了实践中出现的问题，电子送达适用率逐月稳步提升。

第三，积极探索裁判文书电子送达。通过微信小程序、网易专用邮箱、短信附链接等方式，创新实现裁判文书无接触配送。

第四，建立企业送达信息共享机制。广州市中级法院与广州市市场监督管理局就企业登记阶段建立企业送达地址告知承诺书，印发了《关于企业登记阶段建立企业送达地址告知承诺制的实施意见（试行）》，明确企业在办理设立、变更、登记等业务时，确认诉讼文书送达地址并承诺相应责任，并通过广州市信息共享平台加强政务信息数据交换，有效地缓解了企业送达地址确认难、送达速度慢等问题。

第五，不断优化智慧送达平台。解决电子送达裁判文书下载打印问题，制作裁判文书二维码验定电子送达裁判文书真伪，开发短信链接送达，在短信中附上文书链接，受送达人可以通过点击短信中的链接直接跳转至司法送达平台文书签收页面并直接进行下载打印。

---

① 参见《24小时不打烊、办理率超过90%！广州法院诉讼服务线上办理"全覆盖"》，载中国长安网百家号官方账号，https://baijiahao.baidu.com/s?id=1749528360584977611&wfr=spider&for=pc，2022 年 11 月 15 日。

四、多元纠纷解决机制的完善

广州两级法院以一站式多元纠纷解决机制建设为切入点，深度参与诉源治理，为纠纷解决提质增速。①

（一）健全工作机制

先后针对推进多元纠纷解决机制，规范司法确认，加强特邀调解员管理出台规范性文件，释放制度效能。强化调解前置，将商事案件全面纳入调解前置程序。发布诉前委派、诉中委托告知书、司法确认申请书等文书模板，强化诉前指引，成立诉前联调工作专班。

（二）多元纠纷解决机制信息化程度更高

推广并持续优化广州市在线纠纷多元化解决纠纷平台，探索无争议事实记载、证据固定、中立意见等创新功能。

（三）促进解决纠纷主体更加多元化

广州两级法院与广州仲裁委、广州市金融消费纠纷人民调解委员会签署合作协议，推动成立广州国际商贸商事调解中心。广州国际商贸商事调解中心与广州市中级人民法院正式签署了《关于共同建立广州市民商事纠纷诉调对接工作机制的合作协议》，创新广州国际商贸商事调解中心与广州市中级人民法院的合作方式，制定相应的诉与非诉衔接、司法确认等配套规则，促进商事纠纷调解与审判工作的协调，为当事人解决商事纠纷提供高效、便捷、多元的途径。

其次，率先推动全省建立律师接受委托代理时告知当事人选择非诉方式解决纠纷机制，推进律师参与，强化调解队伍建设，积极纳入优秀调解员选入特邀调解员名册。广州国际商贸商事调解中心是由律师协会作为发起人之一，因此能充分调动全市专业律师资源。律师参与调解工作，能够保证调解中心平稳起步并确保调解工作的有效开展，进而发挥调解中心的多元纠纷处理功能。此外，律师还可在调解中心担任调解员。由于商事纠纷涉及保险、金融、证券、

---

① 参见《保护中小投资者③ "诉前调解＋在线司法确认" 跑出加速度》，载搜狐网，https://www.sohu.com/a/518292920_121106875，2022 年 1 月 22 日。

知识产权、房地产等多个专业领域，调解中心还会吸纳各个专业领域的专家参与调解、加入调解员队伍，逐步提高调解中心的专业度、调解效率和公信度。

五、提升审判效率

便利当事人与提升审判执行效率是相辅相成的，为了让当事人、律师少跑路，广州法院主要采取了一系列改革举措。[①]

第一，打造"ALL ON LINE"的电子诉讼规则，通过广州法院网上诉讼服务中心、广州微法院等在线诉讼平台，使得民商事案件的立案、送达、调解、证据交换、庭前会议、庭审、宣判、执行等环节均可以在线办理，不用跑法院，也不需要借助纸质介质便可以快速解决纠纷。

第二，建立庭前会议制度、延期开庭制度，提升庭审的流畅度，减少开庭次数。对当事人选择线下开庭的案件采取"一会十一庭"的审判模式，利用庭前会议，交换证据、固定争议焦点，解决程序争议，开展调解，防止证据突袭导致的多次开庭。

第三，严格延期开庭的审批监管，明确延期开庭的理由，规定延期开庭的最大次数和两次开庭的间隔时间，增加当事人的可预期性，尽可能减少开庭次数，让当事人和律师少跑路。

第四，推进智审、智卷系统的应用。智审、智卷系统是广州智慧法院建设的重要成果，该系统镶嵌在法院审判管理系统内，主要功能是服务执法办案，辅助法官办案，提升司法效率。"智审"系统实现类案自动识别、关联案件自动推送，自动生成128种诉讼文书、200余种执行文书。一方面半自动生成法院裁决，辅助法官快速撰写裁判文书，提升作出判决的效率；另一方面，自动比对类案处理，统一裁判尺度，避免同案不同判，提升裁判质量。"智卷"系统实现诉讼材料全程过程化扫描以及电子卷宗深度应用，辅助实现移动办案、远程阅卷合议。

[①] 参见孟健等：《24小时不打烊 诉讼权利有保障》，载《南方日报》百家号官方账号，https://baijiahao.baidu.com/s?id=1746631333785039617&wfr=spider&for=pc，2022年10月14日。

第四章　办理破产

第一节　三级指标的设计与筛选

一、三级指标的设计

办理破产是一个企业在办理破产过程中依照法律规定应当遵守的相关事项和程序。办理破产指标主要衡量的是法律对于企业破产程序的时间、成本和结果，以及清算和重组程序的保障力度。从宏观层面来看，办理破产指标的建立是淘汰"僵尸企业"、完善企业退出机制的重要方式，对于我国推进供给侧结构性改革具有重要意义。国家可以通过清算的法律手段淘汰落后产能，充分释放市场要素和资源。从微观层面来看，通过办理破产的法律框架，债权人的权益得到了保障。而债务企业可以通过重整、和解等法律途径恢复生机，挽救其尚存的有益价值，提升偿债能力。最终形成了债权人和债务人之间的良性互动和共赢，有利于经济效益的提升，对形成一个良性、健康、稳定的营商环境颇有裨益。

2019 年 2 月，最高人民法院下发《关于强制清算与破产案件单独绩效考核的通知》，为破产审判专业化提供审判管理保障。2019 年 7 月，多部门印发《加快完善市场主体退出制度改革方案》，致力于畅通市场主体退出渠道，降低市场主体退出成本。2021 年 2 月，最高人民法院、国家发展改革委等十三部委联合发布《关于推动和保障管理人在破产程序中依法履职进一步优化营商环境的意见》，该意见对推动完善破产制度，提高破产案件的审理效果发挥了重要作用。

世界银行评估办理破产指标的方法论指出，办理破产指标重点反映的是企业破产时通过破产清算、重整、和解等法律手段进行债务执行的效率。因此，在设计三级指标时，应当考虑企业以法律手段办理破产的时间、成本以及后果。时间是指债权人通过法律程序实现债权的时间。成本是债权人通过破产清算、重整、和解等法律手段所负担的费用。后果是通过破产清算、重整、和解等法律手段实现债权最终的结果是否达到破产制度的预期。

二、三级指标的筛选

世界银行《营商环境报告》中认为办理破产指标主要衡量的是企业破产程序的债权回收率、时间、成本，以及适用于清算和重组程序的法律框架的力度，主要包括回收率、时间、成本和破产框架力度。回收率是指按债权人通过重组、清算或者债务执行等法律行动收回的债务占债务额的百分比。时间是债权人收回贷款的时间，从公司违约之时开始，直至其拖欠银行的款项部分或全部偿付之时结束，以日历天数作为计量方式。成本是指诉讼成本，包括法庭费用和政府税费、破产管理费、拍卖费、评估费和律师费以及其他一切费用和成本，以占债务人不动产价值的百分比为计量方式。破产框架力度包括启动程序指数、债务人资产管理指数、重整程序指数和债权人参与指数 4 项，共计 16 小项，赋分加总是 0—16 分。分值越高，说明破产程序对于落后企业的淘汰能力和有价值企业的挽救能力越强。

破产成本越低，越说明债权人更愿意通过破产清算、重整等法律手段收回债务。这不仅能最大化地对债权人权益进行司法保障，还能使得债务企业根据其具体状况选择破产清算、重整或者和解等手段使得破产企业的价值充分发挥作用，淘汰落后产能，挽救危困企业。世界银行的成本指标主要衡量破产的诉讼成本，范围更广，不局限于破产成本。本评价指标体系更详细，除了破产成本以外的其他破产诉讼成本在其他章节有所体现，为了保证指标不重复，本评价指标体系对该指标选择性地予以吸收和借鉴，最终确定为破产费用占可供分配财产比例。

回收率、时间和破产框架力度三项指标，在我国企业破产法中已经有了关于破产框架力度的规定，各地根据上位法的相关规定出台本地的法规和政策。时间已经在本评价指标体系的其他章节予以体现。为了保证打分标准不重复，再结合区域办理破产的具体情况，本评价指标体系对世界银行的这三项指标不予吸收。

本评价指标体系根据我国的法律和政策，创新了是否已成立专门的破产法庭、破产案件是否有繁简分流、是否已成立破产管理人协会以及重整计划执行期间重整企业之信用是否可修复四项指标。（1）最高法鼓励条件成熟的地方法院设立破产法庭。破产法庭的设立可以提升破产审判能力，推动破产案件审判走向专业化和集中化。（2）最高人民法院发布的《全国法院破产审判工作会议纪要》明确要求建立破产案件审理繁简分流机制。繁简分流不仅能减轻法院破产审判压力，还能提高破产审判质效，有利于塑造良性办理破产营商环境。（3）成立破产管理人协会，不仅有利于办理破产走向专业化，还能帮助法院提升办理破产案件的效率。因此，是否成立破产管理人协会也应当纳入办理破产评价指标。（4）国家发展改革委发文要着力健全破产重整企业的信用修复机制，建立破产信息共享机制，探索重整计划执行期间赋予符合条件的破产企业参与招投标等资格。是否恢复重整企业的信用与该企业的后续融资、招投标、恢复正常运作息息相关，是重整成功率的核心之义。因此在办理破产中应当考虑这一点。

第二节　三级指标的确定与权重赋予

一、三级指标的确定

办理破产在司法保障一编中分数占比25%。本评价指标体系最终确定办理破产由5个三级指标构成，即是否已成立专门的破产法庭、破产费用占可供分配财产比例、破产案件是否有繁简分流、是否已成立破产管理人协会以及重整计划执行期间重整企业之信用是否可修复。下表对各项三级指标进行确定及权重赋予：

二级指标	三级指标	权　　重
办理破产（25%）	是否已成立专门的破产法庭	是与否，0—1得分
	破产费用占可供分配财产比例	基于数值降序排列转化为0—1得分
	破产案件是否有繁简分流	是与否，0—1得分
	是否已成立破产管理人协会	是与否，0—1得分
	重整计划执行期间重整企业之信用是否可修复	是与否，0—1得分

二、三级指标的权重赋予

（一）是否已成立专门的破产法庭

破产法庭是指在法院设立的专门审理破产案件的法庭。近年来，最高人民法院全面部署、持续推进破产审判工作，审理的案件数量大幅上升，截至 2019 年底，全国已有 98 家法院设立清算与破产审判庭。专门破产法庭的成立，不仅有利于加强破产审判专业化建设，促进破产审判能力全面提升，使破产案件审判走向专业化和集中化，而且有利于集中有限的破产审判资源，加强对于"僵尸企业"的清理，还有利于恢复可存活企业的生机，保护债权人权益，最终达到解决执行难问题，优化营商环境的目的。若已经成立专门的破产法庭，则打 1 分；若没有，则打 0 分；若暂不具备成立破产法庭的基层人民法院设立专门的破产合议庭或者审判团队的，应当视为成立了专门的破产法庭，打 1 分。

（二）破产费用占可供分配财产比例

破产费用，是指在破产程序中为破产债权人的共同利益而由破产财产中支付的费用。我国企业破产法规定破产费用包括三项，分别是破产财产的管理、变卖和分配所需要的费用（包括聘任工作人员的费用），破产案件的讼诉费用，为债权人的共同利益而在破产程序中支付的其他费用。破产可供分配财产，也称破产财产，是指破产宣告后，依法可供债权人清偿分配的破产企业的财产。破产费用占可供分配财产比例越低，说明破产成本越低，良性企业通过破产程序可能进入重整程序，使得公司还有可能存续，继续经营。"僵尸企业"则通过破产程序退出市场，淘汰落后产能。在评估对象中，将破产费用占可供分配财产比例基于数值降序排列，最终转化为 0—1 得分。

（三）破产案件是否有繁简分流

破产案件繁简分流是办理破产指标的应有之义。破产案件繁简分流，是指将破产案件的难易程度与程序繁简进行匹配，根据不同案件类型适用相应的审理规则并确定相应等级的管理人。随着破产案件数量的增加，破产审判对于简易程序的需求增强。根据破产案件的难易程度进行繁简分流成为破产审判的应有之义，也是深入贯彻落实党中央、国务院深化"放管服"改革优化营商环境的决策部署。破产程序繁简分流能提升复杂案件的办理效率，从而进一步完善不同类型破产案件的审理机制，提高破产审判质效。若已经针对破产案件有了繁简分流的程序，则打 1 分；若没有，则打 0 分。

（四）是否已成立破产管理人协会

成立破产管理人协会是办理破产指标的重要环节。破产管理人协会，是指针对发展已经较为稳定的破产管理人行业，专门负责管理和规范管理人市场的行业自治组织。成立破产管理人协会，将法院、企业、政府三方联系起来，不仅能提高管理人业务水平、职业素质和专业能力，还能整合分散的管理人力量，形成管理人市场，完善破产管理机制。若已经成立破产管理人协会，则打1分；若没有，则打0分。

（五）重整计划执行期间重整企业之信用是否可修复

对于进入重整程序的企业，重整计划执行期间重整企业之信用修复程度可以从以下几个方面进行评估：

（1）银行征信系统信用是否修复？企业在商业银行中的信用评级和人行征信中心的信用记录不良，若不对该信用系统进行修复，企业在重整之后也无法进行融资。

（2）法院执行系统信用是否修复？重整计划执行过程中，若依据执行程序企业有未执行部分，则会被法院列入失信被执行人名单。那么企业在政府采购、招标投标、行政审批、政府扶持、融资信贷等方面都将受到信用惩戒。

（3）税务系统信用是否修复？纳税信用评级越高，企业可以享受更多的办税便利和获得更多的纳税信用贷款。纳税信用不好，企业将面临税务机关将与相关部门实施的联合惩戒措施，例如限制取得政府供应土地，依法禁止参加政府采购活动等。

若重整计划执行期间重整企业之信用可完全修复，则打1分；若重整计划执行期间重整企业之信用可修复两项以上，则打0.5分；若不能修复，则打0分。

第三节　样本实践

一、以广州市法院办理破产措施为例

法治是最好的营商环境。在国家发展改革委2020年全国营商环境评价中，

广州法院牵头的全部 2 项指标连续 2 年居全国前列，其中衡量市场主体救治和退出质效的"办理破产"指标连续 2 年排名全国第 1，代表了全国最高水平。[①] 破产审判是人民法院构建"立审执破"工作格局的重要一环，在助力经济高质量发展和营商环境建设中处于举足轻重的地位，对于化解企业危机、优化资源配置、调整产业结构、促进产业升级具有重要意义。[②]

（一）建立快速审理机制，提升破产审判质效

先后印发《关于设置国有"僵尸企业"破产审判绿色通道的若干意见》《关于协作推进破产和强制清算工作的实施意见》等规定。为简易破产清算案件的批量受理、审理、审结提供司法依据。在广州市司法处置国有"僵尸企业"工作联系会议机制的基础上，将破产工作协作机制扩展到全部破产和强制清算案件，实现破产工作府院协作机制常态化规范化运作。

（二）将破产启动费用纳入财政保障，破解程序启动难题

一定数量的"僵尸企业"没有资金或者资金不足以启动破产程序导致无法清算，经过广州市协调，建立了由省市国资委、市财政、破产管理人协会等多渠道构成的破产援助资金，从根本上解决无产可破企业启动破产程序的难题。

（三）成立破产管理人协会，提升破产管理人的工作效率

2014年广州中院指导成立了破产管理人协会，指导破产管理人协会出台《管理人工作规程》《管理人职业道德和行为规范》《管理人工作报告规定》等规范性文件，对破产管理人的工作职责、考核标准等作出指引。

（四）运用智慧法院建设成果，提升办理破产的智能化水平

在广州微法院开发债权申报小程序，便利债权人线上参与破产程序，可以支持 10 多万债权人申报债权。运用 5G 技术召开线上债权人会议，大幅度提升

[①] 胡钊、皮泽红：《王勇：打造广州粤港澳大湾区司法改革创新引领区》，载中国发展网百家号官方账号，https://baijiahao.baidu.com/s?id=1702782736374724179&wfr=spider&for=pc，2021年6月17日。

[②] 吴一钒：《广州优化营商环境，"办理破产"这样提速！》，载《广州日报》客户端，https://www.gzdaily.cn/site2/pad/content/2020-06/18/content_1298306.html，2020年6月18日。

债权人会议效果。研发了线上全国首个破产资金管理系统，并以此为基础，启用智慧破产审理系统。在广州搭建了四个平台，即全国首个地方管理人智能服务平台、全国首个地方破产审判动态监管平台、全国首个债权人评价监督平台和全国首个破产审判区块链运用平台。

（五）上线破产信息公开平台，提升破产程序透明度

上线了破产信息公开平台，集中向社会发布了破产案件受理公告、宣告破产公告、破产终结公告和破产案件统计数据、典型案例信息和公开破产案件审理规定，让破产审判工作在阳光下运行。上述改革举措和工作成效得到国务院充分肯定。广州中院破产案件资金管理系统以及"僵尸企业"司法出清经验被国家发展改革委《中国经贸导刊》登载，作为全国优化营商环境经验向全国推广。

（六）完善重整制度

2020 年 5 月，《广州市中级人民法院关于破产重整案件审理指引（试行）》出台，运用市场化标准优化重整识别机制，建立预重整制度，实现庭外重整与庭内重整的优先衔接，降低破产重整制度性成本，提高破产重整效率。

二、以深圳市法院办理破产措施为例

深圳市中院为进一步推动营商环境持续优化，最大限度地利用破产审判制度优势，全面维护债权人的利益，对具有挽救价值的企业进行救助，帮助经营不善的企业依法退出市场，实现社会资源优化配置和产业结构转型升级，更好服务经济社会发展，根据上级机关决策部署和工作要求，对标世界银行对国家营商环境的评估标准，结合本院破产审判工作实际，制定《关于提升"办理破产"质效　优化营商环境的实施意见》。[①]

---

① 参见《深圳市中级人民法院关于提升"办理破产"质效　优化营商环境的实施意见》，载清算网，http://m.chinaqingsuan.com/news/detail/51401，2019 年 5 月 20 日。

（一）准确识别破产企业，优化破产启动程序

1. 依法健全破产企业识别机制

严格执行法律法规及相关司法解释中有关破产原因的规定，对不能清偿到期债务且资产不足以清偿全部债务或者不能清偿到期债务且明显缺乏清偿能力的被申请人，依法认定其具备破产原因，确保破产立案渠道畅通，准确把握企业破产法及相关司法解释关于重整程序、和解程序及破产清算程序启动及转换条件的规定，依法及时启动或转换对应程序，节约破产程序时间，提高破产审判效率。

2. 完善"一登记两审查"破产案件立案受理机制

坚持破产案件申请的形式审查和实质审查相分离，提高破产案件立案审查专业化、标准化水平，提升受理效率。准确把握债务人与债权人提出申请的不同条件，对符合条件的申请，依法及时予以受理，对不符合条件的申请，通知申请人补正申请材料，不能补正的，依法不予受理并说明理由。

3. 完善"执行转破产"工作机制

严格落实最高人民法院《关于执行案件移送破产审查若干问题的指导意见》、《全国法院破产审判工作会议纪要》及广东省高级人民法院《关于执行案件移送破产审查的若干意见》，进一步推动符合条件的执行案件移送破产审查工作，充分发挥破产程序的制度价值，加快推进解决执行难。结合工作实际完善执行转破产工作考核机制，科学设置考核指标，进一步推进破产审判部门与执行部门信息共享，解决执行转破产"启动难"的问题，保障执行程序与破产程序有序衔接、协调配合，提升工作实效，确保破产启动程序顺利有序进行。

（二）增进破产程序的制度效益

1. 健全快速审理机制，提升破产审判效率

对债权债务关系明确、债务人财产状况清楚且数额不大、债务人与全体债权人就债权债务处理自行达成协议的破产案件，纳入快速审理范围，依法适用简易破产程序。充分运用电子送达方式，简化债权人会议运作程序，缩短办理

周期，提升审判效率。严格内部审限控制，适用简易程序审理的案件一般应在6个月内审结，一般破产案件2年内审结，在全国范围内有重大影响、案情疑难复杂的破产案件3年内审结，特别重大疑难案件5年内审结。

2. 积极协调财税工商部门，节约破产时间和成本

积极协调财税部门出台政策，对破产、重整企业的财产处置交易活动实施税费减免，消除制约破产程序推进的政策障碍。积极协调工商部门出台政策，完善破产企业注销机制，实现破产清算企业管理人可凭法院终结裁定进行企业注销，提高企业注销效率。

（三）加快破产法庭建设，为优化营商环境提供有力保障

1. 加快破产法庭硬件建设，建立多功能、集约化破产审判中心

建立完善破产法庭独立办公区，打造集诉讼服务、流程管理、破产审判三位一体的多功能、集约化破产审判中心，配套独立的司法事务管理中心，负责破产法庭综合事务管理，并为破产管理人协会、网络拍卖服务平台等组织机构入驻提供办公场所，增强办理破产的便捷性。

2. 加强破产审判专业化建设，促进破产审判能力全面提升

高度重视破产法庭的专业化建设，加大对破产法官的选拔培育力度，强化专业人才的培养，增配与破产案件大幅增长趋势相适应的合议庭及辅助人员。

3. 加强对外交流，服务粤港澳大湾区建设

定期开展研讨交流活动，借鉴香港、澳门等经济发达体在破产清算和重整方面的先进经验，不断提高破产审判队伍的能力素质。推动跨境破产工作，对标世界经济发达体，加强协作，增加破产审判的国际影响力。

4. 完善绩效考核机制，打造破产审判服务经济发展大格局

对破产审判建立单独的、符合破产审判规律的绩效考评评价指标体系，通过进一步细分不同类型案件的权重设置，明确破产审判服务经济发展导向，进一步调动破产法官和相关审判辅助人员的工作积极性。

第六分编 公共法律服务

公共法律服务是多元化纠纷解决机制的重要组成部分。推进公共法律服务体系建设是全面依法治国的基础性、服务性和保障性工作，也是保障和改善民生的重要举措。《中共中央关于全面推进依法治国若干重大问题的决定》明确指出，建设完备的法律服务体系，要推进覆盖城乡居民的公共法律服务体系建设。市场经济的健康发展离不开公共法律服务提供相关保障。当前，提升公共法律服务水平能够加快政府职能转变，助力营商环境优化。因此，应当将公共法律服务内容纳入评价指标体系中。相较于世界银行营商环境评价指标体系来说，本评价指标体系中的公共法律服务指标是一项全新的内容。该一级指标评估的是所在地区公共法律服务提供及获取过程的总体情况，包括公司法律服务、公证服务、商事仲裁、司法鉴定、涉外法律服务、村（社区）法律顾问以及人民调解服务 7 项二级指标。

第一章 公司法律服务

第一节 三级指标的设计与筛选

一、三级指标的设计

公司法律服务，是指律师等法律服务工作者或相关机构凭借其法律知识或技能为公司这一市场主体提供的专业服务。公司法律服务作为二级指标被纳入评价指标体系有其合理性。公司法律服务主要有防范公司法律风险、解决公司法律纠纷、宣传相关法律知识等作用。在防范法律风险方面，通过起草或审查企业在经营过程中的合同等文书，可以发现法律漏洞。在这一过程中，公司法律服务能够达到提前排除风险，维护企业合法权益的良好效果。在解决法律纠纷方面，在公司利益受到不法侵害时，公司法律服务提供者能够代为调解、和解、起诉以及应诉等。这可以有效帮助企业挽回经济损失，进而增加经济效益。在宣传教育方面，公司法律服务提供者通过工作中与企业员工广泛接触，可以随时随地解答相关法律问题，提供专业咨询，从而起到普法宣传，提高法律意识的作用。

将公司法律服务相关内容纳入评价指标体系中有其必要性。发达的公司法律服务体系和完善的公司法律服务平台是营商环境建设的必要保障。公司是市场经济活动的主体，公司法律服务是公共法律服务的重要组成部分。公司法律服务越完善，公共法律服务的水平越高。社会主义市场经济需要在法治轨道上发展。只有充分认识到公司法律服务在企业运行过程中的重要地位，才能真正为其健康发展保驾护航。同时，在国家层面上也要求公司法律服务发挥其独特作用。中共中央办公厅、国务院办公厅《关于加快推进公共法律服务体系建设的意见》明确指出，要促进公共法律服务多元化专业化，积极为促进经济高质量发展提供法律服务。做到围绕国家重大发展战略，健全企业法律顾问、公司律师制度机制，加强法律风险评估。

二、三级指标的筛选

与世界银行营商环境评价指标体系不同的是，本评价指标体系增加了公司法律服务这一二级指标。世界银行营商环境评价指标体系倾向于从企业经营的内部视角出发，衡量被评估地区是否有利于公司的经营发展。而公司法律服务这一评估指标则是站在外部视角上，探讨公司等市场主体在运营过程中，被评估地区能够提供何种水平的法律服务。公司法律服务下5项三级指标均为本评价指标体系创设。

第一，律师是法律职业共同体的重要组成部分，能够在优化营商环境中发挥积极作用。在新型产业合规审查、企业创新运营模式风险防控方面，作为政府和市场主体之间的桥梁，律师一方面能够向企业宣传相关法律法规，另一方面又能帮助企业将经营管理中的法律问题反馈给相关部门，以寻求相应法律帮助和法律服务，降低企业的运营风险。因此，执业律师数量作为三级指标纳入本评价指标体系中是有必要的。

第二，"法律体检"、法律培训等服务将法律保护关口进一步前移，能够帮助公司等市场主体有效防范法律风险、健全公司内部规章制度。司法部、全国工商联印发的《关于深入开展民营企业"法治体检"活动的意见》将此类活动定位为公益法律服务。"法律体检"等服务是司法局等相关部门进行公司法律服务的典型代表，能够较为全面地反映公司抵御法律风险的能力，以便对症下药，为日后提供有针对性的法律服务打下坚实基础。同时，"法律体检"等服务也是司法局等相关部门一次全面的检验自身法律服务水平的活动，通过发现企业存在的共性问题进行查缺补漏，进一步完善服务体系。因此，是否有司法局等相关部门提供"法律体检"等法律服务也应当作为三级指标纳入评价指标体系中。

第三，派驻律师到产业园区、行业协会等重点领域是提升区域公司法律服务水平、改善营商环境的关键抓手。产业园区是协调区域经济发展，促进产业调整升级的重要空间聚集形式，而行业协会是营商环境的重要主体。二者作为重点领域应当需要良好的公司法律服务作为支撑。因此，是否派驻律师到产业园区、行业协会提供基础法律服务应当成为公司法律服务的三级指标之一。

第四，司法局批准设立机构所需时间以及电子化程度都能有效反映被评估地区公司法律服务水平的高低。在市场经济活动中，时间就是金钱，效率就是生命。批准机构设立时间长短直接影响市场主体创造经济效益的速度。而其电子化程度则更能突出体现地区公司法律服务的便利程度。因此，司法局批准机构设立所需时间以及司法局批准机构设立流程是否电子化都应当作为三级指标纳入评价指标体系中。

第二节　三级指标的确定与权重赋予

一、三级指标的确定

公司法律服务指标由 5 项三级指标构成，即执业律师数量，是否有司法局等相关部门组织专家律师团体或法律服务团为企业主体提供"法律体检"、法律培训等，是否派驻律师到产业园区、行业协会提供基础法律服务，司法局批准机构设立所需时间以及司法局批准机构设立流程是否电子化。

二级指标	三级指标	权　重
公司法律服务（20%）	执业律师数量	基于数值排序转化为 0—1 得分
	是否有司法局等相关部门组织专家律师团体或法律服务团为企业主体提供"法律体检"、法律培训等	是与否，0—1 得分
	是否派驻律师到产业园区、行业协会提供基础法律服务	是与否，0—1 得分
	司法局批准机构设立所需时间	基于时间长度降序排列转化为 0—1 得分
	司法局批准机构设立流程是否电子化	是与否，0—1 得分

二、三级指标的权重赋予

（一）执业律师数量

该指标评估的是地区执业律师队伍的规模，并基于数量排序转化为 0—1 得分。执业律师数量与公司法律服务水平基本成正比，执业律师的数量越多，说明该被评估地区能提供的公司法律服务水平越高。根据广东省司法厅发布的广东律师行业 2020 年发展数据，截至 2020 年底，广东省共有执业律师 55136 人，同比增长 12.6%。广东省共有 21 个地级市，因此平均每一地级市的执业律师数量约为 2625 人。若被评估地区执业律师数量远超省内地级市平均水平（超过5000 人），则打 1 分；若被评估地区执业律师数量与省内地级市平均数量基本持平（约为 1500 至 5000 人），则打 0.5 分；若被评估地区执业律师数量远低于省内地级市平均水平（低于 1500 人），则打 0 分。

（二）是否有司法局等相关部门组织专家律师团体或法律服务团为企业主体提供"法律体检"、法律培训等

该指标评估的是司法局等相关部门组建相关团体提供公益法律服务的频度，并基于是或否转化为 0—1 分。此类公益法律服务能够较为全面展现地区行政部门的法律服务意识与服务能力。司法局等相关部门组织专家律师团队提供

此类服务的频次与被评估地区行政机关提供法律服务的能力成正比。若司法局相关部门组织专家律师团体或法律服务团持续、定期为企业主体提供"法律体检"等服务（频次大于或等于每季度一次，并持续一年以上），则打1分；若司法局相关部门组织律师团体等为企业主体提供过"法律体检"等服务，但次数较少或未常态化（频次低于每季度一次或并未持续一年以上），则打0.5分；若司法局相关部门从未组织专家律师团体或法律服务团提供"法律体检"等服务，则打0分。

（三）是否派驻律师到产业园区、行业协会提供基础法律服务

该指标评估的是律师为产业园区等提供基础法律服务的频度，并基于是或否转化为0—1分。律师队伍能够为产业园区、行业协会提供全程法律服务，既能够帮助完善行业协会内部规范，又可以提高行业协会会员以及产业园区内入驻企业的法律意识，增强其防范法律风险的能力。因此，本三级指标旨在判断律师队伍能否在促进产业园区、行业协会健康发展和化解矛盾纠纷等方面发挥其独特作用。若被评估地区定期派驻律师到产业园区、行业协会提供基础法律服务（频次大于或等于每季度一次），则打1分；若被评估地区律师到产业园区、行业协会提供过基础法律服务，但未常态化（频次低于每季度一次），则打0.5分；若被评估地区从未派驻律师到产业园区、行业协会提供基础法律服务，则打0分。

（四）司法局批准机构设立所需时间

该指标评估的是司法局批准设立机构的效率。具体评估方法为，计量司法局批准机构设立所需时间，并基于时间长度降序排列转化为0—1得分。司法局批准机构设立所需时间与地区公共法律服务水平成反比。司法局批准机构所需时间越少，说明办事效率越高，公司法律服务越完善，更能适应经济社会的现实需要。若被评估地区司法局批准机构设立所需时间远低于所在省份地级市平均水平，则打1分；若被评估地区司法局批准机构设立所需时间基本与所在省份地级市平均水平持平，则打0.5分；若被评估地区司法局批准机构设立所需时间超过所在省份地级市平均水平，则打0分。

（五）司法局批准机构设立流程是否电子化

该指标评估的是司法局批准机构设立流程的便利程度。具体评估方法为，考察司法局批准机构设立流程是否电子化，并基于是与否转化为 0—1 得分。电子化是提升机构批准流程效率，便利申请主体的重要举措。机构设立批准流程的电子化是建立现代化公共法律服务体系的关键一步。若被评估地区司法局批准机构设立流程已经实现电子化满一年，且电子化办理流程较为完善，则打 1 分；若被评估地区司法局批准机构设立流程已经实现电子化但未满一年或电子化办理流程未完善，则打 0.5 分；若被评估地区司法局批准机构设立流程未实现电子化，则打 0 分。

第三节　样本实践

一、以广州市司法局优质公司法律服务平台为例

广州市司法局聚焦需求导向，为市场主体提供优质的法律服务，提出"打造全国公共法律服务最便捷城市"的新发展理念，出台"十大创新项目""百条工作举措"。推动全市建成公共法律服务实体平台 2897 个，建立全国首家 5G 市级公共法律服务中心，研发"广州公法链""广州法视通""企业健康指示码"等信息化项目。[①] 从总体上看，广州市司法局在提供公司法律服务方面走在全国前列。

（一）执业律师队伍壮大

打造国际一流的法治化营商环境，离不开专业的律师队伍。广州市司法局 2020 年度工作总结显示，全市共有律师机构 838 家，执业律师突破 1.7 万人，相较"十二五"时期增长 77.55%，每万人拥有律师数增至 11.1 人。党的十九大

---

① 刘屹、穗外宣：《优化法治化营商环境广州市司法局"出大招"》，载南方新闻网百家号官方账号，https://baijiahao.baidu.com/s?id=1680510726769989390&wfr=spider&for=pc，2020 年 10 月 14 日。

以来，广州律师办理诉讼案件和非诉讼法律事务 123.8 万件，担任党政机关、人民团体、企事业单位法律顾问 22415 家。海事海商、知识产权等法律业务位居全国前列。[①] 同时，广州市司法局充分发挥律师专业优势，主动服务对接新产业、新业态、新商业模式，把"广州市中小企业法律服务专家团""百所联百会"打造成为法律服务界和民营经济界的"发展之桥""合作之桥"，共同把"中国广州法律服务交易会"办成法律界的"广交会"，形成更多高质量的合作成果。[②]

（二）"法治体检"等服务初具规模

第一，广州市司法局开展企业"法治体检"，先后服务中小微企业 5.7 万家，免费"法治体检"企业 5.5 万家，出具法律意见近 900 件，提供法律咨询 1700 余次、解答法律问题 3000 余个，调解企业合同履行、商铺租赁、劳动关系等方面涉疫纠纷 2341 宗。[③] 第二，与市工商联、市律协将密切协作，共同支持民营经济健康发展，共建民企政府立法联系站（点），推动 311 家律师所与 315 家商会协会深化联系合作机制，组织开展常态化民企"法治体检"活动。[④] 第三，完善民营企业法治宣传教育机制，为民营企业提供"全链条""全时空"法治保障服务。第四，研发企业健康"指示码"全方位为民营企业"法治体检"。通过分析企业的基本情况为企业生成专属二维码，利用智能手段帮助企业完成自身"法治体检"。[⑤]

[①] 王楠：《广州海事海商、知识产权等法律业务位居全国前列》，载羊城派，https://baijiahao.baidu.com/s?id=1716749679275899521&wfr=spider&for=pc，2021 年 11 月 18 日。

[②] 张影：《广州市民营企业法治体检中心成立》，载《广州日报》百家号官方账号，https://baijiahao.baidu.com/s?id=1719484561245773631&wfr=spider&for=pc，2021 年 12 月 18 日。

[③] 刘屹：《优化法治化营商环境广州市司法局"出大招"》，载南方新闻网百家号官方账号，https://baijiahao.baidu.com/s?id=1680510726769989390&wfr=spider&for=pc，2020 年 10 月 14 日。

[④] 张影：《广州市民营企业法治体检中心成立》，载《广州日报》百家号官方账号，https://baijiahao.baidu.com/s?id=1719484561245773631&wfr=spider&for=pc，2021 年 12 月 18 日。

[⑤]《5 万家企业在线"法治体检"、普法抖音获 4.3 亿次点击……广州这波操作得到司法部点赞》，载广州市人民政府网站，https://www.gz.gov.cn/zfjg/gzssfj/zwlb/content/mpost_5953719.html，2020 年 6 月 19 日。

（三）积极派驻律师提供服务

广州市司法局、市律师协会联合市工信局、市产业园区商会开展"访百家园区助中小企业"法律服务暖企活动，组织 1000 名律师成立服务团，走进全市 100 家产业园区，为 1 万家中小微企业开展法律服务。组织全市律师主动对接中小微企业开展法律服务，全市 270 家律师事务所及市律协 23 个专业委员会逾千余名律师为 2530 家中小微企业解答法律问题 3000 余个。[①] 由此可见，广州市司法局较好地满足了"是否派驻律师到产业园区、行业协会提供基础法律服务"这一三级指标的要求。

（四）电子化服务水平提高

广州市司法局自主开发的"智慧公证""羊城慧调解""法律援助"等在线办事平台，能够提供全流程、零跑腿的公共法律服务。积极采用前沿技术，用"智慧司法"推动社会复工复产，推出了基于人工智能和大数据等技术的"企业健康指示码"。通过"指示码"即可自助快速评估出该企业在复工复产中可能遇到的法律风险，并通过大数据和人工智能自动生成法律意见报告，企业可根据法律意见报告及时规避疫情过后复工复产可能遇到的法律风险，为企业健康发展提供法律保障。同时广州市司法局还组织成立了"广州市企业复工复产公益律师服务团"，律师团进驻"企业健康'指示码'"平台，24 小时为企业提供专业的法律咨询服务。

（五）建立优化营商环境"法治联合体"

"法治联合体"是提升广州制度环境软实力、打造法治化营商环境新高地的一项重要制度安排。广州市司法局参照对标北京上海的先进经验和典型做法，并结合广州实际情况，于 2020 年 3 月 3 日经广州市全面优化营商环境领导小组决定并由市委依法治市办牵头，正式成立"法治联合体"。其目的是充分利用广州地区丰富的法治资源，将政府、高校、企业、市场、社会等各类法治资源

[①]《5 万家企业在线"法治体检"、普法抖音获 4.3 亿次点击……广州这波操作得到司法部点赞》，载"广东司法行政"微信公众号，https://mp.weixin.qq.com/s/6h5AfPLcQB7lvWazDfh6XA，2020 年 6 月 17 日。

进行优化整合，建立一个目标明确、信息共享、协同高效、有效沟通的法治平台和载体，形成合力来推动解决营商环境中法治保障的相关问题，更好地增进政府与市场之间的沟通，更快地听取并回应企业和群众关切，更广泛地推介宣传政策法规、改革举措，从而提升企业和群众的获得感，通过高质量法治保障不断优化广州营商环境。[①]

二、以深圳市司法局多样公司法律服务形式为例

深圳市是我国改革开放的前沿阵地，一直以来高度重视营商环境的优化。深圳市司法局广泛借鉴国内其他城市先进经验，深入调研分析，科学论证，始终坚持企业所需、群众所望、改革所向，持续深化营商环境改革，提高本市公司法律服务水平。

（一）线上线下多种渠道开展"法治体检

在线上方面，针对民营企业尤其是小微企业获取法律服务成本高，不够便捷等短板问题，深圳市司法局创新研发了民营企业法治体检自测系统。[②]法治体检自测系统可以克服制度体系的一些薄弱环节，利用有限的法律服务资源，放大法律服务效应。该系统由四大模块组成：（1）疫情风险分析模块。在疫情期间助力企业依法防疫抗疫，有序复工复产；（2）企业诉讼风险分析模块。通过中国裁判文书网等公开权威数据，一键检测企业的涉诉情况；（3）企业法律风险测评模块。提供合同风险、财税风险以及知识产权等方面法律风险评估报告；（4）法治体检报告模块。根据企业情况出具可视化等法治风险报告。深圳市司法局积极推广民营企业法治体检自测系统，引导律师免费为企业查找运营的各类风险漏洞，真正做到"对症下药"，消除企业涉法"病灶"。在线下方面，深圳市首个创新产业园区法治体检线下实体平台落户龙岗区。该线下体验中心以"法律服务＋党建"为抓手，整合和优化法律服务资源，遴选政治业务双过

---

① 《打造法治化营商环境新高地再出硬招，广州成立"法治联合体"》，载澎湃新闻网，https://m.thepaper.cn/baijiahao_6316508，2020 年 3 月 4 日。

② 参见《深圳创建全国首家法治体检系统，打造民营企业的"家庭医生"》，载人民资讯网，https://baijiahao.baidu.com/s?id=1706179434249114625&wfr=spider&for=pc，2021 年 7 月 24 日。

硬的律师深入创新产业园区，为民营企业免费提供"一对一"的"法治体检"服务，帮助企业分析法律需求、查找风险漏洞，助力企业健康发展壮大。

（二）积极推进法律服务进园区

在建立"区有中心、街道有站、社区有室"的三级公共法律服务体系基础上，深圳市龙岗区司法局首创法律服务进创新产业园区机制。①依托政企共建服务平台在 8 个创业产业园区设立公共法律服务中心，司法工作人员和驻点律师零距离、全方位帮助企业不出园区就可解决"一揽子"法律问题。集中全区优质律师资源，组建普法讲师团队，围绕企业管理、投融资、知识产权保护等主题为园区企业和员工开展法治讲座。组织辖区律师在天安云谷开展"扫楼"式法律服务，实地走访园区全部企业并提供专业意见。在启迪协信园区开展"创业律伴""创业护航计划""移动创业顾问"等活动，为创业企业依法经营保驾护航。在天安数码城提供"菜单式、清单式"法律服务，由企业自主选择法律服务类型，实现法律服务与企业需求精准对接。

（三）批准机构设立较为便捷

司法局批准机构设立所需时间以及设立流程是否电子化均为衡量公司法律服务水平的三级指标。这表明营商环境的优化需要司法局批准机构设立尽可能高效便捷，有利于办理人。深圳市司法局官方网站显示，律师事务所的设立承诺办结时限为 10 个工作日，较法定办结时限 30 个工作日整整缩短了 20 个工作日。司法鉴定机构的设立承诺办结时限为 1 个工作日，较法定办结时限 20 个工作日整整缩短了 19 个工作日。同时，深圳市司法局官方网站上显示的 74 个行政许可事项均可以实现在线办理。公共服务的 27 个事项也均可在线办理。②因此，深圳市司法局在尽可能缩短办结时限以及申请批准电子化等方面基本达到三级指标的要求。

---

① 参见《优化营商环境，深圳市龙岗区司法局做好"加减乘除"四法》，载读创，https://baijiahao.baidu.com/s?id=1697253655159544106&wfr=spider&for=pc，2021 年 4 月 17 日。

②《深圳市司法局网上服务窗口》，载广东政务服务网，https://www.gdzwfw.gov.cn/portal/branch-hall?orgCode=00754174X，2022 年 1 月 14 日。

第二章　公证服务

第一节　三级指标的设计与筛选

一、三级指标的设计

公证，是指公证机构根据自然人、法人或者其他组织的申请，依照法定程序对民事法律行为、有法律意义的事实和文书的真实性、合法性予以证明的活动。对于市场主体来说，良好的公证服务既能维护意思自治，又能保障交易安全，还能够促进公司和市场经济稳定健康发展。同时，公证文书具有一定的证明效力以及强制执行效力，其在有效预防纠纷和减少诉讼方面具有独特的作用。因此，营商环境的优化离不开公证服务的支持，本评价指标体系引入公证服务的内容具有一定合理性。

公证服务是构建公共法律服务体系的关键一环。提高公证服务水平是营造良好法治环境，助力市场经济健康发展的重要抓手。随着人民财富日益增长，人民群众的法律意识也不断增强，在国家层面对公证服务质量也提出了更高的要求。国务院办公厅于 2021 年 7 月 20 日印发的《全国深化"放管服"改革着力培育和激发市场主体活力电视电话会议重点任务分工方案》明确指出，要优化公证服务，规范和精简公证证明材料，全面推行公证证明材料清单管理，落实一次性告知制度，推进人口基本信息、婚姻、收养、不动产登记等办理公证所需数据共享和在线查询核验，实现更多高频公证服务事项"一网通办"。因此，本评价指标体系将公证服务纳入二级指标符合新时代社会发展理念，是加速我国现代化进程，促进社会治理能力和治理体系升级的必然要求。

二、三级指标的筛选

相较于世界银行营商环境评价指标体系，本评价指标体系下的公证网点数量 / 全省网点数量、最多跑一次公证事项、是否通过信息化手段实现有关公证事项零跑腿、是否实现远程视频办理公证、公证办证满意度评价以及年度办证量 / 全省数量 6 项三级指标均为新增。由于世界银行是从企业经营角度判断地区营商环境的优劣，因此并未将诸如公证服务等的因素纳入考量范围。而结合我国特殊国情，发展中国特色社会主义市场经济，需要社会公共法律服务在其中发挥重要作用，因而有必要将相关内容作为三级指标纳入评价指标体系。

第一，公证网点是公证服务的重要组成部分。公证服务的开展离不开公证网点的铺开。公证网点是公证服务的重要基础，如被评估地区的公证网点覆盖面广度不够，则其能够为社会公众提供的公证服务也十分有限。因此，将公证网点数量 / 全省网点数量作为三级指标纳入评价指标体系是十分有必要的。

第二，最多跑一次是经济快速发展的新时代对公证服务的更高要求。如被评估地区的最多跑一次的公证事项数量不能满足基本的服务需求，则也会使公证服务水平大打折扣。

第三，通过信息化手段实现公证零跑腿、远程视频公证等较为特殊的公证服务方式是缩短服务距离，提升服务质量的重要手段。便捷的服务方式更能体现被评估地区的公证服务能力。换言之，为申请主体提供的服务越便捷，被评估地区的公共法律服务水平越高。因此，是否通过信息化手段实现有关公证事项零跑腿、是否实现远程视频办理公证是衡量公证服务水平的重要因素，应当纳入评价指标体系中。

第四，优化公证服务水平，不仅需要提升公证服务速度，而且需要提高公证服务质量。公证办证满意度评价就是从公证服务质量的角度进行评估。公证等公共法律服务的最终目的就是满足人民群众需求。群众满意度作为衡量公证机构工作成效的"第一标准"，因此应当纳入评价指标体系中。

第五，年度办理公证的数量在一定程度上受地区公证机构的数量、公证员的人数以及地区经济活跃程度等因素的影响。这些因素都与地区营商环境的完善程度有密切关系。同时，年度办证量 / 全省数量也能够较好地展现在省范围内被评估地区公证服务资源的多少。因此，应当将年度办证量 / 全省数量纳入评价指标体系中。

第二节 三级指标的确定与权重赋予

一、三级指标的确定

公证服务指标由 6 项三级指标构成，即公证网点数量／全省网点数量、最多跑一次公证事项、是否通过信息化手段实现有关公证事项零跑腿、是否实现远程视频办理公证、公证办证满意度评价以及年度办证量／全省数量。

二级指标	三级指标	权　　重
公证服务 （15%）	公证网点数量／全省网点数量	基于数值排序转化为 0—1 得分
	最多跑一次公证事项	基于数值排序转化为 0—1 得分
	是否通过信息化手段实现有关公证事项零跑腿	是与否，0—1 得分
	是否实现远程视频办理公证	是与否，0—1 得分
	公证办证满意度评价	主观题，0—10 分，基于排序转化为 0—1 得分
	年度办证量／全省数量	基于数值排序转化为 0—1 得分

二、三级指标的权重赋予

（一）公证网点数量／全省网点数量

该指标评估的是所在地区公证服务资源在全省范围内的集中程度，并基于数量排序转化为 0—1 得分。由于全省网点数量在一个时间段内是固定的数值，通过被评估地区公证网点数量与全省网点数量的比值，可以较为明晰地展现地区公证网点数量的多少。公证网点的数量与公证服务水平有密切关系。一般来说，公证网点的数量越多，公证网点数量／全省网点数量的比值就越高，该地区能提供的公证服务也就越多。因此，公证网点数量／全省网点数量是衡量地区公证服务水平的关键指标。若被评估地区的公证网点数量／全省网点数量的比值高于所在省地级市平均水平，则打 1 分；若被评估地区的公证网点数量／全省网点数量的比值基本与所在省地级市平均水平持平，则打 0.5 分；若被评估地区的公证网点数量／全省网点数量的比值低于所在省地级市平均水平，则打 0 分。

（二）最多跑一次公证事项

该指标评估的是所在地区办理公证事项的效率。具体表现为，考察最多跑一次公证事项的数量多少，并基于数量排序转化为 0—1 分。最多跑一次是指借助多种高效手段，对于符合法定受理条件的事项实现让办理人最多跑一次。因此，最多跑一次公证事项是提高公证服务效率的重要方式，其数量与地区公证服务便利程度呈正相关。最多跑一次公证事项数量越多，所在地区办理公证越方便。若被评估地区最多跑一次公证事项的数量远超于所在省份地级市平均水平，则打 1 分；若被评估地区最多跑一次公证事项的数量基本与所在省份地级市平均水平持平，则打 0.5 分；若被评估地区最多跑一次公证事项的数量低于所在省份地级市平均水平，则打 0 分。

（三）是否通过信息化手段实现有关公证事项零跑腿

该指标评估的是所在地区在实现有关公证事项高效办理的过程中技术手段的运用情况，并基于是或否转化为 0—1 分。信息化手段是实现有关公证事项零跑腿的关键一步，若没有网络信息化手段在其中发挥重要作用，则无法真正实现足不出户办理公证。因此，是否通过信息化手段实现公证事项零跑腿能较为直观地展现地区公共法律服务水平。若被评估地区已通过信息化手段实现有关公证事项零跑腿满一年以上，且办理流程较为完善，则打 1 分；若被评估地区已通过信息化手段实现有关公证事项零跑腿但未满一年，或办理流程未完善，则打 0.5 分；若被评估地区未通过信息化手段实现有关公证事项零跑腿，则打 0 分。

（四）是否实现远程视频办理公证

该指标评估的是所在地区办理公证事项的便利程度，并基于是与否转化为 0—1 分。远程视频办理公证是办理公证事项的特殊形式，是解决办理公证难的关键举措。相较于现场办理，对于办理人来说，通过远程视频享受公证服务极大地缩短了服务距离，是一种更为便利的选择。实现远程视频办理公证，表明能够享受公证服务的人也就越多。因此，是否实现远程视频办理公证能真实反映被评估地区公证机构的服务能力。若被评估地区已经实现远程视频办理公证满一年，且办理流程较为完善，则打 1 分；若被评估地区已实现远程视频办理公证但未满一年，或办理流程未完善，则打 0.5 分；若被评估地区未实现远程视频办理公证，则打 0 分。

（五）公证办证满意度评价

该指标评估的是所在地区公证事项办理人对于办理过程的满意程度。同时该三级指标表现为主观题的形式，办理人根据办理过程中的亲身经历对该公证机构满意程度给予 0—10 的分数。且对以上分数进行排序，基于排序最终转化为 0—1 得分。公证办证满意度评价是在办理人的角度，直观反映所在地区提供公证服务的能力。公证办证满意度评价分数与地区公证服务水平成正比。公证办证满意度评价分数越高，地区公证服务水平也就越高，地区营商环境也就越完善。若被评估地区公证办证满意度评价分数远超于所在省份地级市平均水平，则打 1 分；若被评估地区公证办证满意度评价分数与所在省份地级市平均水平基本持平，则打 0.5 分；若被评估地区公证办证满意度评价分数低于所在省份地级市平均水平，则打 0 分。

（六）年度办证量／全省数量

该指标评估的是在全省范围内所在地区提供公证服务的总体规模。具体通过年度办证量／全省数量的比值来衡量，并基于数值排序转化为 0—1 得分。由于在统一评价标准下，年度办证量越高，年度办证量／全省数量的比值越高。年度办证量／全省数量的比值越高，说明该地区办理公证的数量越多，其能提供的公证服务资源也就越多，办理人能够享受的公共法律服务也就越多。若被评估地区年度办证量／全省数量比值远超于所在省份地级市平均水平，则打 1 分；若被评估地区年度办证量／全省数量比值基本与所在省份地级市平均水平持平，则打 0.5 分；若被评估地区年度办证量／全省数量低于所在省份地级市平均水平，则打 0 分。

第三节　样本实践

一、以广东省广州市海珠公证处"信息化"高效公证法律服务为例

广东省广州市海珠公证处成立于 1983 年，业务受理区域覆盖全广东省，部分事项可在全国范围内"跨省通办"，出具的公证文书发往 100 多个国家和地区使用。一直以来，海珠公证处秉承"便民、利民、惠民"的宗旨，坚持服务创新、不断拓展的理念，为社会各界提供了优质高效的公证法律服务，连续获得"全国公共法律服务工作先进集体""先进公证处""广州市公证系统最佳服务单位"等各类荣誉称号。

（一）通过信息化手段实现"零跑腿""一次办"

第一，广州市海珠公证处作为全国首个"手机秒办公证"平台试点机构，借助公证信息化建设技术优势，提供多业务、全时空的公证法律服务。借助此平台可以实现 24 小时随时随地办理公证。办理人不需要提交证明材料原件，平台会自动提取与各相关职能部门共享的有关公证信息。收到申请后，公证员在网上审核签章，即时出具电子公证书。[1] 第二，通过"自然语言智能咨询""人脸识别活体检测""多方式网上快速支付""电子签名确认"等多项技术，为办理人提供精确智能化服务。节省了办理人的时间，提高了办事的效率，解决了多方位需求。[2] 第三，疫情期间，海珠公证处成立复工企业公证服务组，企业可通过小程序、公众号、网站及其他端口申请相关公证事项，也可直接将公证的要求及基础材料通过邮政专递方式寄到服务组进行预受理。[3] 第四，海珠公证处琶洲办证中心探索优化"互联网＋公证"服务以及"一网通办"的数字

---

① 参见《海珠公证处试点"手机秒办公证"上班族不用请假都能办公证》，载广东省广州市海珠公证处网站，http://www.hzgzc.com/wcdt/267，2019 年 7 月 26 日。

② 参见《"智慧公证"服务全面铺开　便民利民不断升级》，载广东省广州市海珠公证处网站，http://www.hzgzc.com/wcdt/240，2018 年 12 月 12 日。

③ 参见《广州市海珠公证处"暖企"十条措施，服务中小微企业助力复工复产》，载广东省广州市海珠公证处网站，http://www.hzgzc.com/wcdt/305，2020 年 2 月 11 日。

化公证法律服务平台。持续提升服务能力，以最优的服务努力实现公证跨越式高质量发展。电子公证书、远程视频公证、公证 lite 应用小程序等信息化成果的充分运用，使得公证咨询、申请办理、提交材料、办证、电子签名、缴费、领取公证书、查询办证进度等全流程均可通过线上完成，并有免费家庭公证顾问为公证当事人提供点对点的专属服务。[①] 各类信息化手段推动了公证法律服务向智能化、专业化、便捷化迈进，进一步满足了群众对美好生活的需要，提升了群众的办证体验。

（二）实现远程视频等形式助力复工复产

在新冠疫情期间，为充分发挥公证的职能作用，支持企业全面有序地复工复产，特别是满足境外同胞的公证服务需求，海珠公证处推出远程视频公证。包括受理、审核、询问、签名、缴费等在内的所有手续均在线上完成，全程需时约 20 分钟。可多人同时申请线上办理，全面实现公证"一网通办"。申请人可通过网上公布的公证员的联系方式直接申请办理远程视频公证，享受"一对一"的专属服务。[②] 同时，广州市海珠区公证处深入开展"公证暖企"行动。具体包括：通过电话沟通及线上联系等方式主动了解复工企业对公证的需求，为复工企业担任公证顾问，出具公证法律意见书。开启公众号远程视频咨询功能，为企业及员工提供法律咨询，通过公证证明及延伸服务等方式解决企业及个人复工后遇到的实际问题。简化了办事流程，减轻了复工企业的办证负担。

（三）运用评价系统提高群众满意度

为进一步提升公证服务质量、打造公证服务品牌，广州市海珠公证处在办证大厅的 10 个业务接待窗口启用服务新评价系统。[③] 这是海珠公证处积极贯彻

---

① 参见《海珠公证处琶洲办证中心成立，将建"一网通办"数字公证平台》，载广东省广州市海珠公证处网站，http://www.hzgzc.com/wcdt/373，2021 年 9 月 30 日。

② 参见《隔疫不隔爱 远程视频公证陪您过暖年》，载广东省广州市海珠公证处网站，http://www.hzgzc.com/wcdt/397，2022 年 2 月 16 日。

③ 参见《满意不满意，群众说了算！广州市海珠公证处业务接待窗口全部启用服务评价系统》，载广东省广州市海珠公证处网站，http://www.hzgzc.com/wcdt/273，2019 年 8 月 16 日。

以人民为中心发展思想，推进"为民服务月"活动深入开展的一项重要举措。公证法律服务行业的从业人员在工作中应主动接受群众监督，为社会提供优质的公证法律服务，让群众带着问题而来，揣着满意而归。与旧版本相比，新评价系统与办证系统直接相连，每个受理的公证卷宗号仅接受当事人一次服务评价，评价结果会被系统自动保存不能更改，并弹框告知承办公证人员，即时生成到报表中的相关记录，可随时调取、查阅。为了推进服务评价工作的开展，在系统启用前，海珠公证处利用中午时间组织公证人员召开动员会并进行评价模块操作培训，为业务接待窗口全部铺开服务评价打下了基础。评价系统的全面启用，有效地提升了公证形象，给当事人带来更好的服务体验，有助于整体提升人民群众对于公证办证的满意程度。

二、以广东省广州市南方公证处"智慧"公证新模式为例

广州市南方公证处坚持以习近平新时代中国特色社会主义思想为指导，深入学习贯彻习近平法治思想，以公证需求为导向，以群众满意度为标准，通过优化公证法律服务模式，积极探索智慧公证的新路径、新技术、新形式，让智慧化成为公证法律服务创新发展的核心源泉，推动服务群众能力水平迈上新台阶。

（一）通过信息化手段，实现"智慧"公证

南方公证处发挥"智慧"公证的优势，一方面通过信息化大数据、区块链技术、线上服务的手段，提升公证信息化服务的能力；另一方面通过与时俱进、创新思维、技术融合，以公证特色服务便民惠民。具体表现为：第一，南方公证处以微信公众号和官网的"在线公证"和粤省事的"法律服务—公证服务"等多种途径实现线上公证预约、申办服务、跨省通办。需要文书翻译的当事人可以选择翻译文书邮寄到家。第二，南方公证处运用"智慧"化移动办公技术，推行进驻式移动办公，实现公证业务下到基层。第三，推出线上"公证顾问"服务。办理人通过南方公证处公证顾问的微信，便可享受一对一在线答疑、预约办理、线上办理等服务。第四，"电子支付""电子发票"实现了费用支付线上搞掂，既有效解决了排队问题，又提高了公证处人员的工作效率。线上同

步缴费又具有绿色环保、随时随地便捷取票、数据实时查询、方便存储零损毁不丢失、发票防伪杜绝假票等诸多优点。总体上说，在线公证、在线翻译、存证平台等数字化、电子化服务网络充分体现了南方公证处"公证便民利民"的服务理念。①

（二）简化办事流程，实现"一次办"

南方公证处奉行"民生无小事"的服务理念，以"智慧"公证服务不断改进工作机制，减少群众跑腿。具体举措有：第一，推出"你申请，我调查"的绿色继承公证，即代为调查当事人所需的信息材料，主动参与继承调解，代办涉不动产继承的不动产证书，有效减轻了群众的办证负担，解决群众急难愁盼问题。第二，创新"窗口联办"模式。无犯罪记录证明书＋公证书＋外事认证"一趟办"得以实现，南方公证处分别与广州市公安局刑事警察支队、广东省外事服务中心探索合作机制，创新实施"窗口联办"模式，合力打造"一件事套餐"的全流程便民服务。由此可缓解群众往返刑警支队和公证处、外事办的时间和精力负担，实现跑一次腿办理跨部门的多项业务。第三，公证协查"利企便民"。南方公证处与武汉、上海等地多家公证处建立合作协查机制，在信息核查、信息协查、公证协办、信息共享、业务交流等方面实现有效对接和协同联动，推动公证跨省（市）协查、协办，积极探索公证服务新模式和公证的高效、便捷。

（三）深入基层服务，提升群众满意度

公证办证满意度作为公证服务三级指标之一，说明群众满意程度是衡量地区公证服务水平的重要因素。广州市南方公证处积极广泛开展"我为群众办实事"活动，努力成为让人民群众满意的公证机构。具体表现为：第一，作为广州市唯一一家为解决历史遗留的房产登记事宜提供提存公证服务的公证处，南方公证处已累计为两千多名购房人出具了提存公证书，借助公证的业务优势，

---

① 参见《"智慧"公证 公证智慧 南方公证处多头并举助力法治化营商环境建设》，载广东省广州市南方公证处网站，http://www.nfgzc.org.cn/ArticleDetail.aspx?NavID=24&FID=24&id=372，访问时间：2022 年 12 月 30 日。

为有关部门帮助弱势群体实现产权确权提供了有力的法律保障。第二，南方公证处不仅通过公众号、官网等信息平台进行公证普法宣传，而且着力向基层渗透，多人次、多批次地派出经验丰富的公证人员深入农村和社区、机关、企事业单位开展普法宣讲活动，为基层群众提供家事法律服务咨询及民法典宣讲。第三，通过"零距离，面对面"的公证普法宣传，解答群众关于财产继承、房屋赠与、订立遗嘱、意定监护、居住权、老年人权益保护等家事公证法律问题。通过精准普法使基层人民群众自觉运用法治思维和法治方式解决自身所面临问题。[①]第四，2021 年 7 月以来，南方公证处在该联社党群服务中心设立了公证办证窗口，除了每周四上午提供面对面线下咨询和办理外，还为辖区群众提供全天候 24 小时在线的公证顾问咨询、公证预约服务以及定期开展公证普法讲座等便捷高效、智能精准的公证法律服务。

---

① 参见《公证服务进社区普法讲座沁民心》，载广东省广州市南方公证处网站，http://www.nfgzc.org.cn/ArticleDetail.aspx?NavID=24&FID=24&id=287，访问时间：2022 年 12 月 30 日。

第三章 商事仲裁

第一节 三级指标的设计与筛选

一、三级指标的设计

商事仲裁，是指在商业活动中争议双方协商一致将商事纠纷交由第三方，由第三方通过综合运用法律规范、市场规则和商业惯例，公平合理地进行评判并作出终局裁决的一种争议解决方式。商事仲裁是重要的多元化替代性纠纷解决手段，具有公平性、自愿性、便捷性、专业性、终局性等优点，在经济社会发展中的作用举足轻重。从国际层面上看，商事仲裁作为衡量市场经济成熟度和社会文明进步的重要标志，在世界范围内已经被广泛接受。目前国际上已有172个国家和地区加入了《承认及执行外国仲裁裁决公约》。因此，将商事仲裁相关内容纳入评价指标体系具有一定合理性。

当前我国社会的现实需要也要求商事仲裁发挥其重要作用。目前我国正处于转变发展方式、优化经济结构、转换增长动力的攻关期，商事纠纷特别是新型纠纷的不断增多给司法机关带来较大压力。而替代性纠纷解决机制是缓解司法资源紧张的重要途径之一，能够有效节约司法资源，化解社会矛盾，提升纠纷解决效率。同时，为巩固全面建成小康社会的成果，开启全面建设社会主义现代化国家新征程，满足人民日益增长的美好生活需要，满足人民对社会民主、法治、公平、正义等方面的要求，必须进一步提高治理能力，建立一个平等维护各类主体合法权益、公平处理纠纷，并充满发展动力和活力的市场。党的十八届四中全会明确提出，要完善仲裁制度，提高仲裁公信力。充分发挥商事仲裁在纠纷解决中的作用，有利于满足不同主体对纠纷解决方式的需求，完善多元纠纷化解机制；有利于改善社会贸易投资软环境，形成公平公正的贸易与投资法律保障体系；有利于维护市场经济秩序，营造良好的法治经济氛围，推动经济健康发展。因此，商事仲裁作为衡量地区营商环境水平的重要指标具有必要性。

二、三级指标的筛选

世界银行营商环境评价指标体系中包含替代性纠纷解决的相关内容，而本章商事仲裁的 5 项三级指标是对这一内容的细化。世界银行指标中的替代性纠纷解决指数作为执行合同一级指标、司法程序质量二级指标项下的三级指标，仅评估在处理执行合同相关纠纷时替代性纠纷解决手段所起的作用。世界银行指标是从经营者的角度，而本评价指标体系则是从公共法律服务提供者的角度考察市场主体能享受的商事仲裁服务。因此，虽然二者评估内容相同，但角度不同。本指标相关内容参考了世界银行指标，结合我国实际和本地要求进行了创新。

首先，仲裁员是仲裁活动的重要参与者，是商事仲裁得以顺利进行的重要保障。若仲裁员数量不能满足地区经济发展的现实需要，则不利于区域公共法律服务水平的提高。因此，将仲裁员数量纳入评价指标体系是有必要的。

其次，仲裁案件年受理量与地区仲裁员数量、仲裁机构数量、经济活跃程度等因素有不同程度的关系，能够反映地区商事仲裁服务能力和相关服务资源的丰富程度。因此，仲裁案件年受理量也应当纳入评价指标体系中。

再次，随着国家传统产业结构升级的步伐不断加大，传统替代性纠纷解决方式已经不能满足电子商务纠纷、互联网金融合同纠纷等新型商事纠纷的现实需要。同时，对仲裁流程简便化、仲裁形式灵活化、仲裁时间高效化等现实需求也呼唤新仲裁形式的出现。网络仲裁是商事仲裁的特殊形式，与新型商事纠纷展现出较好的适配度。因此，网络仲裁案件受理量以及网络仲裁案件量／仲裁案件受理量均是对地区网络仲裁发展水平的检验。其中，网络仲裁案件受理量是在总体上衡量被评估地区网络仲裁服务的规模大小，而网络仲裁案件量／仲裁案件受理量则能更直观地展现被评估地区网络仲裁服务的占比情况，从而反映商事仲裁的便利程度。因此，网络仲裁案件受理量以及网络仲裁案件量／仲裁案件受理量作为三级指标均应纳入评价指标体系中。

最后，仲裁裁决是仲裁庭对当事人的争议事项作出的裁决，具有终局性和依申请强制执行性，与当事人的切身利益直接相关。仲裁裁决的合法性和合规性也是评价地区商事仲裁水平的重要因素。仲裁裁决被法院撤销即表明仲裁程序未能一次性解决商事纠纷，其被法院撤销的占比能真实反映仲裁在解决商事纠纷中的作用。因此，衡量地区商事仲裁服务水平，有必要将仲裁裁决被法院撤销的占比纳入评价指标体系中。

第二节　三级指标的确定与权重赋予

一、三级指标的确定

商事仲裁二级指标由5项三级指标构成，即仲裁员数量、仲裁案件年受理量、网络仲裁案件受理量、网络仲裁案件量／仲裁案件受理量以及仲裁裁决被法院撤销的占比。

二级指标	三级指标	权　　重
商事仲裁（20%）	仲裁员数量	基于数值排序转化为 0—1 得分
	仲裁案件年受理量	基于数值排序转化为 0—1 得分
	网络仲裁案件受理量	基于数值排序转化为 0—1 得分
	网络仲裁案件量／仲裁案件受理量	基于数值排序转化为 0—1 得分
	仲裁裁决被法院撤销的占比	基于数值降序排列转化为 0—1 得分

二、三级指标的权重赋予

（一）仲裁员数量

该指标评估的是地区商事仲裁人才资源的多少，并基于数量排序转化为0-1得分。仲裁员总数与地区商事仲裁服务水平成正比，仲裁员数量越多，被评估地区能提供的商事仲裁服务越多，地区多元化纠纷解决的途径也就越多。广东省司法厅公布的2020年度仲裁工作统计数据显示，广东全省共有仲裁员7700多名。广东省共有21个地级市，平均每个地级市约有仲裁员367人。若被评估地区仲裁员数量远高于所在省份平均水平（超过500人），则打1分；若被评估地区仲裁员数量基本与所在省份平均水平持平（300—500人），则打0.5分；

若被评估地区仲裁员数量远低于所在省份平均水平（低于 300 人），则打 0 分。

（二）仲裁案件年受理量

该指标评估的是地区仲裁机构的案件受理能力，并基于数量排序转化为 0—1 得分。仲裁案件年受理量与被评估地区商事仲裁机构的服务能力成正比。仲裁案件年受理量越高，往往仲裁机构的服务水平也就越高。广东省司法厅公布的 2020 年度仲裁工作统计数据显示，广东省全年办结仲裁案件量 47693 件。广东省共有 21 个地级市，因此广东省地级市平均仲裁案件年受理量约为 2271 件。若被评估地区仲裁案件年受理量远超于所在省份地级市平均水平（超过 3000 件），则打 1 分；若被评估地区仲裁案件年受理量基本与所在省份地级市平均水平持平（2000—3000 件），则打 0.5 分；若被评估地区仲裁案件年受理量低于所在省份地级市平均水平（少于 2000 件），则打 0 分。

（三）网络仲裁案件受理量

该指标评估的是地区网络仲裁服务的总体规模，基于数量排序转化为 0—1 得分。网络仲裁案件受理量与被评估地区网络仲裁服务能力成正比。网络仲裁案件受理量越高，往往地区仲裁服务水平越高。若被评估地区网络仲裁案件受理量远超于所在省份地级市平均受理量，则打 1 分；若被评估地区网络仲裁案件受理量基本与所在省份地级市平均受理量持平，则打 0.5 分；若被评估地区网络仲裁案件受理量低于所在省份地级市平均受理量，则打 0 分。

（四）网络仲裁案件量 / 仲裁案件受理量

该指标评估的是地区网络仲裁服务的发展程度，基于数量排序转化为 0—1 得分。网络仲裁案件量 / 仲裁案件受理量与地区商事仲裁服务成正比。网络仲裁案件量 / 仲裁案件受理量比值越高，地区网络仲裁服务水平越高，进行商事仲裁就越便捷。若被评估地区网络仲裁案件量 / 仲裁案件受理量比值高于所在省份地级市平均水平，则打 1 分；若被评估地区网络仲裁案件量 / 仲裁案件受理量比值基本与所在省份地级市平均水平持平，则打 0.5 分；若被评估地区网络仲裁案件量 / 仲裁案件受理量比值低于所在省份地级市平均水平，则打 0 分。

（五）仲裁裁决被法院撤销的占比

该指标评估的是仲裁机构所作仲裁裁决的合法性程度，根据数值降序排列转化为0—1得分。我国仲裁法第58条规定了可以申请撤销仲裁裁决的情形，包括无权仲裁、仲裁裁决内容违法、仲裁程序违法等情形。换言之，仲裁裁决被撤销即表明裁决本身或裁决作出的过程在合法性上存在重大瑕疵。仲裁裁决被法院撤销的占比能够直观反映出被评估地区仲裁机构进行仲裁工作的规范性程度以及工作能力。仲裁裁决被法院撤销的占比与被评估地区商事仲裁服务水平成反比，仲裁裁决被法院撤销的占比越低，表明该地区仲裁专业水平越高。若被评估地区仲裁裁决被法院撤销的占比远低于所在省份地级市平均水平，则打1分；若被评估地区仲裁裁决被法院撤销的占比基本与所在省份地级市平均水平持平，则打0.5分；若被评估地区仲裁裁决被法院撤销的占比高于所在省份地级市平均水平，则打0分。

第三节　样本实践

一、以广州仲裁委员会创新仲裁服务发展战略为例

广州仲裁委员会是1995年仲裁法颁布之后最早成立的仲裁机构。自成立以来，秉承独立、专业的原则，公正、高效地解决民商事争议。案件覆盖金融、建设工程、房地产、投资、航运、互联网等各行各业，案件当事人涉及多个国家和地区。广州仲裁委员会把握互联网时代脉搏，开拓创新，最先在国内推出网络仲裁平台，实现仲裁全流程线上运行。[1]

（一）运用网络技术，提升仲裁效率

广州仲裁委早在2014年就积极探索在仲裁领域践行"互联网＋"战略，率先把成熟的互联网技术运用到仲裁案件的处理中。第一，2019年11月广州仲

---

[1]《广州仲裁委员会简介》，载广州仲裁委员会网站，https://www.gzac.org/gzjj111/2153，2021年3月17日。

裁委全球率先实现跨国远程庭审，开启了低成本、高效率办理国际商事仲裁案件的新阶段，起到了较好的示范效应。远程庭审大大降低了仲裁员、当事人参与仲裁的成本，同时也极大提升了调解、庭审等工作的效率，满足国际商事争议解决中经常性跨国沟通联系、调动多国专业资源并且追求效率的需求。第二，积极探索"互联网＋仲裁"模式，并于2020年正式组织制定全球首个互联网仲裁推荐标准，即"广州标准"。网上远程处理案件能大大减少当事人的距离成本和时间成本，有效帮助企业迅速解决纠纷、重新投入新的生产周期。第三，广州仲裁委对互联网仲裁技术的运用，已经进入区块链存证、批量智审等更广泛的场景。广州仲裁委也是全球最早实现互联网仲裁案件批量智审的仲裁机构，通过"云仲裁"系统的相关模块，对特定类型的批量案件，可以实现全程网上智能处理，平均处理时间不到1个月。第四，在疫情防控常态化的背景下，广州仲裁委借助互联网仲裁和远程庭审技术，率先推动仲裁活动复工复产，取得了良好效果。广州仲裁委发挥互联网仲裁领先优势，研究出台"八项工作措施"，鼓励当事人通过网上立案、选择远程庭审，对涉及疫情防控的案件组成专门小组专人跟进。

（二）加强人才培养，提高仲裁员素质

仲裁员数量作为商事仲裁的三级指标之一，说明人才培养在提升商事仲裁服务水平方面的作用举足轻重。广州仲裁委仲裁员数量众多，而且作为国际化的仲裁机构，广州仲裁委聘有大量境外的资深律师、知名人士担任仲裁员。广州仲裁委不仅着力扩大仲裁员总体规模，而且着力推进仲裁员专业培训。广州仲裁委连续举办仲裁员以及仲裁秘书素质培训，定期开展仲裁裁决书撰写工作推进会以及业务线上培训会。与广州开发区知识产权局、广东中策知识产权研究院等机构联合举办"知识产权运用和保护综合改革试验高峰论坛"。与广东省知识产权保护中心、广东省知识产权研究会共同承办"2020年广东省知识产权仲裁培训班"，邀请资深仲裁员、高校知识产权专家教授、企业知识产权高级管理人员、实务诉讼律师担任演讲嘉宾，围绕国际视野下知识产权战略及前沿问题、知识产权争端解决实务、涉外专利侵权判定与司法实务案例、知识产权仲裁的发展创新变革、电商平台及文化影视侵权认定及保护等方面进行授课，丰富了仲裁员处理知识产权相关新型问题的经验，有助于进一步提升服务水平。

（三）开展对外合作，增加仲裁受理量

广州仲裁委员会近年来业务年均增长超过 30%，受理案件数量位于全国第一，较好地满足了评价指标体系对仲裁案件年受理量的要求。广州仲裁委积极服务粤港澳大湾区和"一带一路"倡议，设立中国南沙国际仲裁中心，联合港澳仲裁界以中心为平台，逐步增加国际仲裁业务。广州仲裁委立足大湾区、联系港澳台、辐射大中华、面向全世界，稳步推进开拓"一带一路"沿线国家，不断为"一带一路"提供优质便捷高效的法律服务。广州仲裁委在塞浦路斯成立了仲裁调解中心，在泰国、柬埔寨成立工作联系点，与埃塞俄比亚、坦桑尼亚、尼日利亚、喀麦隆等非洲多国商会组织开展合作，共同推广商事仲裁。广州仲裁委与 8 个来自五大洲不同的海外华侨商会签署合作备忘录，将优质仲裁法律服务更好地延伸至全球五大洲，为侨界企业维权提供高质量法律服务，有效维护侨企合法权益。

二、以深圳国际仲裁院国际化发展理念为例

深圳国际仲裁院创设于 1983 年，是中国改革开放之后各省市设立的第一家仲裁机构，也是粤港澳地区第一家仲裁机构。自成立以来，积极推动中国国际仲裁在特区的创新发展，1984 年在中国率先聘请境外仲裁员，1989 年开创中国第一个内地仲裁裁决依照联合国《承认及执行外国仲裁裁决公约》获得境外法院强制执行的先例。特区仲裁和调解当事人现已遍及全球 138 个国家和地区，是中国仲裁行业的标杆。[①]

（一）多元化的仲裁员结构

深圳国际仲裁院是中国最早聘请境外仲裁员的仲裁机构。仲裁员名册覆盖 77 个国家和地区，基本实现"一带一路"沿线国家全覆盖，境外仲裁员有 385

---

① 参见《关于 SCIA》，载深圳国际仲裁院网站，http://www.scia.com.cn/home/index/aboutdetail/id/15.html，访问时间：2022 年 12 月 30 日。

名，占比超过 41%，国际化比例全国领先。[①]这为深圳建设"一带一路"国际商事争端解决高地、共建国际商事争端解决机制夯实了基础。同时，仲裁员新名册持续完善全国地域布局。中国内地仲裁员除主要来自北上广深等市场经济活跃的中国一线城市外，还在经济增长潜力较大的新一线城市、二线城市和喀什等战略性对外开放城市进行合理布局。此外，深圳国际仲裁院关注多样化的市场需求，仲裁员多来自金融与资本市场、房地产与建设工程、高科技与知识产权、海事与物流等重点行业和新兴领域。创业投资专业委员会、保险法专业委员会、融资租赁专业委员会、政府与社会资本合作（PPP）专业委员会、矿产能源专业委员会以及《深圳国际仲裁院特定类型案件仲裁员名册》的设置能够更高效、更专业地解决相关商事争议。

（二）持续化的互联网仲裁创新

网络仲裁案件受理量以及网络仲裁案件量 / 仲裁案件受理量三级指标要求各仲裁机构不断推进仲裁服务信息化网络化进程。深圳国际仲裁院网络仲裁工作开始于 2000 年，最初的目的是为了防止办案出错，提高工作效率。2016 年深圳国际仲裁院基本建立 SCIA 大数据与智能化仲裁系统，包括内网办公系统、案件统计 BI 系统、大数据精准仲裁系统、中国海商法智能系统以及网上仲裁系统，可以在线提交证据、在线选择仲裁员、在线开庭，从而提高仲裁透明度。2018 年，深圳国际仲裁院打造的集"网络仲裁＋电子证据存储＋法律大数据"为一体的智慧法律服务平台"云上仲裁"，为境内外市场主体提供跨国界、一站式、综合性、全方位的互联网争议解决服务。云上仲裁已在全国率先推出网络仲裁办案平台、电子证据云档案馆、3i 智能问答机器人、仲裁大数据中心等多个法律服务创新项目，利用人工智能、大数据、区块链等信息技术，实现网上办案、视频开庭、电子证据存储固化、一键生成法律文书、法律条文关联参考、类案精准推送以及智能辅助生成裁决书等功能，不断提高互联网纠纷

[①] 李婷菊：《前海司法打造对接港澳面向国际的营商环境：仲裁裁决域外执行，商事争议跨境调解》，载 21 财经网，https://m.21jingji.com/article/20210909/herald/a493cdf7ab80c4450cd3fb2e146b5545.html，2021 年 9 月 9 日。

解决的智能化、精细化水平。2019 年正式施行深圳国际仲裁院网络仲裁规则。二十多年来，深圳国际仲裁院一直不断助力中国仲裁的互联网创新与实践。

（三）合理化的规则创新

仲裁裁决被法院撤销的占比三级指标表明仲裁裁决的质量是衡量商事仲裁服务水平的重要因素。因此，尽可能避免仲裁裁决被法院撤销，提升裁决质量，必须不断优化仲裁规则和程序。深圳国际仲裁院根据市场需求的变化，以当事人为中心，持续创新业务规则。率先规定可以受理东道国与外国投资者之间的投资仲裁案件，率先制定《关于适用〈联合国国际贸易法委员会仲裁规则〉的程序指引》，实践"展会调解＋仲裁""商会调解＋仲裁""香港调解＋深圳仲裁"机制，创新"四位一体"资本市场纠纷解决机制。首度探索确立"选择性复裁程序"。"一裁终局"一直是我国商事仲裁程序的基本原则，而深圳国际仲裁院则积极探索商事仲裁复裁机制。在此机制下，在仲裁程序内部，当事人可获得"二次救济"的机会，以便当事人根据自身情况选择仲裁方案，维护各方的合法权益，并有利于与国际接轨，实现仲裁在国际范围的广泛承认与便利执行。

第四章　司法鉴定

第一节　三级指标的设计与筛选

一、三级指标的设计

　　司法鉴定作为公共法律服务的重要组成部分，是化解矛盾纠纷、维护社会正义的有力武器。司法鉴定，是指在诉讼活动中鉴定人运用科学技术或者专门知识对诉讼涉及的专门性问题进行鉴别和判断并提供鉴定意见的活动。司法鉴定能够在科学层面弥补司法机关在专业知识上的不足，帮助司法机关寻找确定证据，查明案件事实，最终达到科学性与法律性的统一。同时，鉴定意见作为8种法定证据之一，既具有独立证据功能，而且还有印证其他证据的独特功能，能够提高司法效率。司法鉴定有其独立完善的规则体系，作为中立的第三者对诉讼结果往往能够造成举足轻重的影响。因此，司法鉴定作为辅助司法的技术性活动，能够保障诉讼的顺利进行，从而维护法律的尊严，促进司法公正的实现。因此，司法鉴定服务作为评估公共法律服务水平的二级指标有其合理之处。

　　我国现实国情需要司法鉴定发挥其积极作用。司法鉴定能够维护社会稳定，为社会经济发展创造良好的法律环境与社会环境。2019年7月，中共中央办公厅、国务院办公厅印发的《关于加快推进公共法律服务体系建设的意见》中明确指出，要保障特殊群体的基本公共法律服务权益，引导司法鉴定人等法律服务工作者自觉履行社会责任，积极参与公益性法律服务。做好司法鉴定工作是维护人民群众利益的现实需要。司法鉴定过程客观性、合法性等均与人民群众的切身利益密切相关。维护人民群众的诉讼利益，不仅需要司法机关查明事实并正确适用法律，而且需要充分发挥司法鉴定的作用。只有将司法鉴定工作落到实处，才能有力保障人民群众正常行使权利以及履行义务。因此，在营商环境评价指标体系中加入司法鉴定相关内容具有必要性。

二、三级指标的筛选

相较于世界银行营商环境评价指标体系，司法鉴定机构／全省机构数量、司法鉴定人数／全省鉴定人数量、司法鉴定业务类别覆盖率、通过国家级资质认定或实验室认可的鉴定机构数量／全省数量、是否实现司法鉴定执业活动和业务案件办理信息化监管以及年度鉴定案件量／全省数量6项三级指标均为本评价指标体系新增。

第一，司法鉴定机构以及司法鉴定人均为司法鉴定活动的重要组成部分，是司法鉴定得以顺利进行的必要保障。司法鉴定机构以及司法鉴定人数量不足，司法鉴定工作便无法顺利开展，司法鉴定则无法发挥其应有作用。司法鉴定机构以及司法鉴定人的数量是否能够满足区域社会纠纷解决的日常需要是衡量司法鉴定服务能力的重要因素。因此，司法鉴定机构／全省机构数量以及司法鉴定人数／全省鉴定人数量能够较好地衡量地区司法鉴定资源的丰富程度以及获取司法鉴定服务的便利程度，应当纳入评价指标体系。

第二，司法鉴定业务类别是确定司法鉴定机构和司法鉴定人的业务范围、规范司法鉴定执业活动的依据。因此，司法鉴定业务类别覆盖率是展现地区司法鉴定服务专业能力的重要标志，应当成为评估公共法律服务水平的三级指标之一。

第三，增强地区司法鉴定服务能力，不仅需要增加数量，而且需要提升质量。通过国家级资质认定或实验室认可的鉴定机构数量／全省数量是衡量地区司法鉴定专业水平的重要指标。因此，将其纳入评价指标体系是十分有必要的。

第四，司法鉴定机构合规执业是提高地区司法鉴定服务水平的必然要求。需要相关监管机制在其中发挥重要作用。实现司法鉴定执业活动和业务案件办理信息化监管，能够增强公共法律服务水平，促进各机构依法依规进行司法鉴定，严格遵循鉴定流程，保障鉴定过程的公正。因此，该三级指标应当纳入评价指标体系中。

第五，年度司法鉴定案件量能够反映地区司法鉴定服务的发展情况。但由于各地经济发展程度存在差异，单纯以年度司法鉴定案件总量来衡量司法鉴定服务水平过于片面，不够客观精准。而将年度鉴定案件量／全省数量作为三级指标可以展现各地司法鉴定水平差异，较为直观明确。

第二节 三级指标的确定与权重赋予

一、三级指标的确定

司法鉴定二级指标下共有6项三级指标，即司法鉴定机构/全省机构数量、司法鉴定人数/全省鉴定人数量、司法鉴定业务类别覆盖率、通过国家级资质认定或实验室认可的鉴定机构数量/全省数量、是否实现司法鉴定执业活动和业务案件办理信息化监管以及年度鉴定案件量/全省数量。

二级指标	三级指标	权　　重
司法鉴定 （15%）	司法鉴定机构/全省机构数量	基于数值排序转化为0—1得分
	司法鉴定人数/全省鉴定人数量	基于数值排序转化为0—1得分
	司法鉴定业务类别覆盖率	基于数值降序排列转化为0—1得分
	通过国家级资质认定或实验室认可的鉴定机构数量/全省数量	基于数值排序转化为0—1得分
	是否实现司法鉴定执业活动和业务案件办理信息化监管	是与否，0—1得分
	年度鉴定案件量/全省数量	基于数值排序转化为0—1得分

二、三级指标的权重赋予

（一）司法鉴定机构/全省机构数量

该指标评估的是在全省范围内地区司法鉴定机构资源的占比情况，并基于数量排序转化为0—1得分。司法鉴定机构数量越多，司法鉴定机构/全省机构数量比值越高。司法鉴定机构/全省机构数量比值与地区司法鉴定服务水平呈正相关，比值越高说明其所能提供的司法鉴定服务也就越多。若被评估地区司法鉴定机构/全省机构数量比值远超于所在省份地级市平均数量，则打1分；若被评估地区司法鉴定机构/全省机构数量比值基本与所在省份地级市平均数量持平，则打0.5分；若被评估地区司法鉴定机构/全省机构数量比值低于所在省份地级市平均数量，则打0分。

（二）司法鉴定人数／全省鉴定人数量

该指标评估的是地区司法鉴定人才资源情况，并基于数量排序转化为0—1得分。一般来说，所在地区的司法鉴定人越多，司法鉴定人数／全省鉴定人数量的比值越高。司法鉴定人数／全省鉴定人数量的比值与地区司法鉴定人才资源成正比。比值越高说明所能获取的司法鉴定人才资源就越丰富，地区司法鉴定服务水平也就越高。若被评估地区司法鉴定人数／全省鉴定人数量比值远超于所在省份地级市平均水平，则打1分；若被评估地区司法鉴定人数／全省鉴定人数量比值基本与所在省份地级市平均水平持平，则打0.5分；若被评估地区司法鉴定人数／全省鉴定人数量比值低于所在省份地级市平均水平，则打0分。

（三）司法鉴定业务类别覆盖率

该指标评估的是地区司法鉴定的业务范围，并基于数值降序排列转化为0—1得分。一般来说，司法鉴定业务类别覆盖率与地区司法鉴定服务水平成正比。被评估地区司法鉴定机构所能提供的司法鉴定业务类别越多，司法鉴定业务类别覆盖率越高，地区司法鉴定专业资源也就越丰富，公共法律服务水平也越高。若被评估地区司法鉴定业务类别覆盖率远超于所在省份地级市平均水平，则打1分；若被评估地区司法鉴定业务类别覆盖率基本与所在省份地级市平均水平持平，则打0.5分；若被评估地区司法鉴定业务类别覆盖率低于所在省份地级市平均水平，则打0分。

（四）通过国家级资质认定或实验室认可的鉴定机构数量／全省数量

该指标评估的是地区司法鉴定机构的专业程度，并基于数值排序转化为0—1得分。通过国家级资质认定或实验室认可的鉴定机构数量数量越多，通过国家级资质认定或实验室认可的鉴定机构数量／全省数量比值越高，说明被评估地区的司法鉴定专业化程度越高。若被评估地区通过国家级资质认定或实验室认可的鉴定机构数量／全省数量比值远超于所在省份地级市平均水平，则打1分；若被评估地区通过国家级资质认定或实验室认可的鉴定机构数量／全省数量比值基本与所在省份地级市平均水平持平，则打0.5分；若被评估地区通过国家级资质认定或实验室认可的鉴定机构数量／全省数量比值低于所在省份地级市平均水平，则打 0 分。

（五）是否实现司法鉴定执业活动和业务案件办理信息化监管

该指标评估的是地区司法鉴定监督机制的完善程度，并基于是或否转化为 0
—1 得分。实现司法鉴定执业活动和业务案件办理信息化监管，是司法鉴定监
督体系完善的重要标志。如未实现信息化，司法鉴定执业活动和业务案件办理
监管效果则会大打折扣。若被评估地区已实现司法鉴定执业活动和业务案件办
理信息化监管满一年且运行机制较为完善，则打 1 分；若被评估地区已实现司
法鉴定执业活动和业务案件办理信息化监管但未满一年或运行机制未完善，则
打 0.5 分；若被评估地区未实现司法鉴定执业活动和业务案件办理信息化监管，
则打 0 分。

（六）年度鉴定案件量 / 全省数量

该指标评估的是地区司法鉴定服务的总体规模。具体通过年度鉴定案件量
/ 全省数量的比值呈现，并基于数量排序转化为 0—1 得分。一般来说，年度鉴
定案件量越高，年度鉴定案件量 / 全省数量的比值也就越高。年度鉴定案件量 /
全省数量的比值与地区司法鉴定服务能力呈正相关，比值越高，说明市场主体
所能享受的司法鉴定服务资源也就越多，地区司法鉴定服务水平也就越高。若
被评估地区年度鉴定案件量 / 全省数量比值远超于所在省份地级市平均水平，
则打 1 分；若被评估地区年度鉴定案件量 / 全省数量比值基本与所在省份地级
市平均水平持平，则打 0.5 分；若被评估地区年度鉴定案件量 / 全省数量比值低
于所在省份地级市平均水平，则打 0 分。

第三节　样本实践

一、以广东中一司法鉴定中心专业司法鉴定服务为例

广东中一司法鉴定中心是经广东省司法厅批准成立的综合性司法鉴定机构，
是深圳市首家通过国家级资质认定和国家实验室认可"二合一"评审的司法鉴
定机构。已纳入广东省高级人民法院、深圳市中级人民法院以及深圳市公安局名

册，是广东省规模最大、技术能力最强的司法鉴定机构之一。在承办疑难、复杂案件上得到社会广泛赞誉，为建设法治社会，维护公平正义作出了积极贡献。①

（一）丰富的司法鉴定人资源

司法鉴定人数／全省鉴定人数量这一三级指标说明司法鉴定对人才资源提出了较高的要求。广东中一司法鉴定中心现有员工 73 人。拥有包括教授、主任法医师、主任医师、高级工程师、博士后、博士、硕士等鉴定专家组成的高水平专业队伍，其中专职司法鉴定专家 26 人、博士生导师 2 人，硕士生导师 1 人，具有高级以上职称 18 人，本科以上学历 60 人。有十余名专家为知名专家。与四川大学华西基础医学与法医学院、南方医科大学法医学系、广东医学院司法鉴定中心、深圳市公安局刑警支队刑事技术处以及深圳海关缉私局刑事技术处等单位均有技术上的合作。②

（二）高覆盖的司法鉴定业务类别

根据司法部发布的《司法鉴定执业分类规定（试行）》，司法鉴定包括法医病理鉴定、法医临床鉴定、文书司法鉴定、痕迹司法鉴定、法医物证鉴定、声像资料司法鉴定、法医精神病鉴定、法医毒物鉴定、计算机司法鉴定、司法会计鉴定、微量物证鉴定、建筑工程司法鉴定、知识产权司法鉴定 13 种业务类别。而广东中一司法鉴定中心可以提供法医病理鉴定、法医临床鉴定、文书司法鉴定、痕迹司法鉴定、法医物证鉴定、声像资料司法鉴定、法医精神病鉴定、法医毒物鉴定、电子数据鉴定共 9 种类别的鉴定服务。司法鉴定业务类别覆盖率达到 70% 左右。

（三）国家级的司法鉴定资质

2018 年 6 月，经过中国合格评定国家认可委员会开展的现场评审工作，广东中一司法鉴定中心法医临床、法医病理、法医毒物、文书、痕迹 5 个专业

---

① 参见《关于中一》，载广东中一司法鉴定中心网站，http://www.zhongyi-sfjd.com/zhongyijieshao，访问时间：2022 年 12 月 30 日。

② 参见《关于中一》，载广东中一司法鉴定中心网站，http://www.zhongyi-sfjd.com/zhongyijieshao，访问时间：2022 年 12 月 30 日。

12 个项目全部通过国家级资质认定、国家实验室认可"二证合一"认证认可现场评审。评审组专家对广东中一司法鉴定中心的质量管理体系、鉴定技术能力等方面予以充分肯定，并对各项业务的快速发展给予高度评价。同时，广东中一司法鉴定中心以此次资质认定评审工作为契机，进一步提高鉴定中心的公信力。2019 年 6 月，广东中一司法鉴定中心接受了中国合格评定国家认可委员会（CNAS）组织的扩项评审。通过查阅中心的体系文件、实验室现场实地考察、重要仪器设备的审核、现场试验、授权签字人考核、座谈交流等形式，对鉴定中心法医物证实验室进行了现场考察。通过评审，广东中一司法鉴定中心成为全国首家先通过实验室认可评审再进行司法鉴定资质申报的司法鉴定机构。同时，中心实验室的检验能力得到了进一步的扩展，为实验室规范质量管理，扩大司法鉴定公信力和影响力，更好地适应市场化发展奠定了坚实的基础。

（四）多元化的合作共赢模式

广东中一司法鉴定所与广东省商业联合会调解仲裁中心（深圳）签订战略合作协议。双方合作能够促进司法鉴定工作的多元化，另外，积极做好各桩案件中司法鉴定的委托工作，更好地发挥调解、仲裁等多元化纠纷解决机制的作用，为营造良好的司法环境发挥积极的作用。广东中一司法鉴定所与广东省商业联合会调解仲裁中心在科学研究、学科建设、司法鉴定等多方面开展合作，并在司法鉴定技术、司法鉴定质量控制、司法鉴定服务和共享司法鉴定技术平台等方面建立合作伙伴关系。为保障当事人合法权益、促进社会经济发展、维护社会稳定和司法鉴定的公平公正作出积极贡献。

二、以广东南天司法鉴定所综合性司法鉴定服务为例

广东南天司法鉴定所 2003 年经广东省司法厅核准设立，是广东省鉴定门类多、全国范围可以从事价格评估的综合性司法鉴定机构。自 2005 年以来，一直入选广东省高级人民法院、深圳市中级人民法院等对外委托名册。鉴定意见获得含欧、美在内 56 个国家和地区认可。多年来，案源已扩展到全国 30 多个省、市、港澳台及东南亚地区。因技术实力雄厚和先进精密的仪器设备，多次解决

国内外疑难案件，深受社会一致好评。①

（一）司法鉴定人管理制度完善

广东南天司法鉴定所各专业负责人均由国内知名专家学者担任。为确保鉴定意见的科学性、准确性、公正性，聘请了国内知名专家学者和年富力强、有丰富经验的专家从事鉴定工作。截止 2023 年 3 月，南天司法鉴定所共有经省司法厅核准的司法鉴定人 102 人，其中高级职称 46 人，中级职称 35 人；有国家资质认定、实验室／检查机构认可国家级评审员 5 名，深圳市海外高层次人才 3 人，辅助人员 83 人。在专业技能层面，一方面广东南天司法鉴定所注重内部专业培训，以精益求精的态度开展各项鉴定工作，保证鉴定意见的科学客观。另一方面，广东南天司法鉴定所在注重内部培训的基础上，经常派员参与各种外部培训，与时俱进，不断提升技术水平，以精益求精的态度开展各项鉴定工作，使鉴定质量能够得到有效的保障。在职业道德层面，广东南天司法鉴定所自觉开展廉洁自律与职业道德培训。全体员工签署廉洁自律公约是广东南天司法鉴定所持续了近二十年的优良传统。自成立以来，广东南天司法鉴定所一直用最科学客观严谨的工作态度服务人民群众，努力成为真正的"客观事实还原者"。运用先进的科学技术，发扬严肃认真的工作作风，全心全意地为社会各界排忧解难，为国家的经济发展和社会和谐稳定发挥应有的作用。

（二）司法鉴定专业技术水平较高

司法鉴定业务类别覆盖率高、通过国家级资质认定或实验室认可是本评价指标体系对于司法鉴定机构在专业技术层面的要求。广东南天司法鉴定所已开展法医病理、法医临床、法医精神病、法医物证、法医毒物、文书、痕迹、微量物证、声像资料（含电子数据）等 9 类司法鉴定业务。司法鉴定业务类别覆盖率较高，能够基本满足社会需求。同时，广东南天司法鉴定所是国内率先通过中国合格评定国家认可委员会认可（CNAS）和中国国家认证认可监督管理委

---

① 参见《机构介绍》，载广东南天司法鉴定所网站，http://www.nantian.org/t/mechanism，访问时间：2022 年 12 月 30 日。

员会认证（CMA）的司法鉴定机构。2015 年 7 月，广东南天司法鉴定所通过实验室初次评审和资质认定复评。2019 年 1 月，与北京大学深圳研究院共建"司法鉴定技术联合实验室"。2020 年 1 月，通过国家认证认可评审专家组实验室。2022 年 1 月，通过中国合格评定国家认可委员会（CNAS）实验室复评以及变更评审。自成立以来，广东南天司法鉴定所一直不断提升实验室资质水平，今后也将继续做好司法鉴定工作，为深圳城市发展作出贡献。

（三）科技创新能力较强

广东南天司法鉴定所在严抓鉴定质量和监督管理的同时，始终坚持科技创新。重视创新，坚持科技研发结合司法鉴定实践的理念，专门设立科研部门主导科研工作，鼓励员工日常开展司法鉴定工作之余大胆创新、潜心研究。先后进行了"利用计算机检验文件制成时间""墨迹自动比对系统""检测文件墨迹种类""显微分光光度检测系统""海量墨迹数据库""毛发中毒 / 药物筛查"等项目的研究工作，在司法鉴定技术创新方面具有重要指导作用。先后获得了国内 2 项软件著作权、2 项发明专利及海外 3 项发明专利。其中"广东南天司法鉴定所文件形成时间鉴定技术"解决了该领域长时间以来的世界性难题，获得了"深圳市科技成果奖"和"广东省科学进步奖"，广东南天司法鉴定所已利用该技术受理完成来自全国 30 多个省、市及海外的 2000 多宗疑难案件，采信率达 95% 以上。[1]

---

[1]《喜讯：南天所荣获国家高新技术企业、深圳市高新技术企业认定》，载"广东南天司法鉴定所"微信公众号，https://mp.weixin.qq.com/s/27sAkOE5WrqZOd9SVEqLfw，2018 年 1 月 9 日。

第五章　涉外法律服务

第一节　三级指标的设计与筛选

一、三级指标的设计

涉外法律服务对于提高公共法律服务水平具有至关重要的作用，涉外法律服务能力是营商环境优化程度的重要指征。中央全面深化改革领导小组于 2017 年发布的《关于发展涉外法律服务业的意见》中就已明确指出，发展涉外法律服务业是建设完备的法律服务体系、推进全面依法治国、促进全方位对外开放的重要举措。面对经济全球化的机遇和挑战，维护我国公民、法人在海外的合法权益，增强我国在国际法律事务中的话语权和影响力显得尤为重要。党的十八大以来，我国不断加强涉外法律服务人才培养，不断壮大涉外法律队伍，我国涉外法律服务业获得快速发展，服务质量显著提升。因此，涉外法律服务作为公共法律服务的重要组成部分，纳入评价指标体系有其合理性。

大力发展涉外法律服务业是适应当前经济全球化新形势、形成我国对外开放新格局的必然要求。我国对外开放已经迈入新时代新征程，涉外公共法律服务行业仍然面临新问题新挑战。中央全面深化改革领导小组通过的《关于建立"一带一路"国际商事争端解决机制和机构的意见》要求，以习近平新时代中国特色社会主义思想为指导，依法妥善化解"一带一路"建设过程中产生的商事争端，平等保护中外当事人合法权益，努力营造公平公正的营商环境。同时，随着国家"一带一路"等发展战略深入推进，涉外法律服务工作的重要性更加突显。各涉外法律服务提供主体要突破自身发展限制，全面融入国家重大发展战略，强化涉外法律服务人才队伍建设和涉外法律服务协调机制建设。建立符合我国实际、体现中国特色的涉外法律服务体系，能够为建设开放型世界经济提供全方位的法治服务和保障。因此，将涉外法律服务相关内容纳入评价指标体系具有现实必要性。

二、三级指标的筛选

相较于世界银行营商环境评价指标体系，粤港澳联营律师事务所和代办处数量、港澳律师内地执业数量、本市律所在境外设立执业机构的数量、与全球知名律所建立战略合作联盟的律所数量4项三级指标均为本评价指标体系新增。

第一，粤港澳联营律师事务所是进一步培养"走出去"法律人才的有益实践，也是提升企业"走出去"的硬实力的关键一步。粤港澳联营律师事务所及其代办处的建立能够有效探索不同法系、法律规则的有效衔接，减少当事人面对两地法律规则差异时的障碍，从而提高法律服务专业性。因此，应当将该三级指标纳入评价指标系中。

第二，港澳律师在内地执业，一方面有助于发挥港澳律师的专业知识和经验优势，助推中国企业"走出去"步伐；另一方面有助于培养复合型高端法律人才，为我国涉外法治贡献更多智慧力量，进一步提升港澳律师的国际影响力，推动粤港澳大湾区成为国际法律服务中心。同时，港澳律师在内地执业这一突破能够在法律层面消除制度衔接障碍，推动粤港澳大湾区法治化进程走深走实。因此将港澳律师取得内地执业资质和从事律师执业数量纳入评价体系也是十分必要的。

第三，涉外律师事务所是发展涉外公共法律服务业的关键因素。拥有实力强大的涉外法律服务机构，才能使涉外法律服务人才获得依托，继而满足市场对涉外法律服务的需求。因此，本市律所在境外设立执业机构的数量能较好地衡量地区的涉外法律服务水平，应当作为三级指标纳入评价指标体系中。

第四，中华全国律师协会举办的中国律师服务"一带一路"战略建设项目启动暨"一带一路"建设律师作用研讨会中指出，广大律师要当好经贸往来的护航员、中国企业和公民"走出去"的法律帮手、法律服务"走出去"的排头兵。与全球知名律所建立战略合作联盟有助于推进区域高端法律服务产业辐射效应，在国际影响力和法律服务水平上更上一个台阶，从而进一步优化营商环境。因此，与全球知名律所建立战略合作联盟的律所数量是衡量地区涉外法律服务水平的重要因素，应当纳入评价指标体系中。

第二节　三级指标的确定与权重赋予

一、三级指标的确定

涉外法律服务二级指标共包括4项三级指标，分别为粤港澳联营律师事务所和代办处数量、港澳律师内地执业数量、本市律所在境外设立执业机构的数量以及与全球知名律所建立战略合作联盟的律所数量。

二级指标	三级指标	权　重
涉外法律服务（10%）	粤港澳联营律师事务所和代办处数量	基于数值排序转化为0—1得分
	港澳律师内地执业数量	基于数值排序转化为0—1得分
	本市律所在境外设立执业机构的数量	基于数值排序转化为0—1得分
	与全球知名律所建立战略合作联盟的律所数量	基于数值排序转化为0—1得分

二、三级指标的权重赋予

（一）粤港澳联营律师事务所和代办处数量

该指标评估的是与港澳律师事务所的合作经营情况，并基于数值排序转化为0—1得分。由于当前跨境商业交易、跨境融资投资等产生的新型法律纠纷日益增多，需要粤港澳联营律师事务所提供更加专业的法律服务。粤港澳联营律师事务所和代办处数量与地区涉外法律服务水平呈正相关。粤港澳联营律师事务所和代办处数量越多，说明被评估地区的市场主体所能获取的涉外法律服务资源越多，公共法律服务水平也就越高。若被评估地区粤港澳联营律师事务所和代办处数量远超于所在省份地级市平均水平，则打1分；若被评估地区粤港澳联营律师事务所和代办处数量与所在省份地级市平均水平基本持平，则打0.5分；若被评估地区粤港澳联营律师事务所和代办处数量低于所在省份地级市平均水平，则打0分。

（二）港澳律师内地执业数量

该指标评估的是地区律师行业的对外开放程度，并基于数值排序转化为 0—1 得分。港澳律师在内地执业是加速粤港澳大湾区融合、实现涉外法律服务高质量发展的重要一步。港澳律师取得内地执业资质并从事律师执业的数量能够极大提高地区涉外公共法律服务水平。根据广东省律师协会发布的广东省律师行业 2020 年发展数据，广东全省共有港澳台律师 196 人。若被评估地区港澳律师取得内地执业资质和从事律师执业数量远超于所在省份地级市平均水平（超过 10 人），则打 1 分；若被评估地区港澳律师取得内地执业资质和从事律师执业数量基本与所在省份平均水平持平（5—10 人），则打 0.5 分；若被评估地区港澳律师取得内地执业资质和从事律师执业数量低于所在省份平均水平（低于 5 人），则打 0 分。

（三）本市律所在境外设立执业机构的数量

该指标评估的是所在地区律师事务所的涉外服务能力，并基于数值排序转化为 0—1 得分。律所在境外设立执业机构能够有效维护我国企业、公民在海外的合法权益。本市律所在境外设立执业机构的数量与区域营商环境的完善程度成正比。本市律师在境外设立执业机构的数量越多，被评估地区法律服务方面对外开放程度也就越高。根据广东省律师协会发布的广东省律师行业 2020 年发展数据，已备案的广东律师事务所境外分支机构有 18 家。若被评估地区律所在境外设立执业机构的数量远超于所在省份地级市平均水平，则打 1 分；若被评估地区律所在境外设立执业机构的数量基本与所在省份地级市平均水平持平，则打 0.5 分；若被评估地区律所在境外设立执业机构的数量低于所在省份地级市平均水平，则打 0 分。

（四）与全球知名律所建立战略合作联盟的律所数量

该指标评估的是所在地区律师事务所的对外合作情况，并基于数值排序转化为 0—1 得分。与全球知名律所建立战略合作联盟的律所数量与被评估地区所能提供涉外公共服务资源成正比。与全球知名律所建立战略合作联盟的律所数量越多，该地市场主体所能获取的法律服务保障也就越全面，营商环境也就越好。若被评估地区与全球知名律所建立战略合作联盟的律所数量远超于所在省份地级市平均水平，则打 1 分；若被评估地区与全球知名律所建立战略合作联盟的律所数量基本与所在省份地级市平均水平持平，则打 0.5 分；若被评估地区与全球知名律所建立战略合作联盟的律所数量低于所在省份地级市平均水平，则打 0 分。

第三节　样本实践

一、以广州市律师协会"一个阵地、两个平台、六大支柱"涉外法律服务格局为例

广州市律师行业协会深入贯彻落实中央和习近平总书记关于"积极发展涉外法律服务"战略决策，主动适应全方位对外开放新格局，从人才培养、专业引领、服务提质、合作深化等方面，推动涉外律师服务全力加速发展。2019 年已经形成以"一个阵地""两个平台""六大支柱"为核心的涉外法律服务格局。[①]

（一）涉外律师事务所、境外执业机构数量位居全省前列

粤港澳联营律师事务所和代办处数量以及本市律所在境外设立执业机构的数量两项三级指标对被评估地区律师事务所的涉外比例提出了较高要求。截至 2021 年 10 月，广州市有涉外律师事务所 269 家，其中 1 家律师事务所入选《法治日报》首届"一带一路"十佳律师事务所，5 家律师事务所被国际评级机构评为最佳海商海事律师事务所。广州市律师事务所在国外设立办事处或分所的数量持续增加，11 家律所分别在日本东京、美国洛杉矶、泰国曼谷等境外城市设立 17 家分支机构。覆盖东亚、东南亚、北美、大洋洲等全球多个地区，形成多点布局、内承外拓、全程护航的涉外法律服务新优势。各国及各地区的律师也在主动走进广州，英国、美国、德国、法国、西班牙、澳大利亚等国及香港特

---

① 参见邓新建、章宁旦：《广州律师服务国家战略助力对外开放——广州市司法局局长廖荣辉谈涉外法律服务"广州品牌"建设》，载《法制日报》2019 年 12 月 2 日。

别行政区的律师事务所驻穗代表处 23 家。

（二）引进港澳律师内地执业，广泛开展交流合作

港澳律师内地执业数量、与全球知名律所建立战略合作联盟的律所数量两项三级指标表明，对外交流是涉外法律服务行业发展的重要因素。广州市律师协会率先出台《支持和促进港澳大湾区律师执业若干措施》，积极引进获得大湾区内地九市职业资格证的港澳律师到广州执业并提供保障，促进三地法律服务业融合发展。分别与香港律师会、澳门律师公会签署合作框架协议，参加粤港澳律师协会联席会议，进一步加强涉外法律服务工作经验交流。广州市律师协会承办"一带一路"律师联盟战略发展研讨会重大国际性交流活动，来自 25 个国家和地区的代表实现线上线下同步参会。积极搭建涉外法律服务交流平台，推动"一带一路"律师联盟广州中心、广州国际商贸法律服务中心实体化运作，推动广州涉外法律服务再上新台阶。

（三）涉外法律人才资源丰富，重视专业培训

涉外法律服务三级指标的内容表明，专业人才资源是实现涉外服务水平提升的基础。广州市涉外律师近 1100 人，其中 23 人入选全国律师协会涉外律师领军人才库，61 人入选全国千名涉外律师人才库，入选人数位居全国前列。广州律协高度重视涉外法律服务人才培养。近年来，广州律师专业素养快速提高，涉外法律领域的专业服务能力和品牌竞争力有效提升。

二、以珠海市司法局及律师协会涉外法律服务"珠海样板"为例

为积极回应粤港澳大湾区和横琴粤澳深度合作区涉外公共法律服务需求，珠海市依托独特优势，加强涉外法治体系建设，为配合国家"一带一路"倡议、加快构建粤港澳大湾区改革开放新格局提供了珠海样板，贡献了珠海力量。珠海将继续加强珠澳法治深度融合，探索规则衔接、制度对接，为推动粤港澳大湾区高质量发展和高水平开放提供更为坚实的法治保障。[①]

---

① 参见刘耀堂：《培养人才　搭建平台　发挥作用　第九届全国律协工作回顾之涉外法律服务发展篇》，载《中国律师》2020 年第 10 期。

（一）律师事务所合伙联营，加强交流合作

2016 年 02 月，中国首家内地与港澳合伙联营律师事务所在珠海市横琴自贸试验区正式揭牌。成立联营律师事务所是推进粤港澳服务贸易自由化，进一步密切内地与港澳律师业合作的重要举措。联营律师事务所按照国家对横琴自贸试验区的发展定位，进行资源整合、优势互补，深化法律服务合作，促进横琴自贸区法治化、国际化的营商环境建设。立足珠港澳一站式法律服务平台，在金融、货物贸易、服务贸易、知识产权国际保护等方面提供更为专业、高效、国际的法律服务。自 2014 年内地与港澳律师所开展合伙联营试点工作以来，珠海先后有三家联营律师事务所在横琴自贸区设立。同时，为加快引进专业律师事务所和联营律师事务所，加快打造国际化法治化营商环境，横琴新区出台了珠海首个支持律师行业发展的扶持政策《横琴新区关于支持律师行业发展的暂行办法》，该办法中重视发展粤港澳"两地"或"三地"联营律师事务所。

（二）引进港澳律师内地执业，推动业务融通

2020 年 8 月 11 日，第十三届全国人大常委会第二十一次会议表决通过了《全国人民代表大会常务委员会关于授权国务院在粤港澳大湾区内地九市开展香港法律执业者和澳门执业律师取得内地执业资质和从事律师职业试点工作的决定》。独特的地理位置，使珠海横琴新区成为港澳律师来内地执业的窗口。通过珠海市律师行业发展的扶持政策对联营律师事务所进行营收奖励，引进港澳律师在横琴的执业，促进港澳律师与内地律师的联合发展，补齐涉外法律服务短板，推动形成粤港澳三地政策互补、业务融通的局面。2021 年 12 月 2 日，珠海市涉外公共法律服务中心正式揭牌，逾百位涉外律师进驻提供普法宣传、法律援助、纠纷调解等服务。中心联合珠海市律师协会等成立了由 131 名珠澳律师、32 名涉外公证员、233 名珠澳调解员组成的珠海市涉外公共法律服务团。

（三）成立涉外法律服务联盟，助力企业走出去

2020 年 7 月 9 日，珠海市涉外法律服务联盟成立。珠海市律师协会将依托

珠海市涉外法律服务联盟，联合各个律师组织和协会，加强珠海市涉外法律服务业务交流，提升珠海市涉外法律服务能力，更好地服务"一带一路"与粤港澳大湾区建设。涉外法律服务联盟能够促使全市各涉外单位和组织加强合作，发挥各自的优势，聚焦粤港澳大湾区和"一带一路"发展带来的机遇和挑战，共同搭建珠海市法律服务平台。

第六章 村（社区）法律顾问

第一节 三级指标的设计与筛选

一、三级指标的设计

村（社区）法律顾问制度是完善公共法律服务制度的重要抓手和关键环节。村（社区）法律顾问是在各级党委的领导下，由政府统一组织法律专业人才进村（社区），为基层组织和干部群众提供法律服务。在实际生活中，村（社区）法律顾问往往承担协助村（社区）自治管理、提出法律建议、提供法律咨询、开展普法宣传、参与人民调解等工作任务。2020 年中央全面依法治国委员会印发的《关于加强法治乡村建设的意见》中明确指出，完善乡村公共法律服务，要进一步加强乡村法律顾问工作，落实一村一法律顾问制度。

村（社区）法律顾问制度的不断优化是实现社会稳定和谐的基础，大力推进村（社区）法律服务体系建设对于预防和化解基层矛盾，高效解决纠纷等方面有其重大意义。具体表现在：第一，大力推进村（社区）法律顾问工作能够为基层社会治理注入新的力量。法律顾问进驻村（社区），提供法律咨询、开展法律宣传工作，能够预防矛盾纠纷产生，减少群众的诉讼负担，增强法律的权威，提高广大人民群众的法治意识。同时将法治思维和法治方式融入到村（社区）内部公共事务管理的各个方面，推进基层群众自治组织实现自我管理、自我服务、自我监督，促进基层群众自治。第二，大力推进村（社区）法律顾问工作能够为维护人民合法权益提供新的途径。基层法律服务工作者深入村（社区）开展法律咨询，为群众解答日常生活中的法律问题。在征地拆迁、婚姻家庭、社会保障、土地权属等方面为社会弱势群体提供法律援助，满足人民群众基本的法律服务需求，切实维护人民的合法权益。第三，大力推进村（社区）法律顾问工作有利于社会和谐。基层法律服务工作者能够引导人民群众正确地反映利益诉求，及时化解矛盾，从而将矛盾纠纷解决在萌芽状态，在一定程度上起到维护社会秩序的作用。因此，村（社区）法律顾问作为公共法律服务的重要组成部分，作为二级指标纳入评价体系中具有必要性。

二、三级指标的筛选

相较于世界银行营商环境评价指标体系，政府为村（社区）采购法律顾问的覆盖率、从事村（社区）法律顾问律师人数 / 所有执业律师人数、参加村（社区）法律顾问律师事务所数量 3 项三级指标均为本评价指标体系新增。当前，我国已经全面建成小康社会，社会基本矛盾已经转变，而乡村和社区作为现代社会的基本组成部分，是建设法治国家、法治社会的前沿阵地。在此背景下，大力推进村（社区）法律顾问工作是提升公共法律服务水平，满足人民日益增长的法律服务需求的必然要求。

第一，村（社区）法律顾问是通过政府统一采购，统一分配资源。政府采购服务是村（社区）法律顾问工作能够顺利进行等关键因素。因此，政府为村（社区）采购法律顾问的覆盖率能够清晰展现被评估地区的公共法律服务水平，应当纳入评价指标体系中。

第二，律师作为基层法律工作者的重要组成部分，在实际担任村（社区）法律顾问中起到至关重要的作用，是村（社区）法律顾问工作开展的关键决定因素。因此，从事村（社区）法律顾问律师人数 / 所有执业律师人数是衡量被评估地区村（社区）法律顾问工作开展情况的重要指标。因此，将该指标纳入评价指标体系中是十分有必要的。

第三，律师事务所作为律师的执业机构，集中了优质的法律服务资源，是连接政府与律师的桥梁。律师事务所参加村（社区）法律顾问能够保障公共法律服务的持续稳定提供。因此，参加村（社区）法律顾问律师事务所数量能够较好地反映被评估地区村（社区）法律顾问工作的完善程度，也应当纳入三级指标体系之中。

第二节　三级指标的确定与权重赋予

一、三级指标的确定

村（社区）法律顾问共包括 3 项三级指标，即政府为村（社区）采购法律顾问的覆盖率、从事村（社区）法律顾问律师人数／所有执业律师人数以及参加村（社区）法律顾问律师事务所数量。

二级指标	三级指标	权　　重
村（社区） 法律顾问 （15%）	政府为村（社区）采购法律顾问的覆盖率	基于数值排序转化为 0—1 得分
	从事村（社区）法律顾问律师人数／所有执业律师人数	基于数值排序转化为 0—1 得分
	参加村（社区）法律顾问律师事务所数量	基于数值排序转化为 0—1 得分

二、三级指标的权重赋予

（一）政府为村（社区）采购法律顾问的覆盖率

该指标评估的是政府采购村（社区）法律顾问服务的力度，并基于数值排序转化为 0—1 得分。在我国，政府是公共法律服务的重要来源。因此，政府为村（社区）采购法律服务的覆盖率很大程度上决定了村（社区）法律顾问服务的规模大小和便利程度。政府为村（社区）采购法律顾问的覆盖率越高，被评估地区越容易获取村（社区）法律顾问相关服务。若被评估地区政府为村（社区）采购法律顾问的覆盖率远超于所在省份地级市平均水平，则打 1 分；若被评估地区政府为村（社区）采购法律顾问的覆盖率基本与所在省份地级市平均水平持平，则打 0.5 分；若被评估地区政府为村（社区）采购法律顾问的覆盖率低于所在省份地级市平均水平，则打 0 分。

（二）从事村（社区）法律顾问律师人数／所有执业律师人数

该指标评估的是律师对于村（社区）法律顾问工作的参与程度，基于数值排序转化为 0—1 得分。根据广东省律师协会发布的 2020 年广东省律师行业发展数据，2020 年全省共有执业律师 55136 人，其中村（社区）法律顾问律师达 8074 人。因此，广东全省从事村（社区）法律顾问律师人数／所有执业律师人数的比值平均约为 14.6%。若被评估地区从事村（社区）法律顾问律师人数／所有执业律师人数的比值远超于所在省份平均水平（超过 20%），则打 1 分；若被评估地区从事村（社区）法律顾问律师人数／所有执业律师人数的比值基本与所在省份平均水平持平（14%—20%），则打 0.5 分；若被评估地区从事村（社区）法律顾问律师人数／所有执业律师人数低于所在省份平均水平（低于 14%），则打 0 分。

（三）参加村（社区）法律顾问律师事务所数量

该指标评估的是参加村（社区）法律顾问律师事务所的总体规模，并基于数值排序转化为 0—1 得分。村（社区）法律顾问是提供公共法律服务的前沿阵地。参加村（社区）法律顾问律师事务所数量是衡量被评估地区村（社区）法律顾问工作开展情况的重要指标。一般来说，参加村（社区）法律顾问律师事务所数量越多，被评估地区所能获取的村（社区）法律顾问资源也就越多，公共法律服务水平也就越高。若被评估地区参加村（社区）法律顾问律师事务所数量远超于所在省份地级市平均水平，则打 1 分；若被评估地区参加村（社区）法律顾问律师事务所数量基本与所在省份地级市平均水平持平，则打 0.5 分；若被评估地区参加村（社区）法律顾问律师事务所数量低于所在省份地级市平均水平，则打 0 分。

第三节　样本实践

一、以广东省梅州市司法局"一村（社区）一法律顾问"工作为例

近年来，广东省梅州市司法局认真贯彻落实习近平法治思想，深刻把握习近平总书记对加强公共法律服务工作的重要指示精神，将基层法律顾问普及工作纳入公共法律服务建设体系，深入推进"一村（社区）一法律顾问"工作，推动法

律服务向村（社区）延伸，促进基层民主法治建设，维护基层社会和谐稳定。[①]

（一）实现一村（社区）一法律顾问，扩大覆盖面

政府为村（社区）采购法律顾问的覆盖率三级指标表明法律顾问的覆盖率是改善公共法律服务环境的重要抓手。2014 年，梅州市委、市政府印发《梅州市开展一村（社区）一法律顾问工作的实施方案》，坚持以公共法律服务中心（站）为主导，以法治宣传、法律服务、人民调解、法律援助、矫正帮扶为服务内容，全力推进一村（社区）一法律顾问工作。该方案有效整合了资源，将纠纷调解、法律援助、法律咨询、法律服务等相关业务集为一处。截至 2021 年底，梅州全市 2264 个村（社区）均配备法律顾问，实现了村（社区）法律顾问全覆盖。梅州市村（社区）法律顾问为人民群众提供了量大质优的公共法律服务，为服务基层依法治理和改革发展稳定营造了良好的法治环境，为加快乡村振兴发展作出了应有努力和贡献。

（二）依靠律师资源，提升服务水平

从事村（社区）法律顾问律师人数/所有执业律师人数、参加村（社区）法律顾问律师事务所数量两项三级指标表明，律师以及律师事务所在村（社区）法律顾问工作中发挥了十分重要的作用。截至 2021 年底，梅州市 2264 个村居（社区）配备了 457 名律师，并按照要求扎实开展各项公共法律服务工作。律师等基层法律工作者集政策讲解员、法治宣传员、法律服务员、人民调解员、法律援助承办员、矫正帮扶辅导员"六员"于一身。全市村（社区）顾问律师年均举办法治讲座 9500 多场次，解答法律咨询 25000 多人次，得到当地群众和镇村干部的认可，取得了良好的效果。开展一村（社区）一法律顾问工作以来，随着村（社区）法律顾问不断深入村（社区）、贴近群众，致力于提高基层法治化水平，梅州市也涌现了一批受到村（社区）及辖区群众高度好评的律师。在梅州市 2021 年度"十佳村（社区）法律顾问律师"评选活动中，共有 10 位

[①] 参见《法律服务进基层 群众有了"把关者"！梅州积极推进一村（社区）一法律顾问工作》，载梅州市司法局网站，https://www.meizhou.gov.cn/mzssfj/gkmlpt/content/2/2283/post_2283424.html#1751，2022 年 1 月 29 日。

律师脱颖而出，成为全市驻村（社区）法律顾问律师的典型代表。他们的经验做法和主要事迹能够发挥先进典型的示范引领作用，持续提高梅州市村（社区）法律顾问律师的社会知名度、群众知晓率和服务覆盖面。

（三）深入社区基层，服务人民群众

村（社区）法律顾问工作要想真正成为惠民工程，村（社区）法律顾问就既要当好普法宣传的宣传员，又当好矛盾纠纷的调解员和涉法事务的服务员，切实为群众排忧解难。第一，梅州市村（社区）法律顾问每个月至少到村（社区）服务 1 天（不少于 8 个小时），每个季度至少举办 1 次法治讲座。第二，至 2021 年底，梅州全市全部村（社区）建立了村（社区）法律顾问 QQ 或微信群，方便群众与驻村（社区）律师直接沟通联系、解答问题。第三，梅州市村（社区）法律顾问积极发挥专业优势，通过法治讲座、法律咨询等多种形式，定期宣传普及宪法、民法典、土地管理法等与人民群众生产生活密切相关的法律知识。第四，法律顾问积极协助司法所、村（社区）两委，参与土地承包、征地拆迁、交通事故等引发的矛盾纠纷调处工作，为群众解答法律问题，提供咨询意见。帮助村（社区）委会审查合同，协助起草、审核、修订村规民约和规章制度，解决土地征用、安置补偿、环境保护等法律问题，既推动了村务公开，又理顺了相关法律关系，提高了农村基层自治管理水平。村（社区）法律顾问室逐渐成为辖区居民寻求法律服务的维权窗口，大大提升了群众获得感和幸福感，深受基层干部群众欢迎。

二、以广东省江门市司法局"一村（社区）一法律顾问"工作为例

2014 年以来，广东省江门市深入推进"一村（社区）一法律顾问"工作。截至 2015 年底，广东省江门市共签约村（社区）法律顾问 300 多名，提供法律服务近 8 万次，达到了全市村（社区）法律顾问百分之百全覆盖。促进了以法治思维和法治方式管理基层事务，营造了良好的法治氛围，切实维护了江门市社会和谐稳定。[①]

---

① 参见《切实解决了基层迫切的法律需求——江门市开展一村（社区）一法律顾问工作纪实》，载《江门日报》2015 年 12 月 11 日。

（一）高度重视"一村（社区）一法律顾问"工作

政府为村（社区）采购法律顾问的覆盖率这一三级指标说明党委政府是落实村（社区）法律顾问工作的重要力量。江门市一村（社区）一法律顾问工作开展后，江门市委、市政府迅速部署工作，印发《江门市关于开展一村（社区）一法律顾问工作的实施意见》，形成党委领导、政府负责、人大监督、司法行政机关实施、各相关部门积极配合的良好工作局面。江门市政府将此项工作的补贴经费和工作经费列入市级财政预算，全市 1316 个村（社区）法律顾问工作补贴经费全部落实。江门市是广东省最早落实工作补贴经费的地市之一，也是广东省由地市级财政解决工作补贴经费的两个地市之一，为村（社区）法律顾问工作开展提供了良好的保障。同时，江门市司法局把一村（社区）一法律顾问工作当作"一把手"工程来抓，先后制定下发《江门市一村（社区）一法律顾问工作检查评估办法（试行）》和《江门市村（社区）法律顾问参与调解矛盾纠纷案件补贴办法（试行）》等文件。江门市委、市政府主动作为，统筹全市公共法律服务资源，保障村（社区）法律服务工作顺利开展。

（二）加强村（社区）法律顾问工作队伍建设

参与村（社区）法律顾问律师作为三级指标表明努力丰富人才资源是做好村（社区）法律顾问工作的重要途径。江门市司法局统筹协调全市律师资源，确保全市所有执业社会律师参与，确保法律服务资源均衡。每年举办培训班，对参与村（社区）法律顾问工作的各类人员进行全员培训。编写一村（社区）一法律顾问工作普法课件、典型案例和业务指引，为工作开展提供精细化、标准化指导。每半年组织开展检查评估，根据检查评估结果及时发放工作补贴和办案补贴，做好法律顾问续签工作。对工作出色的法律顾问、管理人员和单位进行立功表彰，对积极主动参与调解基层矛盾纠纷的法律顾问兑现办案补贴，对不合格的法律顾问进行约谈、通报批评和更换调整。

（三）提升村（社区）法律顾问知晓率

村（社区）法律顾问的覆盖面的扩大仅依靠政府自上而下提供服务是不够的。江门市司法局运用多种途径提升村（社区）法律顾问知晓率，使这项工作真正落到实处。第一，进行线下宣传，增强宣传实效。江门市司法局将一村（社区）一法律顾问宣传融入司法行政法治宣传矩阵，利用宣传车队等工具在各镇（街）、村（社区）循环播放村（社区）法律顾问宣传标语及音频资料。在辖区内各村（社区）出入口、宣传栏等传统宣传阵地，强化一村（社区）一法律顾问宣传标识，悬挂宣传横幅、张贴宣传海报，以最接地气的形式在群众中宣传村（社区）法律顾问，有效提升了基层群众对一村（社区）一法律顾问工作的知晓率。第二，进行线上宣传，扩大宣传覆盖面。江门市司法局发挥线上新媒体宣传优势，通过网站、微信公众号等平台及时宣传报道一村（社区）一法律顾问工作情况，公布全市村（社区）法律顾问名单及联系方式，进一步扩大该项工作的覆盖面和影响力。恩平市司法局通过组织拍摄专题片，在政府网站以及各大政务媒体微信公众号发布服务公开信等方式，全方位介绍村（社区）法律顾问律师工作。开平市司法局则在地标建筑的大型电子屏高频次播放一村（社区）一法律顾问公益宣传广告，简明扼要宣传村（社区）法律顾问的工作和服务内容。第三，进行面对面宣传，增强宣传渗透力。江门市司法局组织全市村（社区）法律顾问律师开展入户宣传活动，多渠道推动村（社区）法律顾问宣传贴近群众、服务群众。

（四）贴近人民群众开展法律服务

第一，村（社区）法律顾问认真落实"一月一定期服务""一服务一日志""一季度一法治讲座"等工作措施。采取现场坐班和电话、微信、电子邮箱相结合的服务方式，在紧急情况下随叫随到。与人民群众深入沟通交流，主动询问情况，倾听意见诉求，深入基层参与纠纷调解工作。第二，村（社区）法律顾问通过兼任村（社区）调委会副主任，发挥自身专业知识、丰富经验以及第三方中立的优势，充当兼职调解员，积极协助司法所、村（居）委会，参与劳资纠纷、土地承包、征地拆迁、房屋产权、环境保护、交通事故损害赔偿等矛盾纠纷调处工作，为群众解答法律问题，提供咨询意见，积极配合政府引导村民以合法的方式和正确的途径表达利益诉求，解决历史遗留问题。第三，村（社区）法律顾问采用定期宣传普及与人民群众生活密切相关的法律知识，增强基层干部群众的法律意识，帮助群众树立正确的权利义务观念，在基层营造良好的法治氛围。

第七章　人民调解服务

第一节　三级指标的设计与筛选

一、三级指标的设计

中央政法委等六部委联合出台的《关于加强人民调解员队伍建设的意见》中明确指出，人民调解是在继承和发扬我国民间调解优良传统基础上发展起来的一项具有中国特色的法律制度，是公共法律服务体系的重要组成部分。在我国社会发展的各个阶段，人民调解制度在维护人民群众合法权益、维护社会和谐稳定、助推经济发展等方面均作出了积极贡献。依照我国法律，人民调解委员会有其独特的组织形式、完善的工作程序、严格的工作纪律以及灵活的工作方法。人民调解作为处理社会纠纷行之有效的方式，被许多国家称为"东方经验"。因此，其作为公共法律服务的重要组成部分纳入评价指标体系具有合理性。

当前我国市场经济不断迎来新任务新挑战，新时代社会矛盾呈现为纠纷主体的多元化、矛盾纠纷类型的多样化和调解纠纷矛盾的复杂化。对此，我们要适应新形势新变化，不断发展多元化纠纷调解机制，进一步加强人民调解员队伍建设，完善调解体制机制，准确把握新时代矛盾纠纷的规律和特点，让人民群众能够得到更便捷、更优质、更普惠的人民调解服务。同时，运用人民调解服务机制解决社会纠纷有利于加强人民群众内部团结、稳定社会秩序、促进社会和谐。作为矛盾多元化解机制之一，也有利于节约司法资源，使人民法院集中力量办好重大、疑难、复杂的案件，从而提升司法质量，提高司法效率。因此，将人民调解服务纳入评价指标体系中具有必要性。

二、三级指标的筛选

相较于世界银行营商环境评价指标体系，本评价指标体系中的二级指标人民调解服务及其三级指标中调解成功的案件数与结案数之比、案件从受理之日到结案（签订人民调解协议书或调解笔录）的天数、当事人对人民调解员或人民调解委员会调解工作的满意度 3 项指标均为新增。由于人民调解制度是在继承和发扬我国民间调解优良传统基础上发展起来的，其作为一种多元化纠纷解决手段是我国特有的。因此，将人民调解服务相关内容作为三级指标符合我国历史传统和现实国情。

第一，人民调解作为具有中国特色的纠纷解决手段，调解成功则是纠纷争议方以及人民调解委员会的共同目的。因此，调解成功的案件数与结案数之比能够直观反映人民调解在提供公共法律服务过程中的作用大小，应当纳入评价指标体系中。

第二，办案效率也是人民调解工作追求的目标之一。随着我国市场经济的快速发展，高效调处纠纷能够更好地满足社会发展的现实需要。因此，案件从受理之日到结案的天数是人民调解委员会工作效率的重要体现，应当作为三级指标之一。

第三，人民群众满意是人民调解服务的价值追求。人民调解工作是否为群众办实事、是否真正落到实处，均可以通过当事人对人民调解员或人民调解委员会调解工作的满意度展现出来。因此，该指标也是衡量地区人民调解服务水平的重要因素。

第二节　三级指标的确定与权重赋予

一、三级指标的确定

二级指标人民调解服务共包括 3 项三级指标，即调解成功的案件数与结案数之比、案件从受理之日到结案（签订人民调解协议书或调解笔录）的天数以及当事人对人民调解员或人民调解委员会调解工作的满意度。

二级指标	三级指标	权　　重
人民调解服务（5%）	调解成功的案件数与结案数之比	基于数值排序转化为 0—1 得分
	案件从受理之日到结案（签订人民调解协议书或调解笔录）的天数	基于数值排序转化为 0—1 得分
	当事人对人民调解员或人民调解委员会调解工作的满意度	主观题，0—10 分，基于排序转化为 0—1 得分

二、三级指标的权重赋予

（一）调解成功的案件数与结案数之比

该指标评估的是被评估地区人民调解委员会调处纠纷的能力，并基于数值排序转化为 0—1 分。调解纠纷是人民调解工作的最终目的。因而，调解成功的案件数与结案数的比值能够较好地展现被评估地区人民调解委员会的工作能力。调解成功的案件数越高，调解成功案件数与结案数之比的数值也就越高。而调解成功案件数与结案数之比的数值与地区人民调解服务水平成正比。若被评估地区调解成功的案件数与结案数之比的数值远超所在省份地级市平均水平，则打 1 分；若被评估地区调解成功的案件数与结案数之比的数值基本与所在省份地级市平均水平持平，则打 0.5 分；若被评估地区调解成功的案件数与结案数之比的数值低于所在省份地级市平均水平，则打 0 分。

（二）案件从受理之日到结案（签订人民调解协议书或调解笔录）的天数

该指标评估的是被评估地区人民调解委员会的工作效率，并基于数值排序转化为 0—1 分。案件从受理之日到结案（签订人民调解协议书或调解笔录）的天数与地区人民调解委员会的工作能力成反比。案件从受理之日到结案的天数越少，人民调解委员会调处纠纷的效率越高，能力越强。若被评估地区案件从受理之日到结案（签订人民调解协议书或调解笔录）的天数远少于所在省份地级市结案平均天数，则打 1 分；若被评估地区案件从受理之日到结案（签订人民调解协议书或调解笔录）的天数基本与所在省份地级市结案平均天数持平（差值小于一天），则打 0.5 分；若被评估地区案件从受理之日到结案（签订人民调解协议书或调解笔录）的天数超过所在省份地级市结案平均天数（多于两天），则打 0 分。

（三）当事人对人民调解员或人民调解委员会调解工作的满意度

该指标评估的是被评估人民调解服务的工作实效。该指标表现为主观题的形式，当事人依据所接受的人民调解服务对满意程度给予 0—10 的分数，并对以上分数进行排序，基于排序最终转化为 0—1 得分。为人民群众服务是人民调解员以及人民调解委员会工作的基本宗旨。当事人对人民调解工作的满意程度是衡量地区人民调解服务水平的重要标志。若被评估地区当事人对人民调解员或人民调解委员会调解工作的满意度远超所在省份地级市平均水平，则打 1 分；若被评估地区当事人对人民调解员或人民调解委员会调解工作的满意度基本与所在省份地级市平均水平持平，则打 0.5 分；若被评估地区当事人对人民调解员或人民调解委员会调解工作的满意度低于所在省份地级市平均水平，则打 0 分。

第三节　样本实践

一、以深圳市龙华区"全方位、立体式、多元化人民调解体系"为例

深圳市龙华区积极践行人民调解"枫桥经验"，实现人民调解委员会在区、街道、社区三级的全覆盖，探索出社会矛盾从被动治理到主动化解的新途径，基本实现"哪里有民间纠纷哪里就有人民调解"，年均调处各类矛盾纠纷案件 6000 余宗，调解成功率较高。深圳市龙华区打造全方位、立体式、多元化人民调解体系，助推社会善治。

（一）创新形式提高调解成功率

2021 年龙华区各级调解组织共受理案件近 5000 余宗，成功率 99.6%，有力维护了社会和谐稳定。龙华区将人民调解、矛盾化解试点工作落到实处，推进多元化纠纷解决机制建设，满足人民群众多元化司法需求。龙华街道创新推行人民调解＋仲裁确认＋法律援助"三室合一"制度。先由律师进行专业调解，调解达成协议的，在征得当事人同意的情况下，劳动仲裁委员会直接将人民调解协议转变成仲裁调解协议，赋予调解协议法律效力，当事人不得反悔；如果调解不成，律师可以直接为符合条件的劳动者提供法律援助，有效维护了劳动者的合法权益。

（二）多种途径增强群众满意度

第一，深圳市龙华区不断引入社会力量，选聘了一批专业、功底扎实、群众信赖、口碑好、威望高、调解技巧精湛的专职人民调解员，从事纠纷调解工作，打造具有龙华特色的"金牌调解"品牌。第二，龙华街道司法所人民调委会借鉴中国传统乡村治理中乡贤主持调解纠纷的做法，邀请品德过硬、威望较高的

"五老"人员（老党员、老干部、老教师、老专家、老模范）担任兼职调解员，专业调解员讲法，兼职调解员讲情、讲理，情、理、法相融，为化解矛盾纠纷、维护社会稳定提供了坚强的保障。第三，龙华区司法局出台《2021年度龙华区"金牌调解委员会"、"金牌调解室"、"金牌调解员"评选活动方案》，为人民调解队伍树立榜样，加强人民调解组织规范化建设；定期开展人民调解员业务培训，进一步提升人民调解工作专业化水平，打造职业化调解队伍，增强了人民的幸福感，促进平安龙华建设，为维护社会和谐稳定打下了坚实的基础。第四，龙华街道深入践行新时代"枫桥经验"，结合"最多跑一次"的改革理念，打造体系化、专业化、个性化的"流动调解室"，变"坐堂问诊"为"上门巡诊"，将调解服务送到了百姓家门口。"流动调解室"最大的特点是流动、便捷，龙华街道把"流动调解室"搭建到了工业园区、商贸服务区、社区小区，让纠纷调解触手可及，极大缩短了政府服务和群众需求之间的距离。①

（三）信息化手段缩短办案时间

深圳市龙华区探索建立了一套专业化、立体化、数字化、便捷化的矛盾纠纷化解新模式。六个街道的人民调解委员会主要调解室完成视频安装调试，实现与区人民法院远程视频对接，标志着龙华区人民调解远程司法确认平台"全线贯通"。龙华街道人民调解员可以在线当场审查调解协议书及相关证据材料，制作询问笔录，当事人通过电子签名进行笔录确认，区人民法院出具民事裁定书，并及时向当事人送达。人民调解远程司法确认平台主要特点为：一是申请便捷高效。当事人可以随时通过系统提出远程司法确认申请。二是全部线上完成。线上即可审查调解协议、制作司法确认笔录、制作法律文书，简便、快速地实现远程视频司法确认。三是司法确认实时完成。通过电子盖章技术当场出具民事裁定书并即时送达，打通了司法为民"最后一公里"，实现了"让信息多跑路，让群众少跑腿"。人民调解远程司法确认平台"全线贯通"，接通"人民调解＋司法确认"绿色通道，基本构建覆盖全区的对接网络。该平台依托信息化技

---

① 张玮玮、贺轶群：《从"枫桥经验"到"龙华样本"，看深圳龙华人民调解新发展》，载读创，https://baijiahao.baidu.com/s?id=1716766088412385094&wfr=spider&for=pc，2021年11月18日。

术突破传统模式，使当事人、法院、调解员三方"零距离"沟通。[①]

二、以深圳市坪山区"大调解"发展理念为例

深圳市坪山区坚持以人民为中心的服务理念，坚持和发展新时代"枫桥经验"，充分发挥人民调解化解矛盾纠纷"第一道防线"的作用，在全区开展人民调解"三年行动"，有效提升了基层社会治理现代化水平。至 2021 年底，坪山区各人民调解组织共排查矛盾纠纷11290 余宗，有效化解矛盾纠纷10650 余宗，成功率为 94.33%。

（一）织密人民调解组织体系网，提高人民调解工作实效

三级指标调解成功的案件数与结案数之比表明新时代对于人民调解工作的实际效果提出了更高的要求。深圳市坪山区以"大调解"发展理念为指导思想，积极构建以区、街道、社区三级架构为基础的人民调解组织体系网，建立了覆盖知识产权、医疗卫生、婚姻家庭、信访、军人事务、商会、学校安全等领域的行业性专业性人民调解组织。坚持阵地前移，指派专职人民调解员驻点信访局、派出所、法院等部门工作，构建"访调对接""警调对接""诉调对接"工作机制，促进矛盾纠纷就地化解。创新推出"援前调解"机制，制定《坪山区公共法律服务中心多元化纠纷解决机制援前调解工作规程》，通过采取"专业律师＋专业调解员"共同调解的方式，法理情融合，高效化解矛盾纠纷。

（二）强化队伍建设，培育人民调解工作先进典型

当事人对人民调解员或人民调解委员会调解工作的满意度三级指标表明，提高人民调解工作群众满意率，加强人民调解员培养以及人民调解委员会建设是关键。坪山区备案在册的人民调解组织共 99 个，其中区、街道、社区调委会共 30 个，居民、企业调解小组 50 个、行业性专业性调委会 9 个、"福田模式"调解室 8 个、个人调解工作室 3 个。坪山区备案在册的专兼职人民调解员共 350 余名、义工调解员 28 名、调解专家 15 名。以构建一支专业化、职业化

[①] 吴雪平、王娟、余尽兰：《人民调解远程司法确认平台"全线贯通"》，载《宝安日报》2018 年 7 月 12 日。

的人民调解员队伍为目标，引入社工机构管理，加强队伍建设工作。具体做法为：第一，提高"福田模式"人民调解员准入门槛，加强素质提升培训，制定常态化培训学习计划，全方位培训为人民调解员充电蓄能。第二，强化考核激励作用，每季度开展绩效考核和个人述职工作，连续三年开展坪山区"先进人民调解委员会"和"优秀人民调解员"评选表彰活动。2019年以来，共评选出10个先进人民调解组织，17名优秀人民调解员。通过评选表彰活动，树立先进典型，增强做好人民调解工作的使命感和荣誉感。

（三）创新调解工作方式，提高群众满意率

坪山区利用"线上＋线下"双渠道开展普法宣传。线上通过"坪山发布""坪山政法""坪山区调解协会"等微信公众号，读特、南方plus、民主与法制报等新闻网站，社区居民微信群，常态化发布"以案释法"经典案例。线下编撰《坪山区人民调解案例汇编》，创新推出"移动调解室"，协同教育局、民政局、禁毒办、检察院、法院等部门普法，开展送法进社区、进学校、进企业活动。①

2019年以来，坪山区深入推进援前调解工作机制建设，规范援前调解工作，将法律援助与人民调解进行有机结合，结合本区法律援助与人民调解对接工作实际，健全援前调解制度，引导当事人选择效率更高、形式更灵活、成本更低的"援前调解"方式来解决纠纷，力争最大程度在第一线化解各类纠纷，坚持把非诉纠纷解决方式挺在最前面，使调解成为首选。②

---

① 张玮玮、司新宣、陈南华：《成功率94.33%，深圳坪山区晒出人民调解三年行动"成绩单"》，载读创，https://baijiahao.baidu.com/s?id=1718677429825803070&wfr=spider&for=pc，2021年12月9日。

② 周翰文：《坪山大调解之援前调解》，载深圳市坪山区司法局网站，http://www.szpsq.gov.cn/pszfbgs/gkmlpt/content/7/7119/mpost_7119612.html#16238，2019年12月24日。

第三编

法治化营商环境评价指标体系评价实施与优化引领

第一章　评价实施

第一节　实施主体——权威第三方

一、实施主体的分类

实践中，营商环境评价的实施主体比较多元。以目前影响力比较大的几份营商环境评价报告而言，实施主体通常有如下几类：

一是国家机关。例如，中国营商环境评价报告就是由国家发展和改革委员会牵头组织实施的。由国家机关组织实施营商环境评价的优势在于数据的准确性和结论的权威性。所谓数据的准确性，是指国家机关在组织开展营商环境评价的过程中，可以借助体制内的沟通渠道，较为顺畅和准确地获得真实的数据。例如，国家发展和改革委员会在组织实施的中国营商环境评价时，直接要求各城市派员到北京填报相关数据。所谓权威性，是指国家机关凭借其自身的权威性进一步确保营商环境评价结论的权威性。国家机关具有较强的公信力，其自身亦受到法律法规的约束，因此，国家机关对由其作出的营商环境评价结论格外慎重。但同时，由国家机关组织实施营商环境评价的劣势也十分明显，即评价活动的启动比较麻烦。以 2019 年国家发展和改革委员会组织实施的中国营商环境评价为例，该次营商环境评价是在报请国务院批准后才得以实施的。其实，在此之前的试评价以及针对东北地区的专项评价均是在国务院的同意下组织实施的。虽然，由国务院批准组织实施营商环境评价确保了该项活动的严肃性，但也导致营商环境评价受到过于严格的限制。

二是国际组织。例如，世界银行组织实施了营商环境报告项目。由国际组织牵头实施营商环境评价的优势在于国际可比性。营商环境不仅仅是一个经济体内部的问题，也是一个全球化的问题。在经济全球化的背景下，资本和货物跨国流动是一种常态。对于跨国企业而言，不仅需要在一个经济体内部比较各个城市之间的营商环境差异，还需要在全球范围内比较各个城市之间的营商环境差异，进而辅助作出商业决策。国际组织实施的营商环境评价通常坚持采用同一套标准评价世界各经济体的营商环境，这样便于在国际之间进行营商环境比较。但是，由国际组织牵头组织实施营商环境评价的弊端也十分明显，即数据的准确性问题。通常受限于人力物力，国际组织在进行全球营商环境评价时往往无法全面准确地获得相关数据，因而只能依赖公开渠道的数据和专家的主观评价，并且往往只能选取一些代表性城市进行评估，无法对一个经济体的营商环境进行全面评估。

三是社会组织。例如，中央广播电视总台发布的《中国城市营商环境报告》，万博经济研究院联合中国财富网发布的《中国营商环境指数报告》等。社会组织牵头实施营商环境评价的优势在于便利性和多样性。所谓便利性，是指由社会组织牵头实施营商环境评价的启动和组织都比较便利，没有太多的限制。特别是，社会组织在牵头实施营商环境评价时，往往在经济上得到市场主体的大力支持，因此，在开展营商环境评价时可以借助市场力量迅速展开。所谓多样性，是指由社会组织开展营商环境评价时，评价体系比较多样，常常会出现一些个性化、特色化的评价指标。不过，当前由社会组织牵头实施的营商环境评价具有一些明显的劣势，主要体现在权威性方面。通常，社会组织不会单独组织实施营商环境评价，而是往往在特定市场主体的支持下组织实施。这就意味着，社会组织牵头组织实施的营商环境评价不一定完全中立，进而其权威性容易遭受质疑。

二、法治化营商环境评价指标体系的实施主体

在上述背景下，法治化营商环境评价指标体系的实施可以采用第三方权威机构牵头组织实施的模式。具体来说，法治化营商环境评价指标体系的实施可以由高等院校或科研机构牵头，吸纳律师事务所、会计师事务所、调查机构等专业力量，通过政府购买公共服务的方式组织实施。

首先，为了确保评价结论的权威性，法治化营商环境评价指标体系的实施如果由高等院校或科研机构牵头，存在一定的优势。在中国，高等院校或科研

机构具有较强的自主性和中立性，不会受到某个特定的市场主体或城市影响。同时，由于高等院校和科研机构在学术上具有较强的权威性，这样也可以进一步保证营商环境评价结论的权威性。

其次，为了确保数据的准确性和真实性，法治化营商环境评价指标体系的实施可以吸纳律师事务所、会计师事务所、调查机构等专业力量。律师事务所、会计师事务所、调查机构等专业力量在数据获取、数据验证、数据分析等方面具有一定的优势，专业力量的协助可以保证数据的准确性和真实性。

最后，法治化营商环境评价指标体系的实施可以通过政府购买公共服务的方式提供经济支持。一方面，营商环境具有公共性，营商环境的优化对当地的居民、市场主体均具有积极价值，因而，政府有支持开展营商环境评价的正当性；另一方面，采取政府购买服务的方式可以最大限度保证评价结论的中立性，避免法治化营商环境评价偏向特定的市场主体。

第二节　被评价对象——市域、县域营商环境

法治化营商环境评价的对象主要包括市域营商环境和县域营商环境。法治化营商环境评价指标体系是一个具有广泛适用性的评价指标体系，既可以用于评价市域营商环境，也可以用于评价县域营商环境。在评价过程中，具体涉及的领域和部门主要包括如下几种：

在制度供给这——一级指标下，可能涉及的部门包括立法机关以及所有涉及营商环境的政府部门。

在政务服务这——一级指标下，可能涉及的部门包括市场监督管理部门、住房城乡建设部门、规划部门、供电部门、供水部门、供气部门、不动产登记机构、金融工作部门、税务机关、人力资源和社会保障部门以及政务服务部门等。

在诚信合规这——一级指标下，可能涉及的部门包括政府采购管理机构、招标投标管理机构以及审判机关等。

在行政监管这——一级指标下，可能涉及的部门包括人力资源和社会保障部

门、金融监督管理部门、市场监督管理部门、科技部门以及城市管理部门等。

在司法保障这一一级指标下，可能涉及的部门包括审判机关、检察机关、司法行政部门、金融工作部门以及知识产权保护机构等。

在公共法律服务这一一级指标下，可能涉及的部门包括司法行政部门、公证机构、仲裁机构、司法鉴定机构、涉外法律服务机构以及调解组织等。

第三节　榜单发布

一、评价方法

（一）调查方式

法治化营商环境评价采用函寄调查、定点拦截访问、网络调查、行政方式发放问卷等调查方式。

一是函寄调查。各地官方调查中心将调查函、委托函、调查问卷函寄（快递或电子邮件）至调查对象，并由调查对象亲自将填答好的调查问卷密封快递或电子邮件寄回。调查填答全部采用无记名方式。

二是定点拦截访问。针对6个一级指标31个二级指标涉及的市场主体，特别是办理过相关业务的市场主体，由各地官方调查中心持访问证的调查员进行拦截面访调查。

三是网络调查。各地官方调查中心在网站上刊登调查问卷，调查对象进入各地官方调查中心网站下载调查问卷进行填写。

四是行政方式发放问卷。各地政府根据《法治化营商环境评价问卷调查填报说明》，按要求组织31项二级指标对应的职能部门开展问卷发放和回收。具体职能部门组织开展企业或个人如实填报调查问卷，并根据行政系统业务记录填报对应样本业务数据，将填报的企业问卷和部门问卷统一通过电子邮件寄回各地官方调查中心邮箱。

（二）抽样方法

一是函寄调查。采用指定调查的抽样方法。以各地报送的样本企业清单为总样本库,各地官方调查中心向样本库所有企业函寄(含电子邮件)调查问卷,由样本企业自行选定1位调查对象填答问卷。

二是拦截访问。拦截访问采用等距随机抽样方法,主要包括定点拦截和对排队等候人员主动访问两种方式。定点拦截由各地官方调查中心访问员在各地政务服务中心事先选定的若干地点,对办完相关业务的人员进行拦截访问,每隔5个人拦截一位进行访问,若被拒绝则顺延至下一位;主动访问由各地官方调查中心访问员主动对正在排队等候的人员进行问卷调查,要求必须是最近一年内曾经办理过相关业务,随机确定起点每隔5位选取访问对象。

三是网络调查。网络调查采取指定调查方式,在调查指定网站上刊登调查问卷,调查对象进行无记名投票,每个IP地址限投一票。

四是行政方式发放问卷。行政方式发放问卷采取指定调查方法,由各地根据《法治化营商环境评价问卷调查填报说明》相关要求抽取样本,并开展企业问卷调查和部门业务数据填报。

二、计算方法

(1)总体得分。法治化营商环境综合得分为6项一级指标得分的算术平均数。具体计算方法为:法治化营商环境综合得分=(制度供给得分+政务服务得分+诚信合规得分+行政监管得分+司法保障得分+公共法律服务得分)÷6。

(2)一级指标得分。各项一级指标得分通过二级指标得分加权计算得出。例如:制度供给得分=制度基础设施得分×0.5+制度运行质量得分×0.4+制度宣传质量得分×0.1。

(3)二级指标得分。各项二级指标得分等于三级指标得分总和。例如:政府采购得分=公开采购限额标准透明度得分+获取采购信息透明度得分+采购文件获取成本得分+是否缴纳履约保证金得分+采购资金支付期限得分。

(4)三级指标得分。三级指标得分按满分为1分的标准进行打分。判断题的打分标准为:答案为"是",得1分;答案为"否",得0分。主观题的打分标准根据实际情况进行主观判断。

三、榜单分类

法治化营商环境评价最终将形成一系列榜单，并向社会公开发布，供社会公众，特别是市场主体和政府部门参考。其中，比较重要的榜单包括如下几种：

一是城市营商环境排行榜。城市营商环境排行榜将全面呈现全国各城市营商环境的现状，以及在全国所有城市中的排名。城市营商环境排行榜不仅包括一个总的排行榜，还将按照每一个一级指标、二级指标、三级指标分别排名，以便让市场主体和政府更全面、准确地了解该地的营商环境状况。

二是县域营商环境排行榜。县域营商环境排行榜将全面呈现全国县域营商环境的现状，以及全国县域营商环境排名。一般而言，县域营商环境排行榜不会直接评估全国所有县域，而是评价某一省或市内的所有县域，或者评价全国范围内的代表性县域。县域营商环境排行榜不仅包括总的排行榜，还可以按照每一个一级指标、二级指标、三级指标分别排名，以便让市场主体和政府更全面、准确地了解该地的营商环境状况。

三是优化营商环境先进城市榜。优化营商环境先进城市榜主要从该城市营商环境在全国的排名和当年的该城市营商环境排名的上升幅度两个角度评选优化营商环境先进城市，并详细介绍该城市在优化营商环境改革方面的先进做法，以便向全国推广。

四是优化营商环境典型案例榜。优化营商环境典型案例榜着眼于具体的优化营商环境举措，从全国范围内评选优化营商环境典型案例，并进行解剖分析，以便向全国推广。

城市营商环境排行榜、县域营商环境排行榜、优化营商环境先进城市榜、优化营商环境典型案例榜形成后，均可以通过多平台、多渠道向社会发布。一方面，城市营商环境排行榜、县域营商环境排行榜、优化营商环境先进城市榜、优化营商环境典型案例榜形成后，可以通过电视、报纸、网站、自媒体等渠道向社会广泛传播，甚至可以集结出版；另一方面，城市营商环境排行榜、县域营商环境排行榜、优化营商环境先进城市榜、优化营商环境典型案例榜形成后，还可以智库成果的形式提交上级政府，供上级政府决策参考。

第二章 优化引领

第一节 评估分析

根据法治化营商环境评价指标体系进行评估，得出各城市营商环境的具体得分与排名，这仅仅是法治化营商环境评价的第一步。除此之外，还应当对评估结果进行更为详细的分析，具体包括如下几个层面：

一是发现不足。就某一特定城市而言，法治化营商环境评估报告对该城市的营商环境状况进行了全面的诊断。根据法治化营商环境评估报告的内容可以发现本城市在营商环境方面的不足之处。法治化营商环境评价指标体系包含了6个一级指标和31个二级指标。这些指标从不同角度呈现了被评估城市的营商环境状况。在这些指标中，得分较高则表明该城市在这一领域表现较好；反之，得分较低则表明该城市在这一领域表现较差。那么，得分不高的领域就是被评估城市应当进一步改革优化之处。

二是明确定位。就所有被评估城市而言，法治化营商环境评估报告中的营商环境排名明确了该城市在全国所有城市中的营商环境定位。排名靠前意味着该城市的营商环境表现较好；反之，排名靠后则意味着该城市的营商环境表现较差。就市场主体而言，其更青睐前往营商环境较好的城市投资。

三是树立标杆。在法治化营商环境评估报告中排名靠前的城市是优化营商环境的标杆城市。在法治化营商环境评估中，标杆城市的表现将成为其他城市学习的对象。由于法治化营商环境评估报告指标众多、内容详尽，因而对于排名靠后的城市而言，可以准确对标排名靠前的城市，学习其先进做法。

第二节　优化指引

一、总体思路

构建并实施法治化营商环境评价指标体系的目的在于促进营商环境的优化。根据法治化营商环境评估报告，各地可以发现自身的弱点，借鉴其他城市的优点，并有针对性地出台优化营商环境改革举措，进而推动营商环境优化。具体而言，构建并实施法治化营商环境评价指标体系的优化指引主要体现在如下几个方面：

一是推进简政放权。根据法治化营商环境评估报告所揭示出的审批事项过多、审批流程复杂、审批时间过长等问题，进一步推进简政放权。其中，简政放权的重点在于：进一步放宽市场准入，做好《市场准入负面清单（2022年版）》的落实工作，完善相关配套措施；进一步下放审批权限，严格控制新设审批事项数量，以便民为原则减少审批事项，清理以备案、登记、注册、年检等形式开展的变相审批；进一步推行"证照分离"改革，简化审批流程，减少证明材料，推广网上办、一次办，缩短办事时间。

二是优化监管方式。根据法治化营商环境评估报告所揭示出的问题，进一步优化监管方式。重点包括：优化行政执法自由裁量基准制度，进一步规范行政执法自由裁量权；深入推进"双随机，一公开"监管，实现营商环境领域"双随机，一公开"全覆盖；加快推进"互联网＋监管"，通过采用互联网技术等方式提升监管效率，减少监管对企业正常经营的干扰；落实知识产权侵权惩罚性赔偿机制，加大对大数据、人工智能、区块链等新兴领域的知识产权保护。

三是提升服务水平。根据法治化营商环境评估报告所揭示出的问题，进一步提升服务水平。重点包括：加强政务服务信息化、标准化建设，推动整合政务服务流程，推动政务数据全国共享；优化政务服务在线平台，在更大范围内实现一网通办、异地可办、掌上可办，极大提升服务效率；加强政务大厅建设，实现应进必进，进一步落实一站通办。

四是降低营商成本。根据法治化营商环境评估报告所揭示出的问题，进一步降低营商成本。重点包括：严格执行涉企收费清单制度，严格限制和规范税费征收，清理乱收费行为；完善企业经营金融支持机制，扩大中小企业融资渠道，降低中小企业融资成本，规范和减少金融服务收费；规范生产用电、用水、用气等服务，降低开通成本，适度调整使用收费。

五是强化标杆引领。根据法治化营商环境评估报告所体现出的先进做法，进一步强化标杆引领。重点包括：及时梳理各城市在优化营商环境方面的改革举措，总结其中的标志性做法，汇编成典型案例集，向全国推广；以法治化营商环境评估报告为依托，重点分析营商环境排名靠前城市的先进经验，树立典型，更好发挥标杆引领、示范作用。

二、具体建议

（一）优化制度供给，打造营商环境法治化保障体系

一是加强制度基础设施建设。优化营商环境制度体系，突出地方性法规、规章和规范性文件对营商环境建设的制度保障作用。重点加强经济类、人文类地方性法规、地方政府规章的制定和完善工作。规范涉及营商环境的行政规范性文件的制定与发布工作，优化重大行政决策制度体系建设。建立创新性地方营商环境专门机构或平台，统筹推进地方营商环境制度基础设施建设。创建地方规范性文件统一发布平台，并及时更新和维护平台信息。加强涉及营商环境的地方性法规、规章和规范性文件的翻译工作，提升营商环境制度基础设施建设的国际化水平。

二是提升制度运行质量。增强政府政策信息透明度，从政策信息公开流程、公开形式、公开信息种类、保障机制、政策引导和热点解读等多个方面优化政府政策信息公开工作。加强政府政策信息发布的及时性，特别是加强对涉及特别重大、重大突发事件的权威信息发布效率，及时实施实时评论保障、政策引导和热点回应。强化经济类紧急状况应对方案出台的效率和效果，第一时间发现经济类紧急状况，并作出应对方案，及时缓解紧急状况，切实防范和化解风险，

维护经济安全和社会稳定。提升政府政策信息的公众知晓度，从公众参与度、有无链接、互动交流、可获取情况、准入限制等多个方面提升政府政策信息的公众知晓度。

三是优化制度宣传质量。开展优化营商环境主题普法宣传，提高企业及其员工对相关法律法规的知晓度和对优化营商环境的认同度。将优化营商环境相关法律法规的宣传纳入本地"八五"普法规划，营造优化营商环境的法治氛围。开设专门的普法宣传融媒体平台，充分调动各类宣传资源参与优化营商环境的普法宣传。确保普法宣传新媒体平台每天更新宣传内容，保障稳定的用户群体和较高的内容质量，提升普法宣传新媒体平台的影响力。

（二）创新政务服务，营造高效便民的政务服务环境

一是精简企业开办流程。落实商事登记改革要求，实现"一网通办、一窗通取""多证合一""全程电子化登记"。优化开办企业和企业变更登记流程，减少法定代表人及股东的到场确认等要求，压缩开办企业的时间成本，确保在开办企业过程中不会影响企业运转。进一步减少开办企业从申请到获得营业执照的时间，在设立人向相关部门申请开办企业、部门审核资料、通过审核并取得营业执照等环节全面压缩办理时限。减少开办企业现场领取营业执照、发票、UKEY等证照的要求，节省企业人员在办理业务路途上的时间，尽可能降低对企业经营的影响。减少开办企业的支出费用，降低企业设立成本。

二是优化办理建筑许可流程。网上公示建筑许可办理全流程，方便企业获取相关信息、准备资料以及把握项目进度。提升建筑许可办理流程的可操作性，减少和消灭建筑许可办理过程中的难点、堵点。试点分阶段办理施工许可证，在不影响项目质量安全的情况下，允许企业分阶段办理施工许可证。试点分阶段提供规划手续，在法律法规授权范围内，允许企业分阶段提供规划手续。引入工程质量安全保险，为竣工后工程的质量安全提供保障，降低企业经济成本。压缩竣工验收办理时限，将原来由多个主体各自独立地组织实施的专项建设工程竣工验收转变为统一组织、集中时间验收的运作模式。

三是提升获得用水、电力、用气的便利度。降低申请接入电力（水、气）

的费用，特别是政府机构办理审批手续及道路挖掘许可、用电（水、气）申请、中间检查以及所有新装需要的费用。压缩申请接入电力（水、气）的环节，推广用户录"一个平台"、准备"一套资料"、填写"一张表单"、点击"一键确认"，即可享受电水气热网五大业务"一次办"的服务。减少企业接入电力（水、气）所需时间，充分利用数字政府改革建设成果，将电子证照、电子签章应用在接入电力（水、气）领域，提供签订电子合同、预约上门、在线查询业务办理进度、服务评价等线上服务。降低电费（水费、气费）的价格，改善电力（水、气）供求状况，更好保障企业用电（水、气）需求，促进企业平稳生产。

四是改革登记财产工作。建立统一的不动产登记平台，为市场主体提供更多、更便利、更优质的服务。实行不动产登记与税务联合办理，实现不动产登记和办税资料由不动产登记机构一个窗口接收，提高办税效率、加强税收管理。压缩不动产登记承诺办理时限，除法人或其他组织建造房屋首次登记、涉及历史遗留问题、非公证的继承等复杂的不动产登记外，争取实现抵押登记2个工作日内，一般登记4个工作日内办结。不动产登记机构同时提供现场办理和网上办理，提升网上办理使用率和办结率，扩大"一网通办"的类型和范围。公开不动产的登记信息，保障公民、法人和其他组织依法获取政府信息，提高政府工作的透明度，充分发挥政府信息对人民群众生产、生活和经济社会活动的服务作用。

五是提升获得信贷的便利程度。提升中小企业获得融资的便利度，压缩获得贷款的周期，精简贷款手续，出台针对中小微企业贷款的普惠金融战略，降低中小微企业获得融资的成本，及时发布正面的信贷信息和负面的信贷信息。加强地方政府对多元化企业融资需求的支持力度，建立地方政府内部多部门联动工作机制帮助企业获得信贷，牵头建立统一的融资信用信息平台，利用技术手段提高识别风险的能力，分担企业融资风险，联合银行业、保险公司，统筹三方力量帮助企业获得信贷。提升消费贷占银行贷款的比重，塑造良好的经济环境，降低企业贷款不良率。加快知识产权金融产品的研发，通过发展知识产权金融产品和知识产权质押融资，帮助科技型企业解决缺少不动产担保带来的资金紧张难题。提升抵押（含涂销）登记便利度，建立正常运营的动产抵押权登记处或者登记机构，并建立以担保债务人姓名为索引的电子资料库，允许担保债权人在线注册、修正、赊销及搜索担保权益，开通预约申请、绿色通道、专窗受理登记或承诺时间内完成登记工作等制度。

六是规范缴纳税费工作。为纳税人提供使用电子税务局办税操作指引，允许纳税人通过线上平台办理涉税业务。减少获得增值税退税所需时间，促进企业盘活沉淀资金，降低融资成本，进而提高企业的市场竞争力。压缩常规办税事项承诺办结时间，优先选取纳税人在办税业务大厅经常办理的登记类、备案类、申报类、发票类等认定为常规办税事项。允许网上办理退税申请、退税审核、退库等业务，丰富线上税务平台可办理的涉税业务种类，提升缴纳税费便利性，优化纳税服务。

七是优化劳动力市场服务。政府或地区工会为企业工会提供免费法律顾问服务，促进劳动者积极行使权利、维护自身权益、规范企业用工、促进法治建设。允许申请和领取失业保险网上办理，提高办事效率，以更便捷的方式使劳动者尽早获得保障。允许参与社保积分入户，把共同建设、共同享有贯穿于营商环境建设的全过程。政府建立处理劳资纠纷的三方协商机制，公平解决纠纷，避免事态升级，促进市场秩序的回归。出台人才政策法规，为劳动力市场提供法制保障。

八是创新政务服务。完善智能政务受理终端多点布局，覆盖基层街道社区，并丰富 24 小时开放自助办证事项种类，缩短市场主体办理业务等待时间。建立资料齐全事项当场办妥机制，提升政务服务可获取性和便捷性。提升办证事项市内各区通办率，设立"一窗多证"综合受理窗口，打破各地区、各部门及各行业领域界限，通过一窗受理、同步审批、集中踏勘、集成服务等模式推动审批服务"一项一办"向"一事一办"跃升，优化政务服务能力。建立"政务＋邮政快递"模式，实现不见面收件、审批和送达。建立主动派出服务机制，扩大援助范围，积极打造半小时法律服务区，在尽可能短的时间内及时解决纠纷，避免纠纷严重化。

（三）推进诚信合规，加强重点领域的政务诚信建设

一是提升政府采购透明度。采购限额标准应在政府机构的官方网站上公开，保障采购对象的数量、价格等限制要素的无障碍获取。采购信息集中公示，确保单次政府采购活动需具备的全部基本信息，包括采购对象、采购数量、采购金支付等采购内容信息能够无障碍获取。采购内容信息、招投标过程信息、招标结果信息等文件在官方网站上进行公示，并允许市场主体免费获取，不收取任何费用。取消履约保证金。从中小企业采购货物、工程、服务的，采购资金支付期限不超过 30 日。

二是规范招标投标活动。提高招投标过程的电子化程度，招标人将招投标全流程以电子化的形式进行，招标阶段、投标阶段以及开标、评标、定标阶段均以电子化的手段直接展现在公众面前。招标公告、招标文件、资格审查信息、资审报告以及中标候选人名单等招投标全过程的信息全部公示公开，降低交易成本，提高政府可信度，使得交易顺利进行。建立建设信用信息管理平台，建立以企业信用体系为核心的监管机制，切实为不同所有制企业营造公平竞争的市场环境。

三是保障合同履约执行。建立信用惩戒机制，降低个人信贷违约率和企业信贷违约率，保障合同履约执行情况。

（四）规范行政监管，持续推进严格规范公正文明执法

一是加强劳动力市场监管。建立劳资纠纷三方协商机制，设置明确的程序和劳资纠纷救济途径，畅通劳资双方信息沟通渠道，并且在三方协商机制中，明确各方地位平等。发生工伤事故后，允许企业及时补缴工伤保险，但要求企业除补缴应当缴纳的工伤保险费，并自欠缴之日起加收滞纳金。制定支持灵活用工的相关政策，积极指导企业主动与职工沟通，采取远程办公、错时上下班、弹性上下班等方式灵活安排，并制定灵活用工缴纳社保政策，确保方式简便且多种方式可供选择。制定企业稳定员工关系奖励政策，且申报流程简便，可以网上办理。

二是保护中小投资者。将中小投资者教育列入普法清单，增强中小投资者

法治意识，提高风险意识和自我保护能力。设立专门的保护中小投资者工作协调机构，加快形成法律保护、监管保护、自律保护、市场保护、自我保护的综合保护体系，实现中小投资者保护工作常态化、规范化和制度化。组建中小投资者协会等社会组织，向中小投资者提供救济援助，丰富和解、调解、仲裁、诉讼等维权内容和方式。

三是加强知识产权监管。激活创新活跃度，提高发明专利申请量、发明专利授权量、科技人员数量、高新技术企业数量、研发支出金额。市场监督部门定期开展对本辖区注册商标规范使用的检查，减少辖区内不当使用注册商标的情况。展会设立商标保护的知识产权投诉站，展会举办地知识产权行政管理部门派员进驻，并依法对侵权案件进行处理，将涉嫌知识产权侵权的展品撤展。增加知识产权中介机构数量，提升知识产权中介机构服务水平。加强知识产权监管机构执法力度，建立权利人主动选择行政执法打击侵权者的机制。提高专利申请数量，包括发明专利申请量、实用新型专利申请量和外观设计专利申请量。提高著作权（版权）登记量，提升版权成果转化的成效。

四是加强市场监管。进一步落实市场准入负面清单制度，提升市场准入负面清单的落实透明度，负面清单内事项管理权限、审批流程、办理条件全公开。提升行政许可事项透明度，对行政许可的事项、许可条件和标准、许可程序和费用、结果等予以公布，使市场主体可以通过公开的行政许可档案或者文件了解有关市场准入、退市等一系列的标准、程序等。提升市场监管行政处罚事项透明度，将行政处罚主体和事项全部公开。完善执法信息公示公开，全面落实行政执法公示、执法全过程记录和重大执法决定法制审核制度，落实市场监管行政执法自由裁量权基准制度，促进公平公正执法。建立市场监管信息共享制度，实现市场监管信息互联互通、数据集中共享，加强部门之间的监管和联合惩戒。减少行政许可数量，进一步精简许可，深化简政放权，开展"减证便民"行动。

五是建立包容普惠创新机制。制定"免强制""免处罚"清单，尽可能减少对于市场正常的生产经营活动的过度干涉。增加"四新"经济（新技术、新业态、新产业、新模式）的扶持政策数量，营造稳定良好的"四新"经济发展环境。加强对于"四新经济"发展环境的监测，适当降低与"四新"经济相关的行政处罚数量，采取市场化的规制方式和底线监管的原则，提高政府行政监管的灵活性。建立信用惩戒的修复制度，对于符合修复条件、主体等相关规定的，政府应当将其及时按照其要求移除失信名单。建立其他创新性制度或举措，运用区块链技术线上实现公共资源交易等。废止严重影响公平竞争的制度或规范性文件，落实公平竞争审查制度，防止地方保护和地方壁垒。提供行政指导、调解、互联网监督，充分地运用法律赋予的职能对市场进行行政柔性执法。

六是推进严格执法。制定并公示重大执法决定法制审核清单，实行重大执法决定法制审核，明确重大执法决定的范围，强化法制审核工作的程序化、规范化和制度化。制定并公示执法全过程记录清单，通过文字、音像等记录方式，对行政执法行为进行记录并归档，实现全过程留痕和可回溯管理。制定并公示随机抽查事项清单，明确抽查事项名称、抽查依据、抽查主体、抽查对象、抽查比例、抽查内容等。制定并公示执法自由裁量规则，促进执法行为的规范化、制度化，减少因为裁量自由带来的不公平的可能，推动执法行为合法公平公正。

（五）加强司法保障，建立公正高效的营商环境司法保障机制

一是加强司法对中小投资者的保护力度。提升中小投资者在股东诉讼中委托律师就公司或大股东有关信息申请调查令的便利程度。严格公正审理公司股东知情权诉讼，加大中小股东知情权的保护力度以及中小股东的法律维权意识。严格公正审理证券虚假陈述诉讼案件，法院的受理不以行政处罚为前置条件，加大对证券虚假陈述的打击力度以及对资本市场良好营商环境的维护程度。

二是加强知识产权保护与运用。建立知识产权专门审判法院或指定集中管辖法院，整合司法资源，集中办案，提高解决知识产权刑事和民事案件的效率。严格公正审理知识产权侵权民事案件，加强对知识产权保护的意识与当地对知识产权的保护力度。严格公正审理知识产权刑事案件，从刑事角度加大对知识产权犯罪的追责力度。严格公正判决知识产权侵权赔偿金，保护权利人的合法权益。缩短知识产权侵权民事案件平均审理周期，实施高水平知识产权审判机

构建设工程，加强审判基础、体制机制和智慧法院建设。

三是加强司法对合同执行的保障力度。提升法院电子化程度，落实电子化立案、电子化送达、电子档案、线上案件查询。建立律师调查令制度，在民事诉讼的起诉、审理、执行阶段，经人民法院批准，律师可持调查令向有关单位和个人收集证据。建立公民信息查询制度，为案件当事人及其律师提供自然人被告的公民信息查询。缩短案件平均审结周期，减少立案、审理、判决、执行判决的时间。建立律师参与法院诉讼案件调解的机制，发挥律师的专业化、职业化和法治化特色，为调解制度的改革完善注入活力。

四是规范破产程序。设立专门的破产法庭，加强破产审判专业化建设，促进破产审判能力全面提升，集中有限的破产审判资源加强对于"僵尸企业"的清理，恢复可存活企业的生机，保护债权人权益。降低破产费用占可供分配财产比例，降低破产成本。建立破产案件繁简分流程序，提升复杂案件的办理效率，从而进一步完善不同类型破产案件的审理机制，提高破产审判质效。成立破产管理人协会，整合分散的管理人力量，形成管理人市场，完善破产管理机制。建立重整企业信用恢复机制，修复重整企业的银行征信系统信用、法院执行系统信用、税务系统信用。

（六）完善公共法律服务，创建现代公共法律服务体系

一是优化公司法律服务。提升执业律师数量，增强公司法律服务专业化水平。司法局等相关部门组织专家律师团体或法律服务团，为企业主体提供"法律体检"、法律培训等。派驻律师到产业园区、行业协会提供基础法律服务，帮助完善行业协会内部规范，提高行业协会会员以及产业园区内入驻企业的法律意识，增强其防范法律风险的能力。降低司法局批准机构设立所需时间，提高司法局办事效率。提高司法局批准机构设立流程的电子化程度，建立现代化公共法律服务体系。

二是提升公证服务。增加公证网点数量，提高公证服务能力。提高办理公证事项的效率，开展最多跑一次公证事项改革。积极利用信息化手段实现有关公证事项零跑腿。开展远程视频办理公证，缩短公证服务距离，解决办理公证

难问题。提升公证办证满意度，建立公证办证满意度评价机制。积极拓展公证业务，提升年度公证办证量，为办理人提供高效便民优质的公证服务。

三是完善商事仲裁服务。提高仲裁员数量，增强商事仲裁服务能力，丰富多元化纠纷解决的途径。积极拓展商事仲裁服务业务，提升仲裁案件年受理量，提高仲裁机构的服务水平。提升网络仲裁案件受理量，增强网络仲裁服务能力，提高商事仲裁便捷化水平。提升仲裁机构所作仲裁裁决的合法性程度，降低仲裁裁决被法院撤销的占比，增强仲裁机构进行仲裁的工作的规范性程度以及工作能力。

四是强化司法鉴定服务。增加司法鉴定机构数量，提升司法鉴定服务能力。增加司法鉴定人才资源，提升司法鉴定服务水平。增加司法鉴定业务类别覆盖率，培育专业化司法鉴定资源，提高公共法律服务水平。增加通过国家级资质认定或实验室认可的鉴定机构数量，提升司法鉴定专业化程度。加强司法鉴定执业活动和业务案件办理信息化监管，规范司法鉴定执业活动。

五是开展涉外法律服务。增加粤港澳联营律师事务所和代办处数量，针对跨境商业交易、跨境融资投资等新型法律纠纷提供更加专业的法律服务。增加港澳律师内地执业数量，加速粤港澳大湾区融合、实现涉外法律服务高质量发展。提高本市律所在境外设立执业机构的数量，有效维护我国企业、公民在海外的合法权益。提高与全球知名律所建立战略合作联盟的律所数量，为市场主体提供全面高效优质的涉外法律服务。

六是建立村（社区）法律顾问。提高政府为村（社区）采购法律顾问的覆盖率，增加从事村（社区）法律顾问律师人数和参加村（社区）法律顾问律师事务所数量，提高村（社区）法律顾问服务的规模和便利程度。

七是完善人民调解服务。提高人民调解委员会调处纠纷的能力，增加人民调解成功的案件数，提升人民调解服务水平。提高人民调解委员会调处纠纷的效率，减少案件从受理之日到结案（签订人民调解协议书或调解笔录）的天数。开展人民调解工作满意度调查，提升当事人对人民调解员或人民调解委员会调解工作的满意度。

附录：

法治化营商环境评价指标体系（1.0 版）*

一级指标	二级指标	三级指标	赋　值
制度供给	制度基础设施（50%）	是否具备 1+N 的营商环境制度体系	是与否，0—1 得分
		地方规范性文件统一发布平台建设及管理情况	对平台建成时间、发布文件数量、功能便利程度、公众访问量、社会影响力及标准化、精细化、动态化管理水平进行评价，基于排序转化为 0—1 得分
		是否建立创新性地方营商环境专门机构或平台	是与否，0—1 得分
		经济类、人文类地方性法规、地方政府规章数量 / 全省数量	基于数值排序转化为 0—1 得分
		经济类、人文类地方性法规、地方政府规章英文文本数量 / 全省数量	基于数值排序转化为 0—1 得分
		政府规章、行政规范性文件制度体系建设情况	对体系完备程度如管理制度、制定规则、公众参与程序、技术规范进行评价，基于排序转化为 0—1 得分
		重大行政决策制度体系建设情况	对体系完备程度如项目编制、决策程序进行评价，基于排序转化为 0—1 得分
		行政规范性文件、涉及营商环境政策文件英文翻译发布数量	基于数值排序转化为 0—1 得分
		优化营商环境法治联合体组织的完善程度	市级有 1 分，区县有 0.5 分，没有不得分

---

* 广州市律政营商环境研究院2021年3月1日登记作品著作权。原登记名称为《律政版法治化营商环境评价指标体系（1.0 版）》。

（续表）

一级指标	二级指标	三级指标	赋　值
	制度运行质量（40%）	政府政策信息透明度	主观题，问卷。每题 0—10 分，基于排序转化为 0—1 得分。各指标内部权重均等
		政府政策信息发布的及时性	
		经济类紧急状况应对方案出台的效率和效果	
		政府政策信息的公众知晓度	
	制度宣传质量（10%）	是否有开展优化营商环境主题普法宣传的专门方案	是与否，0—1 得分
		是否将优化营商环境相关法律法规的宣传纳入本地"八五"普法规划	是与否，0—1 得分
		是否有开设专门的普法宣传融媒体平台	是与否，0—1 得分
		普法宣传新媒体平台是否每天更新宣传内容	是与否，0—1 得分
		普法宣传新媒体平台的影响力	基于排序转化为 0—1 得分
政务服务	开办企业（12.5%）	开办企业程序是否实现"一网通办、一窗通取""多证合一""全程电子化登记"	是与否，0—1 得分
		开办企业：法定代表人及股东的到场确认	如果某市所有县区均不需要到场确认，得 1 分，部分县区需要到场得 0.5 分，全部区县需要到场不得分
		企业变更登记：法定代表人及股东的到场确认	如果某市所有县区均不需要本人到场确认，得 1 分，部分县区需要到场得 0.5 分，全部区县需要到场不得分
		开办企业从申请到获得营业执照的时间	基于时间长度降序排列转化为 0—1 得分
		开办企业领取证照、发票、UKEY 等证照的现场领取	如果某市所有县区均需要现场领取不得分，部分县区需要到场得 0.5 分，全部区县都不需要到场得 1 分
		开办企业的支出费用	如果某市所有县区均需要缴费不得分，部分县区需要缴费得 0.5 分，全部区县都不需要缴费得 1 分

（续表）

一级指标	二级指标	三级指标	赋 值
政务服务	办理建筑许可（12.5%）	建筑许可办理全流程是否在网上公示	是和否，0—1得分
		建筑许可办理流程的可操作性	主观题，0—10分，基于排序转化为0—1得分
		企业是否可分阶段办理施工许可证	是和否，0—1得分
		企业是否可分阶段提供规划手续	是和否，0—1得分
		工程建设项目是否需要购买工程质量安全保险	是和否，0—1得分
		竣工联合验收办理时限	基于时间长度降序排列转化为0—1得分
	获得电力、用水、用气（12.5%）	申请接入电力（水、气）的费用	基于数值降序排列转化为0—1得分
		申请接入电力（水、气）的环节	基于数值降序排列转化为0—1得分
		企业接入电力（水、气）所需时间	基于时间长度降序排列转化为0—1得分
		接入电力（水、气）的能否通过线上程序申请	是与否，0—1得分
		电费（水费、气费）的价格	基于数值降序排列转化为0—1得分
	登记财产（12.5%）	建立统一的不动产登记平台	是与否，0—1得分
		不动产登记与税务实行联合办理	是与否，0—1得分
		不动产登记承诺办理时限	基于时间长度降序排列转化为0—1得分
		不动产登记机构同时提供现场办理和网上办理	是与否，0—1得分
		公开不动产的登记信息	是与否，0—1得分
	获得信贷（12.5%）	中小企业获得融资的便利度	主观题，0—10分，基于排序转化为0—1得分
		地方政府对多元化企业融资需求的支持力度	主观题，0—10分，基于排序转化为0—1得分

（续表）

一级指标	二级指标	三级指标	赋　值
政务服务	获得信贷 （12.5%）	消费贷占银行贷款比重	基于数值排序转化为 0—1 得分
		知识产权金融产品的发展程度	主观题，0—10 分，基于排序转化为 0—1 得分
		抵押（含涂销）登记便利度	主观题，0—10 分，基于排序转化为 0—1 得分
	缴纳税费 （12.5%）	是否为纳税人提供使用电子税务局办税操作指引	是与否，0—1 得分
		获得增值税退税所需时间	基于时间长度降序排列转化为 0—1 得分
		常规办税事项承诺办结时间	基于时间长度降序排列转化为 0—1 得分
		是否可网上办理退税申请、退税审核、退库等业务	是与否，0—1 得分
	劳动力市场服务 （12.5%）	政府或地区工会是否有为企业工会提供免费法律顾问	是与否，0—1 得分
		申请和领取失业保险网上办理	全流程网上办理得 1 分，部分流程网上办理得 0.5 分，线下办理得 0 分
		参与社保是否可以积分入户	是与否，0—1 得分
		政府是否建立处理劳资纠纷的三方协商机制	是与否，0—1 得分
		地方出台人才政策法规数量	基于数值排序转化为 0—1 得分
	政务服务创新（12.5%）	智能政务受理终端多点布局，覆盖基层街道社区	基于数值排序转化为 0—1 得分
		24 小时开放自助办证事项种类	基于数值排序转化为 0—1 得分
		资料齐全事项当场办妥（"秒批"）率	基于数值排序转化为 0—1 得分
		办证事项市内各区通办率	基于数值排序转化为 0—1 得分
		设立"一窗多证"综合受理窗口	是与否，0—1 得分
		政务＋邮政快递，不见面收件、审批和送达	是与否，0—1 得分
		优化法治化营商环境的经验、做法获得全省或全国推广或者表彰	是与否，0—1 得分

（续表）

一级指标	二级指标	三级指标	赋　　值
政务服务	政务服务创新（12.5%）	主动派出服务	是与否，0—1 得分
		半小时法律服务区	是与否，0—1 得分
		对政务服务可获取性、便捷性的满意度	主观题，0—10 分，基于排序转化为 0—1 得分
诚信合规	政府采购（33.3%）	公开采购限额标准透明度	公开采购限额标准官方网上是否透明可查，可查得分，否则不得分，0—1 分
		获取采购信息透明度	官方网站集中公示，有得分，没有不得分，0—1 分
		采购文件获取成本	不收费得分，收费不得分，0—1 分
		是否缴纳履约保证金	不缴纳保证金得分，缴纳不得分，0—1 分
		采购资金支付期限	是否落实《保障中小企业款项支付条例》交付后 30 日内付款（随机抓取最近 3 个月的采购招标文件），30 天内得分，超过不得分
	招标投标（33.3%）	招投标过程的电子化程度	投标开标评标全流程电子化得 1 分，部分流程电子化得 0.5 分，不支持电子化不得分
		招投标全过程的信息（招标公告、招标文件、资格审查信息、资审报告、中标候选人名单）是否公示公开	是与否，0—1 得分
		是否有配套的建设信用信息管理平台，建立起以企业信用体系为核心的监管机制	是与否，0—1 得分
	执行合同（守约）（33.3%）	个人信贷违约率	基于数值降序排列转化为 0—1 得分
		企业信贷违约率	基于数值降序排列转化为 0—1 得分
行政监管	劳动力市场监管（16.6%）	是否建立劳资纠纷三方协商机制	是与否，0—1 得分
		三方协商机制中各方地位是否平等	是与否，0—1 得分
		发生工伤事故后，企业是否可以及时补缴工伤保险	是与否，0—1 得分

（续表）

一级指标	二级指标	三级指标	赋　值
行政监管	劳动力市场监管（16.6%）	是否有支持灵活用工的相关政策	是与否，0—1得分
		对于灵活用工是否必须缴纳社保	是与否，0—1得分
		对企业稳定员工关系是否有奖励政策（比如稳岗补贴）	是与否，0—1得分
	保护中小投资者（行政）（16.6%）	是否结合职能，将中小投资者教育列入普法清单	是与否，0—1得分
		政府是否设立了专门的保护中小投资者工作协调机构	是与否，0—1得分
		当地是否组建了中小投资者协会等社会组织	是与否，0—1得分
	知识产权监管（行政）（16.6%）	创新活跃度	发明专利申请量、发明专利授权量、科技人员数量、高新技术企业数量、研发支出金额，主成分分析合成指标进行排序，0—1得分
		市场监督管理部门是否定期开展对本辖区注册商标规范使用的检查	是与否，0—1得分
		展会是否设立商标保护的知识产权投诉站	是与否，0—1得分
		展会知识产权投诉处理量	是与否，0—1得分
		展会知识产权侵权撤展率	是与否，0—1得分
		知识产权中介机构数量	基于数值排序转化为0—1得分
		知识产权监管机构执法案件数量	基于数值排序转化为0—1得分
		年度内发明专利/专利总量	基于数值排序转化为0—1得分
		年度著作权（版权）登记量	基于数值排序转化为0—1得分
	市场监管（16.6%）	市场准入负面清单落实透明度	负面清单内事项管理权限、审批流程、办理条件全公开，是与否，0—1得分
		行政许可事项透明度	行政许可办理指南全公开，是与否，0—1得分
		市场监管行政处罚事项透明度	行政处罚主体和事项全公开，是与否，0—1得分

一级指标	二级指标	三级指标	赋　　值
行政监管	市场监管（16.6%）	执法信息公示公开	行政抽查、处罚结果信息公开，是与否，0—1得分
		是否建立市场监管信息共享制度	是与否，0—1得分
		行政许可数量	基于数值排序转化为0—1得分
	包容普惠创新（16.6%）	是否制定"免强制""免处罚"清单	是与否，0—1得分
		"四新"经济（新技术、新业态、新产业、新模式）的扶持政策数量	基于数值排序转化为0—1得分
		与"四新"经济相关的行政处罚数量占行政处罚总数量比例	基于数值排序转化为0—1得分
		是否建立信用惩戒的修复制度	是与否，0—1得分
		是否建立其他创新性制度或举措	是与否，0—1得分
		是否有严重影响公平竞争的制度或规范性文件	是与否，扣0—1分
		是否有提供行政指导、调解、互联网监督	是与否，0—1得分
		执法机关是否制定并公示了重大执法决定法制审核清单	是与否，0—1得分
		执法机关是否实行重大执法决定法制审核	是与否，0—1得分
	严格执法（行政）（16.6%）	执法机关是否制定并公示执法全过程记录清单	是与否，0—1得分
		执法机关是否制定并公示随机抽查事项清单	是与否，0—1得分
		执法机关是否制定并公示执法自由裁量规则	是与否，0—1得分
		行政行为经行政复议或行政诉讼后未被维持的案件量/全省数量	基于数值排序转化为0—1得分

（续表）

一级指标	二级指标	三级指标	赋　　值
司法保障	保护中小投资者（司法）（25%）	中小投资者在股东诉讼中委托律师就公司或大股东有关信息申请调查令的便利程度	是与否，0—1 得分
		公司股东知情权诉讼数量 / 公司主体的比值	基于数值排序转化为 0—1 得分
		法院受理证券虚假陈述诉讼案件的立案数 / 上市公司数量	基于数值排序转化为 0—1 得分
		对于证券虚假陈述诉讼案件，当地法院的受理是否仍以行政处罚为前置条件	是与否，0—1 得分
	知识产权保护与运用（司法）（25%）	是否建立知识产权专门审判法院或指定集中管辖法院	是与否，0—1 得分
		知识产权侵权民事案件年度受理量	基于数值排序转化为 0—1 得分
		知识产权刑事案件年度办理量	基于数值排序转化为 0—1 得分
		知识产权侵权判决赔偿金额占诉请金额比例	基于数值排序转化为 0—1 得分
		知识产权侵权民事案件平均审理周期	基于数值排序转化为 0—1 得分
	执行合同（司法）（25%）	法院电子化程度（电子化立案、送达、案件档案和流程查询）	每项 0.25 分，加总 0—1 分
		是否建立了律师调查令制度	是与否，0—1 得分
		法院是否提供自然人被告的公民信息查询	是与否，0—1 得分
		案件平均审结周期	基于数值降序排列转化为 0—1 得分
		是否建立了律师参与法院诉讼案件调解的制度	是与否，0—1 得分
		法院案件审理的绩效评估指数（审理时间报告、结案报告、未结案件案龄报告、单一案件进展报告）	每项 0.25 分，加总 0—1 分

（续表）

一级指标	二级指标	三级指标	赋　　值
司法保障	办理破产（25%）	是否已成立专门的破产法庭	是与否，0—1 得分
		破产费用占可供分配财产比例	基于数值降序排列转化为0—1 得分
		破产案件是否有繁简分流	是与否，0—1 得分
		是否已成立破产管理人协会	是与否，0—1 得分
		重整计划执行期间重整企业之信用是否可修复	是与否，0—1 得分
公共法律服务	公司法律服务（20%）	执业律师数量	基于数值排序转化为0—1 得分
		是否有司法局等相关部门组织专家律师团体或法律服务团为企业主体提供"法律体检"、法律培训等	是与否，0—1 得分
		是否派驻律师到产业园区、行业协会提供基础法律服务	是与否，0—1 得分
		司法局批准机构设立所需时间	基于时间长度降序排列转化为0—1 得分
		司法局批准机构设立流程是否电子化	是与否，0—1 得分
	公证服务（15%）	公证网点数量 / 全省网点数量	基于数值排序转化为0—1 得分
		最多跑一次公证事项	基于数值排序转化为0—1 得分
		是否通过信息化手段实现有关公证事项零跑腿	是与否，0—1 得分
		是否实现远程视频办理公证	是与否，0—1 得分
		公证办证满意度评价	主观题，0—10 分，基于排序转化为0—1 得分
		年度办证量 / 全省数量	基于数值排序转化为0—1 得分
	商事仲裁（20%）	仲裁员数量	基于数值排序转化为0—1 得分
		仲裁案件年受理量	基于数值排序转化为0—1 得分
		网络仲裁案件受理量	基于数值排序转化为0—1 得分
		网络仲裁案件量 / 仲裁案件受理量	基于数值排序转化为0—1 得分
		仲裁裁决被法院撤销的占比	基于数值降序排列转化为0—1 得分
	司法鉴定（15%）	司法鉴定机构 / 全省机构数量	基于数值排序转化为0—1 得分
		司法鉴定人数 / 全省鉴定人数量	基于数值排序转化为0—1 得分

一级指标	二级指标	三级指标	赋　　值
公共法律服务	司法鉴定（15%）	司法鉴定业务类别覆盖率	基于数值降序排列转化为 0—1 得分
		通过国家级资质认定或实验室认可的鉴定机构数量 / 全省数量	基于数值排序转化为 0—1 得分
		是否实现司法鉴定执业活动和业务案件办理信息化监管	是与否，0—1 得分
		年度鉴定案件量 / 全省数量	基于数值排序转化为 0—1 得分
	涉外法律服务（10%）	粤港澳联营律师事务所和代办处数量	基于数值排序转化为 0—1 得分
		港澳律师内地执业数量	基于数值排序转化为 0—1 得分
		本市律所在境外设立执业机构的数量	基于数值排序转化为 0—1 得分
		与全球知名律所建立战略合作联盟的律所数量	基于数值排序转化为 0—1 得分
	村（社区）法律顾问（15%）	政府为村（社区）采购法律顾问的覆盖率	基于数值排序转化为 0—1 得分
		从事村（社区）法律顾问律师人数 / 所有执业律师人数	基于数值排序转化为 0—1 得分
		参加村（社区）法律顾问律师事务所数量	基于数值排序转化为 0—1 得分
	人民调解服务（5%）	调解成功的案件数与结案数之比	基于数值排序转化为 0—1 得分
		案件从受理之日到结案（签订人民调解协议书或调解笔录）的天数	基于数值排序转化为 0—1 得分
		当事人对人民调解员或人民调解委员会调解工作的满意度	主观题，0—10 分，基于排序转化为 0—1 得分

图书在版编目（CIP）数据

法治化营商环境优化：原则·路径·措施·评价 / 广州市律政营商环境研究院"法治化营商环境评价指标体系"课题组著. -- 北京：中国民主法制出版社，2023.2
　ISBN 978-7-5162-3101-2

　Ⅰ. ①法… Ⅱ. ①广… Ⅲ. ①投资环境—研究—广州 Ⅳ. ①F127.651

中国国家版本馆CIP数据核字(2023)第036398号

图书出品人： 刘海涛
出 版 统 筹： 陈百顺
责 任 编 辑： 张佳立
执 行 编 辑： 龚　燕

书　　　名 / 法治化营商环境优化：原则·路径·措施·评价
作　　　者 / 广州市律政营商环境研究院"法治化营商环境评价指标体系"课题组　著

出版·发行 / 中国民主法制出版社
地址 / 北京市丰台区右安门外玉林里7号（100069）
电话 / （010）62155988　　（010）62167260
传真 / （010）62167260
http：// www.npcpub.com
E-mail：mzfz@npcpub.com
经销 / 新华书店
开本 / 16开　　710毫米×1000毫米
印张 / 25.5　　　　字数 / 384千字
版本 / 2023年3月第1版　　2023年3月第1次印刷
印刷 / 廊坊市国彩印刷有限公司

书号 / ISBN 978-7-5162-3101-2
定价 / 108.00元
出版声明 / 版权所有，侵权必究。

（如有缺页或倒装，本社负责退换）